国际贸易实务

International trade practice

主　编　闵海燕　韩　涌
副主编　王　悦　阎寒梅　曾　杰

北京理工大学出版社
BEIJING INSTITUTE OF TECHNOLOGY PRESS

内容简介

本书为高等学校国际经济与贸易专业的主要课程教材。本书根据 UCP600 的要求对全书做了系统性的编写，特别把 UCP600 中英文对照版作为附录加在教材里，以便大家在学习过程中进行对比。本书的主要内容为：国际贸易惯例与国际贸易术语解释通则，商品的品质、数量与包装，国际货物运输，国际货物运输保险，进出口商品的价格，国际货款的支付，国际贸易商品检验，进出口货物报关，国际贸易争议的解决，国际贸易合同的商定，出口合同履行，进口合同履行。本书可作为高等院校经济类、管理类专业的国际贸易实务课程教材。

版权专有　侵权必究

图书在版编目（CIP）数据

国际贸易实务 / 闵海燕，韩涌主编. —北京：北京理工大学出版社，2017.8（2021.11重印）
ISBN 978-7-5682-4669-9

Ⅰ.①国…　Ⅱ.①闵…②韩…　Ⅲ.①国际贸易—贸易实务—高等学校—教材　Ⅳ.①F740.4

中国版本图书馆CIP数据核字（2017）第201809号

出版发行 / 北京理工大学出版社有限责任公司
社　　址 / 北京市海淀区中关村南大街5号
邮　　编 / 100081
电　　话 /（010）68914775（总编室）
　　　　　 82562903（教材售后服务热线）
　　　　　 68944723（其他图书服务热线）
网　　址 / http://www.bitpress.com.cn
经　　销 / 全国各地新华书店
印　　刷 / 三河市天利华印刷装订有限公司
开　　本 / 787毫米×1092毫米　1/16
印　　张 / 23.25　　　　　　　　　　　　　责任编辑 / 武丽娟
字　　数 / 550千字　　　　　　　　　　　　文案编辑 / 武丽娟
版　　次 / 2017年8月第1版　2021年11月第4次印刷　责任校对 / 周瑞红
定　　价 / 49.80元　　　　　　　　　　　　责任印制 / 施胜娟

图书出现印装质量问题，请拨打售后服务热线，本社负责调换

前言

随着全球经济一体化的飞速发展,世界经济贸易也发生了巨大变化,特别是以自由贸易区为主要形式的区域经济合作迅猛发展。我国在加入世贸组织后,贸易大国的地位迅速崛起并不断提高,所处的国际经济环境也发生了重大变化。这必然会对我国从事国际经济贸易人员的素质和知识结构提出更高和更新的要求。为了适应当前国际经济贸易形势发展的需要,加速培养国际经济贸易实用型、复合型人才,同时为了提高从事国际商务人员熟悉国际贸易规则和掌握进出口业务的水平,我们根据国家最新修订、颁布的有关法规,结合国际贸易中通行的惯例和习惯做法,编写了《国际贸易实务》这本突出实用性的教材。

本教材共分为12章内容:国际贸易惯例与国际贸易术语解释通则,商品的品质、数量与包装,国际货物运输,国际货物运输保险,进出口商品的价格,国际货款的支付,国际贸易商品检验,进出口货物报关,国际贸易争议的解决,国际贸易合同的商定,出口合同履行,进口合同履行。本书在总结前人研究成果及编者多年教学积累的基础上,对上述内容进行了最新阐述,因此本书与其他同类教材相比,具有以下特色:

1. 突出技能培养。编写时强调知识的系统性和完整性,注重培养学生的技能水平和解决实际问题的能力,教材中安排了引例、案例分析及案例讨论等,强化学生对业务环节处理技巧的掌握和运用。

2. 着力体现理论与实践的结合。该教材突出应用性和实践性,在业务讲解的同时,加强了实际操作内容,在相关章节穿插有关业务单据,使学生在实际操作中灵活运用。

3. 在编写方法上,本教材设计了以下板块:

(1)引例。通过引入案例,为学习每章内容设置一个学习情境。

(2)学习要点。对本章内容做了高度概括和提炼,使学生在学习前就能明确要学习的重点和难点，以便更好地掌握本章知识。

（3）小知识。每章穿插相关的小知识，对国际贸易中的现实问题、成功经验进行分析，不仅可以帮助学生掌握重点，而且能扩展学生国际贸易方面的知识面。

（4）复习思考题和案例分析。主要用于巩固学生的所学知识与技能，依据每章的学习要点，通过这两个模块的练习，便于学生进行拓展性思考，达到学习目的，掌握所学知识。

本书是由闵海燕（渤海大学）、韩涌（沈阳理工学院）共同主编，闵海燕、王悦（渤海大学）负责全书总体设计，闵海燕负责总纂定稿，王悦、阎寒梅（渤海大学）、曾杰（鞍山师范学院）担任副主编。编写分工如下：

闵海燕：第二、五、十一章

韩　涌：第三、四、七、十章

王　悦：第一、六章、附录（二）

阎寒梅：第十二章、附录（一）

曾　杰：第八、九章

另外，闫微（沈阳工学院）参与了第十章的编写工作。

国际贸易是一门不断发展的学科，国际贸易形势发展较快，加之由于编写时间仓促，作者水平和知识有限，难免存在遗漏和不足，敬请各位专家、学者和广大使用者提出宝贵意见和建议，以便我们进一步修改和完善。

本教材在编写过程中广泛参考了已出版的同类教材和网上资料，在此向所有有关作者表示衷心的感谢。

编　者

目 录

第一章 国际贸易惯例与国际贸易术语解释通则 …………………………………（1）

第一节 国际贸易惯例的含义与性质 ………………………………………（1）
一、国际贸易术语的含义 …………………………………………………（1）
二、国际贸易惯例的性质、作用 …………………………………………（2）
三、有关贸易术语的国际贸易惯例 ………………………………………（4）

第二节 《2010 通则》中的国际贸易术语 …………………………………（12）
一、E 组贸易术语 …………………………………………………………（12）
二、FCA 术语 ……………………………………………………………（13）
三、FAS 术语 ……………………………………………………………（14）
四、FOB 术语 ……………………………………………………………（16）
五、CFR 术语 ……………………………………………………………（19）
六、CIF 术语 ……………………………………………………………（21）
七、CPT 术语 ……………………………………………………………（24）
八、CIP 术语 ……………………………………………………………（25）
九、DAT 术语 ……………………………………………………………（27）
十、DAP 术语 ……………………………………………………………（29）
十一、DDP 术语 …………………………………………………………（30）

第三节 《2010 通则》中删除的 D 组术语 …………………………………（32）
一、DAF 术语 ……………………………………………………………（32）
二、DES 术语 ……………………………………………………………（33）
三、DEQ 术语 ……………………………………………………………（34）
四、DDU 术语 ……………………………………………………………（35）

第四节　贸易术语的选用 ……………………………………………（37）
　　　一、选用贸易术语应考虑的主要因素 ………………………………（37）
　　　二、贸易术语与合同性质的关系 ……………………………………（39）

第二章　商品的品质、数量与包装 ………………………………（42）
　　第一节　合同标的物的品质 …………………………………………（43）
　　　一、列明合同标的物 …………………………………………………（43）
　　　二、商品的名称 ………………………………………………………（43）
　　　三、商品的品质概念 …………………………………………………（44）
　　　四、表示品质的方法 …………………………………………………（44）
　　　五、合同中的品质条款 ………………………………………………（51）
　　第二节　商品的数量 …………………………………………………（53）
　　　一、计量单位 …………………………………………………………（54）
　　　二、计量重量的计算 …………………………………………………（55）
　　　三、合同中的数量条款 ………………………………………………（56）
　　第三节　商品的包装 …………………………………………………（59）
　　　一、商品包装的重要性 ………………………………………………（59）
　　　二、包装的种类 ………………………………………………………（60）
　　　三、合同中的包装条款 ………………………………………………（65）

第三章　国际货物运输 ……………………………………………（68）
　　第一节　运输方式 ……………………………………………………（69）
　　　一、海洋运输 …………………………………………………………（69）
　　　二、铁路运输 …………………………………………………………（72）
　　　三、航空运输 …………………………………………………………（73）
　　　四、邮包运输 …………………………………………………………（73）
　　　五、公路运输 …………………………………………………………（74）
　　　六、内河运输 …………………………………………………………（74）
　　　七、管道运输 …………………………………………………………（74）
　　　八、集装箱运输 ………………………………………………………（74）
　　　九、国际多式联运 ……………………………………………………（75）
　　　十、陆上公共点运输 …………………………………………………（76）
　　　十一、大陆桥运输 ……………………………………………………（77）
　　第二节　装运条款 ……………………………………………………（77）
　　　一、装运时间 …………………………………………………………（77）
　　　二、装运港和目的港 …………………………………………………（79）

三、分批装运和转船 …………………………………………………（80）
　　四、装运通知 …………………………………………………………（81）
　　五、装卸时间、装卸率、滞期和速遣条款 …………………………（81）
第三节　运输单据 …………………………………………………………（82）
　　一、海运提单 …………………………………………………………（83）
　　二、铁路运单 …………………………………………………………（88）
　　三、航空运单 …………………………………………………………（88）
　　四、邮包收据 …………………………………………………………（88）
　　五、多式联运单据 ……………………………………………………（88）
　　六、提单制度面临的困境及其应对措施 ……………………………（89）

第四章　国际货物运输保险 ………………………………………………（91）
　第一节　海上运输货物保险风险和损失 ………………………………（91）
　　一、海上风险 …………………………………………………………（92）
　　二、海上损失 …………………………………………………………（92）
　　三、费用损失 …………………………………………………………（94）
　第二节　中国海运货物保险的险别 ……………………………………（95）
　　一、基本险 ……………………………………………………………（95）
　　二、附加险 ……………………………………………………………（96）
　　三、《协会货物保险条款》……………………………………………（98）
　第三节　我国海运保险的基本做法 ……………………………………（100）
　　一、投保义务人和保险区间 …………………………………………（100）
　　二、投保手续 …………………………………………………………（101）
　　三、保险单证 …………………………………………………………（102）
　　四、保险金额与保险费 ………………………………………………（103）
　　五、保险的索赔手续 …………………………………………………（103）
　第四节　其他运输方式的货物保险 ……………………………………（105）
　　一、陆上运输货物保险 ………………………………………………（105）
　　二、航空运输货物保险 ………………………………………………（106）
　　三、邮包运输保险 ……………………………………………………（106）

第五章　进出口商品的价格 ………………………………………………（109）
　第一节　定价方法和成本核算 …………………………………………（109）
　　一、正确贯彻作价原则 ………………………………………………（109）
　　二、注意国际市场价格动态 …………………………………………（110）
　　三、掌握影响价格的因素 ……………………………………………（110）

四、作价方法…………………………………………………………………（111）
　　五、定价方法…………………………………………………………………（112）
　　六、掌握主要贸易术语的价格构成……………………………………………（112）
　　七、加强成本核算……………………………………………………………（114）
　第二节　计价货币的选择和报价方法……………………………………………（115）
　　一、计价货币的选择…………………………………………………………（115）
　　二、报价方法…………………………………………………………………（116）
　第三节　佣金和折扣………………………………………………………………（117）
　　一、佣金………………………………………………………………………（117）
　　二、折扣………………………………………………………………………（118）
　第四节　国际货物买卖合同中的价格条款………………………………………（119）
　　一、价格条款的基本内容……………………………………………………（119）
　　二、规定价格条款的注意事项………………………………………………（120）

第六章　国际货款的支付……………………………………………………（123）

　第一节　支付工具…………………………………………………………………（123）
　　一、票据………………………………………………………………………（124）
　　二、汇票………………………………………………………………………（125）
　　三、本票………………………………………………………………………（130）
　　四、支票………………………………………………………………………（131）
　第二节　国际贸易结算方式（一）………………………………………………（133）
　　一、汇付………………………………………………………………………（133）
　　二、托收………………………………………………………………………（137）
　第三节　国际贸易结算方式（二）………………………………………………（145）
　　一、信用证的含义……………………………………………………………（145）
　　二、信用证的当事人…………………………………………………………（145）
　　三、信用证的主要内容………………………………………………………（146）
　　四、信用证支付的一般程序…………………………………………………（147）
　　五、信用证的特点及其在国际贸易中的作用………………………………（152）
　　六、《跟单信用证统一惯例》…………………………………………………（153）
　　七、信用证的种类……………………………………………………………（154）

第七章　国际贸易商品检验…………………………………………………（161）

　第一节　商品检验概述……………………………………………………………（161）
　　一、商品检验的意义…………………………………………………………（161）
　　二、商品检验的要件…………………………………………………………（162）

三、商品检验的内容···（163）
　　四、商品检验的作用···（164）
　　五、商品检验的时间和地点··（164）
　　六、检验机构··（165）
　　七、检验证书··（167）
　　八、检验依据与检验方法··（169）
　第二节　买卖合同中的检验条款··（171）
　　一、商品检验条款的主要内容···（171）
　　二、订立商品检验条款应注意的问题···（171）

第八章　进出口货物报关··（173）
　第一节　海关概述···（174）
　　一、海关的性质与任务···（174）
　　二、海关的权力··（174）
　　三、海关的管理体制与机构··（174）
　第二节　报关管理制度···（174）
　　一、报关单位··（175）
　　二、报关员···（175）
　第三节　对外贸易管制···（176）
　　一、对外贸易管制的含义··（176）
　　二、我国货物、技术进出口许可管理制度··（176）
　　三、其他贸易管制制度···（178）
　第四节　报关程序···（178）
　　一、前期阶段··（178）
　　二、进出境阶段··（178）
　　三、后续阶段··（180）
　第五节　进出口税费··（181）
　　一、关税···（181）
　　二、进口环节税··（182）
　　三、滞纳金和滞报金··（183）
　　四、计算进出口税费应注意的其他事项···（184）

第九章　国际贸易争议的解决···（187）
　第一节　违约与索赔··（187）
　　一、违约行为及其法律后果··（188）
　　二、索赔和理赔··（190）

三、贸易合同中的索赔条款 (190)

第二节　不可抗力 (192)
　　一、不可抗力的含义 (192)
　　二、不可抗力事件的通知和证明 (193)
　　三、不可抗力的原因和法律后果 (193)
　　四、不可抗力条款的内容 (194)
　　五、进出口合同中不可抗力条款的规定方法 (194)
　　六、规定不可抗力条款的注意事项 (195)

第三节　仲裁条款 (195)
　　一、仲裁的含义和特点 (195)
　　二、仲裁协议的形式和作用 (196)
　　三、仲裁条款的主要内容 (197)
　　四、仲裁程序 (198)

第十章　国际贸易合同的商定 (203)

第一节　合同的磋商 (203)
　　一、合同磋商的方式、含义、形式和内容 (203)
　　二、合同磋商的一般程序 (204)

第二节　合同的订立 (209)
　　一、签订书面合同的意义 (209)
　　二、书面合同的形式 (210)
　　三、书面合同的内容 (210)

第三节　电子商务 (212)

第十一章　出口合同履行 (214)

第一节　签订出口合同 (215)
　　一、合同的格式和形式 (215)
　　二、合同的签署 (215)
　　三、国际贸易合同的基本内容 (215)

第二节　申领出口许可证件 (218)
　　一、出口许可证管理及发证机关 (218)
　　二、申领出口许可证应当提交的文件 (218)
　　三、出口许可证的申领过程 (219)
　　四、出口许可证管理方式 (219)
　　五、出口许可证的有效期 (220)

第三节　备货 (221)

一、备货 ·· （222）
　　二、出口商品的包装 ·· （222）
第四节　催证、审证和改证 ·· （222）
　　一、催证 ·· （222）
　　二、审证 ·· （223）
　　三、改证 ·· （228）
第五节　检验检疫 ··· （231）
　　一、报检单位 ·· （232）
　　二、报检员 ··· （232）
　　三、出境货物的报检范围 ·· （233）
　　四、出境货物检验检疫工作程序 ···································· （233）
　　五、出境货物报检的时限和地点 ···································· （234）
　　六、出境货物报检时必须提供的单证 ······························ （234）
　　七、《出境货物报检单》的填制 ····································· （235）
　　八、检验检疫签证 ·· （236）
第六节　制作商业发票和装箱单 ·· （241）
　　一、商业发票的填制要求 ·· （241）
　　二、装箱单的填制要求 ·· （243）
第七节　出口托运订舱 ··· （244）
　　一、出口订舱流程 ·· （245）
　　二、集装箱的交接方式和交接地点 ································ （246）
　　三、出口集装箱运输的主要单据（托运单） ····················· （247）
　　四、出口货物订舱委托书的填制 ···································· （247）
第八节　申请签发原产地证书 ··· （249）
　　一、原产地证书的种类 ·· （250）
　　二、普惠制原产地证的填制要求 ···································· （250）
　　三、一般原产地证的填制要求 ······································ （251）
第九节　出口货物保险 ··· （254）
　　一、投保单及其填制要求 ·· （254）
　　二、保险单及其填制要求 ·· （255）
第十节　申请《出境货物通关单》 ·· （259）
第十一节　出口货物报关 ·· （261）
　　一、《出口货物报关单》 ··· （261）
　　二、《出口货物报关单》填制说明 ·································· （262）

第十二节　发出装船通知，邮寄非议付单据……………………………………（267）
　　一、装船通知………………………………………………………………（268）
　　二、受益人证明……………………………………………………………（268）
　　三、提单各栏填制要求……………………………………………………（268）
第十三节　出口交单结汇……………………………………………………（272）
　　一、信用证项下交单议付…………………………………………………（272）
　　二、信用证项下单据制作的基本要求……………………………………（272）
　　三、汇票填制的要求………………………………………………………（274）
第十四节　国际收支网上申报………………………………………………（276）
第十五节　出口退税…………………………………………………………（277）

第十二章　进口合同履行……………………………………………………（279）

第一节　签订进口合同………………………………………………………（279）
　　一、进口合同的装运条款…………………………………………………（280）
　　二、进口合同中的检验和索赔条款………………………………………（280）
第二节　申请开立信用证……………………………………………………（281）
　　一、开证申请书……………………………………………………………（281）
　　二、开证所需资料及担保…………………………………………………（281）
　　三、开立信用证……………………………………………………………（281）
第三节　租船订舱……………………………………………………………（284）
第四节　办理进口货运保险及付款赎单……………………………………（285）
　　一、办理进口货运保险……………………………………………………（285）
　　二、付款赎单………………………………………………………………（288）
第五节　进口报检……………………………………………………………（288）
　　一、入境货物的报检范围…………………………………………………（288）
　　二、入境货物的报检工作程序……………………………………………（288）
　　三、入境货物检验检疫的报检方式………………………………………（289）
　　四、入境货物报检的地点和时限…………………………………………（289）
　　五、入境货物报检应提供的单据…………………………………………（290）
　　六、入境货物报检单填制要求……………………………………………（290）
第六节　进口报关……………………………………………………………（293）
第七节　验收和拨交货物……………………………………………………（297）
　　一、验收货物………………………………………………………………（297）
　　二、办理拨交手续…………………………………………………………（298）
第八节　国际收支网上申报…………………………………………………（298）

第九节　对外索赔··(299)

附录（一）　进出口单据··(302)
附录（二）　跟单信用证统一惯例（ICC UCP600 中英文对照版）············(322)
参考文献··(358)

第一章

国际贸易惯例与国际贸易术语解释通则

引例：

2014年1月，我国A省粮油进出口公司（卖方）与巴西某公司（买方）签订了一份出口花生的合同。合同中约定："FOB（厦门）××元人民币/千克，支付方式：L/C letter of credit 信用证"，合同还规定："买方需于2014年2月底派船到厦门港接货，如果在此期间不能派船接货，卖方同意保留28天，但仓储、利息、保险等费用皆由买方承担。"3月1日，卖方在货物备妥后电告国外买方应尽快派船接货，但是，一直到3月28日，买方仍未派船接货。于是卖方向买方提出警告，声称将撤销合同并保留索赔权。买方在没有与卖方进行任何联系的情况下，直到5月15日才将船只派到厦门港。这时卖方拒绝交货并提出损失赔偿，买方则以未订到船只为由拒绝赔偿损失，双方争议不能和解，卖方起诉到法院。法院经取证调查，确认买方确实未按合同规定的时间派船接货，因此法院判决：卖方有权拒绝交货，并提出赔偿要求。后经双方协商，卖方交货，但由买方赔偿仓储、利息、保险等费用。请问法院判决是否合理？

本章的学习要点：

● 国际贸易术语的含义及作用
● 国际贸易惯例的性质以及有关贸易术语的四个国际惯例
● 国际商会的《2000年国际贸易术语解释通则》《2010年国际贸易术语解释通则》中的贸易术语
● 国际贸易术语的选用

第一节　国际贸易惯例的含义与性质

一、国际贸易术语的含义

无论是国际贸易还是国内贸易，买卖双方在洽谈交易时，都非常关心成交价格。然而，在国际贸易中，商品的价格构成远比国内贸易复杂，这是因为国际贸易具有线长、面广、环节多和风险大等特点。买卖双方相隔距离遥远，进出口货物由卖方转移到买方的过程中，需要经过跨国的长距离运输，在出口国和进口国还要办理货物的进出口手续并支付有关费用等。交易双方在洽商交易、订立合同时，至少要涉及以下几个重要问题：

1. 卖方的交货地点、交货方式问题

卖方在什么地方，以什么方式办理交货？

2. 责任的承担问题

在交易中，是由买方还是由卖方来负责办理货物的运输、货运保险、申请进口或出口许可证、报关等工作？

3. 费用的负担问题

办理货物的运输、货运保险、申请进口或出口许可证、报关等工作事项时所需要的费用由谁来负担？

4. 风险的划分问题

在货物交接过程中发生的损坏或灭失风险何时何地由卖方转移给买方？

5. 交接的单据问题

买卖双方需要交接哪些单据？

6. 使用什么样的运输方式？

上述问题在国际贸易的每笔交易中都必须予以明确。贸易术语就是为了解决这些问题，在实践中产生和发展起来的。

例如，出口运动衫的报价："运动衫每打 80 美元 CIF 纽约"，其中的贸易术语 CIF 表示了以下有关信息：

1）每打 80 美元的价格构成中包含了运至纽约的运费及货运保险费。

2）由卖方自负风险和费用办理货物的运输、保险以及货物的出口手续。

3）卖方承担在装运港货物有效地越过船舷之前的一切风险和费用。

4）买卖双方是凭单交货、凭单付款。

5）海洋运输方式。

从上述例子中可以看出，贸易术语（trade terms）又称贸易条件、价格术语（price terms）或价格—交货条件，是在长期的国际贸易实践中产生的，用来表示商品的价格构成，说明交货地点、确定风险、责任、费用划分等问题的专门用语，以确定买卖双方在交货和接货过程中应尽的义务。

不同的贸易术语有其特定含义，表示特定的交易条件。通常来讲，如果买卖双方选用的贸易术语要求卖方承担的责任越大，支付的费用越多，则出口报价越高；反之，报价就越低。一旦买卖双方在合同中选定采用某种贸易术语成交，则合同中的条款内容就应与其相适应，并根据有关惯例的规定来确定买卖双方的权利和义务。

二、国际贸易惯例的性质、作用

（一）国际贸易惯例的性质

国际贸易术语在国际贸易中的运用可以追溯到 200 多年前。例如，装运港船上交货的贸易术语 FOB 出现在 18 世纪末与 19 世纪初。CIF 的广泛应用是在 19 世纪中叶。但是在相当长的时间内，在国际上没有形成对国际贸易术语的统一解释。各个国家和地区在使用贸易术语时，出现了各种不同的解释和做法。这种差异，不利于国际贸易的发展。为了解决存在的分歧，国际商会（International Chamber of Commerce，ICC）、国际法协会等国际组织及美国的一些著名商业团体经过长期努力，分别制定了解释国际贸易术语的规则，这些规则在国际上被广为接受，从而形成了一般国际贸易惯例。国际贸易惯例是指国际贸易中经反复实践形成的，并经国际组织加以编纂与解释的习惯性做法。

国际贸易惯例本身不是法律，它对交易双方不具强制约束力，因而，买卖双方有权在合同中做出与某项惯例不符的规定。只要合同有效成立，双方均要遵照合同的规定履行。国际贸易惯例的运用是以当事人的"意思自治"为基础的。例如，按照国际商会《2000 年国际贸易术语解释通则》的规定，FOB 条件下卖方承担的风险是在装运港货物越过船舷之后就转移给买方的。然而，我国一家国有大型贸易公司在按 FOB 条件从国外进口机械设备时，为了促使卖方在装运港装货时注意安全操作，以免货物在装载时受损，特在进口合同中加订"货物越过船舷、进入船舱、脱离吊钩并安全卸抵舱底，风险才转移"的条款。按照"合同优先于惯例"的原则，履约时，仍以买卖合同的规定为准。但是，如果买卖双方都同意采用某种惯例来约束该项交易，并在合同中明确规定，那么这项约定的惯例就具有了强制性。

（二）国际贸易术语的作用

国际贸易术语在国际贸易中起着积极作用，主要表现在：

1. 有利于买卖双方洽商交易和订立合同

因为每个贸易术语都有其特定的含义，并且一些国际组织对每个贸易术语做了统一解释与规定，这些解释与规定在国际上已被广泛接受，并成为惯常奉行的做法或行为模式。因此买卖双方在洽商交易时只要商定按哪个贸易术语成交，即可明确彼此在货物交易过程中应承担的责任、费用和风险，这就简化了交易手续、缩短了洽商时间，从而有利于买卖双方迅速达成交易。

2. 有利于买卖双方核算成交价格和交易成本

由于贸易术语表示了商品的价格构成因素，所以，买卖双方在确定成交价格时，必然会考虑所采用的贸易术语中包含的有关费用，从而有利于买卖双方进行比价和成本核算。

3. 有利于解决双方在履约中的争议

买卖双方在履约中产生的争议，如果不能依据合同的规定解决，在此情况下，可援引有关贸易术语的一般解释来处理。因为贸易术语的一般解释已成为国际惯例，被国际贸易界从业人员和法律界人士所接受，成为国际贸易中公认的一种类似行为规范的准则。

贸易术语是在长期的国际贸易实践中产生和发展起来的，又因为它以简略的文字说明了商品的价格构成和交货条件，对于简化交货手续、节约时间和费用，都具有重要作用。所以，贸易术语的出现又促进了国际贸易的发展。

此外，国际贸易惯例对国际贸易实践具有重要的指导作用。这体现在：如果买卖双方在合同中没有明确规定采用某种惯例，当双方就某个贸易问题产生争议时，受理该争议案的仲裁机构或法庭往往会引用某些常用的影响较大的惯例作为评判依据。因此，我国在对外贸易中,适当采用这些惯例,有利于外贸业务的开展,避免或减少贸易争端。

三、有关贸易术语的国际贸易惯例

有关贸易术语的国际惯例主要有以下四种:

(一)《1932年华沙—牛津规则》(Warsaw-Oxford Rules 1932,W.O.Rules 1932)

1928年国际法协会在华沙开会制定了有关CIF买卖合同的规则,共22条。后经1930年纽约会议、1931年巴黎会议和1932年的牛津会议修订为21条,并更名为《1932年华沙—牛津规则》,沿用至今。该规则比较详细地解释了CIF合同的性质、买卖双方所承担的责任、风险和费用的划分以及货物所有权转移的方式等问题。该惯例只解释CIF这一个术语。该惯例在其总则中说明,这一规则供交易双方自愿采用,凡明示采用该规则者,合同当事人的权利和义务应该援引本规则的规定办理。经双方当事人明示协议,可以对本规则的任何一条进行变更、修改或添加。如本规则与合同发生矛盾,应以合同为准。凡合同中没有规定的事项,应按本规则的规定办理。

(二)《1941年美国对外贸易定义修订本》(Revised American Foreign Trade Definition 1941)

1919年美国9个商业团体首次制订了《美国出口报价及其缩写条例》(The U.S.Export Quotations and Abbreviation)。后来在1941年的美国第27届全国对外贸易会议上对该条例进行了修订,故称为《1941年美国对外贸易定义修订本》(简称《1941年修订本》)。这一修订本经美国商会、美国进出口协会和全国对外贸易协会所组成的联合委员会通过,由全国对外贸易学会公布。

《1941年修订本》中所解释的贸易术语共有六种,分别为:

1. Ex Point of Origin,即产地交货

此产地指"工厂交货""矿山交货""农场交货"等。

2. Free on Board,即在运输工具上交货

《1941年修订本》对FOB术语的解释具体又分为六种:

(1)F.O.B(named inland carrier at named inland point of departure),即在指定的发货地点指定的内陆运输工具上交货。

(2)F.O.B(named inland carrier at named inland point of departure)Freight prepaid to(named point of exportation),即在指定的内陆发货地点指定的内陆运输工具上交货,运费预付到指定的出口地点。

(3)F.O.B(named inland carrier at named inland point of departure)freight allowed to(named point),即在指定的内陆发货地点指定的内陆运输工具上交货,减除至指定地点的运费。

(4)F.O.B(named inland carrier at named point of exportation),即在指定的出口地点指定的内陆运输工具上交货。

(5)F.O.B Vessel(named port of shipment),即指定装运港船上交货。

(6)F.O.B(named inland point in country of importation),即在指定进口国内陆地点交货。

3. Free Along Side，即在运输工具旁边交货
4. Cost & Freight，即成本加运费
5. Cost，Insurance and Freight，即成本加保险和运费
6. Ex Dock，即目的港码头交货

《1941年修订本》规定：此修订本并无法律效力，除非由专门立法规定或为法院判决所认可。因此，为使其对各有关当事人产生法律上的约束力，建议卖方或买方接受定义作为买卖合同的一个组成部分。

《1941年修订本》在美洲国家采用得较多。由于它对贸易术语的解释，特别是对第2种（FOB）和第3种（FAS）术语的解释与国际商会的《通则》有明显差异，所以，在同美洲国家进行交易时应加以注意，以减少双方间的争端。

（三）《2000年国际贸易术语解释通则》（INCOTERMS 2000，《2000通则》）

《国际贸易术语解释通则》（以下简称《通则》），原文为 International Rules for the Interpretation of Trade Terms，定名为 INCOTERMS（来源于 International Commercial Terms 三个词），它是国际商会为了统一对各种贸易术语的解释而制定的。最早的《通则》产生于1936年，后来为了适应国际贸易业务发展需要，国际商会分别于1953年、1967年、1976年、1980年和1990年对《通则》进行了5次补充和修订。1999年7月，国际商会又正式出版了它的第6次修订本——《2000通则》，并自2000年1月1日起生效。

小知识　　　　　国际商会（ICC）

国际商会（International Chamber of Commerce，ICC）是国际性民间商业组织，成立于1919年，总部设在法国巴黎，下设商业管理委员会、银行委员会、仲裁院等专业委员会和专门机构，有140多个国家和地区是它的会员。因此，国际商会在世界范围内具有非常重要的影响。国际商会是联合国的一个高级咨询机构，设立的目的是在经济和法律领域，以有效的行动促进国际贸易和投资的发展。1994年11月，国际商会正式授予中国国际商会（China Chamber of International Commerce，CCOIC）会员地位，并同意中国建立国际商会中国国家委员会。1995年1月1日，国际商会中国国家委员会正式成立。

国际商会在《2000通则》的引言中指出，在进行国际贸易时，每笔交易除了订立买卖合同外，还涉及运输合同、保险合同和融资合同等，而《通则》只涉及其中一项合同，即买卖合同。并强调《通则》涵盖的范围只限于买卖合同双方关于交货、收货等权利义务的规定，只涉及卖方按照合同交付货物、交付单据两项基本义务。其中货物是指"有形的"货物，不包括"无形的"货物，如电脑软件。国际商会在《2000通则》的引言中还指出，希望使用《2000通则》的商人，应在合同中明确规定该合同受《2000通则》的约束。

《2000通则》相对于《1990通则》而言，改动不大。带有实质性内容的变动主要涉及三种术语，即 FCA、FAS 和 DEQ。另外，在规定每种术语下买卖双方承担的义务时，在文字上做了一些修改，使其含义更加明确。

《2000通则》保留了《1990通则》中包含的13种术语，并仍将这13种术语按不同类别分为 E、F、C、D 四个组。

E 组为启运（Departure）术语。只包括 EXW 一种术语，指卖方的交货义务是在其货物所在地将货物提供给买方。

F 组为主运费未付（Main Carriage Unpaid）术语。它包括 FCA、FAS 和 FOB 三种术语。这组术语的特点是，由买方自费签订运输合同，即成交价格中不包含运费。

C 组为主运费已付（Main Carriage Paid）术语。它包括 CFR、CIF、CPT 和 CIP 四种术语。在 C 组术语条件下，卖方需要自费订立运输合同，即成交价格中都含有主要运费。此外，CIF 和 CIP 术语还要求卖方办理货物运输保险并支付保险费。但卖方不承担从装运地启运后所发生的货物损坏或灭失的风险及增加的额外费用。

D 组为到达（Arrival）术语。它包括 DAF、DES、DEQ、DDU 和 DDP 五种术语。按 D 组术语签订的合同，卖方必须在规定交货期内将货物运送到指定目的港或目的地，并承担货物交到指定目的港或目的地过程中的一切风险、责任和费用。根据上述分类列表如下（表 1-1）。

表 1-1 《2000 通则》中 13 种贸易术语按不同类别的分组情况

E 组（启运）	EXW（Ex Works）	工厂交货
F 组（主运费未付）	FCA（Free Carrier） FAS（Free Alongside Ship） FOB（Free on Board）	货交承运人 装运港船边交货 装运港船上交货
C 组（主运费已付）	CFR（Cost and Freight） CIF（Cost、Insurance and Freight） CPT（Carriage Paid To） CIP（Carriage and Insurance Paid To）	成本加运费 成本、保险费加运费 运费付至 运费、保险费付至
D 组（到达）	DAF（Delivered At Frontier） DES（Delivered Ex Ship） DEQ（Delivered Ex Quay） DDU（Delivered Duty Unpaid） DDP（Delivered Duty Paid）	边境交货 目的港船上交货 目的港码头交货 未完税交货 完税后交货

《2000 通则》将每种贸易术语项下卖方和买方各自应承担的义务进行对比，纵向排列。而在《1990 通则》中，则是横向排列卖方义务和买方义务的同一条。此外，《2000 通则》在买方义务的第三条的标题上加了保险合同一项。《2010 年国际贸易术语解释通则》（以下简称《2010 通则》）仍然使用这种方式陈述买卖双方应承担的义务，具体各项标题见表 1-2。

表 1-2 《2010 通则》中卖方和买方各承担的义务对比

A1. 提供符合合同规定的货物
B1. 支付货款
A2. 许可证、其他许可和手续
B2. 许可证、其他许可和手续
A3. 运输合同与保险合同
B3. 运输合同与保险合同

续表

A4. 交货
B4. 受领货物
A5. 风险转移
B5. 风险转移
A6. 费用划分
B6. 费用划分
A7. 通知买方
B7. 通知卖方
A8. 交货凭证、运输单据或有同等作用的电子信息
B8. 交货凭证、运输单据或相应的电子信息
A9. 查核、包装、标记
B9. 货物检验
A10. 其他义务
B10. 其他义务

注：A 代表卖方义务（The Sell's Obligations），B 代表买方义务（The Buyer's Obligations）

在上述三种有关贸易术语的国际贸易惯例中，《2010 通则》包含的内容最多，使用范围最广，在国际上影响力最大。《2010 通则》是我们本章的主要学习内容。

（四）《2010 年国际贸易术语解释通则》

《2010 通则》是国际商会根据国际货物贸易的发展，考虑了目前世界上免税区的增加、电子通信的普遍使用以及货物运输安全性的提高，对《2000 通则》进行的修订。该通则于 2010 年 9 月 27 日公布，2011 年 1 月 1 日起实施。

1. 使用《国际贸易术语解释通则》应明确的要点

（1）对具体合同而言，此通则并不是自动适用的。对于合同各方当事人，使用任何一种《2010 通则》中的国际贸易术语适用其合同的情形，其应当通过诸如"所用术语"，选择《2010 通则》中的语句在合同中清楚、具体地订明。

（2）此通则并不包含一整套的合同条款。虽然《2010 通则》中规定何方当事人承担运费或作保险安排，什么时候卖方将货物交给买方以及各方当事人应承担何种费用，但是通则中并未涉及有关货物价格和所有权，或者违反合同约定的后果等内容。这些问题通常是通过合同中相关明示条款或者专门管辖合同的法律来解决的。同样，当事人应当清楚当地强制性的法律较包括所选贸易术语在内的合同中的任何规定都具有优先权。

（3）选择适当的特定术语。所选术语需要适合于标的货物、运输方式，最重要的是要适合于各方当事人是否有意将更多责任赋予卖方或买方，比如安排运输或保险责任。每种术语的指南中包含一些特别有用的关于何时做出这些选择的信息。然而，包含在指南中的信息并不构成所选术语的一部分。

（4）只有各方当事人指定地点或港口，所选术语才有效，而且指定的地点或港口越精确越有效。例如，"FCA（38 Cours Albert ler，Paris，France）Incoterms 2010"（《2010 通则》FCA 术语，法国巴黎，38 Cours Albert ler）。

指定地点是交货点,即风险转移给买方的点。但是在 C 组术语中,指定地点指的是运费已付的地点。为了避免疑问和争议,指定地点或目的地可以进一步阐述为一个精确的点。

2.《2010 年通则》的特点

(1)由《2000 通则》中的 13 个贸易术语减少至 11 个贸易术语。《2010 通则》删除了 4 个术语:DAF(边境交货)、DES(目的港船上交货)、DEQ(目的港码头交货)和 DUU(未完成交货),新增了两个适用于任何运输方式的术语:DAT(delivered at terminal)与 DAP(delivered at place)。使用 DAT 时,货物已从到达的运输工具卸下,由买方处置;使用 DAP 时,货物同样由买方处置,但需由其准备卸货。

(2)11 个术语分为适用于任何运输方式(包括多式联运)和适用于水运。前一组包括 EXW、FCA、CPT、CIP、DAT、DAP 和 DDP,后一组包括 FAS、FOB、CFR 和 CIF。在 FOB、CFR 和 CIF 3 个术语中省略了以船舷作为交货点的表述,取而代之的是货物置于"船上"时构成交货。这样的规定更符合当今商业状况,而能避免出现那种已经过时的、风险在一条假想垂直线上摇摆不定的情形。

(3)正式确认 11 个贸易术语对国际和国内货物买卖合同均可适用。

国际贸易术语传统上用于跨国界的货物买卖合同,但是在世界上许多地区,像欧盟一样的贸易同盟已使不同成员间的边界形式不再重要。因此,《2010 通则》的副标题正式确认了 11 个贸易术语对国际和国内贸易均可适用。

(4)A1 和 B1 条款在各方约定或符合惯例的情况下,赋予电子信息与纸质信息同等的效力。

(5)有关保险的用语做出了调整。《2010 通则》是《伦敦保险协会货物条款》修订以来的第一版国际贸易术语,并且考虑了对条款所作的修订,将与保险相关的信息义务纳入涉及运输合同和保险合同的 A3 和 B3 条款。为了明确双方与保险相关的义务,A3 和 B3 条款中有关保险的用语也作出了相应的调整。

(6)有关"安检通关及通关所需信息"的规定。现在人们对货物移动时的安全问题日益关注,要求确保除了其内在特性外,货物对人的生命和财产不得构成威胁。因此,《2010 通则》在各术语的 A2、B2 和 A10、B10 条款中,明确了买卖各方间完成或协助完成安检通关的义务。

(7)有关"码头作业费"的规定。按照 CPT、CIP、CFR、CIF、DAT、DAP 和 DDP 术语,卖方必须安排货物运输至指定目的地。运费虽由卖方支付,但买方为实际支付方,因为通常运费已由卖方包含在货物总价之中。运输费用有时会包括在港口或集装箱码头设施内处理和移动货物的费用,而承运人或港口运营人很可能向接收货物的买方索要这些费用。在这种情况下,买方不希望为同一服务支付两次费用:一次是在货物总价中向卖方支付;另一次是单独向承运人或港口运营人支付。为了避免此类问题发生,《2010 通则》相关术语的 A6 和 B6 条款明确了此类费用的分摊。

(8)有关"链式销售"的规定。与特定产品的销售不同,在商品销售中,货物在运送至销售链终端的过程中常常被多次转卖。出现此种情况时,在销售链终端的卖方实际上不再运送货物,因为处于销售链始端的卖方已经安排了运输。因此,处于销售链终端的卖方不是以运送货物的方式，而是以"取得"货物的方式履行对其买方的义务。为了澄清此问题，《2010通则》术语中包括"取得运输中货物"的义务，并以其作为在相关术语中运输货物义务的替代义务。总之，《2010通则》将这11种术语分成了截然不同的两类：

第一类包括适用于任何运输方式（包括多式联运）的7种术语：EXW、FCA、CPT、CIP、DAT、DAP和DDP。这些术语可用于没有海上运输的情形，也能用于船只作为运输的一部分的情形，只要在卖方交货点或者货物运至买方的地点，或者两者兼备，风险转移。

第二类只适用于水运的4种术语：FAS、FOB、CFR、CIF，卖方交货点和货物运至买方的地点均是港口。

《2010通则》删去了《2000年通则》中的4个术语，即DAF（delivered at frontier）、DES（delivered ex ship）、DEQ（delivered ex quay）、DDU（delivered duty unpaid），新增了2个术语，即DAT（delivered at terminal）、DAP（delivered at place），《2010年通则》用DAP取代了DAF、DES和DDU三个术语，DAT取代了DEQ，且适用于一切运输方式。在FAS、FOB、CFR和CIF等术语中加入了货物在运输期间被多次买卖（连环贸易）时责任义务的划分。考虑到对于一些大的区域贸易集团内部贸易的特点，规定《2010年通则》不仅适用于国际销售合同，也适用于国内销售合同。

《2010通则》中将贸易术语划分为适用于各种运输的EXW、FCA、CPT、CIP、DAP、DAT和DDP和只适用于海运和内水运输的CFR、CIF、FAS、FOB，并将术语的适用范围扩大到国内贸易，赋予电子单据和书面单据同等效力，增加对出口国安检的义务分配，要求双方明确交货位置，将承运人定义为缔约承运人。这些都在很大程度上反映了国际货物贸易的实践要求，并进一步与《联合国国际货物销售合同公约》（以下简称《公约》）及《鹿特丹规则》相衔接。新的国际贸易术语解释通则将进一步促进国际货物贸易的发展，并有助于解决国际货物贸易中的纠纷。

3.《2010通则》的贸易术语

《2010通则》共有11种贸易术语，按照所适用的运输方式划分为两大组。

第一组：适用于任何运输方式的7种术语

EXW（ex works）	工厂交货
FCA（free carrier）	货交承运人
CPT（carriage paid to）	运费付至目的地
CIP（carriage and insurance paid to）	运费、保险费付至目的地
DAT（delivered at terminal）	目的地或目的港的集散站交货
DAP（delivered at place）	目的地交货
DDP（delivered duty paid）	完税后交货

第二组：适用于水上运输方式的4种术语

FAS（free alongside ship）	装运港船边交货
FOB（free on board）	装运港船上交货
CFR（cost and freight）	成本加运费
CIF（cost，insurance and freight）	成本、保险费加运费

《2010通则》中11种贸易术语具体各项见表1-3。

表 1-3 《2010 通则》的 11 种贸易术语

组别	贸易术语	贸易术语中文名称	出口清关责任和费用承担者	进口报关责任和费用承担者	适用的运输方式
第一组	EXW（ex works）	工厂交货	买方	买方	任何形式
	FCA（free carrier）	货交承运人	卖方	买方	任何方式
	CPT（carriage paid to）	运费付至目的地	卖方	买方	任何方式
	CIP（carriage and insurance paid to）	运费、保险费付至目的地	卖方	买方	任何方式
	DAT（delivered at terminal）	目的地或目的港的集散站交货	卖方	买方	任何方式
	DAP（delivered at place）	目的地交货	卖方	买方	任何方式
	DDP（delivered duty paid）	完税后交货	卖方	卖方	任何方式
第二组	FAS（free alongside ship）	装运港船边交货	卖方	买方	水上运输
	FOB（free on board）	装运港船上交货	卖方	买方	水上运输
	CFR（cost and freight）	成本加运费	卖方	买方	水上运输
	CIF（cost, insurance and freight）	成本、保险费加运费	卖方	买方	水上运输

4.《2010 通则》与《2000 通则》的主要区别

（1）术语从原来的 13 种变成 11 种。加入两个新的贸易术语 DAT 和 DAP，取消了 4 个术语 DAF、DES、DEQ 和 DDU，每一种《2010 通则》中的术语在其条款前面都增加了一个使用指南。指南解释了每种术语的基本原理：何种情况应使用术语，风险转移点是什么，费用在买卖中是如何分配的。这些指南并不是术语正式规则的一部分，它们是用于帮助和引导使用者准确有效地为特定交易选择合适术语。

（2）加入了术语的使用范围，也强调适用国内贸易。贸易术语在传统上被运用于表明货物跨越国界传递的国际销售合同。然而，世界上一些地区的大型贸易集团，像东盟和欧洲单一市场的存在，使得原本实际存在的边界通关手续变得不再那么有意义。所以《2010 通则》在一些地方做出明确说明，只有在适用的地方才有义务遵守出口/进口所需的手续。

（3）加入电子交易的内容。《2010 通则》赋予电子通信方式完全等同的功效，只要各方当事人达成一致或者在使用地是惯例，这一规定有利于新的电子程序的演变发展。

（4）保险的险别引入了 ICC2009 版本。《2010 通则》是自《协会货物保险条款》2009 年修改以来的第一个版本，这个最新版本在所修改内容中充分考虑了这些保险条款的变动。《2010 通则》在涉及运输和保险合同的 A3/A4 条款中罗列了有关保险责任的内容，原本它们属于内容比较宽泛而且有着比较泛化标题"其他义务"的 A10/B10 款。在这方面，为了阐明当事人的义务，对 A3/A4 款中涉及保险的内容作出了修改。

（5）加入与反恐有关的内容。现在各国对货物在转移过程中的安全关注度都很高，因而要求检定货物不会因除其自身属性外的原因而造成对生命财产的威胁。因此，在各种术语条款内容中包含了取得或提供帮助取得安全核准的义务。

（6）加入终端处理费用的归属，以保证不出现规定真空。运输成本有时包括货物在港口内的装卸和移动费用，或者集装箱码头设施费用，而且承运人或者码头的运营方也可能向接受货物的买方收取这些费用。在这些情况下，买方不要为一次服务付两次费，一次包含在货物价格中付给卖方，一次单独付给承运人或码头的运营方。《2010通则》对这种终端处理费用的分配作出了详细规定，旨在避免上述情况的发生。

（7）加入连环贸易（或销售）条款，对《2000通则》的不足之处进行了补充。在商品销售中，有一种和直接销售相对的连环销售方式，即货物在沿着销售链运转的过程中被销售多次。在这种情况下，连环销售的中间销售商并不将货物"装船"，因为它们已经由处于这一销售串中的起点销售商装船。因此，连环销售的中间销售商对其买方应承担的义务不是将货物装船，而是"设法获取"已装船货物。着眼于贸易术语在这种销售中的应用，《2010通则》的相关术语中同时规定了"设法获取已装船货物"和将货物装船的义务。

各种贸易术语买卖双方的基本义务见表1-4。

表1-4 《2010通则》各种贸易术语买卖双方的基本义务

卖方（seller）	买方（buyer）
A1 卖方的一般义务（general obligations of the seller）	B1 买方的一般义务（general obligations of the buyer）
A2 许可证、其他许可、安全清关和其他手续（license, authorizations, security clearances and other formalities）	B2 许可证、其他许可、安全清关和其他手续（license, authorizations, security clearances and other formalities）
A3 运输与保险合同（contracts of carriage and insurance）	B3 运输与保险合同（contracts of carriage and insurance）
A4 交货（delivery）	B4 收货（taking delivery）
A5 风险转移（transfer of risks）	B5 风险转移（transfer of risks）
A6 费用分摊（allocation of costs）	B6 费用分摊（allocation of costs）
A7 通知买方（notice to the buyer）	B7 通知卖方（notice to the seller）
A8 交付单据（delivery document）	B8 交货证明（delivery proof of delivery）
A9 核对—包装—标记（checking-packaging-marking）	B9 货物检验（inspection of goods）
A10 信息协助和相关费用（assistance with information and related costs）	B10 信息协助和相关费用（assistance with information and related costs）

注：A 代表卖方义务（The Sell's Obligations） B 代表买方义务（The Buyer's Obligations）

小知识　　EDI 的概念

EDI（电子数据交换）是英文 Electronic Data Interchange 的缩写。联合国欧洲经济委员会贸易程序简化工作组（UN/ECE/WP.4）于1994年9月23日在日内瓦举行的第40届会议上通过了 EDI 的技术定义。国际标准化组织（ISO）联席会议同年接受了这一定义：电子数据交换（EDI）是使用一种商定的标准来处理所涉及的交易或信息数据的结构，商业或行政交易事项，从计算机到计算机的电子传递。

联合国国际贸易法委员会 EDI 工作组（UNCITRAL/WG.4）于1994年10月14日在维也纳举行的第28届会议上通过的法律定义：电子数据交换（EDI）是将数据和信息规范化和格

式化，并通过计算机网络进行交换和处理。因此，EDI 包括三方面的内容：一是用统一标准来编制资料；二是利用电子方式传输信息；三是计算机应用程序之间的连接。

1993 年之前，国际上常用的统一标准有两个，一个是美国的 ANSI X 12，一个是联合国的 EDIFACT。从 1993 年 4 月起，ANSI X 12 开始向 EDIFACT 靠拢，这样全世界统一的标准就只有 EDIFACT。

我国是在 1990 年引进 EDI 概念的，原国家经贸部于 1990 年 5 月和 1991 年 5 月分别召开了《中文 EDI 标准研讨会》和《国际无纸贸易战略与技术研讨会》，并把 EDI 列入国家"八五"重点应用项目，成立了"促进 EDI 应用协调小组"。1993 年 5 月在北京召开了"EDI 国际研讨会"。

EDI 可以为国际贸易带来巨大效益，这主要来自 EDI 的高速、精确、节约、省时。据中国香港专家统计，实施 EDI 的直接效益为：商业文件传递速度提高 81%；文件成本降低 44%，由差错造成的商业损失减少 40%，文件处理成本降低 38%。除了直接效益外，还可以为用户带来间接效益和战略效益。

第二节 《2010 通则》中的国际贸易术语

《2010 通则》中的国际贸易术语分为四组：E 组的 EXW；F 组的 FAS、FOB、FCA；C 组的 CFR、CIF、CPT、CIP；D 组的 DAT、DAP、DDP。其中，只有 FAS、FOB、CFR、CIF 4 种贸易术语适用于海运和内河水运，而 FOB、CFR 和 CIF 这 3 种术语使用最为广泛。

一、E 组贸易术语

EXW（ex works，工厂交货），后跟指定地点（... named place），是指当卖方在其所在地或其指定地点（如工厂或仓库等）将货物交给买方处置时，即完成交货。卖方不需要将货物装上任何前来接收货物的运输工具，需要清关时，卖方也无须办理出口清关手续。

该术语是卖方承担责任最小的术语。买方必须承担在卖方所在地受领货物的全部费用和风险。在买方不能直接或间接办理出口手续时，不应使用该术语，最好使用 FCA 术语。EXW 更适用于国内贸易。

1. 卖方的责任和义务

（1）卖方必须在约定日期或期限内，在指定的交付地点或该地点内的约定地点，将未置于任何运输车辆的货物交给买方处置。

（2）应买方要求并由其承担风险和费用，卖方必须协助买方取得出口许可或出口相关货物所需的其他官方批准证件，以及提供所掌握的该项货物安检通关所需的任何信息，并必须给予买方收取货物所需的任何通知。

（3）卖方提供符合买卖合同约定的货物和商业发票，以及合同可能要求的其他与合同相符的证据。任何单证在双方约定或符合惯例的情况下，可以是同等功效的电子记录或程序。

2. 买方的责任和义务

（1）买方必须在约定地点收取货物。

（2）买方自负风险和费用，取得出口许可证或其他官方批准的证件，并负责办理货物出口所需的一切手续，支付货物出口应交纳的一切关税、税款和其他费用及办理海关手续的费用。

（3）买方承担卖方交货后货物灭失或损坏的一切风险。若买方决定货物运输时间和／或指定目的港内收取货物点，买方必须向卖方发出充分通知，否则买方自约定交货日期或约定期届满之日起，承担所有货物灭失或损坏的风险，但以该货物已清楚地确定为合同项下之货物者为限。

（4）买方必须向卖方提供其已收取货物的相关凭证，按照买卖合同约定支付货款。任何单证在双方约定或符合惯例的情况下，可以是同等功效的电子记录或程序。

3. 使用 EXW 贸易术语应注意的问题

（1）明确交货地点。买卖双方尽可能明确交货地点，因为在货物到达交货地点之前的所有费用和风险都由卖方承担，买方则需承担自此指定交货地点收取货物所产生的全部费用和风险。

（2）装货义务。卖方对买方没有装货义务，实际上卖方也许更方便这样做。如果卖方装货，也是由买方承担相关风险和费用。

（3）出口通关。卖方只有在买方要求时，才有责任协助办理出口，即卖方无义务安排出口通关。因此，在买方不能办理出口清关手续时，尽量不要采用 EXW 术语。

（4）查对费用和检验费用。卖方必须支付为了交货所需进行的查对费用（如查对质量、丈量、过磅、点数的费用）。买方必须支付任何装运前必需的检验费用，包括出口国有关机构强制进行的检验费用。

（5）买卖双方协助提供信息及相关费用。应买方要求并由其承担风险和费用，卖方必须及时向买方提供或协助其取得相关货物出口和（或）进口以及／或将货物运输到最终目的地所需要的任何单证和信息，包括安全相关信息。买方必须及时告诉卖方任何安全相关信息要求，偿付卖方向其提供或协助其取得单证和信息时发生的所有费用。

二、FCA 术语

FCA（free carrier，货交承运人），后跟指定地点（... named place）。该术语可适用于任何运输方式，包括多式联运。FCA 是指卖方在其所在地或其他指定地点将货物交给买方指定的承运人或其他人，并办理出口清关手续，即完成交货。如果在卖方所在地交货，则应该将卖方所在地址明确为指定交货地点；如果双方在其他地点交货，则必须确定不同的特定交货地点。承运人是指受托运人的委托，负责将货物从约定的起运地运往目的地的人，既包括拥有运输工具、实际完成运输任务的运输公司，也包括不掌握运输工具的运输代理人。FCA 术语后要加注双方约定的交货地点，即承运人接运货物的地点，如"FCA Beijing"。

1. 卖方的责任和义务

（1）卖方必须在约定日期或期限内，在指定地点或该地点的约定点，将货物交给买方指定的承运人或其他人,并给予买方充分通知。

(2)卖方必须自负风险和费用,取得所需的出口许可或其他官方批准证件,办理货物出口所需的一切海关手续,支付完成交货前与货物相关的一切费用,包括出口应交纳的一切关税、税款和其他费用。

(3)卖方提供符合买卖合同约定的货物和商业发票,以及合同可能要求的其他与合同相符的证据。任何单证在双方约定或符合惯例的情况下,可以是同等功效的电子记录或程序。

2. 买方的责任和义务

(1)买方必须在约定地点收取货物,必须自负费用签订自指定的交货地点起运货物的运输合同,指定承运人,并将承运人等信息通知卖方。

(2)买方自负风险和费用,取得出口许可证或其他官方批准的证件,并负责办理货物进口所需的一切手续,支付货物进口应交纳的一切关税、税款和其他费用,以及办理海关手续的费用和从他国过境的运输费用。

(3)买方承担卖方交货后货物灭失或损坏的一切风险。如买方未按照规定将其所指定的承运人信息通知卖方,或指定承运人未在约定时间接管货物,则自约定交货期届满之日起,买方承担货物灭失或损坏的一切风险。

(4)买方接受卖方提供的交货凭证,按照买卖合同约定支付货款。任何单证在双方约定或符合惯例的情况下,可以是同等功效的电子记录或程序。

3. 使用 FCA 贸易术语应注意的问题

(1)有关交货地点的问题。如果指定的交货地点是卖方所在地,则当货物被装上买方提供的运输工具时,交货完成;在任何其他情况下,则当货物在卖方的运输工具上可供卸载,并可由承运人或买方指定的其他人处置时,交货完成。如果未明确指定交货地点内特定的交付地点,且有数个交付地点可供使用时,卖方则有权选择最合适其目的的交货地点。

(2)查对费用和检验费用的相关规定。卖方必须支付为了交货所需要的查对费用(如查对质量、丈量、过磅、点数的费用),以及出口国有关机构强制进行的装运前检验所发生的费用。买方必须支付任何装运前必需的检验费用,但出口国有关机构强制进行的检验费用除外。

(3)买卖双方协助提供信息及相关费用的规定。应买方要求并由其承担风险和费用,卖方必须及时向买方提供或协助其取得相关货物进口和/或将货物运输到最终目的地所需要的任何单证和信息,包括安全相关信息。买方必须及时告知卖方任何安全信息要求,偿付卖方向其提供或协助其取得单证和信息时发生的所有费用。

FCA 贸易术语适用于各种运输方式,其中包括公路、铁路、江河、海洋、航空运输以及多式联运。无论采用哪种运输方式,卖方承担的风险均于货交承运人时转移,即卖方承担货交承运人前的风险和费用,买方承担货交承运人后的风险和费用。风险转移之后,与运输、保险相关的责任和费用也进行转移。

三、FAS 术语

FAS(free alongside ship,船边交货),后跟指定装运港名称(... named port of shipment)。

该术语仅适用于海运或内河水运。

FAS 是指当卖方在指定装运港将货物按规定期限交到买方指定的船边（如置于码头或驳船上）时，即为交货。买卖双方负担的风险和费用均以船边为界。如果买方所派的船只不能靠岸，卖方也要负责使用驳船将货物运送至船边交货。买方必须承担自那时起货物灭失或损坏的一切风险。

由于卖方承担在特定地点前的风险和费用，而且这些费用和相关作业费可能因各港口惯例不同而变化，故特别建议双方尽可能清楚地订明指定的装运港内的装货点。

卖方要负责办理货物的出口清关手续，并承担出口清关费用，但卖方无义务办理进口清关、支付任何进口税或办理任何进口海关手续。

1. 卖方的责任和义务

（1）卖方必须在指定的装运港将货物置于买方指定的船舶旁边，并及时给予买方充分通知。

（2）卖方自负风险和费用，取得出口许可证或其他官方批准的证件，并负责办理货物出口所需的一切手续。

（3）卖方承担完成交货前货物灭失或损坏的一切风险。

（4）卖方提供符合买卖合同约定的货物和商业发票，以及合同可能要求的其他与合同相符的证据。任何单证在双方约定或符合惯例的情况下，可以是同等功效的电子记录或程序。

2. 买方的责任和义务

（1）买方必须自负费用签订自指定装运港起运货物的运输合同，并将船舶名称、装船地点和其在约定期限内选择的交货时间向卖方发出充分通知。

（2）买方自负风险和费用，取得进口许可证或其他官方批准的证件，并负责办理货物进口所需的一切海关手续。

（3）买方承担卖方交货后货物灭失或损坏的一切风险。如由于买方指定的船舶未准时到达，或未收到货物，则买方自约定交货日期或约定期届满之日起承担所有货物灭失或损坏的一切风险，但以该货物已清楚地确定为合同项下之货物者为限。

（4）买方根据买卖合同的约定收取货物，接受卖方提供的运输凭证和支付货款。

3. 按 FAS 条件订立合同应注意的问题

（1）查对费用和检验费用的相关规定。卖方必须支付为了交货所需要进行的查对费用（如查对质量、丈量、过磅、点数的费用），以及出口国有关机构强制进行的装运前检验所发生的费用。买方必须支付任何装运前必需的检验费用，但出口国有关机构强制进行的检验费用除外。

（2）买卖双方协助提供信息及相关费用的规定。应买方要求并由其承担风险和费用，卖方必须及时向买方提供或协助其取得相关货物进口和/或将货物运输到最终目的地所需要的任何单证和信息，包括安全相关信息。应卖方要求并由其承担风险和费用，买方必须及时向卖方提供或协助其取得相关货物出口和/或将货物运输到最终目的地所需要的任何单证和信息，包括安全相关信息。

（3）采用集装箱运输时交货地点的问题。当货物装在集装箱里时，卖方通常将货物在集装箱码头交给承运人，而非交到船边。这时，FAS 术语不适合，应当使用 FCA 术语。

（4）对 FAS 的不同解释。根据《2010 通则》的解释，FAS 术语只适用于海运或内河运输，交货地点是指定的装运港。但是，按照《1941 年修订本》的解释，FAS 是 Free Alongside 的缩写，是指在交货工具旁交货。因此，为了避免产生误解，在同美洲国家的商人进行贸易时，如果要在装运港交货，则应在 FAS 后面加上"Vessel"字样，以明确表示是在装运港"船边交货"。

（5）要注意船货的衔接。由于在 FAS 条件下，是由买方负责安排货物的运输，买方要及时将船名和要求装货的具体时间、地点通知卖方，使卖方能按时做好交货准备。所以就存在一个船货衔接问题。根据有关法律和惯例，如买方指派的船只未按时到港接受货物，或者比规定时间提前停止装货，或者买方未能及时发出派船通知，只要货物已被清楚地划出，或以其他方式确定为本合同项下的货物，由此产生的风险和费用均由买方承担。

四、FOB 术语

（一）FOB 术语的含义

FOB 的全称是 Free on Board（... named port of shipment），即船上交货（……指定装运港），习惯上称为装运港船上交货。

FOB 术语是指卖方在约定的装运港按合同规定的装运时间将货物交到买方指派的船上。按照《2010 通则》规定，此术语只能适用于海运和内河运输。但是，在海运和内河航运中，如果要求卖方在船舶到达装运港之前就要将货物交到港口货站，则应改用 FCA 术语。

采用 FOB 术语时，买卖双方各自承担的基本义务概括起来，可作如下划分：

1. 卖方的责任与义务

（1）卖方必须在指定的装运港将货物置于买方指定的船上，并及时给予买方充分通知。

（2）卖方自负风险和费用，取得出口许可证或其他官方批准的证件，并负责办理货物出口所需的一切手续。

（3）卖方承担完成交货前货物灭失或损坏的一切风险。

（4）卖方提供符合买卖合同约定的货物和商业发票，以及合同可能要求的其他与合同相符的证据。任何单证在双方约定或符合惯例的情况下，可以是同等功效的电子记录或程序。

2. 买方的责任与义务

（1）买方必须自负费用签订自指定装运港起运货物的运输合同，并将船舶名称、装船地点和其在约定期限内选择的交货时间向卖方发出充分通知。买方必须自付费用取得货物保险。

（2）自负风险和费用，取得进口许可证或其他官方批准的证件，并负责办理货物进口所需的一切海关手续。

（3）承担卖方交货后货物灭失或损坏的一切风险。如由于买方指定的船舶未准时到达，或未收到货物，则买方自约定交货日期或约定期届满之日起承担所有货物灭失或损坏的一切风险，但以该货物已清楚地确定为合同项下之货物者为限。

（4）根据买卖合同的约定收取货物，接受卖方提供的运输凭证和支付货款。任何单证在双方约定或符合惯例的情况下，可以是同等功效的电子记录或程序。

(二) 在具体业务中，使用 FOB 术语时应注意的问题

1. "装船"的概念与风险划分的界限

"装船"是 FOB 合同划分风险的界限，国际不同惯例对"装船"的解释不尽一致。按照《2010 通则》规定：FOB 合同的卖方必须及时在装运港将货物"装上船"，并负担货物在装运港装上船以前的一切风险，即当货物在装上船后，卖方即履行了交货任务。卖方的交货点 (point of delivery) 是在"船上"，买方负担自该交货点起货物灭失或损坏的一切风险。在实际业务中，卖方应该根据合同规定或者双方确立的习惯做法，负责把货物在装运港装到船上，并提供清洁的已装船提单。

2. 船货衔接问题

在 FOB 合同中，由买方负责安排船只（租船或订舱），卖方负责装货，这就存在一个船货衔接的问题。如果船只如期到达指定的装运港，而卖方的货物未能如期而至，买方则会因船只空舱等待而多支付空舱费；相反，如果卖方如期将货物运到规定地点，准备装船，而买方安排的船只却没有如期到达，卖方只好将货物存放在港口的仓库里等待，或者需要支付额外的仓储费用，这就增加了卖方成本。因此，在 FOB 合同中，必须对船货衔接问题作明确规定，并在订约以后加强联系、密切合作，防止船货脱节。

按照国际惯例和有关法律的规定，按 FOB 术语成交的合同，买方应在安排好船只后及时通知卖方，以便卖方备货装船。如果买方未能按规定通知卖方，或未能按时派船，这包括未经对方同意提前或延迟将船派到装运港的情况，卖方都有权拒绝交货；由此产生的各种损失，如空舱费、滞期费及卖方增加的仓储费等由买方负担。如果买方指派的船只按时到达装运港，而卖方却未能备妥货物，那么由此产生的上述费用则由卖方负担。

在按 FOB 术语订约的情况下，如成交数量不大，只需要部分舱位或用班轮装运时，卖方可以接受买方委托，代买方办理各项装运手续。但这纯属代办性质，买方应负担卖方由于代办而产生的费用，若租不到船只或订不到舱位，其风险也由买方负责。

3. 查对费用和检验费用的相关规定

卖方必须支付为了交货所需要进行的查对费用（如查对质量、丈量、过磅、点数的费用），以及出口国有关机构强制进行的装运前检验所发生的费用。买方必须支付任何装运前必需的检验费用，但出口国有关机构强制进行的检验费用除外。

4. 买卖双方协助提供信息及相关费用的规定

应买方要求并由其承担风险和费用，卖方必须及时向买方提供或协助其取得相关货物进口和/或将货物运输到最终目的地所需要的任何单证和信息，包括安全相关信息。应卖方要求并由其承担风险和费用，买方必须及时向卖方提供或协助其取得货物运输和出口及从他国过境运输所需要的所有单证和信息，包括安全相关信息。

5.《2000 通则》中"船舷为界"的确切含义

以"船舷为界"表明货物在装上船之前的一切风险，如在装船时货物跌落码头或海中所造成的损失，均由卖方承担。货物装上船之后，在启航前和在运输过程中所发生的损坏或灭失，则均由买方承担。以装运港船舷作为划分风险的界限是历史上形成的一项行之有效的规

则,这种划分风险的规则,其界限分明,易于理解和接受。但"船舷为界"并不表示买卖双方的责任和费用划分的界限。因为装船作业是一个连续的过程,在卖方承担装船责任的情况下,他必须完成这一过程,而不可能在船舷处办理交接。关于费用划分问题,《2000通则》中也有相应的规定:"卖方必须支付与货物有关的一切费用,直至货物在指定装运港已越过船舷时为止。"在一般情况下,卖方要承担装船的主要费用,但不包括平舱费和理舱费。但在实际业务中,买卖双方可根据实际需要协商,做出不同规定。

6. 装船费用的负担问题

由于FOB术语历史较悠久,各个国家和地区在使用时对"装船"概念的解释有一定的差别,做法上也不完全一致。为了说明装船费用的负担问题,往往在FOB术语后面加列附加条件,这就形成了FOB的变形。FOB的变形只说明装船费用由谁负担,而不影响买卖双方所应承担风险划分的界限。FOB的变形有:

(1) FOB Liner Terms(FOB班轮条件),是指装船费用是按照班轮的做法办理,该费用包含在运费中,由支付运费的买方来负担。值得注意的是,FOB班轮条件并不要求用班轮运输货物。

(2) FOB Under Tackle(FOB吊钩下交货),是指卖方负担的费用只到买方指派船只的吊钩所及之处,吊装入舱以及其他各项费用由买方负担。

(3) FOB Stowed(包括FOB理舱费),是指卖方负责将货物装入船舱并承担包括理舱费在内的装船费。理舱费是指货物入舱后进行安置和整理的费用。

(4) FOB Trimmed(包括FOB平舱费),是指卖方负责将货物装入船舱并承担包括平舱费在内的装船费。平舱费是指对装入船舱的散装货物进行平整所需要的费用。

在许多标准合同中,为明确表示由卖方承担包括理舱费和平舱费在内的各项装船费用,常用FOBST(FOB Stowed and Trimmed)来表示。

7. 个别国家对FOB术语的不同解释

以上有关对FOB术语的解释都是按照国际商会的《通则》做出的。然而,不同国家和不同惯例对FOB术语的解释并不完全统一。它们之间的差异在有关交货地点、风险划分界限以及卖方承担的责任义务等方面的规定都可以体现出来。例如在北美洲的一些国家采用的《1941年修订本》中将FOB概括为六种,其中前三种是在出口国内指定地点的内陆运输工具上交货,第四种是在出口地点的内陆运输工具上交货。上述第四种和第五种在使用时应注意,因为这两种术语在交货地点上可能相同。比如,都是在旧金山(San.Francisco)交货,如果买方要求在装运港口的船上交货,则应在FOB和港口之间加上Vessel(船)字样,变成"FOB Vessel San.Francisco",否则,卖方有可能按第四种,在旧金山市的内陆运输工具上交货。

即使都是在装运港船上交货,关于风险划分界限的规定也不完全一样。按照美国的《1941年修订本》的解释,买卖双方划分风险的界限不是在船舷,而是在船上。卖方由此"承担货物一切灭失或损毁责任,直至在规定日期或期限内,已将货物装载于轮船上为止"。

另外关于办理出口手续问题也存在分歧。按照《2010通则》解释,FOB条件下,卖方应"自担风险及费用,取得任何出口许可证或其他官方证件,并在需要办理海关手续时,负责办理出口货物所需的一切海关手续"。但是，按照美国的《1941 年修订本》解释，卖方只是"在买方请求并由其负担费用的情况下，协助买方取得由原产地及 / 或装运地国家签发的、为货物出口或在目的地进口所需的各种证件"，即买方要承担一切出口捐税及各种费用。FOB Vessel 的卖方只有在买方提出请求，并由买方负担风险的情况下，才有义务协助买方取得由出口国签发的出口所需的证件和在目的地进口所需的证件，并且出口税以及其他捐税和费用也需要由买方负担，而《2010 通则》则将此作为卖方的一项义务。

鉴于上述情况，在我国对美国、加拿大等北美洲国家的业务中，采用 FOB 术语成交时，应对有关问题做出明确规定，以免发生误会。

五、CFR 术语

（一）CFR 术语的含义

CFR 的全称是 Cost and Freight（... named port of destination），即成本加运费（……指定目的港），在《2000 通则》之前用"C&F"来表示。

CFR 术语也是国际贸易中常用的术语之一，只适用于海运和内河运输，交货地点仍在装运港。该术语仅用于海运或内河水运。

CFR 是指卖方在船上交货或以取得已经这样交付的货物方式交货。货物灭失或损坏的风险在货物交到船上时转移。卖方必须签订运输合同，并支付必要的成本和运费，将货物运至指定的目的港。CFR 不适用于货物在船上前已经交给承运人的情况。如用集装箱运输的货物通常是在集装箱码头交货，此时，应当使用 CPT 术语。

与 FOB 术语相比，卖方承担的义务中多了一项租船订舱，即卖方要自负费用订立运输合同。具体来讲，买卖双方各自承担的基本义务如下：

1. 卖方的责任和义务

（1）卖方必须按照通常条件订立运输合同，支付费用，以将货物装上船，或以取得已装船货物的方式交货，并及时给予买方充分通知。

（2）卖方自负风险和费用，取得出口许可证或其他官方批准的证件，并负责办理货物出口所需的一切手续。

（3）卖方承担完成交货前货物灭失或损坏的一切风险。

（4）卖方提供符合买卖合同约定的货物和商业发票，以及合同可能要求的其他与合同相符的证据。任何单证在双方约定或符合惯例的情况下，可以是同等功效的电子记录或程序。

2. 买方的责任和义务

（1）买方必须在指定目的港自承运人处收取货物。买方必须自付费用取得货物保险。

（2）买方自负风险和费用，取得进口许可证或其他官方批准的证件，并负责办理货物进口所需的一切手续。

（3）买方承担卖方交货后货物灭失或损坏的一切风险。如买方决定货物运输时间和 / 或指定目的港内收取货物地点，买方必须向卖方发出充分通知，否则买方自约定交货日期或约定期届满之日起，承担所有货物灭失或损坏的风险，但以该货物已清楚地确定为合同项下之货物者为限。

（4）买方接受卖方提供的运输凭证和支付货款。任何单证在双方约定或符合惯例的情况下，可以是同等功效的电子记录或程序。

（二）使用CFR术语时应注意的问题

1. 租船或订舱的责任

根据《2010通则》规定，CFR合同的卖方只负责按照通常条件租船或订舱，经惯常航线，运至目的港。因此，卖方有权拒绝买方提出的关于限制船舶的国籍、船型、船龄或指定某班轮公司的船只等要求。但在实际业务中，若国外买方提出上述要求，卖方在能办到也不增加费用的情况下，可以考虑予以通融。

2. 有关费用的划分

卖方负担完成交货前与货物相关的一切费用；除运输合同规定外，包括驳运费和码头费在内的卸货费由买方负担。

3. 关于装船通知

按CFR术语订立合同，需特别注意的是装船通知问题。因为在CFR术语下，卖方负责租船订舱，将货物装上船，由买方负责办理货物保险，货物在装船后所发生的风险损失由买方负责。因此，在货物装船后及时向买方发出装船通知，就成为卖方应尽的一项至关重要的义务。因为办理运输保险，就是针对运输过程中出现的风险和损失，而一旦因卖方未及时通知而导致买方不能及时投保，卖方就必须承担由此产生的全部损失。

因此，在实际业务中，出口企业应事先与国外买方就如何发装船通知商定具体做法；如事先未商定，则应根据双方的习惯做法，或根据订约后、装船前买方提出的具体请求，及时通过电讯方式向买方发出装船通知。

4. 查对费用和检验费用的相关规定

卖方必须支付为了交货所需要进行的查对费用（如查对质量、丈量、过磅、点数的费用），以及出口国有关机构强制进行的装运前检验所发生的费用。买方必须支付任何装运前必需的检验费用，出口国有关机构强制进行的检验费用除外。

5. 买卖双方协助提供信息及相关费用的规定

应买方要求并由其承担风险和费用，卖方必须及时向买方提供或协助其取得相关货物进口和/或将货物运输到最终目的地所需要的任何单证和信息，包括安全相关信息。应卖方要求并由其承担风险和费用，买方必须及时向卖方提供或协助其取得货物运输和出口及从他国过境运输所需要的任何单证和信息，包括安全相关信息。

6. 风险转移和费用转移问题

按照CFR术语成交，买卖双方风险划分的界限与FOB一样仍然在装运港，即货物装上船时风险即由卖方转移至买方。因为CFR术语仍然属于装运港交货的贸易术语，事实上卖方只是保证按时装运，却不保证货物按时到达，也不承担将货物送抵目的港的义务。

7. 卸货费用负担问题

CFR是指卖方应将货物运往合同规定的目的港，并支付正常费用。但货物运至目的港后的卸货费由谁承担也是一个需要考虑并明确规定的问题。由于各国做法不尽相同，通常采用CFR变形的形式来做出具体规定。CFR变形后的形式主要有：

（1）CFR Liner Terms（CFR 班轮条件）。这一变形是指卸货费由谁负担，按照班轮的做法来办的，即由支付运费的卖方来负担卸货费。

（2）CFR Landed（CFR 卸至岸上）。这一变形是指由卖方负担将货物卸至岸上的费用，包括可能支付的驳船费和码头费。

（3）CFR Ex Ship's Hold（CFR 舱底交货）。这一变形是指货物由目的港船舱底起吊至卸到码头的卸货费用均由买方负担。

（4）CFR Under Ship's Tackle（CFR 船舶吊钩下交货）。这一变形是指卖方负担的费用中包含了将货物从船舱吊起卸到船舶吊钩所及之处（码头上或驳船上）的费用。

CFR 的变形只说明卸货费用的划分，并不会改变 CFR 的交货地点和风险划分的界限。

六、CIF 术语

（一）CIF 术语的含义

CIF Cost, Insurance and Freight（... named port of destination），即成本、保险费加运费（……指定目的港）。

CIF（cost insurance and freight，成本加保险费加运费），后跟指定目的港名称（... named port of destination），是指卖方在船上交货或以取得已经这样交付的货物方式交货。货物灭失或损坏的风险在货物交到船上时转移。卖方必须签订运输合同，并支付必要的成本和运费，以将货物运至指定目的港。卖方还要为买方在运输途中货物灭失或损坏的风险办理保险。但买方应注意，在 CIF 术语下卖方仅需投保最低险别；如果买方需要更多的保险，则需要与卖方明确达成协议，或者自行作出额外的保险安排。

CIF 术语只适用于海运和内河水运，不适用于货物在上船前已经交给承运人的情况。如用集装箱运输的货物通常是在集装箱码头交货，在此情况下，应当使用 CIP 术语。

在业务上，有人误称 CIF 术语为"到岸价"，将其误解为卖方承担货物从装运港至目的港的一切风险和费用，这是非常错误的，不能使用"到岸价"的说法来指代 CIF。

1. 卖方的责任和义务

（1）卖方必须按照通常条件订立运输合同，支付费用，以将货物装上船，或以取得已装船货物的方式交货，并及时给予买方充分通知。卖方必须自付费用取得货物保险。

（2）卖方自负风险和费用，取得出口许可证或其他官方批准的证件，并负责办理货物出口所需的一切手续。

（3）卖方承担完成交货前货物灭失或损坏的一切风险。

（4）卖方提供符合买卖合同约定的货物和商业发票，以及合同可能要求的其他与合同相符的证据。任何单证在双方约定或符合惯例的情况下，可以是同等功效的电子记录或程序。

2. 买方的责任和义务

（1）买方必须在指定目的港自承运人处收取货物。

（2）买方自负风险和费用，取得进口许可证或其他官方批准的证件，并负责办理货物进口所需的一切手续。

（3）买方承担卖方交货后货物灭失或损坏的一切风险。如买方决定货物运输时间和 / 或指定目的港内收取货物地点时,买方必须向卖方发出充分通知,否则买方自约定交货日期或约定期届满之日起,承担所有货物灭失或损坏的风险,但以该货物已清楚地确定为合同项下之货物者为限。

(4)买方接受卖方提供的运输凭证和支付货款。任何单证在双方约定或符合惯例的情况下,可以是同等功效的电子记录或程序。

(二)使用CIF术语应注意的问题

1. 有关风险转移和费用转移的问题

按CIF术语成交,虽然由卖方安排货物运输和办理货物保险,但卖方并不承担把货物送到约定目的港的义务,因为CIF是属于装运港交货的术语,而不是目的港交货的术语。也就是说,CIF术语的风险转移地点与费用转移地点是不同的,卖将运费和保险费用支付到目的港,但其承担风险的责任却在装运港就结束了。

同时,双方应尽可能准确地指定约定目的港的交付地点,因为将货物交至该交付点的费用由卖方承担。如果卖方按照运输合同在目的地发生了卸货费用,则除非双方事先另有约定,卖方无权向买方要求补偿该项费用。

2. 保险的性质与险别问题

CIF是由卖方负责办理货运保险,但是如果货物在运输途中出现风险和损失,卖方并不承担责任,买方可以凭保险单向保险公司索赔,但是否得到赔偿也与卖方没有关系。卖方应投保什么样的险别,投保金额是多少,一般应在签订买卖合同时有明确规定。《2010通则》规定,该保险需至少符合"协会货物条款"(Institute Cargo Clause,ICC)中"条款(C)"(Clauses C)或类似条款的最低险别。当买方要求,且能提供卖方所需的信息时,卖方应办理任何附加险别,由买方承担费用。按照《1941年修订本》的解释,双方应明确投保水渍险(WPA)或平安险,以及属于特定行业应保的其他险别,或是买方需要获得单独保障的险别。而《1932年华沙—牛津规则》规定,需要按照不同行业惯例或在规定航线上应投保的一切风险进行投保,但不包括投保战争险。

3. 查对费用和检验费用的相关规定

卖方必须支付为了交货所需要进行的查对费用(如查对质量、丈量、过磅、点数的费用),以及出口国有关机构强制进行的装运前检验所发生的费用。买方必须支付任何装运前必需的检验费用,但出口国有关机构强制进行的检验费用除外。

4. 买卖双方协助提供信息及相关费用的规定

应买方要求并由其承担风险和费用,卖方必须及时向买方提供或协助其取得相关货物进口和/或将货物运输到最终目的地所需要的任何单证和信息,包括安全相关信息。应卖方要求并由其承担风险和费用,买方必须及时向卖方提供或协助其取得货物运输和出口及从他国过境运输所需要的任何单证和信息,包括安全相关信息。

5. 有关象征性交货问题

从交货方式上看,CIF是一种典型的象征性交货。象征性交货是针对实际交货而言的。实际交货是指卖方要在规定时间和地点将符合合同规定的货物提交给买方或其他指定的人,不能以交单代替交货;象征性交货是指卖方只要按期在约定地点完成装运,并向买方提交合同规定的（包括物权凭证在内的）有关单据，就算完成了交货任务，而无须保证到货。

可见，在象征性交货时，卖方是凭单交货，买方是凭单付款。只要卖方如期向买方提交了符合合同规定的全套合格单据，即使货物在运输途中损坏或灭失，买方也必须履行付款义务；反之，如果卖方提交的单据不符合要求，即使货物完好无损地运达目的地，买方也有权拒绝付款。

在 CIF 合同中，卖方实际上有两项义务——交付货物和提交单据，这两项缺一不可。买方也有两项权利——验单权和验货权。若单货不符，且属于卖方责任，买方可拒收货物，即使已付款，也可按合同规定要求退货或赔偿。

6. 卸货费用负担问题

CIF 是指卖方应将货物运往合同规定的目的港，并支付正常费用。但货物运至目的港后的卸货费由谁承担也是一个需要考虑并明确规定的问题。由于各国做法不尽相同，通常采用 CIF 变形的形式来做出具体规定。CIF 变形后的形式主要有：

（1）CIF Liner Terms（CIF 班轮条件）。这一变形是指卸货费由谁负担，按照班轮的做法来办，即由支付运费的卖方来负担卸货费。

（2）CIF Landed（CIF 卸至岸上）。这一变形是指由卖方负担将货物卸至岸上的费用，包括可能支付的驳船费和码头费。

（3）CIF Ex Ship's Hold（CIF 舱底交货）。这一变形是指货物由目的港船舱底起吊至卸到码头的卸货费用均由买方负担。

（4）CIF Under Ship's Tackle（CIF 船舶吊钩下交货）。这一变形是指卖方负担的费用包含了将货物从船舱吊起卸到船舶吊钩所及之处（码头上或驳船上）的费用。

CIF 的变形只说明卸货费用的划分，并不改变 CIF 的交货地点和风险划分的界限。

小知识　　FOB、CFR、CIF 三种术语的异同

相同点：

1. 买卖双方承担的风险划分：都是以装运港船上为界的。在货物越过船上之前由卖方承担，而货物装上船之后，则由买方承担；因此，就卖方承担的风险而言，有：CIF=CFR=FOB；

2. 交货地点：都是在装运港完成交货的；

3. 适用的运输方式：都是只适用于水上运输方式；

4. 货物进出口手续办理的规定：都规定货物的出口手续由卖方办理，而货物的进口手续则由买方办理；

不同点：

买卖双方承担的责任以及费用不同：CIF 术语要求卖方既要负责办理货物运输并支付运费，也要办理货物的运输保险并支付保险费；而 CFR 术语只要求卖方办理货物的运输并支付运费；FOB 术语只要求卖方在装运港交货，不负责货物的运输和保险。因此，就卖方承担的责任和费用而言，则有：CIF ＞ CFR ＞ FOB。

七、CPT 术语

（一）CPT 术语的含义

CPT 的全称是 Carriage Paid to（... named place of destination）即运费付至（……指定目的地）。

CPT 是指卖方将货物在双方约定的地点（如果双方已经约定了地点）向其指定的承运人交货，还必须支付将货物运至目的地的运费。但是，货物在交给指定承运人后发生的一切风险和其他费用，要由买方负担。该术语与 FCA 术语一样，适用于任何运输方式，包括多式联运。

采用 CPT 术语时，买卖双方各自承担的基本义务如下：

1. 卖方的责任和义务

（1）卖方必须在约定的日期或期限内，按照通常条件签订或取得运输合同，将货物交给签订合同的承运人。货物自交货地点的约定交货点（如有的话）运送至指定目的地或该目的地的交付地点（如有约定），支付运费，经由通常航线和习惯方式运送货物，并及时给予买方充分通知。

（2）卖方自负风险和费用，取得出口许可证或其他官方批准证件，办理货物出口和交货前从他国过境运输所需要的一切海关手续。卖方支付货物出口所需的海关手续的费用，出口应交纳的一切关税、税款和其他费用，以及按照运输合同规定由卖方支付的货物从他国过境运输的费用。

（3）卖方承担交货前货物灭失或损坏的一切风险。

（4）卖方提供符合买卖合同约定的货物和商业发票，以及合同可能要求的其他与合同相符的证据。任何单证在双方约定或符合惯例的情况下，可以是同等功效的电子记录或程序。

2. 买方的责任和义务

（1）买方必须在指定目的地自承运人处收取货物。当买方有权决定发货时间和/或指定目的地或目的地内收取货物的地点时，买方必须向卖方发出充分通知。买方必须自付费用取得货物保险。

（2）买方自负风险和费用，取得进口许可证或其他官方批准证件，并负责办理货物出口和他国过境运输所需的一切海关手续。买方支付货物进口应交纳的一切关税、税款和其他费用，以及办理进口海关手续的费用和从他国过境运输的费用。

（3）买方承担卖方交货后货物灭失或损坏的一切风险，但以该货物已清楚地确定为合同项下之货物为限。

（4）买方接受卖方提供的运输凭证和支付货款。任何单证在双方约定或符合惯例的情况下，可以是同等功效的电子记录或程序。

（二）采用 CPT 贸易术语需注意的问题

1. 有关风险转移和费用转移的问题

按 CPT 术语成交，双方应该尽可能确切地在合同中明确交货地点，因为风险在这里转移至买方；同时指定目的地（卖方必须签订运输合同运到该目的地）。如果运输到约定目的地涉及多个承运人,且双方不能就交货点达成一致,卖方将货物交给第一承运人时,风险转移至买方。由于卖方需承担将货物运至目的地该地点的费用,双方应尽可能确切地订明约定的目的地内的该地点。如果卖方按照运输合同在指定的目的地卸货发生了费用,除非双方另有约定,卖方无权向买方要求赔付。

2. 有关买卖双方的通知问题

卖方必须向买方发出已交货的通知,以便买方采取收取货物通常所需的措施;当买方有权决定发货时间和/或指定目的地或目的地内收取货物的地点时,买方必须向卖方发出充分通知。

3. 查对费用和检验费用的相关规定

卖方必须支付为了交货所需要进行的查对费用(如查对质量、丈量、过磅、点数的费用),以及出口国有关机构强制进行的装运前检验所发生的费用。买方必须支付任何装运前必需的检验费用,但出口国有关机构强制进行的检验费用除外。

4. 买卖双方协助提供信息及相关费用的规定

应买方要求并由其承担风险和费用,卖方必须及时向买方提供或协助其取得相关货物进口和/或将货物运输到最终目的地所需要的任何单证和信息,包括安全相关信息。应卖方要求并由其承担风险和费用,买方必须及时向卖方提供或协助其取得货物运输和出口及从他国过境运输所需要的任何单证和信息,包括安全相关信息。

八、CIP 术语

(一)CIP 术语的含义

CIP 的全称是 Carriage and Insurance paid to(... named place of destination),即运费、保险费付至(……指定的目的地)。

CIP 是指卖方向其指定的承运人交货,办理货物运输并支付将货物运至目的地的运费。此外,卖方还要订立保险合同并支付保险费用。但买方要承担卖方交货后的一切风险和额外费用。

采用 CIP 术语时,买卖双方各自承担的基本义务如下:

1. 卖方的责任和义务

(1)卖方必须在约定日期或期限内,按照通常条件签订或取得运输合同,将货物交给签订合同的承运人。货物自交货地点的约定交货点(若有的话)运至指定目的地国该目的地的交付点(若有约定),支付运费,经由通常航线和习惯方式运送货物,并及时给予买方充分通知。

(2)卖方必须自付费用取得货物保险。根据《2010 通则》规定,该保险需至少符合"协会货物条款""条款(C)"或类似条款的最低险别。当买方要求,且能提供卖方所需的信息时,卖方应办理任何附加险别,由买方承担费用。保险最低金额是合同金额另加 10%(即 110%),并采用合同中的货币计算。

(3)卖方自负风险和费用,取得出口许可证或其他官方批准证件,办理货物出口和交货前从他国过境运输所需要的一切海关手续。卖方支付货物出口所需海关手续,出口应交纳的一切关税、税款和其他费用，以及按照运输合同规定由卖方支付的货物从他国过境运输的费用。

（4）卖方承担交货前货物灭失或损坏的一切风险。

（5）卖方提供符合买卖合同约定的货物和商业发票，以及合同可能要求的其他与合同相符的证据。任何单证在双方约定或符合惯例的情况下，可以是同等功效的电子记录或程序。

2. 买方的责任和义务

（1）买方必须在指定目的地自承运人处收取货物。当买方有权决定发货时间和/或指定目的地或目的地内收取货物的地点时，买方必须向卖方发出充分通知。

（2）买方自负风险和费用，取得进口许可证或其他官方批准证件，并负责办理货物出口和他国过境运输所需的一切海关手续。支付货物进口应交纳的一切关税、税款和其他费用，以及办理进口海关手续的费用和从他国过境运输的费用。

（3）买方承担卖方交货后货物灭失或损坏的一切风险。当买方有权决定在约定期间的具体时间和/或在指定目的地内的收取货物的地点时，如买方未及时给予卖方通知，则买方必须从约定的交货日期或交货期限届满之日起，承担货物灭失或损坏的一切风险，但以该货物已清楚地确定为合同项下之货为限。

（4）买方接受卖方提供的运输凭证和支付货款。任何单证在双方约定或符合惯例的情况下，可以是同等功效的电子记录或程序。

（二）采用CIP贸易术语需注意的问题

1. 有关风险转移和费用转移的问题

按CIP术语成交，双方应尽可能确切地在合同中明确交货地点，因为风险在这里转移至买方；同时应指定目的地（卖方必须签订运输合同运到该目的地）。如果运输到多个目的地涉及多个承运人，且双方不能就交货地点达成一致，在卖方将货物交给第一承运人时，风险转移至买方。由于卖方需承担将货物运至目的地该地点的费用，双方应尽可能订明约定的目的地内的该地点。如果卖方按照运输合同在指定的目的地卸货发生了费用，除非双方另有约定，否则卖方无权向买方要求偿付。

2. 关于附加险费用的负担问题

按CIP术语成交，是由卖方负责办理货运保险。根据《2010通则》规定，卖方只需投保最低险别，但当买方要求，且能提供卖方所需的信息时，卖方应办理所有附加险别，所发生的费用由买方承担。

3. 查对费用和检验费用的相关规定

卖方必须支付为了交货所需要进行的查对费用（如查对质量、丈量、过磅、点数的费用），以及出口国有关机构强制进行的装运前检验所发生的费用。买方必须支付任何装运前必需的检验费用，但出口国有关机构强制进行的检验费用除外。

4. 买卖双方协助提供信息及相关费用的规定

应买方要求并由其承担风险和费用，卖方必须及时向买方提供或协助其取得相关货物进口和/或将货物运输到最终目的地所需要的任何单证和信息，包括安全相关信息。应卖方要求并由其承担风险和费用，买方必须及时向卖方提供或协助其取得货物出口及从他国过境运输所需要的任何单证和信息，包括安全相关信息。

以上介绍了六种常用的贸易术语，均属于在出口国交货的术语。其中 FOB、CFR 和 CIF 三种术语都是在装运港交货，都是在装运港以"装运港的船上"来划分买卖双方承担的风险，都只适用于海运或内河运输。而 FCA、CPT 和 CIP 三种术语实际上是在前三种术语的基础上发展而成的，是将其适用的运输方式范围由水运而扩大到任何运输方式。它们的对应关系是：在 FOB 的基础上发展而成 FCA；在 CFR 的基础上发展而成 CPT；在 CIF 的基础上发展而成 CIP。所以，FCA、CPT、CIP 与 FOB、CFR、CIF 不同的是：它们适用于所有运输方式，即铁路、公路、空运等，也包括海运或内河运输；风险划分则以"货交承运人"为界限。

从 FCA、CPT、CIP 术语与 FOB、CFR、CIF 术语的比较来看，如果出口地是远离港口的内陆地区或如果用集装箱运输，采用 FCA、CPT、CIP 术语成交对卖方有以下好处：一是卖方可以任意选用合适的运输方式，不一定用海运。二是风险提前转移。只要将货物交给承运人风险就转移至买方。三是承担的费用降低，卖方不用承担将货物运至装运港的费用。四是收汇的时间提前。卖方只要将货物交给承运人，就可以到当地指定银行交单结汇，而不必等到货物装船后取得海运提单。这样可以缩短结汇时间。

另外，在比较 FOB 与 FCA 的异同点、CFR 与 CPT 的异同点、CIF 与 CIP 的异同点时，包括比较任意两种或多种术语的异同点时，都可以从以下五个方面来进行：①交货地点。②风险转移的界限。③有关买卖双方责任的划分（指办理运输、保险、货物进出口的海关手续等）。④有关费用的划分（指运费、保险费、货物的出口和进口在办理海关手续时支付的税费及其他费用）。⑤适用的运输方式。我们可以通过以上五个方面来认识不同术语之间的共性和区别，从而更好地掌握每种术语。例如，CIP 与 CIF 术语有相同之处，它们的价格构成中都包括了通常的运费和保险费，因此，按这两种术语成交，卖方都要负责安排运输和保险并支付有关运费和保险费。但是，CIP 和 CIF 术语也有明显区别，主要是适用的运输方式不同。CIP 适用于各种运输方式，CIF 仅适用于水上运输方式。采用不同的运输方式时，两者的交货地点、风险划分界限以及有关责任和费用的划分自然也不相同。例如，CIP 条件下，卖方要办货运保险，支付保险费；如果是采用多式联运方式，货物保险要包括各种运输险，而按 CIF 术语仅办理水上运输险即可。

C 组的四种术语（CFR、CIF、CPT、CIP）已一一介绍了。C 组术语的销售合同属于装运合同。C 组四种术语的主要特点之一，是风险划分与费用划分相分离。C 组四个术语的价格构成中均包括主要运费，但风险划分的界线是在装运港船上或"货交承运人"。也就是说，卖方虽然承担从交货地至目的地的运输责任，并负担运费，但是，卖方并不承担从交货地至目的地的运输过程中货物发生损坏、灭失及延误的风险。这里还需要强调的是，在 C 组的四种术语中，指定的目的港或目的地不是指卖方的交货地点，而是表示卖方承担的主要运费付至该目的港或目的地。所以 C 组的四种术语都是"主要运费已付"的术语。

九、DAT 术语

（一）DAT 术语的含义

DAT（delivered at terminal，目的地或目的港的集散站交货），后跟指定港口或目的地的运输终端。该术语可适用于任何运输方式，包括多式联运。

DAT 是指卖方在指定港口或目的地的指定运输终端，将货物从抵达的载货运输工具上卸下，交给买方处置，即为交货。"运输终端"意味着所有地点，而不论该地点是否有遮盖，如码头、仓库、集装箱堆场或者公路、铁路、空运货站等。卖方承担将货物送至指定港口或目的地的运输终端并将其卸下期间的一切风险。

1. 卖方的责任和义务

（1）卖方必须在约定的日期或期限内，以在指定的港口或目的地运输终端从抵达的运输工具上将货物交给买方处置的方式交货。

（2）卖方必须自付费用签订运输合同，将货物运至约定港口或目的地的指定运输终端。如未约定特定的运输终端或终端不能由惯例确定，卖方可在约定港口或目的地选择最适合的运输终端，并给买方发出所需通知，以便买方采取收取货物通常所需要的措施。卖方必须自付费用取得货物保险。

（3）卖方自负风险和费用，取得出口许可证或其他官方批准证件，办理货物出口和交货前从他国过境运输所需要的一切海关手续。卖方支付货物出口所需海关手续的费用，出口应交纳的一切关税、税款和其他费用，以及按照运输合同规定，由卖方支付的货物从他国过境运输的费用。

（4）卖方承担交货前货物灭失或损坏的一切风险。

（5）卖方提供符合买卖合同约定的货物和商业发票，以及合同可能要求的其他与合同相符的证据。任何单证在双方约定或符合惯例的情况下，可以是同等功效的电子记录或程序。

2. 买方的责任和义务

（1）买方必须在指定目的地自承运人处收取货物。

（2）买方自负风险和费用，取得进口许可证或其他官方批准证件，并负责办理货物进口和从他国过境运输所需的一切海关手续。买方支付货物进口应交纳的一切关税、税款和其他费用，以及办理进口海关手续的费用和从他国过境运输的费用。

（3）当买方有权决定在约定期间内的具体时间和/或指定运输终端内的收取货物的地点时，买方必须向卖方发出充分通知。

（4）买方负担卖方交货后货物灭失或损坏的一切风险。当买方有权决定在约定期间的具体时间和/或指定目的地内的收取货物的地点时，如买方未及时给予卖方通知，则买方必须从约定的交货日期或交货期限届满之日起，承担货物灭失或损坏的一切风险，但以该货物已清楚地确定为合同项下之货物为限。

（5）买方接受卖方提供的运输凭证和支付货款。任何单证在双方约定或符合惯例的情况下，可以是同等功效的电子记录或程序。

（二）采用 DAT 贸易术语需注意的问题

1. 关于"运输终端"的约定问题

由于卖方承担在特定地点交货前的风险，买卖双方应尽可能明确约定运输终端，或如果可能的话，明确在约定港口或目的地的运输终端内的特定的地点。卖方签订的运输合同应尽量与所选择的运输终端内的特定的地点相吻合。

2. 查对费用和检验费用的相关规定

卖方必须支付为了交货所需要进行的查对费用（如查对质量、丈量、过磅、点数的费用），以及出口国有关机构强制进行的装运前检验所发生的费用。买方必须支付任何装运前必需的检验费用，但出口国有关机构强制进行的检验费用除外。

3. 买卖双方协助提供信息及相关费用的规定

应买方要求并由其承担风险和费用，卖方必须及时向买方提供或协助其取得相关货物进口和/或将货物运输到最终目的地所需要的任何单证和信息，包括安全相关信息。应卖方要求并由其承担风险和费用，买方必须及时向卖方提供或协助其取得货物出口及从他国过境运输所需要的任何单证和信息，包括安全相关信息。

十、DAP 术语

（一）DAP 术语的含义

DAP（delivered at place，目的地交货），后跟指定目的地。该术语可适用于任何运输方式，包括多式联运。

DAP 是指卖方在指定目的地将还在运抵工具上可供卸载的货物交由买方处置，即为交货。卖方承担将货物运送到指定地点的一切风险。

1. 卖方的责任和义务

（1）卖方必须在约定的日期或期限内，将货物放在已抵达的运输工具上，准备好在指定的目的地（如有的话）的约定地点卸载，听由买方处置。

（2）卖方必须自付费用签订运输合同，将货物运至指定目的地或指定目的地内的约定地点（如有的话）。如未约定特定的地点或地点不能由惯例确定，则卖方可在指定目的地内选择最适合的交货地点，并给买方发出所需通知，以便于买方采取收取货物通常所需要的措施。卖方必须自付费用取得货物保险。

（3）卖方自负风险和费用，取得出口许可证或其他官方批准证件，办理货物出口和交货前从他国过境运输所需要的一切海关手续。卖方支付货物出口所需海关手续的费用，出口应交纳的一切关税、税款和其他费用，以及按照运输合同规定，由卖方支付的货物从他国过境运输的费用。

（4）卖方承担交货前货物灭失或损坏的一切风险。

（5）卖方提供符合买卖合同约定的货物和商业发票，以及合同可能要求的其他与合同相符的证据。任何单证在双方约定或符合惯例的情况下，可以是同等功效的电子记录或程序。

2. 买方的责任和义务

（1）买方必须在指定目的地自承运人处收取货物。

（2）买方自负风险和费用，取得进口许可证或其他官方批准证件，并负责办理货物进口和从他国过境运输所需的一切海关手续。买方支付货物进口应交纳的一切关税、税款和其他费用，以及办理进口海关手续的费用和从他国过境运输的费用。

（3）当买方有权决定在约定期间的具体时间和/或指定运输终端内的收取货物的地点时，买方必须向卖方发出充分通知。

（4）买方承担卖方交货后货物灭失或损坏的一切风险。当买方有权决定在约定期间的具体时间和/或指定目的地内的收取货物的地点时，如买方未及时给予卖方通知，则买方必须从约定的交货日期或交货期限届满之日起，承担货物灭失或损坏的一切风险，但以该货物已清楚地确定为合同项下之货物为限。

（5）接受卖方提供的运输凭证和支付货款。任何单证在双方约定或符合惯例的情况下，可以是同等功效的电子记录或程序。

（二）采用 DAP 贸易术语需注意的问题

1. 关于交货点的约定问题

由于卖方承担在特定地点交货的风险，买卖双方应尽可能明确约定目的地内的交货地点，卖方签订的运输合同应尽量与所选择的目的地内的交货地点相吻合。另外，如果卖方按照运输合同在目的地发生了卸载费用，除非双方另有约定，否则卖方无权向买方要求偿付。

2. 查对费用和检验费用的相关规定

卖方必须支付为了交货所需要进行的查对费用（如查对质量、丈量、过磅、点数的费用），以及出口国有关机构强制进行的装运前检验所发生的费用。买方必须支付任何装运前必需的检验费用，但出口国有关机构强制进行的检验费用除外。

3. 买卖双方协助提供信息及相关费用的规定

应买方要求并由其承担风险和费用，卖方必须及时向买方提供或协助其取得相关货物进口和/或将货物运输到最终目的地所需要的任何单证和信息，包括安全相关信息。应卖方要求并由其承担风险和费用，买方必须及时向卖方提供或协助其取得货物出口及从他国过境运输所需要的任何单证和信息，包括安全相关信息。

十一、DDP 术语

（一）DDP 术语的含义

DDP（delivered duty paid，完税后交货），后跟指定目的地名称。该术语可适用于任何运输方式，包括多式联运。

DDP 术语是指卖方在指定的目的地将仍处于运抵工具上，已完成进口清关，且可供卸载的货物交由买方处置，即完成交货义务。卖方承担将货物运至进口国目的地的一切风险和费用，并且有义务完成货物出口和进口清关，支付所有出口和进口的关税和所有海关费用。所以，DDP 术语是卖方承担责任、费用、风险最大的一种术语。除非买卖合同另行明确规定，否则任何增值税或其他应付的进口税款由卖方承担。如果卖方不能直接或间接地完成进口清关，建议不要使用 DDP 术语。

1. 卖方的责任和义务

（1）卖方必须在约定的日期或期限内，在指定的目的地或目的地内约定的地点（如有的话），将可供卸载的货物交由买方处置，完成交货。

（2）卖方必须自付费用签订运输合同，将货物运至指定目的地或指定目的地内的约定地点（如有的话）。如未约定特定的地点或地点不能由惯例确定，则卖方可在指定目的地内选择最适合的交货地点，并给买方发出所需通知，以便买方采取收取货物通常所需要的措施。卖方必须自付费用取得货物保险。

（3）卖方自负风险和费用，取得出口许可证和进口许可证或其他官方批准证件，办理货物出口和进口以及从他国过境运输所需要的一切海关手续。卖方支付货物出口和进口所需海关手续的费用，出口和进口应交纳的一切关税、税款和其他费用，以及货物从他国过境运输的费用。

（4）卖方承担交货前货物灭失或损坏的一切风险。

（5）卖方提供符合买卖合同约定的货物和商业发票，以及合同可能要求的其他与合同相符的证据。任何单证在双方约定或符合惯例的情况下，可以是同等作用的电子记录或程序。

2. 买方的责任和义务

（1）买方必须在指定目的地自承运人处收取货物。

（2）应卖方要求并由其承担风险和费用，买方必须协助卖方取得货物进口所需要的任何进口许可或其他官方批准证件。

（3）当买方有权决定在约定期间的具体时间和／或指定目的地内的收取货物的地点时，买方必须向卖方发出充分通知。

（4）买方承担卖方交货后货物灭失或损坏的一切风险。当买方有权决定在约定期间的具体时间和／或指定目的地内的收取货物的地点时，如买方未及时给予卖方通知，则买方必须从约定的交货日期或交货期限届满之日起，承担货物灭失或损坏的一切风险，但以该货物已清楚地确定为合同项下之货物为限。

（5）买方接受卖方提供的运输凭证和支付货款。任何单证在双方约定或符合惯例的情况下，可以是同等作用的电子记录或程序。

（二）采用DPP贸易术语需注意的问题

1. 关于交货地点的约定问题

由于卖方承担在特定地点交货的风险，买卖双方应尽可能明确约定目的地内的交货地点，卖方签订的运输合同应尽量与所选择的目的地内的交货地点相吻合。另外，如果卖方按照运输合同在目的地发生了卸载费用，除非双方另有约定，否则卖方无权向买方要求偿付。

2. 查对费用和检验费用的相关规定

卖方必须支付为了交货所需要进行的查对费用（如查对质量、丈量、过磅、点数的费用），以及出口国有关机构强制进行的装运前检验所发生的费用。

3. 买卖双方协助提供信息及相关费用的规定

应买方要求并由其承担风险和费用，卖方必须及时向买方提供或协助其取得相关货物进口和／或将货物运输到最终目的地所需要的任何单证和信息，包括安全相关信息。应卖方要求并由其承担风险和费用，买方必须及时向卖方提供或协助其取得货物出口及从他国过境运输所需要的任何单证和信息，包括安全相关信息。

《2010 通则》中 11 种贸易术语的对比见表 1-5。

表 1-5 《2010 通则》中 11 种贸易术语的对比

贸易术语	交货地点	风险转移界限	出口清关责任、费用由谁负担	进口报关责任、费用由谁负担	适用的运输方式
EXW	出口方所在地	货交买方处置时	买方	买方	任何方式
FCA	出口国内的地点	货交承运人处置时	卖方	买方	任何方式
FAS	装运港口	货交船边后	卖方	买方	水上运输
FOB	装运港口	货装上船时	卖方	买方	水上运输
CFR	装运港口	货装上船时	卖方	买方	水上运输
CIF	装运港口	货装上船时	卖方	买方	水上运输
CPT	出口国内的地点	货交承运人处置时	卖方	买方	任何方式
CIP	出口国内的地点	货交承运人处置时	卖方	买方	任何方式
DAT	运输终端	货交买方处置时	卖方	买方	任何方式
DAP	目的地	货交买方处置时	卖方	买方	任何方式
DDP	进口国内	货交买方处置时	卖方	卖方	任何方式

第三节 《2010 通则》中删除的 D 组术语

一、DAF 术语

DAF 的全称是 Delivered at Frontier（... named place），即边境交货（……指定地点），是指卖方在约定的交货期限内、在边境指定的交货地点，将合同规定的货物交给买方处置，即完成交货义务。

（一）按 DAF 术语成交时，买卖双方各自承担的基本义务

1. 卖方义务

（1）订立将货物运到边境约定地点的运输合同，并支付运费。

（2）在合同规定的时间，在边境指定地点将合同规定的货物置于买方控制之下。

（3）承担将货物交给买方控制之前的一切风险和费用。

（4）自负风险和费用，取得出口许可证或其他官方证件，办理货物出口所需要的一切海

关手续,支付关税以及其他有关费用。

(5)提交商业发票和在边境指定地点交货的其他凭证或具有同等作用的电子信息。

2. 买方义务

(1)接受卖方提交的有关单据,在边境指定地点受领货物,并按合同规定支付货款。

(2)承担在边境指定地点受领货物之后的一切风险和费用。

(3)自负风险和费用,取得进口许可证或其他官方证件,办理货物进口所需的一切海关手续,支付关税及后继运输所需的一切海关手续。

(二)使用 DAF 术语应注意的问题

边境交货这一术语主要适用于两国接壤有共同边境,并且采用公路或铁路运输货物的交易,也可以适用于其他运输方式。DAF 术语在使用中,"边境"交货地点是至关重要的,买卖双方有必要在合同中确定。按《2000 通则》的解释,如果在边境上被指定的交货地的具体地点双方未约定,卖方可以在指定交货地选择最适合其要求的具体地点。如果交货地点位于进口国的港口,则建议当事人采用术语 DES 或 DEQ 成交。

二、DES 术语

DES 的全称是 Delivered Ex Ship (... named port of destination),即船上交货(……指定目的港)。

DES 常称为目的港船上交货。按 DES 术语成交,卖方负担一切责任、风险和费用,将符合合同的货物运到指定的目的港,在目的港船上完成交货。在此之前,卖方要将船名和船舶预计到达目的港的时间及时通知买方,使买方做好接受货物的准备。

(一)采用 DES 术语时,买卖双方各自承担的基本义务

1. 卖方义务

(1)订立将货物运到目的港的水上运输合同,并支付运费。

(2)在合同规定的交货期内,将货物运至指定的目的港,并在船上将货物置于买方的处置之下。

(3)承担在目的港将货物置于买方处置之前的一切风险和费用。

(4)自负风险和费用,取得出口许可证或其他官方证件,办理货物出口和从他国过境所需的一切海关手续。

(5)提交商业发票和在目的港提取货物所需要的运输单据,或有相同作用的电子信息。

2. 买方义务

(1)接受卖方提供的有关单据,在目的港的船上受领货物,并按合同规定支付货款。

(2)承担在目的港船上受领货物之后的一切风险和费用。

(3)自负风险和费用取得进口许可证或其他官方证件,支付卸货费用,并且负责办理货物进口所需的海关手续,支付关税及其他有关费用。

（二）使用 DES 术语要注意的问题

1. 做好在目的港船上货物的交接工作

对卖方来讲，必须在合同规定的交货期内保证将货物运到目的港。在此，到货时间是非常重要的。因此，卖方在签订运输合同时，就必须考虑如何保证船舶按时到达目的港。一方面，为了保证货物的顺利交接，卖方还要及时通知买方船舶预计到港时间并及时将提货单提交给买方，使买方受领货物。另一方面，买方要及时在船上受领货物。如果买方未能及时受领货物，买方要承担由此产生的额外费用和风险。

2. 要注意 DES 术语与 CIF 术语在本质上的不同

在海轮能直接靠岸的情况下，DES 是名副其实的"到岸价"。因为在 DES 条件下，卖方要承担一切风险和费用，负责在规定的交货期内将货物安全运达指定的目的港，并在船上将货物实际交给买方才算完成交货。因此，卖方负担的是货物在运输途中的一切运费和保险费，而不只是正常情况下的运费和保险费。这样做完全是为了自身的利益。由此可见，DES 与 CIF 无论在交货地点、风险划分的界线、责任和费用的负担及交货方式等方面都有本质区别。两种术语的具体区别如下：

（1）交货地点不同：CIF 规定卖方的交货地点在装运港，而 DES 规定卖方的交货地点在目的港的船上。

（2）风险划分的界限不同：CIF 风险划分的界限在装运港船舷，货物越过船舷后风险转移给买方，由买方承担货物在运输过程中的风险；DES 风险划分的界限是在目的港船上，买方受领货物后风险转移，因此，货物在运输过程中的风险由卖方来承担。

（3）交货方式不同：CIF 是象征性交货，也就是卖方只凭提交合同规定的单证给买方来完成交货义务，而 DES 是实际交货，卖方必须将符合合同的货物提交给买方或其指定人，而不能以交单代替交货。

（4）卖方负担的费用不同：CIF 中卖方只负担正常的运费和约定的保险费，因为卖方只要保证货物按时装运即可，而不保证到货时间。同时，卖方也不承担运输中的风险。而 DES 要求卖方负担货物运到目的港之前的一切运费和保险费，并承担运输中的一切风险。

（5）买方付款的前提条件不同：在 CIF 条件下，买方是凭单付款，只要卖方提交了规定单据，买方必须付款，而在 DES 条件下，买方是在接到货物的前提下才付款的。

通过以上分析，我们可以看出，CIF 不是到岸价，因为卖方不保证把货物送到目的港的口岸。所以，从实务的角度来看，把 CIF 称为到岸价是不妥当的，容易造成误解。

三、DEQ 术语

（一）DEQ 术语的含义

DEQ 的全称是 Delivered Ex Quay（... named port of destination），即码头交货（……指定目的港），也常称作目的港码头交货。

DEQ 与 DES 相比，卖方承担的责任和费用比 DES 增加了一项，即卖方要承担在指定目的港将货物卸至码头的责任和费用。卖方在码头将货物置于买方处置之下即完成交货。

采用 DEQ 术语时，买卖双方各自承担的基本义务如下：

1. 卖方义务

（1）订立将货物运到目的港的水上运输合同，并支付运费。

（2）在合同规定的交货期内，将货物运至指定的目的港，承担卸货的责任和费用，并在目的港的码头将货物置于买方的处置之下。

（3）承担在目的港码头将货物置于买方处置之前的一切风险和费用。

（4）自负风险和费用，取得出口许可证或其他官方证件，办理货物出口和从他国过境所需的一切海关手续。

（5）提交商业发票和在目的港提取货物所需要的运输单据，或有相同作用的电子信息。

2. 买方义务

（1）接受卖方提供的有关单据，在目的港的码头受领货物，并按合同规定支付货款。

（2）承担在目的港码头受领货物之后的一切风险和费用。

（3）自负风险和费用取得进口许可证或其他官方证件，支付卸货费用，并且负责办理货物进口所需的海关手续，支付关税及其他有关费用。

（二）使用 DEQ 术语应注意的问题

1. 由买方承担货物的进口报关责任并支付相应的关税及其他有关费用

DEQ 术语也是国际商会在对《1990 通则》进行修改时，改动较大的两个术语之一。在《1990 通则》中，对 DEQ 国际商会规定由卖方负责办理货物进口报关的责任、费用和风险。而在《2000 通则》中改为由买方承担，这是考虑到大多数国家的清关手续发生了变化，作此改变，以便于实际操作。但《2000 通则》同时还规定，如果买卖双方同意由卖方承担货物进口报关的全部或部分费用，必须在合同中做出明确规定。

2. DEQ 术语只适用于水上运输和交货地点为目的港码头的多式联运

国际商会在《2000 通则》中强调，DEQ 术语只适用于水上运输方式和多式联运。采用该术语时，卖方承担运输中的风险和费用，因而货物的价格较高。卖方为了保障自己的利益，同 DES 术语一样，应对货物运输进行投保。同时，为了做好货物的交接，卖方应将运载货物船舶的船名和船舶预计到达目的港的时间及时通知买方。

四、DDU 术语

（一）DDU 术语的含义

DDU 的全称是 Delivered Duty Unpaid（... named place of destination），即未完税交货（……指定目的地）。

采用 DDU 术语成交时，卖方要承担在合同规定的到货期内，将货物运至双方约定的进口国内的目的地的一切费用和风险（不包括进口手续及进口关税），不负责卸货，即完成交货义务。但由买方办理货物进口所需的一切海关手续，并负担货物进口关税、捐税等费用。此外，买方还要承担因其未能及时办理货物的进口报关手续而产生的风险和费用。

采用 DDU 术语成交时，买卖双方各自承担的基本义务是：

1. 卖方义务

（1）订立将货物运到进口国内约定目的地的运输合同，并支付运费。

（2）在合同中规定的交货期内，在双方约定的进口国内交货地点，将合同规定的货物置于买方处置之下。

（3）承担在指定目的地约定地点将货物置于买方处置之前的风险和费用。

（4）自负风险和费用取得出口许可证或其他官方证件，办理货物的出口及从他国过境所需的一切海关手续。

（5）提交商业发票和在目的地提取货物所需要的运输单据，或有相同作用的电子信息。

2. 买方义务

（1）接受卖方提供的有关单据或电子单据，并在目的地约定地点受领货物，按合同规定支付货款。

（2）承担在目的地约定地点受领货物之后的一切风险和费用。

（3）自负风险和费用，取得进口许可证或其他官方证件，并办理货物的进口清关手续，支付关税及有关费用。

（二）使用 DDU 术语应注意的问题

1. 进口手续的办理是否便利

在 DDU 条件下，卖方承担的义务是将货物运到进口国双方约定的交货地点，把货物实际交给买方才算完成交货义务。但是，货物的进口清关手续及相应税费却由买方负担。而如果进口国是属于清关困难而耗时的国家，买方要是不能及时顺利地完成货物的进口清关手续，这将对卖方在规定的时间、在进口国内约定的地点交货带来风险。所以，作为卖方，如果预计买方在进口清关时会遇到困难，则不宜采用 DDU 术语。DDU 术语比较适用于自由贸易区以及订有关税同盟的国家间的贸易。不过，《2000 通则》规定，如果买卖双方同意由卖方承担货物的进口清关风险和费用，双方必须在合同中明确规定。

2. 卖方应注意办理货物保险

按照《2000 通则》的规定，在 DDU 条件下，卖方没有对货物运输进行投保的义务。但是，DDU 术语要求卖方实际交货，卖方要承担交货前的风险。在国际贸易中，由于运输距离长、环节多，存在着各种难以预料的风险。因此，卖方应注意办理货物的运输保险。通过投保可以将不确定的损失转变为固定费用，便于进行成本核算。

《2000 通则》中 13 种贸易术语的对比如表 1-6 所示。

表 1-6 《2000 通则》中 13 种贸易术语的对比

贸易术语	交货地点	风险转移界限	出口清关手续的责任、费用	进口报关手续的责任、费用	适用的运输方式
EXW	商品产地、所在地	货交买方	买方	买方	任何运输方式
FCA	出口国内地、港口	货交承运人	卖方	买方	任何运输方式
FAS	装运港口	货交船边后	卖方	买方	海运或内河航运

续表

贸易术语	交货地点	风险转移界限	出口清关手续的责任、费用	进口报关手续的责任、费用	适用的运输方式
FOB	装运港口	货越船舷后	卖方	买方	海运或内河航运
CFR	装运港口	货越船舷后	卖方	买方	海运或内河航运
CIF	装运港口	货越船舷后	卖方	买方	海运或内河航运
CPT	出口国内地、港口	货交承运人	卖方	买方	任何运输方式
CIP	出口国内地、港口	货交承运人	卖方	买方	任何运输方式
DAF	边境指定地点	货交买方	卖方	买方	任何运输方式
DES	目的港口	目的港船上	卖方	买方	海运或内河航运
DEQ	目的港口	目的港码头	卖方	买方	海运或内河航运
DDU	进口国内	货交买方	卖方	买方	任何运输方式
DDP	进口国内	货交买方	卖方	卖方	任何运输方式

第四节　贸易术语的选用

我们在第二节和第三节详细地学习了在全球影响最广泛、在我国普遍使用的国际商会的《2010通则》。《2010通则》对每种贸易术语条件下买卖双方承担的基本义务都做出了明确规定。但是，在实际进出口业务中，如何从这些术语中选择出适合我方交易的一种贸易术语并不是一件容易的事。选择何种贸易术语，要根据具体的交易情况来进行分析，既要有利于双方交易的达成，也要避免使我方承担过大的风险。

一、选用贸易术语应考虑的主要因素

买卖双方在签订贸易合同时，双方所选用的贸易术语不仅决定了交易价格的构成，也决定了合同的性质。合同的性质不同，买卖双方的责任划分就不同。影响选择贸易术语的主要因素有：

（一）考虑货源的情况

在国际贸易中，进行交易的商品品种不计其数，不同类别的商品具有不同特性。商品特性会影响交易双方对贸易术语的选择。因为不同的贸易术语交货地点不同、适用的运输方式不同、货物在运输过程中的时间和费用也不同。在进行交易的商品中，有些品种的商品便于存储、不易变质，对运输条件和运输时间没有严格要求；而有些品种的商品则容易变质，或是危险商品，它们对存储条件和运输条件都有较高的要求；有些商品价值高，成交量少，在安排运输时会有特殊要求；有些商品价值低，成交量大，在安排运输时要考虑运费对价格的

影响以及运载工具的承载能力。有些情况下，一些商品是季节性商品，买方必须保证商品按时投入市场。因此，在双方交易时，买方会根据自己的情况对贸易术语进行选择。另外，卖方货源所在地的情况也影响着术语的选用。如果是在内陆地区，选择适用于任何运输方式的术语比较合适；如果是沿海地区，则选用适合于水上运输的术语比较便利。所以，在选择贸易术语时一定要考虑货源的情况。

（二）考虑运输条件的情况

货物的运输是贸易中的重要一环。买卖双方采用何种贸易术语成交，必须考虑要用何种运输方式来运送货物。而选用运输方式时，要考虑该运输方式的运输能力、运输速度、运价的高低、运输安排的难易程度等。我国常用的贸易术语是 FOB、CFR、CIF 以及 FCA、CPT、CIP。前三种适合水上运输方式，在国际贸易中主要是海运。海运的特点就是运载量大、运费低，在经济上比较合算。但是，海运的速度慢、风险大；如果是季节性商品就不一定适合海运，此时，运输的速度就可能成为选择运输方式的重要因素。如果选用航空运输，我们用后三种术语就比较合适。另外，运费也是货价的主要构成因素之一，在选择贸易术语时，还要考虑运价的变动情况。一般来讲，如果运价看涨，为了避免由于运价上涨而带来的风险和经济损失，卖方在报价时应选择不含运费的贸易术语，如按 F 组术语与买方成交，这样就由买方来安排运输并支付运费；如果你是买方，此时则按 C 组术语与卖方成交对你比较有利。在运价上涨的情况下，如果因为某种原因不得不采用由自己安排运输的贸易术语成交时，则应将运价上涨的风险考虑到报价中去，避免遭受运价变动的损失。

（三）考虑运输途中的风险

在国际贸易中，通常货物运输的距离都比较长，货物在运输过程中可能遇到各种风险，如海啸、地震、台风等自然灾害以及船只相撞、船舶搁浅等意外事故，特别是遇到战争或规模大、持续时间长的大罢工，运输途中的风险就更大。因此，买卖双方在洽谈交易时，必须根据不同时期、不同的运输地区和运输路线、不同的运输方式的风险情况来选择适用的贸易术语。

（四）考虑当事人自身的条件

无论是卖方还是买方，在选择贸易术语时都必须考虑自身的具体情况。因为有许多当事人的人力、财力以及专业人才有限，对国际货物运输及保险的了解有限，在交易中不愿意承担较多的责任和风险。在这种情况下，对卖方而言，选择 F 组术语成交就比较适合自身情况。如果自己有实力、有能力，愿意承担运输和保险的责任及费用，则选择 C 组的术语，特别是 CIF 或 CIP 术语。另外，有两个比较特殊的贸易术语：EXW 和 DDP。EXW 术语要求买方办理货物的出口和进口结关，如果买方不能办理货物的出口结关则不适合选用 EXW。而 DDP 术语规定由卖方负责办理货物的出口以及进口的结关手续，如果卖方不能办理货物的进口结关手续，应避免选用 DDP 术语。

二、贸易术语与合同性质的关系

不同的贸易术语,卖方交货的地点、承担的责任和费用也不同。贸易术语是确定进出口合同性质的一个非常重要的因素。通常来讲,如果买卖双方选用了某种贸易术语成交,并且双方按照惯例的规定来划分双方的责任、风险和费用,则该买卖合同的性质也就确定下来了。在这种情况下,贸易术语的性质与买卖合同的性质是相吻合的。例如,如果买卖双方选用了 F 组术语成交,比如选用了 FOB,卖方只要在规定的装运期、在指定的装运港将货物装上买方指派的船上就算完成了交货义务。按 F 组的其他术语以及 C 组术语成交,卖方的交货地点也都是在启运地的装运港或装运地。因此,按这两组术语签订的进出口合同,都属于装运合同。但是,如果是按 D 组术语成交的进出口合同,卖方就必须承担货物在到达目的地或目的港之前的一切风险和费用,交货地点也是在目的地或目的港。因此,按 D 组术语成交的合同其性质就属于到达合同或到货合同。

虽然贸易术语是确定进出口合同性质的重要因素,但是,它并不是唯一的决定因素。因为有关贸易术语的国际贸易惯例的适用,都是以当事人的"意思自治"为原则的,并不具有强制性。买卖双方可以在进出口合同中酌情作出某些与国际惯例不一致的具体约定。例如,买卖双方是按 CIF 术语签订的进出口合同,但是,双方在合同中明确规定:"以货物到达目的港作为支付货款的前提条件。"此时,卖方的交货地点已不再是装运港,而是目的港。该合同也不再是装运合同,而是到达合同。如果货物在运输途中遇到风险而致使货物灭失,买方在目的港收不到合同规定的货物,买方是有权拒绝支付货款的。

尽管国际贸易惯例的适用是以买卖双方自愿为前提的,不具有强制性。然而,国际贸易惯例对贸易实践具有重要的指导意义。它为买卖双方进行交易制定了共同规则,便于买卖双方的磋商和交易的顺利达成。在有关国际贸易术语的国际惯例中,每一种贸易术语都有其明确和特定的含义。买卖双方为了避免在履约中引起不必要的争议,应注意在合同中不要约定与该术语相矛盾的内容。

小 知 识

一、FOB、CFR、CIF 三种贸易术语的价格构成仅适用于海上或内河运输。
在价格构成中,通常包括三方面的内容:进货成本、费用和净利润。
费用的核算最为复杂,包括国内费用和国外费用。
国内费用有:
1. 加工整理费用;
2. 包装费用;
3. 保管费用(包括仓租、火险等);
4. 国内运输费用(仓至码头);
5. 证件费用(包括商检费、公证费、领事签证费、产地证费、许可证费、报关单费等);
6. 装船费(装船、起吊费和驳船费等);
7. 银行费用(贴现利息、手续费等);

8. 预计损耗（耗损、短损、漏损、破损、变质等）；

9. 邮电费（电报、电传、邮件等费用）。

国外费用主要有：

1. 国外运费（自装运港至目的港的海上运输费用）；

2. 国外保险费（海上货物运输保险）；

3. 如果有中间商，还包括支付给中间商的佣金。

计算公式如下：

$$FOB 价 = 进货成本价 + 国内费用 + 净利润$$

$$CFR 价 = 进货成本价 + 国内费用 + 国外运费 + 净利润$$

$$CIF 价 = 进货成本价 + 国内费用 + 国外运费 + 国外保险费 + 净利润$$

二、FCA、CPT 和 CIP 三种贸易术语的价格构成适用范围广。在价格构成中，通常包括 3 方面的内容：

进货成本、费用和净利润。

国内费用有：

1. 加工整理费用；

2. 包装费用；

3. 保管费用（包括仓租、火险等）；

4. 国内运输费用（仓至码头）；

5. 拼箱费（如果货物构不成一整集装箱）；

6. 证件费用（包括商检费、公证费、领事签证费、产地证费、许可证费、报关单费等）；

7. 银行费用（贴现利息、手续费等）；

8. 预计损耗（耗损、短损、漏损、破损、变质等）；

9. 邮电费（电报、电传、邮件等费用）。

国外费用主要有：

1. 国外运费（自出口国内陆启运地至国外目的地的运输费用）；

2. 国外保险费；

3. 如果有中间商，还包括支付给中间商的佣金。

计算公式如下：

$$FCA 价 = 进货成本价 + 国内费用 + 净利润$$

$$CPT 价 = 进货成本价 + 国内费用 + 国外运费 + 净利润$$

$$CIP 价 = 进货成本价 + 国内费用 + 国外运费 + 国外保险费 + 净利润$$

注意：在《2010 通则》中将原来的《2000 通则》中的 13 种缩减为 11 种，其中 2010 年版把原来 2000 年版中的 DAF、DES、DEQ 和 DDU 4 个贸易术语，经过整合后变为了 DAT 和 DAP 2 个贸易术语。

复习思考题

1. 简述贸易术语的含义、性质和作用。

2. 试比较 FCA、CPT 与 CIP 的异同。
3. 试述将 CIF 术语称作到岸价不妥的原因。
4. 简述《2010 通则》中 F 组、C 组、D 组术语的特点。
5. 试比较 FCA 与 FOB、CIF 与 CIP 两组术语的异同点。
6. 简述 FOB、CIF、CFR 变形的原因。它们的变形各有哪几种形式？
7.《2000 通则》的 13 种易术语中，哪几个只适用于海运或内河航运？
8. 有关国际贸易术语的国际贸易惯例有哪 4 个？只解释 1 种 CIF 术语的是哪个惯例？

案例分析

1. 我国的某贸易公司与外商按《2010 通则》中的 CIF 术语成交一批出口货物。货物在合同规定的装运期和指定的装运港装上船只。受载船只在航行中触礁沉没。当我贸易公司凭海运提单、保险单和发票等单据要求国外进口商支付货款时，进口商以货物已全部灭失，不能收到货物为由，拒绝接受我贸易公司提交的单据和支付货款。试分析进口商有无权利拒绝接受出口商提交的单据和拒绝支付货款？为什么？假如买卖双方在合同中明确规定了"货物到达目的港时付款"，情况又会怎样？买卖双方是按惯例规定还是按合同规定来处理此事？

2. 我某贸易公司以 FOB 条件出口某商品一批。合同签订后接到买方来电，声称租船较为困难，委托我代为租船，有关费用由买方负担。为了方便合同履行，我方接受了对方的请求。但是，时至装运期我方在规定的装运港无法租到合适的船，而且买方又不同意改变装运港。因此，到装运期期满时货仍未装船，买方因销售季节即将结束便来函以我方未按期租船履行交货义务为由撤销合同。试问：我方应如何处理？

3. 我国某贸易公司与英国商人签订了一份出口合同，按 CFR 利物浦条件成交。在装运前两伊战争爆发了，由于两伊战争爆发使苏伊士运河不能通航，船必须绕道南非好望角。由于绕航多付的运费由谁承担？

4. 上海某外贸公司以 CFR 贸易术语与 B 国的 H 公司成交一笔消毒柜的出口业务，合同规定装运时间为 4 月 15 日前。出口方备妥货物，并于 4 月 8 日装船完毕，由于遇星期日休息，出口公司的业务员未及时向买方发出装运通知，导致买方未及时办理投保手续，而货物在 4 月 8 日晚发生火灾被烧毁。要求：货物损失责任由谁承担？为什么？

5. 上海 A 公司与荷兰 B 客商以 CIF 条件成交一笔交易，合同规定以信用证为付款方式。卖方收到买方开来的信用证后，及时办理了装运手续，并制作好一整套结汇单据。在卖方准备到银行办理议付手续时，收到买方来电，得知载货船只在航海运输途中遭遇意外事故，大部分货物受损，据此，买方表示将等到具体货损情况确定以后再同意银行向卖方支付货款。要求：（1）卖方可否及时收回货款？为什么？（2）买方应如何处理此事？

第二章

商品的品质、数量与包装

引例1：

2012年5月，我国A省粮油进出口公司与英国某公司签订了一份大豆出口合同，数量为1 000长吨，单价为每长吨80英镑CIF利物浦，品质规格为：水分最高14%，杂质不超过2.5%。成交前我方公司曾经向对方寄送过样品，签约后又电告对方"所交货物与寄送样品相似"。货物运抵英国后，该外国公司提出货物品质比样品低，并且出具了当地检验公司的检验证明，由此向我方提出降价5%的要求。而此时，我方留存的复样已经遗失，但我方坚持所交货物品质符合合同的规定，并且有装运前的商检证明为证，所以坚持拒绝降价。双方争执不下，请问如何处理？

引例2：

我国某公司与日本一位客户签署出售驴肉25公吨的合同，按合同规定，该批货物应该装于1 500只箱子，每箱净重16.6千克。按此规定装货，则所装总重量应该为24.9公吨，所差100千克可以不再补交。当货物运抵日本后，海关人员在抽查该批货物的时候，发现每箱净重不是16.6千克而是20千克，即每箱多装了3.4千克，因此，此批货物实际重量30公吨，但是，所有单据上均注明装了24.9公吨。由于货物单据上的净重与实际重量不符，日本海关认为我方有帮助客户偷税的嫌疑，向我方提出异议。客户也以所交货物包装不符合合同规定，不利于在当地市场销售为由，拒绝提货和付款。问：我方应该如何解决？应该从中吸取哪些教训？

本章的学习要点：

- 商品的品质表示方法
- 商品数量的计算
- 运输包装的使用

- 公量的计算
- 唛头的应用

第一节　合同标的物的品质

买卖合同是转移标的物的所有权的合同。在国际贸易中，交易的标的物的种类很多，每种标的物都有具体名称，并表现为一定的质量，一定的数量，而且交易的大多数标的物都需要包装。因此，买卖双方洽商交易和订立合同时，必须谈妥合同的标的物及其品质、数量与包装这些主要交易条件，并在买卖合同中做出明确具体的规定。

一、列明合同标的物

买卖合同是一种实物的买卖。它以一定物体的实际交付为条件，即买卖的对象是具有一定外观形态并占有一定空间的有形物。买卖合同的特征是，通过合同的履行，将合同标的物的所有权转移至买方。在国际贸易中，看货成交、一手交钱、一手交货的情况极少，而且国际货物买卖，从签订合同到交付货物往往相隔一段时间，加之交易双方在洽商交易和签订买卖合同时通常很少见到具体商品，一般只是凭借对拟订的商品做必要的描述来确定交易的标的物，因此，在国际贸易买卖合同中，列明合同的标的物是必不可少的条件。

按照有关法律和惯例，对交易标的物的描述是构成商品说明（description）的一个重要组成部分，是买卖双方交接货物的一项基本依据，关系到买卖双方的权利和义务。若卖方交付的货物不符合合同约定的品名或说明，买方有权拒收货物或撤销合同，因此，列明合同标的物的具体名称具有重要的法律意义和实践意义。

二、商品的名称

（一）国际货物买卖合同中的品名条款

国际货物买卖合同中的品名条款的规定，无统一格式，可由交易双方酌情商定。

合同中的品名条款一般比较简单，通常都是在"商品名称"（name of commodity）或"品名"的标题下列明交易双方成交商品的名称。有时为了省略，也可以不加标题，只在合同的开头部分列明交易双方同意买卖某种商品的文句。

品名条款的规定还取决于成交商品的品种和特点。就一般商品来说，有时只要列明商品的名称即可，但有的商品往往具有不同的品种、等级和型号，因此为了明确起见，有的合同把有关商品具体的品种、等级或型号的概括性描述包括进去，作进一步限定。有的甚至把商品的品质规格也包括进去，此时，它就不只是品名条款，而是品质条款的合并。

（二）规定品名条款的注意事项

国际货物买卖合同中的品名条款是合同中的主要条款。因此，在规定此条款时应注意下列事项：

1. 必须明确、具体

鉴于命名商品的方法多种多样，如有些以主要用途命名，有些以其使用的主要原材料或主要成分命名，有些以其外观造型或制造工艺命名，有些结合人名或地名命名，有些以褒义词命名等，因此在规定品名条款时，必须订明交易标的物的具体名称，避免空泛、笼统或含混的规定，以确切反映商品的用途、性能和特点，并便于合同的履行。

2. 针对商品作出实事求是的规定

条款中规定的品名，必须是卖方能够供应而买方所需要的商品，凡做不到或不必要的描述性词句，都不应列入，以免给履行合同带来困难。

3. 尽可能使用国际上通用的名称

有些商品名称，各地叫法不一，为了避免误解，应尽可能地使用国际上通用的称呼。若使用地方性的名称，交易双方应事先就其含义达成共识。对于某些新商品的品名及其译名，应力求准确、易懂，并符合国际上的习惯称呼。

4. 注意选用合适的品名

有些商品具有不同名称，因而存在着同一商品因为名称不同而交付关税和班轮运费不一的现象，而且所受的进口限制也不相同。为了降低关税、方便进出口、节省运费开支，在确定合同的品名时应当选择对我方有利的名称。

三、商品的品质概念

商品的品质（quality of goods）是指商品的内在素质和外观形态的综合。前者包括商品的物理性能、机械性能、化学成分和生物特征等自然属性，后者包括商品的外形，如色泽、款式和透明度等。品质不仅是国际货物买卖的主要交易条件，而且是买卖双方进行交易磋商的首要条件，是商品买卖中最受重视的一个项目。这是因为商品品质的优劣不仅直接影响商品的使用价值和价格，还决定着货物能否畅销，涉及有关企业以至国家的声誉。

品质条款是国际货物买卖合同的要件，《联合国国际货物销售合同公约》规定卖方交货符合约定的质量，如卖方交货不符约定的品质条件，买方有权要求赔偿，也可以要求修理或换货，甚至拒收货物和撤销合同。

四、表示品质的方法

国际贸易中表示商品品质的方法有很多，但归纳起来可分为两类：用实物表示和用说明表示。

（一）用实物表示

1. 看货买卖（sale by inspection）

假如买卖双方根据成交商品的实际品质（actual quality）来进行交易，通常先由买方或其代理人在卖方所在地亲自验看货物，认为满意后进行交易。有时卖方将货物运往进口地待售，在这种情况下，买方也可亲自验货，并当场成交。寄售、拍卖和展卖业务等存货交易（stock transaction）多采取此种方式交易，卖方只要交出买方所查验并指定的现货，买方就不得对品质提出异议。

2. 凭样品买卖（sale by sample）

国际贸易买卖双方通常远隔重洋，交易洽谈多靠函电方式进行，卖方即使有现货在手，买方也不以实际检验商品的方法约定品质，而且国际贸易多属大宗买卖，买方即使有代理人代为验货，也无法逐一检验。因此在国际贸易中，常以样品（sample）来表示商品品质并以此作为交货依据，称为凭样品买卖。

样品是指从一批商品中抽出来的或由生产、使用部门设计、加工出来的，足以反映和代表整批商品品质的少量实物。

按样品提供者的不同，凭样品买卖可分为下列几种：

（1）凭卖方样品买卖（sale by seller's sample）。凡凭卖方提供的样品作为交货的品质依据者，称为凭卖方样品买卖。在此情况下，报价单或契约合同上应订明"品质以卖方样品为准"（quality by seller's sample），日后卖方所交整批货的品质，必须与其提供的样品相同。

（2）凭买方样品买卖（sale by buyer's sample）。买方为了使其订购的商品符合自身要求，有时自选提供样品交由卖方依样承制，如卖方同意按买方提供的样品成交，称为凭买方样品买卖。此种情况下买卖合同中应订明"品质以买方样品为准"（quality as per buyer's sample），日后卖方所交整批货的品质，必须与买方样品相符。

（3）凭对等样品（counter sample）买卖。在国际贸易中，谨慎的出口商往往不愿意凭买方样品交易，以免因交货品质与买方样品不符而招致买方索赔甚至退货。理想的做法是根据买方来样加工复制一个类似的样品请买方确认，这种经确认后的样品称为对等样品、回样或确认样品（confirming sample）。当对等样品被买方确认后，日后卖方所交货物的品质，必须以对等样品为准。

小知识　　法律角度看凭样品买卖

凭样品买卖的特点是加强了出卖人的责任，视为出卖人担保交付的买卖标的物与货样有同一品质。为了检验买卖标的物是否与货样品质相同，当事人应当封存样品，以待验证。同时，出卖人应当对样品质量予以说明。出卖人交付的标的物应当与样品的质量相同是凭样品买卖合同中出卖人应当承担的基本义务。如果出卖人未履行这项义务，买受人不但可以请求其承担违约责任，并且可以认为出卖人的违约行为对买受人来说是"严重影响订立合同所期望的经济利益"，从而符合合同法总则所规定的合同解除的条件，买受人可以请求单方解除合同。

合同法规定，凭样品买卖的买受人不知道样品有隐蔽瑕疵的，即使交付的标的物与样品相同，出卖人交付的标的物的质量仍然应当符合同种物的通常标准。瑕疵分为质量瑕疵和权利瑕疵。这里指的是质量瑕疵，即标的物存在不符合规定或者通用质量规格的缺陷，或者影响使用效果等方面的情况。合同法规定："当事人对标的物的质量要求没有约定或者约定不明确，依照本法第六十一条的规定仍不能确定的，适用本法第六十一条、第六十二条第二项的规定。"该条规定即要求在不能明确标的物质量要求的情况下，出卖人应当担保标的物没有质量瑕疵。

在凭样品买卖中，"出卖人交付的标的物应当与样品的质量相同"。那么是否在样品存在隐蔽瑕疵的情况下，也可以适用这一规定呢？既然是隐蔽瑕疵，就是为买受人所不知道的。因此，按照合同法的规定，即使样品存在隐蔽瑕疵，担保标的物没有质量瑕疵的义务仍然适用于出卖人，而不论出卖人是否知道样品存在隐蔽瑕疵。如果出卖人明知该瑕疵而故意隐瞒，则甚至可以构成对买受人的欺诈。

相关法律规定（合同法）

第一百六十八条　凭样品买卖的当事人应当封存样品，并可以对样品质量予以说明。出卖人交付的标的物应当与样品及其说明的质量相同。

第一百六十九条　凭样品买卖的买受人不知道样品有隐蔽瑕疵的，即使交付的标的物与样品相同，出卖人交付的标的物的质量仍然应当符合同种物的通常标准。

采用凭样品买卖时，应当注意下列事项：

（1）凡凭样品买卖，卖方交货品质必须与样品完全一致。在凭样品成交条件下，买方应有合理的机会对卖方交付的货物与样品进行比较，卖方所交的货物不应存在当合理检查时不易发现的能导致不适合商销的瑕疵。买方对于不符合样品品质的货物，可以拒收或提出赔偿要求。因此，卖方应在对交货品质有把握时采用此法，而且应严格按样品标准交货。

（2）以样品表示品质的方法只能酌情采用。凭样品买卖容易在履约过程中产生品质方面的争议，所以不能滥用此种表示方法。凡能用科学的指标表示商品质量时，就不宜采用此法。在造型上有特殊要求或具有色、香、味等方面特征的商品，以及其他难以用科学的指标表示质量的商品，则采用凭样品买卖。在当前国际贸易中，单纯凭样品成交的情况不多，在许多场合只是以样品来表示商品的造型，即采用"款式样"（pattern sample），而对商品其他方面的质量则采用其他方法表示。

（3）采用凭样品买卖而对品质无绝对把握时，应在合同条款中做出灵活的规定。当卖方对品质无绝对把握，或对于一些不完全适合于凭样品成交的货物，可在买卖合同中特别订明："品质与样品大致相同"（quality shall be about equal to the sample），"品质与样品近似"（quality is nearly same as sample）。为了防止因交货品质与样品略有差异而导致买方拒收货物，也可在买卖合同中订明："若交货品质稍次于样品，买方仍须受领货物，但价格应由双方协商相应降低。"当然，此项条款只限于品质稍不符合的情况；若交货品质与样品差距大，买方仍有权拒收货物。

凭样品买卖销售确认书范本如表2-1所示。

表 2-1　凭样品买卖销售确认书范本

正文：
凭样品买卖销售确认书

　　_____公司为一方（以下简称卖方），_____公司为另一方（以下简称买方），双方授权代表友好协商，取得一致意见，签订销售确认书，其条款如下：
1. 根据买方要求，卖方同意提供关于 23762 型 252 号零备件，凭卖方样品买卖，详见卖方样品图解（略）。
2. 本销售确认书货款总额为_____usd（大写_____美元），为 fob 价，即包括下列费用：
（1）_____价格；
（2）货物生产厂到达_____交货港的运输费；
（3）适合空运条件的包装费；
（4）买方委托卖方办理销售确认书所列货物由_____港空运至_____港。运输费、保险费、手续费等一切费用均由买方支付。
3. _____公司于付款日期向_____银行开出现金支票。卖方收到现金支票后即开出如下单据：
（1）空运提单；
（2）商业发货票（运输费、保险费、手续费等收据）；
（3）装箱单一式两份（其中一份装入箱内）。
4. 本销售确认书的货物为空运包装，每个包装两侧均用英文刷写下列标记：
_____公司净重（公斤）_____
标记：_____
长 × 宽 × 高：_____毫米 × _____毫米 × _____毫米
卸货港：_____
收货人：_____
发货人：_____
销售确认书号：_____
买卖双方各持英文销售确认书一份，至代表签字之日起生效。

买方：_____　签字：_____
卖方：_____　签字：_____

凭样品买卖销售确认书

（二）用说明表示

　　凡以文字、图表、相片等方式来说明商品品质而成交的买卖，称为凭说明买卖（sale by description）。

1. 凭规格买卖（sale by specification）

　　商品的规格（specification）是指用来反映商品品质的一些主要技术指标，如化学成分、含量、纯度、性能、长短、粗细等。在农产品或矿业产品中大米、玉米、生丝、水泥、橡胶、玻璃板、轮胎、钢板等大量采用此种买卖形式。买卖双方以具体规格来说明商品的基本品质，并在合同中订明。

用规格表示商品品质的方法,具有简单易行、明确具体,且可根据每批成交货物的具体品质状况灵活调整的特点,故在国际贸易中应用较广。

2. 凭等级买卖(sale by grade)

商品的等级(grade)是指同一类商品按其规格上的差异,用文字、数码或符号将品质分为各个不同的若干等级,如大、中、小,重、轻,甲、乙、丙,一级、二级、三级,等等。

如中国出口的钨砂,主要根据其三氧化钨含量的不同,分为特级、一级、二级3种,每一级又规定有相对固定的规格,见表2-2。

表2-2 钨砂的规格

内容	三氧化钨 最低/%	锡 最高/%	砷 最高/%	硫 最高/%
特级	70	0.2	0.2	0.8
一级	65	0.2	0.2	0.8
二级	65	1.5	0.2	0.8

凭等级买卖时,由于不同等级的商品具有不同的规格,为便于履行合同和避免争议,在品质条款中列明等级的同时,最好一并规定每一等级的具体规格。当然,如果双方都已熟悉每个等级的具体规格,就可只列明等级,无须赘述其具体内容,如"钨砂,中国二级"。

商品的等级通常是由制造商或出口商根据其长期的生产经验和对该商品的了解,在掌握其品质规格的基础上制定的。它有助于满足各种不同的需要,也有利于根据不同需要来安排生产和加工整理。这种表示品质的方法对简化手续、促进成交和体现按质论价等都有一定的作用。但是,应当说明,由个别厂商制定的等级本身并无约束力,买卖双方洽商交易时,可根据合同当事人的意愿予以调整或改变,并在合同中具体订明。

3. 凭标准买卖(sale by standard)

标准(standard)是指经政府部门或国际性工商业团体等统一制定和公布的规格。国际上一些商品如农产品中的棉花、小麦、黄豆、砂糖以及咖啡等的交易常采取凭标准来表示商品品质的方式。

世界各国一般都有国家标准,例如英国为BS、美国为ANSI、法国为NF等。此外还有专业性的协会标准、国际标准等,如国际标准化组织(ISO)、国际电工委员会(IEC)等国际组织制定的相应行业的国际性标准。《中华人民共和国标准化法》规定,中国标准分为国家标准、行业标准、地方标准和企业标准四种。

为使中国产品进军国际市场、拓宽销路,应尽量采用国际标准和国外先进标准,其中最重要的是国际标准化组织于1987年发布的ISO 9000质量管理和质量保证系列国际标准。在国际市场上买卖农副产品时,由于某些农副产品品质变化较大,难以规定统一标准。往往常用"良好平均品质"(Fair Average Quality,FAQ)这一术语来表示其品质。所谓FAQ就是指一定时期内某地出口货物的平均品质水平或中等货的品质。其具体解释和确定办法是:

(1)农产品的每个生产年度的中等货。采用这种解释时,一般是由生产国在农产品收获后,全国对产品进行广泛抽样,从中制定出该年度的"良好平均品质"的标准和样品,并予以公布，作为该年度的"良好平均品质"标准。

（2）某一季度或某一装船月份在装运地发运的同一种商品的"平均品质"。一般是从各批运出的货物中抽样，然后综合起来，取其中等者作为良好平均品质的标准。它可由买卖双方联合抽样，或共同委托检验人员抽样，送交指定的机构（可以是进口地的专业公会）检验决定。

目前中国出口农副产品时也常用FAQ来说明品质，但中国说的FAQ实际上一般是指"大路货"，是和"精选货"（selected）相对而言的，其品质一般是以中国产区当年生产该项农副产品的平均品质为标准确定的，在使用时，除了在合同内注明FAQ字样以外，通常不订有具体规格。

例如：Chinese Tong Oil FAQ，FFA.4% max（中国桐油，良好平均品质（大路货），游离脂肪酸不超过4%）

例如："木薯片2013年产，大路货，水分最高16%。"在交货时则以合同规定的具体规格作为依据。

4. 凭牌号或商标买卖（sale by brand name or trade mark）

牌号（brand name）是指工商企业为其制造或销售的商品所起的名称，又称品牌。商标（trade mark）则是指生产者或销售者用来说明其所生产或销售的商品的标志，可由一个或几个具有特色的单词、字母、数字、图形或图片组成。一些在国际上久负盛名的品牌商品，因其品质优良稳定，成为一种品质象征，人们在交易中可以只凭牌号或商标买卖，无须对品质提出详细要求。

凭牌号或商标的买卖，一般只适用于一些品质稳定的工业制成品或经过科学加工的初级产品。在进行交易时，一定要严把质量关，维护好品牌产品的声誉，以免自砸牌子，使消费者失去信心。

此外，在国际贸易中有些产品（尤其是农副产品）因其产地的自然条件或传统加工工艺等因素的影响，在品质方面非常具有地方特色，对这类产品，也可用产地品称（name of origin）来表示其品质，如四川涪陵榨菜、天津红小豆、金华火腿、莱阳梨等。

> **小知识**　　　　　　　　　　**商标品牌**
>
> **商标**
>
> 商品的生产者、经营者在其生产、制造、加工、拣选或者经销的商品上或者服务的提供者在其提供的服务上采用的，用于区别商品或服务来源的，由文字、图形、字母、数字、三维标志、声音、颜色组合，或上述要素的组合形成的具有显著特征的标志。商标是现代经济的产物。在商业领域，文字、图形、字母、数字、三维标志和颜色组合，以及上述要素的组合，均可作为商标申请注册。经国家核准注册的商标为"注册商标"，受法律保护。商标通过确保商标注册人享有用以标明商品或服务，或者许可他人使用以获取报酬的专用权，而使商标注册人受到保护。
>
> 根据《中华人民共和国商标法》（2013年修正）的规定，商标指能将自己的商品或服务与他人的商品和服务区分开的标志（包括文字、图形、字母、数字、三维标志、声音和颜色组合，以及上述要素的组合）。

品牌（Brand）

品牌是一种识别标志、一种精神象征、一种价值理念，是品质优异的核心体现。培育和创造品牌的过程也是不断创新的过程，自身有了创新力量，才能在激烈的竞争中立于不败之地，继而巩固原有品牌资产，多层次、多角度、多领域地参与竞争。

品牌指公司的名称、产品或服务的商标，和其他可以有别于竞争对手的标示、广告等构成公司独特市场形象的无形资产。

目前，理论界对于品牌的定义有多种，现列举如下：

1. 品牌是指组织及其提供的产品或服务的有形和无形的综合表现，其目的是借以辨认组织的产品或服务，并使之同竞争对手的产品或服务区别开来。

2. 品牌是一种名称、术语、标记、符号或图案，或是它们的相互组合，用以识别企业提供给某个或某群消费者的产品或服务，并使之与竞争对手的产品或服务相区别。（市场营销专家菲利普·科特勒博士）

3. "品牌"是企业或品牌主体（包括城市、个人等）一切无形资产总和的浓缩，而"这一浓缩"又可以以特定的"符号"来识别；它是主体与客体、主体与社会、企业与消费者相互作用的产物。

品牌名：品牌中可以读出的部分——词语、字母、数字或词组等的组合。如海尔、红双喜1999、TCL等。

品牌标志：品牌中不可以发声的部分——包括符号、图案或明显的色彩或字体。如耐克的一勾造型、小天鹅的天鹅造型、IBM的字体和深蓝色的标准色等。

品牌角色：是用人或拟人化的标识来代表品牌的方式，如海尔兄弟、麦克唐纳、米老鼠、康师傅等。

商标：受到法律保护的整个品牌、品牌标志、品牌角色或者各要素的组合。当商标使用时，要用"R"或"注"明示，意指注册商标。

5. 凭说明书和图样买卖（sale by descriptions and illustrations）

在国际贸易中，某些机械、电器和仪表等技术产品，由于结构复杂、型号繁多、性能各异，很难用几个简单的指标来反映其品质的全貌，所以必须用说明书来详细说明其具体构造、性能及使用方法等，必要时还须附有图样、照片、设计图纸等，按这种方式进行的交易称为凭说明书和图样买卖。

生产商出于推销目的，定期或不定期地向顾客送整本的目录（catalog）或单张的产品介绍，用图片和文字说明其定型产品的性能以及构造特点，有时还附有价格以供选购，凡按这种商品目录订货的交易，又称凭目录买卖（sale by catalog）。目前国际上对于定型的机电产品的买卖，许多是采用这种方式进行的。

凭说明书和图样买卖时要求所交的货物必须符合说明书所规定的各项指标。由于对这类产品的技术要求比较高，在合同中往往还要特别订立卖方品质保证条款和技术服务条款，明确规定卖方须在一定期限内保证其所出售的商品质量符合说明书上规定的指标。如在保证期限内发现品质低于规定，或部件的工艺质量不良，或因材料内部隐患而产生缺陷，买方有权提出索赔，卖方有义务消除缺陷或更换有缺陷的商品或材料，并承担由此引起的各项费用。

6. 凭产地名称买卖

在国际货物买卖中,有些产品,因产区的自然条件、传统加工工艺等因素的影响,在品质方面具有其他产区的产品所不具有的独特风格和特色,对于这类产品,一般也可用产地名称来表示品质。如:以一个国家为名称的"法国香水""德国啤酒""中国梅酒";以某个国家某一地区为名称的"中国东北大米""四川榨菜""绍兴花雕酒""庐山云雾茶"等。

五、合同中的品质条款

合同中的品质条款是构成商品说明的重要组成部分,是买卖双方交接货物的依据,英国《1893年货物买卖法》把品质条款作为合同的要件(condition)。《公约》规定,卖方交货必须符合约定的质量,如卖方交货不符合约定的品质条件,买方有权要求损害赔偿,也可要求修理或交付替代货物,甚至拒收货物和撤销合同。这就进一步说明了品质的重要性。

(一)品质条款的基本内容

国际货物买卖合同中品质条款的基本内容一般包括品名、货号、规格或等级、标准以及牌号或商标等。在凭样品买卖时,则应列明样品的编号和提供(寄送)的日期,并规定交货的品质与样品相同。

1. 品名

品名是对成交商品的描述,是构成商品说明的一个重要组成部分,是买卖双方交接货物的一项基本依据,关系到买卖双方的权利和义务。

品名的规定,取决于成交商品的品种和特点。有时只要求列明商品的名称,但有的商品往往具有不同品种、等级和型号,也可把有关具体品种、等级或型号的概括性描述包括进去,以作进一步的限定。

2. 商品品质表示方法

表示商品品质的方法不同,合同中品质条款的内容也各不相同。在凭样品买卖时,合同中除了要列明商品的品名外,还应订明样品的编号,必要时还要列出寄送日期。在凭说明表示商品品质时,应明确规定商品的品名、规格、等级、标准、品牌或产地名称等内容。在凭说明书和图样表示商品品质时,还应在合同中列出说明书、图样的名称、份数等内容。

品质条款的内容必然涉及表示品质的方法,究竟采用何种表示方法,应视商品特性而定。

(二)对品质的要求

出口品质的要求:
(1)符合国际标准。
(2)根据市场需求确定商品质量。
(3)在稳定的基础上精益求精。
(4)适应进口国的法律、风俗和习惯。
(5)适应自然条件、季节变化和销售方式。

进口品质的要求：
（1）实事求是，按需进口。
（2）确保安全。
如："梅林"牌糖水橘子，48听×312克
MEILING Brand Mandarin Oranges in Light Syrup, 48 tins×312g
1515A型多梭箱织机，详细规格如所附文字说明和图样
Multi-shuttle Box Loom Model 1515A, detail specifications as per attached descriptions and illustrations
9731中国绿茶一级，品质与××（日期）航寄的样品相同
9731China Green Tea Grade NO.1, Quality Same as Sample airmailed on ××（date）

（三）订立品质条款时要注意的问题

1. 品质机动幅度或品质公差

在国际贸易中，为避免因交货品质与买卖合同稍有不符而造成违约，以保证合同的顺利履行，不要把品质条款订得过繁或过死，可在品质条款中做出某些灵活规定，如按货物特性和实际需要规定品质机动幅度或品质公差。

品质机动幅度（quality latitude）：对某些质量不稳定的初级产品，为便于交易的顺利进行，往往在规定的品质指标外，加订一定的允许幅度，即允许卖方所交货物的品质指标在一定幅度内有灵活性，在此幅度内买方不可拒收。具体来讲有以下几种方法：

（1）规定范围。即对产品指标的规定允许有一定的差异范围，如：湿度5%～10%（Moisture 5%～10%）；漂白棉布，幅宽35/36寸。

（2）规定极限。即对货物的品质规定上下极限，即最大、最高、最多（maximum or max）和最小、最低、最少（minimum or min），如：Wool 98% Min（羊毛最少98%），Moisture 10% Max（湿度最大10%）。

（3）规定上下差异。如：Grey Duck Feather, Down Content 18%, 1% more or less（灰鸭毛，含绒量18%，上下各1%）。

品质公差（quality tolerance）：品质公差是指被国际同行业所公认的或买卖双方认可的产品品质差异。这种公认的误差，即使合同没有规定，只要卖方交货品质在公差范围内，也不能视为违约。

2. 品质增减价条款

为体现按质论价，在使用品质机动幅度时，有的货物经买卖双方协商后，也可按比例计算增减价格，并在合同中订立"品质增减价条款"。

例如：中国在大豆出口合同中规定：水分每增减1%，则合同价增减1%；杂质每增减1%，则合同价增减1%；不完善粒增减1%，则合同价增减0.5%；含油量增减1%，则合同价增减1.5%；如增减幅度不到1%者，可按比例计算。

3. 慎用笼统模糊词语

在规定商品品质条件时，用词要明确具体，以便于检验和明确责任。因此，不宜采用"大约""左右""合理误差"等笼统模糊的字眼，以免引起不必要的纠纷，也不要把品质条件订

得过死，给履行交货义务带来困难。一般而言，对某些初级产品和轻工制品的品质规定要有一定的灵活性，但对技术和精密度要求很高的机电、仪表类商品，则务求谨慎严格。

4. 正确运用各种表示品质的方法

在正确表示商品品质的办法时，应考虑商品特性。一般而言，凡能用科学的指标说明其质量的商品，适用于规格、等级、标准买卖（机电、仪表及大宗初级产品）；有些难以规格化和标准化的商品（如工艺品等）则凭样品买卖；有些质量过硬、声誉卓著并有一定特色的名优产品，适用于凭牌号或商标买卖；而那些性能复杂的机械、电器、仪表类商品则可凭产地名称买卖。表示品质的方法，不能滥用，而应当合理选择。此外，凡能用一种方法表示品质时，一般就不宜用两种或两种以上的方法来表示。

5. 品质条款要有科学性和合理性

（1）要从实际出发，防止品质条款条件偏高或偏低。在确定出口商品的品质条件时，既要考虑国外市场的实际需要，又要考虑国内生产部门供货的可能性。凡外商对品质要求过高，而我们又实际做不到的条件，诸如皮鞋要求彻底消灭皱纹，豆类要求消灭死虫和活虫等，不应接受。对于品质条件符合国外市场需要的商品，合同中的品质规格不应低于实际商品，以免影响成交价格和出口商品信誉。但也不应为了追求高价，而盲目提高品质，以致浪费材料，给生产部门带来困难，甚至影响交货，对外造成不良影响。

在确定出口商品的品质条件时，应从我国的实际需要出发，质量过高，影响价格，也未必符合需要；质量偏低，或漏订一些主要质量指标，将影响使用，招致不应有的损失。总之，要根据需要防止出现品质偏高或偏低的现象。

（2）要合理规定影响品质的各项重要指标。在品质条款中，应有选择地规定各项质量指标。凡影响品质的重要指标，不能遗漏，应将其订好。对于次要指标，可以少订。对于一些与品质无关紧要的条件，不宜订入，以免条款过于烦琐。

（3）要注意各个质量指标之间的内在联系。各项质量指标是从各个不同的角度来说明品质的，各项指标之间有内在的联系。在确定品质条款时，要通盘考虑，注意它们之间的一致性，以免由于其一质量指标规定不科学和不合理而影响其他质量指标，造成不应有的经济损失。例如，在荞麦品质条件中规定："水分不超过17%，不完善粒不超过6%，杂质不超过3%，矿物质不超过0.15%。"显然，此规定不合理，因为对矿物质的要求过高，与其他指标不相称。

第二节　商品的数量

在国际贸易中，买卖双方必须以约定数量作为交接货物的依据，商品的数量是国际货物买卖合同的主要交易条件之一。《公约》第35条规定：按约定的数量交付货物是卖方的一项基本义务。如果卖方交货的数量大于合同规定的数量，买方可以拒收多交的部分，也可以收取多交部分中的一部分或全部，但应按合同价款执行；如卖方交货数量少于合同规定，卖方应在规定的交货期内补交不足部分，但不得给买方造成不合理的不便或承担不合理的开支，即便如此，买方也保留要求损害赔偿的权利。

由于交易双方约定的数量是交接货物的依据，因此，正确掌握成交数量和订好合同的数量条款,具有十分重要的意义。

一、计量单位

货物计量单位的采用,除主要取决于商品的性质外,也视交易双方的意愿而定。在国际贸易中,通常采用的计量单位有以下几种:

(1)重量(weight),如磅(pound)、公吨(metric ton)、千克(kilogram)、克(gram)、盎司(ounce)等。一般初级产品及部分工业制品,如羊毛、棉花、矿产品、钢铁等用这些重量单位交易。

(2)个数(number),如件(piece)、双(pair)、套(set)、打(dozen)=12个、箩(gross)=12打、卷(roll)等。一般杂货及工业制品,如成衣、文具、纸张、绳索、玩具等多用个数表示。

(3)长度(length),如米(meter)、英尺(foot)、码(yard)。一般布匹、丝绸、电线电缆等交易常采用长度单位。

(4)面积(area),如平方米(square meter)、平方英尺(square foot)、平方码(square yard)等。在玻璃板、地毯、皮革等商品的交易中,一般以面积作为单位。

(5)容积(capacity),如蒲式耳(bushel)、加仑(gallon)、公升(liter)等。各类谷物和流体货物往往按容积计量。其中,美国以蒲式耳(bushel)作为各种谷物的计量单位,但每蒲式耳所代表的重量因谷物不同而存在差异。例如,每蒲式耳亚麻籽为56磅,大豆和小麦为60磅。公升(liter)、加仑(gallon)则用于酒类、油类商品。

(6)体积(volume),如立方米(cubic meter)、立方英尺(cubic foot)、立方码(cubic yard)等。按体积成交的商品有限,仅用于木材、天然气和化学气体等。

世界各国的度量衡制度不同,致使计量单位存在差异,即同一计量单位所表示的数量不同。就表示重量的吨而言,实行公制的国家一般采用公吨,每公吨为1 000千克;实行英制的国家一般采用长吨,每长吨为1 016千克;实行美制的国家一般采用短吨,每短吨为907千克。此外,有些国家对某些商品还规定自己习惯使用的或法定的计量单位。以棉花为例,许多国家习惯于以包为计量单位,但每包的含量各国解释不一。如美国棉花规定每包净重480磅,巴西棉花每包净重396.8磅,埃及棉花每包为730磅。又如糖类商品,有些国家习惯采用袋装,古巴每袋糖重规定为133千克,巴西每袋糖重规定为60千克。由此可见,了解各国不同度量衡制度下各计量单位的含量及其计算方法是十分重要的。

为了解决由于各国度量衡制度不统一带来的弊端,以及为了促进国际科学技术交流和国际贸易的发展,国际标准计量组织在各国广为通过的公制的基础上采用国际单位制。国际单位制的实施和推广,标志着计量制度日趋国际化和标准化,现在已有越来越多的国家采用国际单位制。

在国际贸易中,通常采用公制、英制、美制和国际单位制。《中华人民共和国计量法》规定:"国家采用国际单位制。国际单位制计量单位和国家选定的其他计量单位,为国家法定计量单位。"目前,除个别特殊领域外,一般不许再使用非法定计量单位。我国出口的商品,除照顾对方国家贸易习惯约定采用公制、英制或美制计量单位外,应使用我国法定计量单位；否则，一般不许进口。如确有特殊需要，也必须经有关标准计量单位管理部门批准。

二、计量重量的计算

国际贸易中，大多数货物按重量计量。包装货物（packed cargo）按重量交易时，其所谓"重量"究竟指哪一种重量，如在合同中不做出规定，难免会引起争议。根据一般商业习惯，通常计算重量的方法有下列几种：

（一）毛重

毛重（gross weight）是指商品的实际重量加上包装材料的重量，后者又称为"皮重"，这种计量方法一般适用于低值商品。

（二）净重

净重（net weight）是指商品本身的重量，除去包装重量（皮重）的商品实际重量。净重是国际贸易中最常见的计算方法，大部分商品都是以净重计价的，但是一些价值较低的农副产品有时也以毛重计算，这种方法称为以毛作净（gross for net）。如：100长吨袋装小麦，按毛重计价（以毛作净）；中国东北大豆，100公吨，单层麻袋包装，每袋100千克，以毛作净。

在采用净重计重时，对于如何计算包装重量、如何计算皮重，通常有五种办法：

（1）实际皮重（actual tare或real tare）。商品的包装逐件过秤后的重量总和为包装的实际重量。

（2）平均皮重（average tare）。如果商品所使用的包装材料比较整齐划一，就可以从整批商品中随机抽取若干件（通常为1/10），称出各件皮重，然后求出其平均数再乘以总件数，即可求得整批货物的皮重。近年来随着包装技术的改进、包装方式和材料的日趋标准化，平均皮重的采用已日益普遍，有人又将其称为标准皮重（standard tare）。

（3）习惯皮重（customary tare）。某些商品因其包装方法与包装材料已比较定型，习惯上有了一定的标准，所以计算其皮重时，无须逐件过秤，只需将习惯上已认定的皮重乘以总件数即可。

（4）约定皮重（computed tare）。买卖双方事先协商好以某一重量作为每件商品的皮重，然后以这一推定皮重乘以该批商品的总件数，以求得的重量作为该批商品的皮重。

（5）装运皮重（shipping tare）。又称卖方皮重（shipper's tare），即卖方于装运时将过秤所得的皮重记录于商业发票上，并由买方予以承认的皮重。

（三）公量

公量（conditioned weight）是指用科学方法抽出商品中所含的实际水分，再另加标准水分所求得的重量，常用于经济价值较大而水分含量不稳定、易受空气湿度影响的商品，如棉花、生丝、羊毛等。国际上生丝的标准含水率一般定为11%。

计算公式为：

$$公量 = 净重 \times [(1+标准回潮率)/(1+实际回潮率)]$$

例如：成交数量为100公吨的生丝，约定回潮率为10%，交货时，商品回潮率为9%，问卖方应交货多少？

实际交货重量 = 净重 × 〔（1+实际回潮率）/（1+约定回潮率）〕
= 100 × 〔（1+9%）/（1+10%）〕= 99.09

（四）理论重量

理论重量（theoretical weight）是指对于一些有固定规模和尺寸的商品，对于某些按固定规格生产和买卖的商品，只要其规格一致，每件重量大体是相同的，一般可以从其件数推算出重量。但是这种计重方法是建立在每件货物重量相同的基础上的，重量如有变化，其实际重量也会产生差异，因此，只能作为计重时的参考。如马口铁、钢板等，只要尺寸符合，规格一致，其每件重量大致相同，就可以从件数推算出总重量。

（五）法定重量

由毛重扣除包装重量后，仍不一定是真正代表商品本身的实际重量，因为有些商品还有与其直接接触、可以连同商品零售的包装，如香烟盒、罐头瓶之类。这种装饰包装材料的重量，习惯上并不剔除，而视为商品的一部分，因此商品本身重量加上这些直接接触商品的包装材料的重量称为法定重量（legal weight）。

某些国家（尤其是南美国家）在征收从量进口税时，规定商品的重量必须以法定重量计算。而除去这部分法定重量后所表示出来的商品的纯重量，则称为实物净重，又称纯净重。如成衣扣除衬托纸板、大头针及塑胶套等附属物（内包装）后所得的重量即为纯净重。

三、合同中的数量条款

合同中的数量条款（quantity clause）主要包括成交商品的数量和计量单位。以重量计算的，还需明确计算重量的方法。规定数量条款，需要注意以下几点：

（一）正确掌握进出口商品的数量

在交易磋商时，应正确掌握进出口商品成交的数量，防止心中无数，盲目成交。具体而言，对出口商品数量的掌握，应考虑国外市场的需求量、市场趋势、国内资源的供应量、国际市场的价格趋势和国外客户的资信状况和经营能力。在国外市场需求量小、本国货源供应偏紧、国际市场价格看涨时，不能盲目成交。对进口商品数量的把握，则要考虑国内的实际需要和支付能力。此外，还应根据当时国际市场行情的变化来灵活决定采购数量。

1. 对出口商品数量的掌握

（1）国外市场的供求状况。当我们确定向某市场出口时，应了解该市场的需求量和各地对该市场的供应量，有效利用市场供求变化规律，按国外市场实际需要合理确定成交量，以保证我国出口商品能卖到适当的价钱。对我国出口商品的主销市场和常年稳定供货的地区和客商，应经常保持一定的成交量，防止因成交量过少或供应不及时，而导致国外竞争者乘虚而入，使我们失去原有市场和客户。

（2）国内货源供应情况。确定出口商品的成交量，应当同国内的生产力货源供应情况相适应。在有生产能力和货源充沛的情况下，可适当扩大成交量；反之，若货源紧张，则不宜盲目成交，以免给生产企业和履行合同带来困难。

（3）国际市场的价格动态。在确定出口商品成交数量时，还应考虑该商品的市场价格动态。当价格看跌时，如有货源，应争取多成交，快抛售；价格看涨时，不宜大量成交，应争取在有利时机抛售。

（4）国外客户的资信状况和经营能力。出口商品的成交数量应与国外客户的资信状况和经营能力相适应，对资信情况不了解的客户和资信欠佳的客户，不宜轻易签订成交数量较大的合同；对客户的成交数量也要适当控制。总之，要根据客户的具体情况确定成交量。

2. 对进口商品数量的掌握

为了正确掌握进口商品的成交数量，一般需要考虑下列因素：

（1）国内的实际需要。在洽购进口商品时，应根据国内生产建设和市场的实际需要来确定成交量，避免盲目进口。

（2）国内支付能力。确定进口商品数量，应与国内支付能力相适应。当外汇充裕而国内有需要时，可适当增加进口商品数量；反之，如外汇短缺，而非急需商品，则应控制进口成交数量，以免浪费外汇和出现不合理的贸易逆差。

（3）市场行情变化。在市场行情发生对我方有利的变化时，应适当增加成交数量；反之，则应适当控制成交数量。

（二）合理规定数量机动幅度（quantity allowance）

在农副产品和工矿产品的大宗交易中，由于商品的特性、货源的变化、船舶、航位、装运技术和包装等原因，往往难以准确地按照合同规定的数量交货，卖方风险很大。

为使合同顺利履行，买卖双方在商定交货数量时应有一定的机动幅度，即应在合同里明确规定溢短装条款（more or less clause），按照这一条款规定，卖方在交货时可以溢交或短交合同数量的一定比例，只要卖方交货数量在约定的增减幅度范围内，就算按合同规定数量交货，买方就不得以交货数量不符为由而拒收或提出索赔。例如：1 000 long tons，5% more or less at seller's option（数量1 000长吨，卖方在交货时可溢装或短装5%）。

1. 数量机动幅度的大小要适当

数量机动幅度的大小通常以百分比表示，如3%或5%。百分比究竟多大，应视商品的特性、行业或贸易习惯、运输方式等因素而定。数量机动幅度可酌情作出各种不同的规定。其中一种是只对合同数量规定一个百分比的机动幅度，而对每批分运的具体幅度不作规定。在这种情况下，只要卖方交货总量在规定的机动幅度范围内，就算按合同数量交了货；另一种是除规定合同数量总的机动幅度外，还规定每批分运数量的机动幅度。在这种情况下，卖方总的交货量就得受上述总机动幅度的约束，而不能只按每批分运数量的机动幅度交货，这就要求卖方根据过去累计的交货量，计算出最后一批应交的数量。此外，有的买卖合同，除规定一个具体的机动幅度（如3%）外，还规定一个追加的机动幅度（如2%）。在这种情况下，总的机动幅度应理解为5%。

2. 机动幅度选择权的规定要合理

在合同规定有机动幅度的条件下，由谁行使这种机动幅度的选择权呢？一般来说，是履行交货的一方，也就是卖方。但是，如果涉及海洋运输，交货量的多少与承载货物船只的舱容关系非常密切，在租用船只时，就得和船方商定。所以，在这种情况下，交货机动幅度一般是由负责安排船只一方（如 FOB 的买方）选择的，或是干脆由船长根据舱容和装载情况作出选择。总之，机动幅度的选择权可以根据不同的情况，由买方行使，也可由卖方行使，或由船方行使。因此，为了明确起见，最好是在合同中作出明确合理的规定。过去，我国按 FOB 条件从国外进口大宗商品，合同都规定卖方交货总数和每批装船数量均有 5% 的机动幅度，此项规定是极不合理的，今后应当避免。

此外，当成交某些价格波动剧烈的大宗商品时，为了防止卖方或买方利用数量机动幅度条款，根据自身的利益故意增加或减少装船数量，也可在机动幅度条款中写明：此项机动幅度条款只是为了适应船舶实际装载量的需要才使用的。

3. 溢短装数量的计价方法要公平合理

目前，对机动幅度范围内超出或低于合同数量的多装或少装部分，一般是按合同价格结算，这是比较常见的做法。但是，数量上的溢短装在一定的条件下关系到买卖双方的利益。在按合同价格计价的条件下，交货时市价下跌，多装对卖方有利；若市价上升，多装却对买方有利。因此，为了防止有权选择多装或少装的一方当事人利用行市的变化，有意多装或少装以获取合同以外的好处，也可在合同中规定，多装或少装的部分，不按合同价格计价，而按装船时或货到时的市价计算，以体现公平、合理的原则。如双方对装船时或货到时的市价不能达成协议，则交由仲裁解决。如果进出口双方没有在合同中事先规定溢短装货物的计价方法，则应理解为按合同价格作价。

（三）准确了解世界各国不同的数量计量标准

各国度量衡制度的不同，造成同一计量单位而表示的数量不一，因而了解与熟悉它们互相之间的换算方法是很重要的。目前国际贸易中通常采用公制（the metric system）、英制（the Britain system）、美制（the U.S.system）和国际标准计量组织在公制基础上颁布的国际单位制（the international system of Units，简称 SI）。还有，同一计量单位所表示的数量会因货物的不同而有差异，如美国的蒲式耳（bushel）作为各类谷物的计量单位，但每蒲式耳燕麦为 32 磅，大麦为 48 磅，玉米和亚麻籽为 56 磅，大豆为 60 磅。如糖类商品，有些国家习惯采用袋装，古巴每袋重量规定为 133 千克，巴西每袋重量为 60 千克等。可见，了解和掌握各国不同的计量单位对于从事国际贸易工作是非常重要的。

（四）注意对约数的使用

在进出口合同中，一般不宜采用大约、近似、左右（about，circa，approximate）等伸缩性的字眼来使具体交货数量作为适当机动。因为国际上对"约"字的解释不一，有的理解为 2%，有的解释为 5% 或 10%，为便于明确责任和有利于合同的履行，最好不要在合同中采用"约量"，而应具体规定数量机动幅度。如需要采用，也应由买卖双方就这一"约量"的含义作出明确规定。

第三节　商品的包装

在国际货物买卖中，包装是货物的重要组成部分，包装条件是买卖合同中的一项主要条件。按照某些国家的法律规定，如卖方交付的货物未按约定的条件包装，或者货物的包装与行业习惯不符，买方有权拒收货物。如果货物虽按约定方式包装，但与其他货物混杂在一起，买方可以拒收违反规定包装的那部分货物，甚至可以拒收整批货物。实践中包装常常由于被忽视，出现了不少问题。

商品的包装（packing of goods），是指为了有效地保护商品品质的完好和数量的完整，采用一定的方法将商品置于合适容器中的一种措施。

商品的包装是主要交易条件之一，也是保护商品在流通过程中品质完好和数量完整的重要条件。在实际业务中，商品的包装应力求满足科学、经济、牢固、美观、适销等要求。在签订合同条款时，应明确包装条款的包装材料、包装方式、包装规格等内容。

一般来说，出口货物按是否需要加包装，可以分为三大类：

（1）散装货物（bulk cargo）。无须包装，可直接交运，多为不易包装或不必包装的货物，如小麦、黄豆、玉米、煤、矿砂等。

（2）裸装货物（nude cargo）。形态上自成件数，犹如包装货而无须再加包装，如钢铁、锡块、铝锭、钢板、车辆等。

（3）包装货物（packed cargo）。需加包装的货物，国际贸易中大多数商品需要合适的包装。

一、商品包装的重要性

（1）包装是实现商品价值和使用价值的重要手段之一，是商品生产者和消费者之间的桥梁，只有通过包装，商品才能最终完成生产过程，进入流通和消费领域，才能实现商品的使用价值和价值。

（2）包装是保护商品在流通过程中品质完好和数量完整的重要措施。经过适当包装的商品，便于运输、装卸、搬运、保管、清点，同时还能防止商品丢失或被盗，为各方面提供便利。

（3）包装在一定程度上反映了一个国家的生产、科技和文化艺术水平，是反映出口国家的现代化程度和古老文明程度的标志之一。

（4）在当前国际市场竞争空前激烈的情况下，包装已发展成为增强商品竞争力、扩大对外销路的重要手段。完美的包装，可以提高商品的身价，吸引顾客，增加售价。一般认为，80%的消费者是睡眠型的，要靠包装来唤醒，因为现在很多商品的内在质量没有什么大的差异，所以，包装成为增强商品竞争力的手段之一。

（5）在国际货物买卖中，包装还是货物说明的重要组成部分，是货物买卖合同的主要交易条件之一。按照某些国家的法律规定，如卖方交付的货物未按约定条件包装，或者包装与行业习惯不符，买方有权拒收货物。

二、包装的种类

（一）根据包装在流通过程中所起的不同作用，可以分为运输包装、销售包装、中性包装与定牌

1. 运输包装

（1）运输包装的含义和分类。

运输包装又称外包装（transport packing）、大包装，其主要作用在于保护商品，便于运输、储存、计数，有利于节省货运成本。

运输包装又可以从下列不同角度来分类：

1）按包装方式，可分为单件运输与集合运输包装。前者是指货物在运输过程中作为一个计件单位的包装；后者则是指将一定数量的单件商品组合成一件大的包装或装入一个大的包装容器内，这样可以更好地保护商品，提高港口装卸速度和降低运输成本，并促进包装的保准化。集装箱（container）和集装包、袋（flexible container）是常见的集合运输包装。

2）按包装外形，可分为包（bale）、箱（case）、桶（drum, barrel）、袋（bag）、篓（basket）、笼（cage）等不同形状的包装。

3）按包装材料不同，分为纸质包装，木质包装，金属包装，塑料包装，棉麻包装，竹、柳、草制品包装，玻璃。

4）按包装质地来分，有软性包装、半硬性包装、硬性包装。

5）按包装程度不同，分为全部包装（full packed）和局部包装（part packed）。

（2）运输包装标志。

运输包装标志（packing mark）是在商品外包装上印制的简单图形和文字，以便识别货物，也便于运输、检验和仓储、收货。按其用途可分为运输标志（shipping mark）、指示性标志（indicative mark）和警告性标志（warning mark）三种。

1）运输标志。习惯称为唛头或唛，它通常是由一个简单的几何图形和一些字母、数字及简单的文字组成的。按照国际标准化组织的规定，运输标志主要由四部分组成。

①收货人及发货人名称的代用简称（字母）或代号和简单的几何图形（有时仅有字母或代号，没有图形），这一部分又称为主唛（main mark, principal mark）。②参考号，如合同号、信用证号、订单号等。③目的港（地）名称。④件号。这是箱号（case number）、袋号（bag number）等的总称，说明一批货物的总件数与本件货物的顺序号数。如箱号 NO.30/100 表示这批货物共有 100 箱，这是第 30 箱。

现列举运输标志实例，如图 2-1 所示。

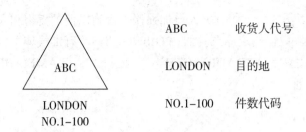

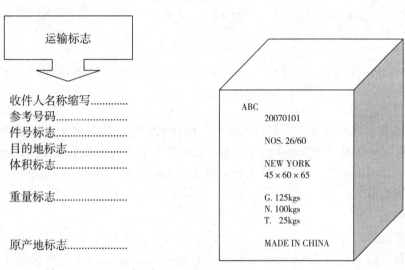

图 2-1　运输标志实例

此外，有时根据需要还列出原产国名称，即原产国标志（country of origin mark，如 Made in China），还有品质标志（quality mark）和重量与体积标志（weight and measurement mark）。

2）指示性标志（图 2-2）。其指示人们在装卸、运输和保管仓储过程中需要注意的事项，一般都以简单、醒目的文字和图形在包装上标出，又称注意标志（care mark），如 KEEP COOL（保持低温），HEAVE HERE（由此举起），OPEN HERE（由此开启），GUARD AGAINST WET（勿使受潮）。

图 2-2　指示性标志

3）警告性标志（图 2-3）。其针对危险货物（dangerous goods）而设。为了在对危险货物装卸、运输和保质过程中以示警告，使有关人员加强保护措施以保护货物和人身安全而加在外包装上的标志，又称危险货物包装标志。如：POISON GAS（有毒气体），EXPLOSIVE（爆炸品），CORROSIVE（腐蚀品），RADIOACTIVE（放射性），FLAMMABLE GAS（易燃气体），OXIDISER（氧化剂）。

图 2-3　警告性标志

在运输包装上打上标志，应根据商品的性质正确选用，最好采用出口国和进口国的文字，但使用英文的居多。此外还要注意包装上的各类标志必须打在明显部位，标志的颜色要符合有关规定，防止褪色、脱落，使人容易辨认。在刷唛时一定要注意切勿标示出所装货物的名称，以防盗窃。

2. 销售包装

（1）销售包装的含义。

销售包装又称内包装（inner packing）、小包装（small packing）或直接包装（immediate packing），是直接接触商品并随商品进入零售网络和消费者直接见面的包装。它除了保护商品外，还有美化商品、促进销售的功能。所以，提高销售包装的质量，是加强对外竞销能力的一个重要方面。

（2）销售包装的分类。

1）挂式包装。带有吊带、挂孔等装置的包装。

2）堆叠式包装。堆叠稳定性强的包装。

3）携带式包装。在包装上装置提手等的包装。

4）易开包装。标有特定的开启部位，易于打开的包装。

5）喷雾包装。流体商品的包装。

6）配套商品。主要为了搭配成交的商品进行的包装。

7）礼品包装。为了商品的外表美观和显示礼品的名贵进行的包装。

8）复用包装。除了供应包装以外，还能给消费者带来其他用途的包装。

（3）销售包装的标志。

在销售包装上一般都附有装潢画面和文字说明，有的还印有条形码的标志，在设计和制作销售包装时应一并做好配套工作。

1）包装的装潢画面。在销售包装上一般都附有装潢画面，装潢画面要求美观大方，富有艺术上的吸引力，并突出商品特点。装潢画面中的图案和色彩应符合有关国家的民族习惯和爱好。例如，伊斯兰教国家忌用猪形图案，日本认为荷花图案不吉祥，意大利人喜欢绿色，埃及人禁忌蓝色等。在设计装潢画面时,应投其所好,以利扩大出口。

2)文字说明。文字说明要与包装的装潢画面相协调,简明扼要。在销售包装上应有必要的文字说明,如商标、品牌、品名、产地、数量、规格、成分、用途和使用方法等。文字说明要和装潢画面紧密结合,互相衬托,彼此补充,以达到宣传和促销的目的;使用的文字必须简明扼要,并让顾客看懂,必要时可以中外文同时使用。

在销售包装上使用文字说明或制作标签时,还应注意有关国家的标签管理条例的规定。例如,日本政府规定,凡销往该国的药品,除必须说明成分和服用方法外,还要说明其功能,否则就不准进口。美国进口药品也有类似规定。又如,有些国家进口罐头等食品,必须注明制造日期和食用有效期,否则也不准进口。此外,有些国家甚至对文字说明所使用的语种也有具体规定,如加拿大政府规定,销往该国的商品,必须同时使用英、法两种文字说明。

3)条形码。商品包装上的条形码是由一组带有数字的黑白及粗细间隔不等的平行条纹所组成的,是利用光电扫描阅读设备为计算机输入数据的特殊代码语言。

条形码是在1949年诞生的技术,20世纪70年代以后,被美国应用于商品销售领域。只要将条形码对准光点扫面器,计算机就能自动识别条形码的信息,确定商品品名、品种、数量、生产日期、制造厂商、产地等,并据此在数据库中查询其单价,进行货价结算,打出购货清单。目前许多国家的超级市场都使用条形码技术,并规定商品上没有条形码,就不能进入超级市场。有些国家还规定,没有条形码是不准进口的。

为了适应国际市场的需要和扩大出口,中国于1988年建立了中国物品编码中心,负责推广条形码技术,并对其进行统一管理。1991年中国正式加入国际物品编码协会,该会分配给中国的国别号是690、691、692、693、694、695。凡标有690、691、692、693、694、695条形码的商品,即表示是中国的出口商品。

3. 中性包装与定牌

中性包装和定牌,是国际贸易的通常做法。中国在出口业务中有时也可应客户要求采取这些做法。

(1)中性包装。

中性包装(neutral packing)是指在商品内外包装上既不标明生产国别、地名和厂商名称,又不标明商标或品牌的包装,包括无品牌中性包装和定牌中性包装两种。

1)无牌中性包装。既无生产国别、厂商名称,又无任何商标、牌号。

2)定牌中性包装。无生产国别、地名和厂商名称,但有买方指定的商标或品牌。

在国际贸易中采取中性包装的主要目的是打破进口国或地区的关税或非关税(配额等)壁垒,以及适应如转口贸易等特殊交易形式的需要,因而是一种促进产品出口的手段。

(2)定牌。

定牌是指卖方按买方要求在其出售商品或包装上标明买方指定的商标或牌号,又叫定牌生产。

世界上许多国家的超级市场、大百货公司及连锁店都喜欢在其销售的商品包装上标示自己的商标或牌号以扩大影响,而众多出口商为了利用买方的声誉和众多销售网络来提高自己出口产品的销量,也乐于接受定牌生产。

在中国出口贸易中,一般对于国外大量且稳定的长期订货可接受定牌生产,具体做法有以下几种：

1）定牌中性包装，即只印外商指定的商标牌号，不标明生产国别和出口厂商名称。

2）既标明外商指定的商标或牌号，也加注中国的商标或牌号。

3）在买方指定的商标或牌号下面标示"Made in China"字样。

（二）按商业经营习惯分类

商品包装种类繁多，常见的商品包装的分类如下：

1. 内销包装

内销包装是为适应在国内销售的商品所采用的包装，具有简单、经济、实用的特点。

2. 出口包装

出口包装是为了适应商品在国外的销售，针对商品的国际长途运输所采用的包装。在保护性、装饰性、竞争性、适应性上要求更高。

3. 特殊包装

特殊包装是为工艺品、美术品、文物、精密贵重仪器、军需品等所采用的包装，一般成本较高。

（三）按流通领域中的环节分类

1. 小包装

小包装是直接接触商品，与商品同时装配出厂，构成商品组成部分的包装。商品的小包装上多有图案或文字标识，具有保护商品、方便销售、指导消费的作用。

2. 中包装

中包装是商品的内层包装，通称为商品销售包装，多为具有一定形状的容器等。它具有防止商品受外力挤压、撞击而发生损坏或受外界环境影响而发生受潮、发霉、腐蚀等变质变化的作用。

3. 外包装

外包装是商品最外部的包装，又称运输包装，多是若干个商品集中的包装。商品的外包装上都有明显标记。外包装具有保护商品在流通中的安全的作用。

（四）按包装形状和材料分类

以包装材料为分类标志，商品包装可分为纸类、塑料类、玻璃类、金属类、木材类、复合材料类、陶瓷类、纺织品类、其他材料类等包装。

（五）按防护技术方法分类

以包装技法为分类标志，商品包装可分为贴体、透明、托盘、开窗、收缩、提袋、易开、喷雾、蒸煮、真空、充气、防潮、防锈、防霉、防虫、无菌、防震、遮光、礼品、集合包装等。

三、合同中的包装条款

包装条款（packing clause）一般包括对包装材料、方式、规格、标志或费用负担等内容的规定。例如：In cartons or crates of about 12kg net, each fruit wrapped with paper（纸箱或空格木箱装，每箱净重约12千克，每只水果包纸）；In cloth bales of 80 sets, each set packed in a poly bag（布包，每包80套，每套塑料袋装）。

合同中包装条款的规定要注意以下四项：

（一）根据商品的性能、特点及采用的运输方式确定包装条款的内容

不同的运输方式和不同的商品，其包装条款的规定也不相同，如水果一般用纸箱包装，而水泥一般用三层水泥纸袋包装。若合同对包装事项无约定，按1980年《公约》第35条的要求，货物应按同类货物通用的方式装箱或包装；如果没有此类通用方式，则按足以保全或保护货物的方式装箱或包装。

（二）条文规定应明确具体

在实际业务中，有时对包装条款作笼统的规定，如使用海运包装（seaworthy packing）、习惯包装（customary packing）或卖方惯用包装（seller's usual packing）之类的术语，然而此类术语含义模糊，各国理解不同，容易引起争议，因此在合同中一般应尽量避免使用。例如：在中国自行车出口一案中，中国一家公司出口自行车，合同包装条款规定：木箱装，C.K.D。中方将自行车用木箱装好后发送给对方，结果对方拒收。因为C.K.D的真实意思是 completely knocked down，即完全拆散包装，中方包装不符合合同要求。

（三）明确包装费用由何方负担

包装物料和费用一般包括在货价之内，不另计价，但如买方对包装材料和包装方式提出特殊要求，除非事先明确包装费用包括在货价内，其超出的包装费用原则上应由买方负担，并应在合同中具体订明：经双方商定，全部或部分包装材料由买方供应。合同中还应明确规定买方提供包装材料的时间以及逾期未到的责任。

进口合同中，对包装技术性能较强的商品，一般要在货物单价条款后注明"包括包装费用"（packing charges included），以免日后发生纠纷。

（四）掌握各国对包装的具体不同要求

世界各国出于本国的环保和风俗习惯的要求，对包装的材料、大小、外观会有一些不同要求，作为出口国必须准确掌握，认真负责地对待每一个国家。如输往伊斯兰教国家的商品，必须尊重当地的宗教信仰；出口到美国、澳大利亚的商品，要求对木质包装必须经过熏蒸处理，防止造成环境污染。

小 知 识　　　　　　　　　**包装标志**

1. 颜色

标志的颜色一般为黑色。如果包装件的颜色使图示标志显得不清晰，则可选用其他颜色印刷，也可在印刷面上选用适当的对比色。一般应避免采用红色和橙色。粘贴的标志采用白底印黑色。

2. 包装标记和包装标记的要求

（1）必须按照国家有关部门的规定办理。我国对物资包装标记和标志所使用的文字、符号、图形以及使用方法，都有统一规定。

（2）必须简明清晰、易于辨认。包装标记和标志要文字少，图案清楚，易于制作，一目了然，方便查对。标记和标志的文字、字母及数字号码的大小应和包装件的标记和标志的尺寸相称，笔画粗细要适当。

（3）涂刷、拴挂、粘贴标记和标志的部位要适当。所有标记和标志，都应位于搬运、装卸作业时容易看见的地方。为防止在物流过程中某些标志和标记被抹掉或不清楚而难以辨认，应尽可能在同一包装物的不同部位制作两个相同的标记和标志。

（4）要选用明显的颜色作标记和标志。制作标记和标志的颜料应具备耐温、耐晒、耐摩擦等性能，以免发生褪色、脱落等现象。

（5）标志的尺寸一般分为三种。用于拴挂的标志为74mm×52.5mm；用于印刷和标打的标志为105mm×74mm和148mm×105mm两种。须说明特大和特效的包装不受此尺寸的限制。

标志的尺寸一般分为4种：

17050　　2140100　　3200150　　4280200

3. 使用方法

（1）标志的标打，可采用印刷、粘贴、拴挂、钉附及喷涂等方法。印刷时，外框线及标志名称都要印上；喷涂时，外框线及标志名称可以省略。

（2）箱状包装：包装的两端或两侧的左上方；

袋、捆包装：明显的一面；

桶形包装：位于桶身或桶盖；

集装箱、成组货物：粘贴四个

（3）特殊规定。

标志"由此吊起"应标打在包装件两个相对侧面的实际起吊位置上。

标志"重心点"应标打在能正确标示出包装件实际重心位置的四个面上。

（4）标志的文字书写应与底边平行；出口货物的标示，应按外贸的有关规定办理；粘贴的标志应保证在货物储运期内不脱落。

（5）运输包装件需标打何种标志，应根据货物的性质正确选用。

（6）标志由生产单位在货物出厂前标打。出厂后如改换包装，标志由改换包装单位标打。

复习思考题

1. 何谓标的物？在国际货物买卖合同中列明标的物的意义何在？
2. 在表示商品品质的方法中，"黄豆，中国一级""万家乐牌热水器""莱阳梨"分别是凭什么买卖？
3. 构成合同标的物应具备哪些条件？在规定标的物条款时需要注意哪些事项？
4. 品质条款在合同中的法律地位如何？约定品质条款应注意哪些事项？
5. 签订数量条款时应注意哪几个问题？
6. 采用ISO 9000系列标准对发展我国出口贸易有何实际意义？
7. 表示品质的方法多种多样，应如何结合商品特点合理选择和运用？
8. 数量条款在合同中的法律地位如何？约定数量条款应注意哪些事项？
9. 在某些大宗商品交易中为什么要约定溢短装条款？溢短装的选择权应当由谁掌握？
10. 在合同未约定溢短装条款的情况下，能否多装或少装？
11. 试述定牌生产与中性包装的异同。
12. 在国际货物买卖中规定包装条款应注意哪些问题？

案例分析

1. 国内某单位向英国出口一批大豆，合同规定水分最高含量为14%，杂质不超过2.5%。成交前我方曾向买方寄过样品，订约后又电告对方：成交货物与样品相似。当货物抵达英国后，买方提出货物与样品不符，并出具相应证书证明货物的质量比样品低10%，以此要求我方赔偿15 000英镑的损失。请问：我方能否以该项交易并非凭样品买卖而不予赔偿？为什么？

2. 国内某公司出口至俄罗斯黄豆一批，合同的数量条款规定：每袋净重100公斤，共1 000袋，合计100公吨。货抵俄罗斯后，经检验，黄豆每袋仅重96公斤，1 000袋合计96公吨。适值黄豆价格下跌，俄罗斯客户以单货不符为由提出降价5%的要求，否则拒收。请问买方的要求是否合理，为什么？

3. 一卖家出口彩电4 000台，装运时发现库存仅剩3 900台，卖方若以这3 900台交货，是否构成违约？

4. 菲律宾客户与上海某自行车厂洽谈进口"永久牌"自行车10 000辆，但要求我方改用"剑"牌商标，并在包装上不得注明"Made In China"字样。买方为何提出这种要求？我方能否接受？为什么？

5. 出口商品已刷制唛头，目的港通关时，海关未发现而要求买方补制，买方照办后要求我方赔偿其支出的费用。对此我方应如何处理？

第三章

国际货物运输

引例：

青岛物流因为运输纠纷将无锡摩托起诉至法庭。案例背景：2005年10月27日至11月21日间，无锡摩托向青岛物流发出三份订舱单，其中11月8日发出的订舱单记载收货人为SC公司（波多黎各），被通知人为VEL公司，其他两份订舱单收货人和被通知人均为VEL公司，成交方式FOB上海，运费约定到付，货物品名为摩托车。三份订舱单项下实际出运了13个集装箱。青岛物流接到无锡摩托订舱单后，分别于2005年11月6日、15日、29日向被告签发了自己名称的8份提单，其中青岛物流接受被告指令，将11月8日订舱单记载的收货人SC更改为与另两份订舱单相同的收货人VEL公司。至此，8份提单记载的托运人均为无锡摩托，收货人和被通知人均为VEL公司，运费约定到付。无锡摩托交付货物后即将提单传真给收货人VEL公司告知货物已出运。

在审理过程中，无锡摩托向法院书面确认，涉案提单在传真给收货人后又向其寄交正本提单，其中两份提单收货人已退回，其他6份提单未退回。

青岛物流接受上述货物运输后，分别委托了达飞轮船公司和上海怡诚物流公司实际承运，并就涉案8份提单项下货物分别向实际承运人支付了运费56 250美元。

2006年2月17日，青岛物流致函无锡摩托称"涉案货物抵达目的港，至今无人清关提货。货物将于2006年2月21日到波多黎各海关规定的最后滞港期限，之后政府将有权进行拍卖或处置贵公司决定退运，需给我方正式加盖公章的书面通知，并立即将海运费用和所有滞港费用打至我方账上。我方方可安排退运"。同年2月18日无锡摩托收到该函件并签字盖章。

庭审中，青岛物流主张输送舱单信息费250美元不能提交相应证据，并称货物抵达目的港后曾通过电话通知记名收货人提货和支付运费，但收货人始终未予提货也未支付运费。试分析本案的症结所在。

本章的学习要点：

● 国际货物运输方式

- 海洋运输的特点
- 海洋运输方式
- 班轮运输运费计算
- 运输单据
- 运输条款规定

第一节　运输方式

现代国际贸易使用的运输方式主要有海洋运输、铁路运输、航空运输、邮包运输、公路运输、内河运输、管道运输、大陆桥运输以及由各种运输方式组合的国际多式联运等。选择何种运输方式，关系到运费的高低、速度的快慢以及货物的安全。

一、海洋运输

海洋运输（ocean transportation）具有通过能力大、运量大及运输成本低的特点，因而它是国际贸易中使用最广泛和最主要的运输方式，目前其运量已占国际货物运输总量的80%以上。

按照经营方式，海洋运输又可分为班轮运输和租船运输两种。

（一）班轮运输

班轮运输（liner transport）是指船舶按固定航线、港口以及事先公布的船期表（sailing schedule）航行并按事先公布的费率收取运费的一种客货运输方式。在国际海运业务中，除大宗商品利用租船运输外，大多数通过班轮运输。

1. 班轮运输的特点

（1）"四定"。固定航线、固定港口、固定船期和相对固定的运费率。

（2）"一负责"。由船方负责配载装卸，装卸费已包括在运费中，货方不再另付装卸费，船货双方也不计算滞期费和速遣费。

（3）船、货双方的义务和责任豁免，以船方签发的提单条款为依据。

（4）班轮承运的货物品种、数量较为灵活，货运质量较有保证，且一般在码头仓库交接货物，为货方带来方便。因此对于零星成交、批次多、到港分散的货物，宜采用班轮运输。

2. 班轮运输的运费

班轮运输的运费由基本运费和附加运费构成。

（1）基本运费，指货物从装运港至卸货港所收取的运费，是全程的主要构成部分。

（2）附加运费通常有以下几种：

①超重附加费（extra charges on heavy lifts）。

②超长附加费（extra charges on over lengths）。

③选卸附加费（additional on optional discharging port）。选择卸货港或选卸货物（optional cargo）需于托运人选择的数个港口中一港起卸，由于这种特别的安置所以要额外加费。

④更改卸货港费（alteration of destination fee）。货物运出后尚未运抵卸货港前，如因需要更改卸货港，也要另加有关费用。

⑤直航附加费（additional on direct）。如果一批货物达到规定原数量，托运人要求将之直接运达非基本港口卸货，船公司为此要加收费用。

⑥转船附加费（transshipment additional）。货物在转船运输中所增加的装卸、储存等费用，也要另向货主收取。

⑦港口附加费（port additional）。由于某些港口装卸效率较低或收费较高等特殊原因而由船东额外加收的费用。

除上述附加费外，船公司有时还根据不同情况增收如燃料附加费（bunker surcharge）、币值附加费（currency surcharge）、港口拥塞附加费（port congestion surcharge）、绕道附加费（canal surcharge，如当苏伊士运河突然关闭而不得不绕道好望角而加收的运费）等。

班轮运输通常按照班轮运价表（liner's freight tariff）的规定计收。班轮运价表一般包括货物的分级、航线费率表、附加费率表、计费的标准和币种等。班轮运价种类较多，有班轮公会运价表、班轮公司运价表、双边运价、货方运价表等。

班轮运费的计收标准有以下几种：

①按货物的毛重计收，以一重量吨（weight ton）作为计费单位，在运价表中以"W"表示。

②按货物的体积计收，以一尺码吨（measurement ton）作为计费单位（1尺码吨=1立方米或40立方英尺），在运价表内以"M"表示。

③按货物的价格计收，又称从价（ad valorem）运费，一般按商品的FOB总价的一定百分比收费，以"A.V."表示。贵重物品多采用此种方法表示。

④按货物的重量或体积从高计收，以"W/M"表示。在实际业务中，此种方法比较普遍。

⑤按货物的件数计收，如汽车按辆（unit），活畜生按头（head）。

⑥由货主和船公司临时决定。适用于粮食、豆类、煤炭、矿砂等运量较大、装卸容易、货价较低的大宗初级产品。在运价表中以"open rate"表示，意为"议价货"。

此外，运价表上还有注明"W/M or A.V."及"W/M plus A.V."字样的。前者表示在货物重量、体积或价格中从高计收，后者表示先按货物的重量或体积从高计收，然后再加上一定百分比的从价运费。

（二）租船运输

租船运输（shipping by chartering）又称不定期船（tramp）运输。租船（charter），是指根据租船合同（charter party），船东将船舶的全部或部分舱位出租给租船人使用，以完成特定的货运任务，租船人按商定的运价支付运费。

租船的原因包括：①粮谷、矿砂、煤炭、石油、木材等大宗商品需要包租整船运输。②海运公司因运输任务过于繁忙而难以独立承担，往往也是从外租船。

1. 租船方式

（1）定程租船（voyage charter），又称程租船或航次租船，是指由船东负责提供船舶，在指定港口之间进行一个航次或多个航次，承运指定货物的租船运输，即按航程租赁。此种方式适宜运输价值较低的大宗货物。根据其租赁方式的不同又可分为：

①单程租船（single voyage charter），又称单程航次租船。

②来回航次租船（round voyage charter）。

③连续航次租船（consecutive voyage charter），又分为连续单程航次和连续来回航次。

④包运合同租船（contract of affreightment）。

（2）定期租船（time charter），又称期租船，是指按一定期限租赁船舶的方式，也就是由船东将船租给租船人使用一定期限，在此期限内租船人根据船舶合同规定的航行区域可自行使用和调度船舶。

定程租船和定期租船的相异之处在于：

1）前者是按航程租用船舶，后者则按期限租用船舶。一个是签订定程租船合同，一个是签订定期租船合同。

2）定程租船中由船方负责经营管理船舶并承担航行中的一切开支，并负责按租船合同规定的航程完成货物运输任务。而一艘定期租船在各航次中所产生的燃料费、港口费、装卸费、垫舱物料费等费用，均由租船人承担，船方仅负担对船舶的维护、修理和船员工资与给养等项费用。

3）定程租船的租金或运费，一般按装运货物的数量计算，也有按航次包租总金额计算的。同时采用定程租船时要规定装卸率和滞期费、速遣费。而定期租船的租金一般是按租期中每月每载重吨（deadweight ton，DWT）若干金额来计算的。

（3）光船租船（bareboat charter），是指船东将船舶出租给承租人使用一段时间，但船东仅提供一艘空船，承租人要自己任命船长、配备船员、负责船员的给养和船舶经营管理所需的一切费用，即船东仅保留对船舶的所有权，其余由承租人负责。这种光船租赁实际上属于单纯的财产租赁，与定期租船有所不同。由于船东一般不放心把自己的船交给承租人所雇用的船员支配、管理，而对于承租人而言，雇用和管理船员也是一项复杂的工作，所以在实际中这种形式较少采用。

（4）航次期租（time charter on trip basis），是近年来国际上发展起来的介于定程租船和定期租船之间的一种方式，以完成一个航次运输为目的，按完成航次所用的时间，以约定的租金率计算租金。

2. 租船合同

租船合同是指船东和承租人就租用船舶全部或部分舱位的双方权利义务关系而达成的法律文件。

（1）定程租船合同。国际标准格式为统一杂货租船合同（uniform general charter），又称金康租船合同（GENCON）。其主要内容包括：①特定化，即对船舶特定化。船舶名称、国籍、船旗、航速都是特定的。②注明船东和承租人名称、船名以及到达装运港的名称、日期。③订明运费、装卸时间、滞期费、速遣费。④规定对货物的损害责任和置留权（lien）。

支付运费是承租人的主要义务，在定程租船合同中，一般规定运费率（rate of freight），即每载重吨若干金额，也有整船包干运费（lump sum freight）。

定程租船中装卸费用的划分有以下 4 种方式：

1）F.I.O.（free in and out），即船方不负责货物的装卸和费用，或为更进一步地明确船舱内货物装载以及散装货平仓、理舱的责任与费用划分。也可使用 F.I.O.S.T（free in and out stowed trimmed），即船方不负责货物的装卸、理舱和平舱。

2）F.O.（free out），即船方负责装货和费用，但不负责卸货费用。

3）F.I.（free in），即船方负责卸货及费用，但不负责装货及费用。

4）Gross Terms 或 Liner Terms（班轮条件），即船方负责装卸及费用。

（2）定期租船合同。国际标准格式为统一定期租船合同（uniform time charter），又称波尔的姆期租船合同（BALTIME）。其主要内容包括：①对船舶特定化。②注明船舶的使用范围、航行区域。③订明租期、船东交船和承租人还船的时间、地点。④租金的支付和停租问题。船舶不适航时，承租人有权停租。⑤使用和赔偿责任的规定。

二、铁路运输

铁路运输（railway transportation）是仅次于海洋运输的主要运输方式，又可分为国际铁路联运和国内铁路运输两种。

（一）国际铁路联运

使用一份统一的国际联运票据，经过两个或两个以上国家的铁路并以连带责任办理货物的全程运输任务，在两国铁路交接货物时，无须发、收货人参加，称为国际铁路联运或国际铁路货物联运。采用国际铁路联运有关当事国事先须有书面协定。目前关于国际铁路联运的有关国际协定主要有：

（1）《国际铁路货物运输公约》（简称《国际货约》），参加国有德、奥、意、英、法、西、葡等。

（2）《国际铁路货物联运协定》（简称《国际货协》），俄、波、匈、捷、保、罗、朝、蒙古、越南等欧亚大陆的 12 个国家签订。中国于 1954 年 1 月 1 日起参加了该协定。目前，中国对朝鲜、独联体国家的大部分进出口货物以及东欧国家的小部分进出口货物都是通过国际铁路联运来进行的。

1980 年，中国成功地试办了利用西伯利亚大陆桥开展集装箱国家铁路联运业务，通过西伯利亚大铁路向西北欧及某些中东国家运输货物，货运里程可比海运短 1/3～1/2。西伯利亚大陆桥东起俄罗斯的纳霍德卡港，于海上连接日本、韩国、中国香港、中国台湾，向西延伸发展到欧洲各地和伊朗等地。1992 年，东起连云港、西至鹿特丹的第二条亚欧大陆桥的正式营运进一步缩短了里程。该大陆桥全长 10 900 千米，将中国与莫斯科、华沙、柏林等地连接起来，加快了货运速度，节省了运费，进一步促进了中国对外贸易的发展和开发中国西部。

国际铁路联运所使用的运单和运单副本是国际铁路货物联运的运输单据，是铁路与货主之间缔结的运输契约。当发货人提交全部货物和付清应由其支付的一切费用后，经始发站在运单和运单副本上加盖发站日期戳证，证明货物已被承运，运输契约即告缔结。运单副本在铁路加盖戳记证明货物的承运日期后，发还托运人，是卖方通过有关银行向买方结算货款的主要证件之一。

（二）国内铁路运输

国内铁路运输是指在本国内，按《国内铁路货物运输规程》的规定办理的货物运输。出口货物由产地经铁路运至港口外运，进口货物于口岸卸船后经铁路运往各地以及各地之间的进出口货物经铁路调运，均属国内铁路运输。

但要特别注意供应港、澳地区的物资经铁路运往香港、九龙虽属国内铁路运输，但又有其特殊之处。如中国的出口货物由发货人按照《国内铁路货物运输规程》的规定，由始发站托运至深圳北站，先由中国设在深圳北站的外贸机构办理接货（但不卸车），并向中国铁路租用车辆，然后采取原车过轨的办法再转港段铁路运交买方。采取此种运输方式是由于国内铁路运单不能作为对外结汇的凭证，故由各地外贸运输公司以承运身份签发承运货物收据（cargo receipt），作为向银行办理收汇的凭证。

三、航空运输

航空运输（air transportation）是一种现代化的运输方式，与海洋、铁路相比，它具有不受地面条件限制、运输速度快、时间短、货运中途破损率小等优点，但有运量有限、运费高的缺点。因此，适合运输一些急需物资、易损货物、鲜活商品和贵重物品。

航空运输费用通常按货物的重量或体积从高计收。尽管航空运费一般较高，但由于空运比海运计算费用的起点低，还有助于减少包装费、装卸费、保险费等项附属费用，并因运输速度快而便于货物抢行应市和卖个好价，所以某些货物采用航空运输反而有利。

航空运输有班机运输、包机运输和集中托运三种方式。所谓班机运输是指客、货班机定时、定线、定点的运输，适合运送数量较小的节令和鲜活商品等。所谓包机运输是指包租整架飞机来运送货物，适合于载送数量较大而又有急需要求的货物。所谓集中托运是指航空货运代理公司把若干票单独发运的、发往相同目的地的货物集中起来，填写一份总运单，向航空公司办理托运的运输方式。

办理货物航空运输时，应填写航空货运单（air waybill），它是航空运输的正式凭证，是承运人收到货物后出具的货物收据。货物经空运运抵目的地后，收货人凭承运人的到货通知及有关证明领取货物时，应在货运单上签收。

目前，我国的进出口商品中，采取空运的主要有鲜活商品（鱼、虾、蟹）、丝绸、服装、裘皮等。而进口采用空运的有计算机、精密仪器、稀有金属、手表、钻石、种禽、种畜等。

四、邮包运输

邮包运输（parcel post transportation）是利用邮政服务将货物从一国运送至另一国目的地的运输方式，是一种简便的运输方式，且费用低，但运量有限，因而只能适用于重量轻、体积小商品的运输。各国邮政部门之间订有协定或公约，通过这些公约和协定各国的邮政包裹可以相互传递，从而形成国际邮包运输网，并具有国际多式联运和门对门运输的性质。

中国同许多国家签订了邮政运输协定和邮电协定，于1972年恢复并参加了万国邮政联盟（Universal Postal Union）。

邮包运输包括普通邮包和航空邮包两种。国际邮包运输对邮包的重量和体积均有限制，如每件包裹重量不得超过20千克，长度不得超过1米。因此，某些机器零件、药品、金银首饰、样品和其他零星物品适用于邮包运输。

五、公路运输

公路运输（road transportation）具有机动灵活、速度快和方便等特点。尤其在实现门对门的运输中，更离不开公路运输。但公路运输也有载货量有限、运输成本高和容易出事故等缺点。

公路运输在中国对外贸易运输中占有重要地位。中国同尼泊尔、缅甸等邻国都有公路相连，中国同这些国家的进出口货物可以经由国境公路运输。此外，内地同港、澳地区的部分进出口货物也是通过公路运输的。

六、内河运输

内河运输（inland water transportation）是水上运输的重要组成部分，是连接内陆腹地与沿海地区的纽带，在运输和集散进出口货物中占重要地位。

中国江河密布，特别是长江、珠江水系航运十分便利，中国同一些邻国还有国际河流相连，这为中国进出口货物通过河流运输和集散提供了十分有利的条件。

七、管道运输

管道运输（conduit transportation）也是一种现代化运输方式。许多盛产石油的国家都积极发展管道运输，因为它速度快、流量大，减少了中途装卸环节，且运费低廉。中国的管道运输近年来发展迅速，中国向朝鲜、日本出口石油主要通过管道运输，中国进口中东、北非石油也从缅甸修建石油管道运进中国。

八、集装箱运输

（一）集装箱的定义

集装箱（container）是货物运输的一种辅助设备，按照《国际标准化组织104技术委员会》的规定，集装箱应具备以下条件：

（1）具有耐久性的特质和足够的强度，可重复使用。

（2）途中转运，可不动容器内的货物直接换装。

（3）能快速装卸，并能从一种运输工具直接和方便地换装到另一种运输工具。

（4）便于货物的装满和卸空，即具有易于装卸的设计。

（5）具有1立方米（35.32立方英尺）或1立方米以上的容积。在国际航运中主要采用的是20英尺和40英尺两种规格的集装箱。

集装箱运输（container transportation）就是以集装箱为运输单位的一种现代化运输方式。采用集装箱运输时，可以在发货人的工厂、仓库或集装箱货运站，直接将货物装进特制的标准规格的集装箱内，经当地海关铅封后由各有关承运人将货箱直接运交收货人。集装箱运输货物的交接，可以在起运港和目的港之间进行，即港到港（port to port）方式，也可以在发货人和收货人各自的工厂、仓库交货和接货，即门对门（door to door）方式。由于门对门这种交接方式应用很普遍，所以集装箱运输多属陆、海、空多种运输方式的联合运输。

（二）集装箱运输的优点

（1）便利货运，简化手续。
（2）提高装卸效率，扩大港口吞吐能力。
（3）加速船舶周转，降低营运成本。
（4）提高货运质量，减少货损货差。
（5）节省包装用料，减少运杂费用。
（6）把传统的单一运输串联成为连贯的成组运输，从而促进了国际多式联运的发展。

（三）集装箱运费的计算

集装箱运输费用的计收手法，有的按每运费吨再加收一定的附加费；有的按包厢费率，即以每个集装箱为计费单位，包厢费率视船公司和航线不同等因素而有所不同。现在国际贸易运输主要选择后者计算运费。

（四）集装箱运费的术语

在查看集装箱运费时，通常涉及以下术语：
FCL（full container），箱装。
LCL（less than container load），拼箱装。
CY（container yard），集装箱堆场。
CFS（container freight station），集装箱货运站。
door to door，"门到门"服务。
Box-rate，包厢费率，包括FAK（freight for all kinds）、FCS（freight for class）、FCB（freight for class and basis）。

九、国际多式联运

国际多式联运（international multimodal transportation）是在集装箱运输基础上产生和发展起来的一种综合性的连贯运输方式，一般以集装箱为媒介，把海、陆、空等各式传统的单一运输方式有机结合起来，组成一种国际的连贯运输。《联合国国际货物多式联运公约》对它下的定义是："国际多式联运是指按照多式联运合同，以至少两种不同的方式，由多式联运经营人把货物从一国境内接运货物的地点运至另一国境内指定交付货物的地点。"

国际多式联运需同时具备以下6个条件：

（1）必须有一个多式联运合同，合同中明确规定多式联运经营人和托运人之间的权利、义务、责任和豁免。

（2）必须使用一份包括全程的多式联运单据（multimodal transport document）。多式联运单据是指证明多式联运合同以及证明多式联运经营人已接管货物，并负责按照合同条款交付货物的单据。

（3）必须是至少两种不同运输方式的连贯运输。

（4）必须是国际的货物运输。

（5）必须由一个多式联运经营人（multimodal transport operator，MTO）对全程运输总负责。

（6）必须是全程单一的运费费率（single factor rate）。

开展国际多式联运是实现门对门运输的有效途径，它简化了手续，减少了中间环节，加快了货运速度，降低了运输成本，并提高了运输质量。目前中国已开办的多式联运路线有十几条，办理业务的地区也由原来仅限于沿海城市及其周围地区扩展到内地许多城市。采用多式联运方式，货物在内地只要装上第一程运输工具，发货人即可取得运输单位出具的包括全程运输的运输单据，凭此向银行办理收汇手续，从而为中国内地省市出口货物的按时装运和及时收汇创造有利条件。

但在开展集装箱为媒介的国际多式联运时，也须考虑货价和货物性质是否适宜装集装箱，装运港和目的港之间有无集装箱航线或支线，有无装卸、搬运集装箱的机械设备，铁路、公路、沿途桥梁、隧道、涵洞的负荷能力如何，装箱点和起运点能否办理海关手续等。

小 知 识

《海商法》所称的多式联运合同："是指多式联运经营人以两种以上的不同运输方式，其中一种是海上运输方式，负责将货物从接收地运至目的地交付收货人，并收取全程运费的合同。"多式联运是在集装箱运输的基础上发展起来的，这种运输方式并没有新的通道和工具，而是利用现代化的组织手段，将各种单一的运输方式有机结合起来，打破了各个运输区域的界限，是现代管理在运输业中运用的结果。多式联运合同具有以下特点：第一，它必须包括两种以上的运输方式；而且其中必须有海上运输方式。在我国由于国际海上运输与沿海运输、内河运输分别适用不同的法律，所以国际海上运输与国内沿海、内河运输可以视为不同的运输方式。第二，多式联运虽涉及两种以上不同的运输方式，但托运人只和多式联运经营人订立一份合同，只从多式联运经营人处取得一种多式联运单证，只向多式联运经营人按一种费率交纳运费。这就避免了单一运输方式多程运输手续多、易出错的缺点，为货主确定运输成本和货物在途时间提供了便利。

十、陆上公共点运输

陆上公共点（overland common point，OCP）运输又称美国路桥运输。美国把北起北达科他州,南至新墨西哥州的落基山脉以东的地区划为OCP地区,占其美国国土面积的2/3。凡经美国西海岸港口运往OCP地区的货物,只要使用美国西海岸航运公司的船舶,海运运费每吨低3~4美元。另外,铁路运费也较本地运费低3%~5%。加拿大也划有OCP地区并有类似的运费优惠方法。采用OCP运输方式,应注意在买卖合同、运输单据上注明,在保险单上也应做出相应规定。

十一、大陆桥运输

大陆桥运输(land bridge transport)是指以贯穿大陆的铁路或公路运输系统作为中间桥梁,连接大陆两端的海洋,组成海—陆—海的连贯运输方式。

世界著名的大陆桥包括:北美大陆桥、南美大陆桥、西伯利亚大陆桥、亚欧大陆桥、南亚大陆桥。其中亚欧大陆桥东起中国连云港市,经由陇海、兰新、北疆铁路出阿拉山口,西至荷兰的鹿特丹,连接中国、俄罗斯、白俄罗斯、波兰、德国和荷兰等国,全长10 900千米,有效地降低了买卖双方的成本,在远东—欧洲的对外贸易运输中发挥的作用越来越大。

第二节 装运条款

由于国际贸易中绝大部分货物都通过海洋运输,而且海运进出口合同中的装运条款比较复杂,所以本节仅以海上装运条款为例加以说明。一般而言,装运条款应包括装运时间、装运港和目的地、分批装运和转船、装运通知、装卸时间、装卸率、滞期和速遣条款等项内容。

一、装运时间

装运时间又称装运期(time of shipment),是指卖方在起运地点装运货物的期限。它和交货期(time of delivery)本来是两个不同的概念。如在目的港船上交货(delivered ex ship)贸易下,装运期则先于交货期,二者被截然分开。但由于中国进出口货物合同一般采取FOB、CIF、CFR等装运港交货价格术语,而这类术语的特点是所谓象征性交货,即卖方把货物在装运港装上船,取得货运单据并将其交给买方,即可认为履行了交货,交货期与装运期等同,在时间上是一致的。因此,在实际业务中,常常把装运期和交货期这两个术语等同使用。装运期是国际货物买卖合同的主要条件,如果卖方违反了这一条件,买方有权撤销合同,并要求卖方赔偿损失。因此,在国际货物买卖合同中合理规定装运期非常重要。

(一)规定方法

装运时间的规定方法,目前常用的有以下几种:

1. 明确规定具体装运时间

(1)规定在某月装运。例如:Shipment during Jan.,1月份装运,即全部货物可以在1月1日至1月31日这一期限内任何一天装运。

（2）规定在某月月底以前装运。例如：Shipment at or before the end of September，9月底或其以前装运，即最迟不超过9月30日装运。

（3）规定在某月某日之前装运。例如：Shipment on or before June 20th，6月20日或其之前装运，即自订立合同之日起，最迟不超过6月20日装运。

（4）规定跨月装运。例如：Shipment during Jan./Feb./March1/2/3月装运，即可在1月1日至3月31日的任何一天装运。也可规定跨年、跨季度装运。

2. 规定在收到信用证后若干天或若干年装运

这种规定方法主要适用于下列情况：

（1）按买方的花色、品种和规格成交，或专为某一地区或某商号生产的商品，如买方一旦毁约，这些商品就很难再销售出去，为避免由此造成盲目生产和产品积压，形成沉没成本（sunk cost），可以采用这种规定方法。

（2）在一些外汇管制较严的国家或地区，或实行进口许可证或进出口配额制的国家，如洽谈交易时买方还不能肯定批准进口许可证或外汇配额的具体时间，因而也就无法确定具体的装运期。此时为了促成买方努力成交，也可采用这种方法。

（3）对于某些信誉较差的客户，为促使其按时开证，也可采用此方法。如：Shipment within 45 days after receipt of L/C（收到信用证后45天内装运）；Shipment within 2 months after receipt of L/C（收到信用证后2个月内装运）。

但要注意在采用装运期规定方法时，必须同时规定有关信用证的到期日或开出日期。例如：The L/C must reach the seller not later than××（date）（买方必须不迟于××（日期）将信用证开到卖方）。

这种规定方法既有促进成交、有利于卖方的一面，也有对卖方的不利之处。因装运期的确定是以买方开证为前提条件的，如果签订合同后市价下跌，买方往往会拖延甚至拒绝开证，使卖方无法及时安排生产和装运，使合同的履行陷入被动。为促使买方及时开证，必须在合同中加列约束性条款。例如，"买方如不按合同规定开证，则卖方有权按买方违约提出索赔"。

3. 笼统规定近期装运

采用这种规定方法时，不规定具体期限，而只是用以下近期交货术语来表示：立即装运（immediate shipment）、即刻装运（prompt shipment）、尽快装运（shipment as soon as possible）、已备装运（ready shipment）。

由于各国、各地区、各行业中对此类词语的解释不尽相同，为避免产生歧义、引起混乱，在采用此种规定方法时应格外慎重。

（二）规定装运时间的注意事项

1. 应考虑货源和船源的实际情况

如果对货源心中无数，盲目成交，就会出现到时不能交货、有船无货的窘境。在由卖方负责租船订舱的情况下，如不了解清楚船源的情况就盲目成交，则可能出现到时租不到船或订不到舱位，有货无船，从而不能按期履行合同的情况。

2. 对装运时间的规定要明确

不宜使用过于笼统的装运术语。

3. 装运期的长短应适度

装运期或交货期的长短，应视商品的特性及租船订舱的实际情况而定。装运期过短，将给船货安排带来困难。如合同规定当月成交、当月装运或交货时，就容易出现临时租不到舱位，或交货来不及而无货可装的局面，装运期或交货期就会落空。但装运期过长也不合适，特别是在采用"收到信用证多少天之内装运"的条件下，如果装运期过长，势必占压买方资金，增加其利息开支，影响其资金周转，这不仅会影响买方订购的积极性，也会影响卖方的售价。

4. 规定装运期时，还应一并考虑开证日期的规定是否明确合理

为保证按期装运，应使装运期和开证日期相互衔接。

二、装运港和目的港

装运港（port of shipment）是指开始装货的港口。目的港（port of destination）是指最终卸货港口。在海运进出口合同中，一般都订明装运港和目的港。

（一）装运港和目的港的规定方法

装运港和目的港由交易双方商定，规定方法有以下几种：

（1）一般情况下，只规定一个装运港和一个目的港，并列明港口名称。

（2）在大宗商品交易条件下，可酌情规定两个或两个以上的装运港和目的地，并分别列明港口名称。

（3）在交易磋商时，如果明确规定一个或几个装运港和目的港有困难，也可以采取"选择港口"（optional ports）的办法。规定选择港口又有两种方式：

一是从两个或两个以上列明的港口中任选一个。如：CIF London/Liverpool optional（CIF 伦敦/利物浦）。

二是笼统规定某一航区为装运港或目的港。如：Western European main ports（西欧主要港口）。

（二）规定装运港和目的港的注意事项

1. 规定国外装运港和目的港的注意事项

（1）必须考虑港口的具体情况和装卸条件，如有无直达班轮航线、港口设施和装卸条件、运费以及附加费（如选港附加费等）的水平等。

（2）对港口的规定应力求明确具体。一般不要使用"欧洲主要港口"（European Main Ports，EMP）、"非洲主要港口"（African Main Ports，AMP）等笼统的规定方法。因为国际上对此并无统一的解释，而且各港口距离远近不一样，其港口条件和运杂费用也可能有很大差别，所以应尽量避免采用这种规定方法。

根据具体情况和需要，也可采取上述选择港口（optional ports）的灵活方法，但可供选择的目的港必须规定在同一航区，且不宜过多。同时还须在合同中明确规定：

第一，如所选目的港要增加运费、附加费，应由买方负担。如 CIF London/Hamburg/

Rotterdam optional, optional charges for buyer's account（CIF 伦敦/汉堡/鹿特丹任选，选港附加费由买方负担）。

第二，买方应在开证的同时选定并宣布最后目的港。

（3）不能接受内陆城市为装运港或目的港的条件。因为接受这一条件就意味着卖方要承担从沿海港口到内陆城市这段路程的运费和风险。对内陆国家的贸易，则应选择距离该国最近的港口为卸载港或目的港。

（4）应注意国外港口有无重名的问题。例如：维多利亚（Victoria）港在世界上有 12 个，波特兰（Portland）、波士顿（Boston）在美国和其他国家都有同名港。为了避免差错，在买卖合同中应明确注明装运港或目的港的所在国家和地区。

2. 规定国内装运港或目的港的注意事项

在出口业务中，规定国内装运港一般宜选择那些接近货源地的对外贸易港，同时要考虑港口条件与费用水平。在进口业务中，规定国内目的港一般以接近最终用户和消费地区的对外贸易港口为宜。但在出口业务中，如果外贸公司对某种出口商品采取集中成交、分口岸交货时，由于在成交时还不能确定具体装运港口，因而可规定两个或两个以上的港口或笼统规定"中国口岸"（China ports）为装运港。在进口业务中，根据中国目前港口的条件，为避免港口到船过于集中而造成堵塞，合同中目的港有时也可规定为"中国口岸"。

三、分批装运和转船

（一）分批装运

分批装运（partial shipment）是指一笔成交的货物分若干批次装运。但一笔成交的货物，在不同的时间和地点分别装在同一船只、同一航次上，即使分别签发了不同内容的提单，也不能算作分批装运，因为这笔成交的货物是同时到达目的港的。大宗商品交易由于成交量大，往往采取分批装运的方式。

国际上对分批装运的解释不一，某些国家的法律规定，如合同未规定允许分批装运，则不得分批转运。但根据国际商会《跟单信用证统一惯例》："除非信用证另有规定，允许分批装运。"为避免在履行合同同时发生争议，交易双方应在合同中订明是否允许分批装运。若允许，还须订明批次和每批装运的具体时间和数量。此外，《跟单信用证统一惯例》规定："如信用证规定在指定时期内分批装运，其中任何一批未按时装运，信用证对该批和以后各批货物均告失效，除非信用证另有规定。"因此，在买卖合同和信用证中规定分批、定期、定量条款时，卖方必须重合同、守信用，严格按照合同和信用证的有关规定办理，否则视为违约。

（二）转船

转船（transshipment）又称转运，指货物没有直达船或一时无适合的船舶运输而需要通过中途港转运。根据《跟单信用统一惯例》规定："除非信用证有相反的规定，可准许转船。"为了明确责任和便于安排转运，应在买卖合同中订明买卖双方是否同意转运以及转运的方法及费用的负担等问题。

进出口合同中的分批装运和转船条款，通常与装运时间结合订立。如：Shipment during

Sep./Oct./Nov.with partial shipment and transshipment to be allowed（9—11月装运，允许分批和转运）；Shipment during Nov./Dec.in two lots（11—12月分两批装运）。

四、装运通知

装运通知（shipment advice）是装运条款中不可缺少的一项重要内容。不论按哪一种贸易术语成交，交易双方都要承担相互通知的义务。规定这项条款的目的在于明确买卖双方的责任，促使双方相互配合，搞好船货衔接工作，并便于办理货运保险。

按照国际贸易惯例，在FOB条件下，卖方应在约定装运期开始之前（一般是30天或45天），向买方发出货物备妥通知，以便买方及时派船接货。买方接到卖方发出的备货通知后，应按约定时间将船名、船舶到港日期等通知卖方，以便卖方及时安排货物装运。

在按CIF、CFR或FOB条件成交时，卖方应于货物装船后，立即将合同号，货物的品名、件数、重量、发票金额、船名及装船日期等项内容电报买方，以便买方在目的港做好接卸货物的准备，并及时办理出口报关等手续。特别是在CFR条件下，装船通知关系到买方能否及时地为进口货物办理保险，所以卖方一定要及时通知，否则因卖方漏发或延迟通知，致使买方漏保或未及时保险，由此引起的损失都由卖方负担。

五、装卸时间、装卸率、滞期和速遣条款

国际贸易中大宗商品的交易多采取租船运输，因而要签订租船合同。在租船合同中负责租船的一方为促使对方及时完成装卸任务，都要求在买卖合同中对装卸时间、装卸率和滞期、速遣费的负担问题做出明确规定。

（一）装卸时间

装卸时间（lay time）是指允许完成装卸任务的期限。对装卸时间的规定通常有以下几种：

（1）按连续日（running days，consecutive days）计算。连续日，是指连续24小时的时间，即日历日数。以"日"或"连续日"表示卸载时间时，从装卸货开始一直到装卸货结束，都算作装卸时间，即使是实际上不可能进行装卸作业的时间（如雨雪天、星期日或例行假日等），都计为装卸时间。这种计算方法对租船人很不利，因而一般很少采用，仅适用于石油、矿砂等使用管道或传送带进行装卸作业、不受天气影响的商品。

（2）累计24小时好天气工作日（weather working days of 24 hours）。这指在天气适于正常装卸工作的情况下，均以港口实际作业累计24小时作为一个工作日（working day）。这种规定对租船方很有利，但对船东不利。

（3）连续24小时好天气（晴天）工作日（weather working days of 24 consecutive hours）。这指在天气晴好、适于装卸的情况下，昼夜连续作业24小时算一个工作日。即使港口规定的工作时间是每天8个小时，其余的16个小时在此种方法下也应按规定计入装卸时间，但中间如有几小时坏天气不能作业，则应予以扣除。这种计算方法一般适用于昼夜工作的港口，在国际上应用得较普遍，中国在进出口合同中也一般采用这种方法。

由于各国港口习惯和规定不同，对星期日和节假日是否计算也应具体订明，如在工作日后补充订明："星期日、节假日例外"（Sundays and holidays excepted），或规定"不用不算，用了要算"（not to count unless used），或者"不用不算，即使用了也不算"（not to count even used）。

（4）按港口习惯速度尽快装卸（customary quick dispatch，CQD）。这是指在天气晴好的情况下，按港口正常装卸速度装卸，但星期日、节假日以及因天气原因而不能进行装卸作业的时间应当除外的一种计时方法。这种规定只适用于一些装卸条件好、装卸效率高的港口，但含义比较模糊，故在采用时要慎重。

由于租船费用很高，船舶在港开支很大，所以船租双方都很关心装卸时间的计算问题，因而合同中还必须对装卸时间的起算和止算时间加以约定。关于装卸的起算时间，各国规定很不一致，但按一般航运习惯，以船舶到港后船长向承租人或其代理人递交了"装卸准备就绪通知书"（notice of readiness，NOR）后作为起算依据。按一般惯例，如上午 12 点以前收到通知，从下午 1 点算起，如下午上班后收到，则从次日上午 8 点开始算起。现在各国都习惯以货物实际装完或卸完的时间作为起算时间。

（二）装卸率

装卸率，是指每日装卸货物的数量。装卸率的高低，关系到装卸时间的长短和运费水平。装卸率定得过低，虽能提前完成装卸任务，得到船方的速遣费，但会因船舶在港时间过长而增加运费，使租船人得不偿失。定得过高，则不能按时完成装卸任务，要被罚滞期费。因而，装卸率应根据货物特点和港口实际情况来适当确定。

（三）滞期费和速遣费

在大宗货物的定程租船运输过程中，船方为了加速船舶的周转，促使租船人尽快装卸，一般都在租船合同中订有带奖罚性质的条款，即滞期、速遣条款。

根据这项条款的规定，如果租船方未按约定装卸时间完成装卸任务，致使船舶的港内停泊时间延长，则延迟船期的损失应按约定每天若干金额补偿给船方，这项补偿金或罚款就称为滞期费（demurrage）。反之，如租船方按约定时间提前完成装卸任务，使船方节省了在港费用开支，船方将其所获取利益的一部分作为奖励给予租船人，称为速遣费（dispatch），一般相当于滞期费的一半。

第三节　运输单据

在国际贸易中，货物装运后卖方必须向买方提供有关单据（shipping documents），作为履行合同的依据。因此，运输单据是合同条款中不可缺少的内容，是交接货物、处理索赔及向银行结算货款或进行议付的重要凭证。

按不同的运输方式，运输单据有海运提单、铁路运单、航空运单、邮包收据和多式联运单据等。

一、海运提单

（一）含义、性质与作用

海运提单（ocean bill of lading，B/L）简称提单，是船方或其代理人在收到货物后签发给托运人的，证明双方已订立运输合同，保证将货物运至指定目的港并交付给收货人的一种书面凭证。它体现了承运人（船方）与托运人之间的相互关系。

它的性质与作用，主要体现在以下三个方面：

（1）提单是承运人或其代理人签发的货物收据（receipt for the goods），证明已按提单所列内容收到货物。

（2）提单是承运人与托运人之间订立运输契约的证明（evidence of the contract of carriage）。由于运输契约是在装货前商定的，而提单则是在装货后才签发的，所以提单本身不是运输契约，而只是运输契约的证明。但承运人和托运人双方的权利义务都列明在提单之内，因而提单是处理双方权利义务的依据和凭证。

（3）提单是一种货物所有权的凭证（document of title），在法律上具有物权证书的效用。提单代表占有了提单上所记载的货物，提单持有人可以凭提单要求承运人交付货物，而船方或其代理人也必须按照提单所列内容，将货物交付给持单人，占有提单也就意味着占有了货物。因此，提单可以通过合法手续转让，转让提单也就意味着转让物权，可以用来向银行议付货款，也可以作为抵押品向银行融资。

（二）内容

提单是要式凭证，有一定的格式与内容。其内容一般包括提单正面记载事项和背面印就的运输条款。

1. 提单正面内容

分别由托运人和承运人（或其代理人）填写，通常包括：

（1）托运人（shipper）。
（2）收货人（consignee）。
（3）被通知人（notify party）。
（4）装运港（port of loading）。
（5）目的港（destination）。
（6）船名（vessel's name）和航次（voyage No）。
（7）货名及件数（description of goods & number of packages）。
（8）重量和体积（weight & measurement）。
（9）运费预付或到付（freight prepaid or freight collect）。
（10）正本提单的份数（number of original B/L）。
（11）承运人或其代理人的签章（name & signature of the carrier）。
（12）签发提单的地点及日期（place & date issue）。

其中（1）~（8）项内容由托运人填写，（9）~（12）项内容由承运人填写。

2. 提单背面内容

提单背面印就的运输条款是确定托运人与承运人之间以及承运人与收货人及提单持有人之间权利、义务的主要依据。这些运输条款起初是由船方自行规定的，后来船方在其中规定的免责条款（exception clause）越来越多，有利于船方但使货方的利益失去了保障，并降低了提单作为物权凭证的作用，在这种情况下，银行不愿凭提单议付货款，保险公司也不愿承保海运险，国际贸易和海洋运输的发展因此受到影响。为了缓和船、货双方的矛盾，并促进国际贸易及海运业的发展，国际上曾先后签署了几个有关提单的国际公约，统一了提单背面条款的内容，这些国际公约包括：

（1）1924年欧美各主要航运国签署的《关于统一提单的若干法律规则的国际公约》（International Convention of Certain Rules Law Relating to Bill of Lading），简称《海牙规则》（Hague Rules）。

（2）1968年签署的《布鲁塞尔议定书》，简称《维斯比规则》（Visby Rules）。

（3）1978年78个国家在汉堡签署的《联合国海上货物运输公约》（U.N.Convention on the Carrier of Goods by Sea），简称《汉堡规则》（Hamburg Rules）。

（三）种类

海运提单可以从不同角度予以分类，主要分类有以下几种。

1. 按货物是否已装船划分

按签发提单时货物是否装船可分为已装船提单和备运提单。

已装船提单（on board or shipped B/L），是指货物装船后由承运人或其授权的代理人签发给托运人的提单。如果承运人签发了已装船提单，就是确认了他已将货物装在船上。

备运提单（received for shipment B/L）又称收讫待运提单，是指承运人在收到托运货物等待装船期间，向托运人签发的提单。进口商一般不愿意接受这种提单，故这种提单在国际贸易中应用得较少。但当货物实际装上船后，备运提单可以批注改为已装船提单。方法是在备运提单上印截盖上"on board"字样，另注明船名与装船日期，并由轮船公司签字。

2. 按提单上有无不良批注划分

按提单上对货物的外表状况有无不良批注可分为清洁提单和不清洁提单。

清洁提单（clean B/L），是指货物在装船时"表面状况良好"，承运人在提单上未加注任何有关货损或包装不良之类批注的提单。

不清洁提单（unclean B/L），是指承运人在提单上加注了货物表面状况不良或存在缺陷等批注的提单。

例如：10 bags torn（10个破包）; one drum broken（1个破桶）; some dirty（有些脏货）; 5 packages in damaged condition（5件损坏）; ironstrap loose or missing（铁条松散）; in second hand cases（二手箱）

银行为了自身的安全，对不清洁提单除信用证上明确规定可接受者外，一般都拒绝接受。因此，在实际业务中，托运人为便于向银行结汇，当遇到货物表面状况不良或存在缺陷时，要求承运人不加不良批注，仍签发清洁提单。但这种情况下，托运人必须向承运人出具"保函"（letter of indemnity），以保证如因货损以及承运人签发清洁提单而引起的一切损失，全部由承运人负责。我国外贸业务中明确规定卖方必须提供清洁提单。提单格式如表3-1所示。

表3-1　提单

托运人 Shipper			CHINA OCEAN SHIPPING COMPANY 总公司 HEAD OFFICE：北京 BEIJING 　　　　　　　　　　　　广州 GUANGZHOU
收货人 Consignee	或受让人 or assigns		分公司 BRANCH OFFICE 上海 SHANGHAI 　　　　　　　　　　　　天津 TIANJIN
通知 Notify			提单　　　　　　　　　　正本 BILL OF LADING　　　　ORIGINAL 直运或转船 DIRECT OR WITH TRANSHIPMENT
船名 Vessel	船次 Voy.		装货单号　　　　　　　　提单号 S/O NO　　　　　　　　　B/L NO
装货港 Part of Loading		卸货港 Port of Discharge	
国籍 Nationality		中华人民共和国 THE PEOPLE'S REPUBLIC OF CHINA	运费在支付 Freight Payable at
托运人所提供的详细情况 Particulars furnished by the Shipper			
标志和号数 Marks and Numbers	件数 No.of Packages	货号 Description of Goods	毛重 Gross Weight	尺码 Measurement
合计件数（大写） Total Packages（in words）				

上列外表情况良好的货物（另有说明者除外）已装在上列船上并应在上列卸货港或该船所能安全到达并保持浮泊的附近地点卸货。 Shipped on board the vessel named above in apparent good order and condition（unless otherwise indicated）the goods or packages specified herein and to be discharged at the above mentioned port of discharge or as near there to as the vessel may safely get and be always afloat. 重量、尺码、标志、号数、品质、内容和价值是托运人所提供的，承运人在装船时并未核对。 The weight, measure, marks, numbers, quality, content and value, being particulars furnished by the Shipper are not checked by the Carrier on loading. 托运人、收货人和本提单的持有人兹明白表示接受并同意本提单和它背面所载的一切印刷、书写或打印的规定、免责事项和条件。 The Shipper, Consignee and the holder of this Bill of Lading hereby expressly accept and agree to all printed, written or stamped provisions, exception and conditions of this Bill of Lading, including those on the back hereof.

运费和其他费用 Freight and Charges	为证明以上各节承运人或其代理人已签署本提单一式两份，其中一份经完成提货手续后，其余各份失效。 In witness whereof, the Carrier or his Agent has signed Bill of Lading all of this tenor and date, one of which being accomplished, the others to stand void.

续表

请托运人特别注意本提单内与该货物保险效力有关的免责事项和条件。 Shipper are requested to note particularly the exceptions and conditions of this Bill of Lading with reference to the alidity of the insurance upon their goods.	签单日期 Date............................at......................... 船长 ....For the Master

3. 按提单收货人抬头划分

按提单收货人抬头的不同可分为记名提单、不记名提单和指示提单。

记名提单（straight B/L），是指发给指定收货人的提单。在这种提单的收货人栏内具体填明特定收货人的名称，只能由该指定人收货，因而不能转让流通，又称为不可转让提单（non-negotiable B/L）。在国际贸易业务中极少使用，一般只在运送贵重物品、援助物资和展览品时才予以采用。

不记名提单（bearer B/L），又称空名提单，是指在提单收货人栏内没有填写收货人名称而留空，谁持有提单谁就可以提货，承运人交货只凭单，不凭人。由于这种提单风险大，故在国际贸易中很少使用。

指示提单（order B/L），是指在提单收货人栏内只填写"凭指定"（to order）或"凭某某人指定"（to order of ...）字样的提单。这种提单可经过背书（endorsement）转让，故在国际贸易中广泛使用。背书的方法有两种：一是空白背书，即仅由背书人在提单背面签字，而不注明被背书人名称；二是记名背书，指除背书人签字盖章外，还列明被背书人名称。注明"凭指定"的提单，在卖方未指定收货人之前，仍由卖方保留货物的所有权，如经卖方在提单上空白背书转让后，持有人即有权提货，这样的提单也可叫作不记名提单。目前在中国的进出口业务中，大都采用这种"凭指定"并经空白背书的提单，习惯上称为"空白抬头、空白背书提单"。

不记名提单和指示提单都可流通转让，因而都是可转让提单（negotiable B/L）。

4. 按运输方式划分

按运输方式可分为直达提单、转船提单和联运提单。

直达提单（direct B/L）是指承运人对自装运港直接运到目的港的货物所签发给托运人的提单。如果合同和信用证规定不准转船，则托运人必须取得直达提单才可向银行结汇。

转船提单（transshipment B/L），是指从装运港装货的轮船不直接驶往目的地，而需在中途港换装另外船舶所签发的提单。转船提单由第一承运人签发，提单上要注明"转船"或"在××港转船"字样。

联运提单（through B/L）用于海陆联运、海河联运或海海联运。它是由第一承运人或其代理人在货物起运地签发的运往货物最终目的地，包括全程运输的提单。货物到达转运港后，由前一程承运人或其代理人将货物转交下一程承运人或其代理人，继续运往目的地。联运提单虽然包括全程运输，但一般都载有一项免责条款，即签发提单的承运人一般只对第一程运输所发生的货损负责，对于货物在卸离第一程运输工具及装上第二程运输工具以后所发生的损失，则概不负责。

5. 按船舶营运方式划分

按船舶营运方式可分为班轮提单和租船提单。

班轮提单（liner B/L），是指由班轮公司承运货物后签发给托运人的提单。

租船提单（charter party B/L），是指承运人根据租船合同而签发的提单。这种提单上一般注有"根据××租船合同出立"字样，因此这种提单受到租船合同条款的约束。银行一般不愿意接受这种提单，除非开证银行授权可接受租船提单时，议付银行才同意接受，并要求出口商提供租船合同副本，以便了解提单和租船合同的全部内容。

6. 按运费是否付讫划分

按运费是否付讫可分为运费预付提单和运费到付提单。

运费预付提单（freight prepaid B/L），是指在装运港托运人预先付清运费后，承运人所签发的提单。如CIF、CFR等贸易条件下属此类提单。

运费到付提单（freight collect B/L）是指货物运抵目的港后才向货主收取运费的提单。如贸易条件为FOB时，属此类提单。

7. 按提单内容的繁简划分

按提单内容的繁简可分为全式提单和略式提单。

全式提单（long form B/L），又称繁式提单，是指提单背面列有承运人和托运人权利、义务详细条款的提单。

略式提单（short form B/L），又称简式提单、背面空白提单（blank back B/L），指背面提单省略了烦冗货运条款的提单。略式提单只列出正面的必须记载事项，这种提单一般都列有"本提单货物的收受、保管、运输和运费等项，均按本公司全式提单上的条款办理"字样。

8. 按提单使用有效性划分

按提单使用有效性可分为正本提单和副本提单。

正本提单（original B/L），是指提单上有承运人、船长或其代理人签字盖章并注明签发日期的提单。这种提单无论在法律上还是在商业上都是被公认有效的单证，提单上必须示明"正本"（original）字样，以示和副本提单相区别。

副本提单（copy B/L）是指上面没有承运人或代理人的签字盖章，仅供参考之用的提单。提单上一般都标明"副本"（copy）或"不可流通"（non negotiable）字样。

9. 其他种类

（1）集装箱提单（container B/L），指凡以集装箱装运货物而由承运人签发给托运人的提单。也可在普通的海运提单上加注"用集装箱装运"（containerized）字样变为集装箱提单。

（2）舱面提单（on deck B/L），是指货物装在船舶甲板上运输时所签发的提单，故又称甲板货提单，提单上应注明"在舱面"（on deck）字样。由于货物装在甲板上比在舱内风险大（容易倾覆入海），所以托运人一般都向保险公司加保甲板险。

（3）过期提单（state B/L），又称陈旧提单，指签发后未能在合理期间（reasonable time）向银行提示的提单。这里又分为两种情况：一是指卖方向银行交单时间超过提单签发日期后21天，按惯例，如信用证无特殊规定，银行有权拒收这种过期提单；二是指在近洋运输时常出现的提单晚于货物到达目的港的情况，故在近洋国家间的贸易合同中，一般都订有"过期提单可以接受"（state B/L is acceptable）的条款。

（4）第三者提单（third party B/L），又称中立提单（neutral party B/L），即托运人为信用证受益人以外的第三者的提单。

（5）选择港卸货提单（optional B/L），指提单上列有两个以上的卸货港，而货主可任意选择其中一港口为卸货港的提单。

（6）预借提单（advanced B/L）是指承运人签发提单时，货物尚未装上船或正在装船。

（7）倒签提单（ante dated B/L）是指承运人应托运人的要求在货物装船后，提单签发的日期早于实际装船完毕日期的提单。

二、铁路运单

铁路运单（railway bill）是铁路与货主之间缔结的运输契约。铁路运输分为国际铁路联运和国内铁路运输两种方式。前者使用国际铁路联运运单，后者使用国内铁路运单。国际铁路联运运单从始发站随同货物全程附送至终点站并交给收货人，既是铁路承运货物出具的凭证，也是铁路同收货人交接货物、核收运费和处理索赔及理赔的依据。国际铁路联运运单副本，在铁路加盖承运日期戳记后发还给收货人，是卖方据以向银行结算货款的主要证件之一。

三、航空运单

航空运单（air waybill）是航空公司出具的承运货物的收据，同样是承运人与托运人之间签订的运输契约，可作为承运人核收运费的依据。但它不是代表货物所有权的凭证，因而不能通过背书转让和抵押。收货人提货不是凭航空运单而是凭航空公司的提货通知书。

四、邮包收据

邮包收据（parcel post receipt）是邮局收到寄件人的邮包后所签发的凭证，也是收件人凭以提取邮件的凭证，但它并不是物权凭证，当邮包损坏或丢失时，它可作为索赔和理赔的依据。

五、多式联运单据

多式联运单据（combined transport documents，CTD）是指证明多式联运合同及证明多式联运经营人接管货物并负责按合同条款交付货物的单据，在以多种运输方式联合运送货物时使用。这种单据虽与海运中的联运提单有相同之处，但性质上却有较大的差别，这主要表现在：

（1）联运提单限于海运与其他运输方式所组成的联合运输时使用，如海陆、海河运输等，而多式联运单据使用范围较联运提单广，它既可用于海运与其他运输方式的联运，也可用于不包括海运的其他运输方式的联运。

（2）联运提单由承运人、船长或其代理人签发，而多式联运单据则由多式联运经营人（combined transport operator，CTO）或经其授权的人签发。多式联运经营人不以轮船公司为限，也可以包括本身无船舶的无船承运人（non-vessel operating common carrier，NVOCC）或其他运输工具的承运人。

（3）联运提单签发人仅对第一程运输负责，而多式联运经营人须对整个多式联运过程中任何阶段所发生的货物的灭失或损坏负责。

（4）一般海运提单都属已装船提单，而多式联运单据通常于货物交付多式联运经营人时即由之签发，故属备运提单。

六、提单制度面临的困境及其应对措施

（一）速度问题

随着运输技术的发展和运输速度的提高，提单转让加速货物周转的功能日益削弱，甚至频繁出现过期提单妨碍货物周转的现象。解决这个问题主要采取以下几种方法：

（1）异地签单。即承运人委托更便利地区的代理人签发提单加速其传递。如中国的船公司经常有在内地收货、在香港签单的做法。

（2）电子提单。联合国海事委员会1990年制定了《电子提单统一规则》。电子提单的运作过程：将提单简化成一组数据保存在承运人的计算机里，承运人交给托运人一个密码，托运人凭密码控制在途货物。如果将货物转让，托运人只需将转让意图和对象告知承运人，并告知自己的密码。承运人废除旧密码，设计一个新密码通知买方。这样通过密码的改变实现提单转让，最后收货人凭密码提货。

（3）凭保函提货。当船货已到目的港而提单未到时，由收货人或其他第三方出具保函给承运人，保证赔偿承运人因错误交货而招致的损失。承运人拿到保函后，凭副本提单或不凭任何单据把货物交给收货人。在实际业务中这种做法经常被采用，法律曾对此表示过宽容，如中国1983年国港06号文件规定：由于实际情况或困难，正本提单不能到达时，为加速货物运输可采用已有单据（如副本提单），按照出具保函或其他有效单证等形式提货。

（4）托运人在装运港将正本提单中的一份交给船长，由船长随船带到目的港交给托运人指定的人，再由收到该提单的人凭提单向承运人提货。

（二）欺诈问题

提单的伪造和欺诈问题源于提单物权凭证的特点，加之相关法律不健全，导致伪造提单骗取货款的事件经常发生。为解决这一问题，一种观点认为应完善提单的法律制度，另一种观点认为应废除提单的物权特点，加快建立海运单。

海运单是和陆运及空运中使用的运单相似的一种单据，它与提单的唯一区别是其没有物权凭证的特点，因而不能转让，也不是在目的港承运人据以交付货物的单证。海运单的持有人只要证明自己的身份，不需出具海运单就能提货。据估计北大西洋航线上70%以上的班轮运输已采用海运单。1990年，联合国海事委员会主持制定了《海运单统一规则》，从法律上鼓励和引导海运单的发展。

复习思考题

1. 比较班轮运输和租船运输的异同。
2. 构成国际多式联运须同时具备哪些条件？
3. 为什么在CFR条件下装船通知的及时性显得更重要？
4. 什么叫海运提单？它的性质与作用是什么？
5. 滞期费和速遣费的定义和意义是什么？
6. 请将记名提单、不记名提单和指示提单按流通性的大小排序，并说明理由。
7. 提单面临的主要问题及解决办法是什么？

案例分析

1. 我某公司与美国某客商以FOB条件出口大枣5 000箱，5月份装运，合同和信用证均规定不允许分批装运。我方于5月10日将3 000箱货物装上"喜庆"轮，取得5月10日的海运提单；又于5月15日将2 000箱装上"飞雁"轮，取得5月15日的海运提单，两轮的货物在新加坡转船，均由"顺风"轮运往旧金山港。问：我方的做法是否合适？将导致什么结果，为什么？

2. 我方以FCA贸易术语从意大利进口布料一批，双方约定最迟的装运期为4月12日，由于我方业务员疏忽，导致意大利出口商在4月15日才将货物交给我方指定的承运人。当我方收到货物后，发现部分货物有水渍，据查是货交承运人前两天大雨淋湿所致。据此，我方向意大利出口商提出索赔，但遭到拒绝。问：我方的索赔是否有理，为什么？

第四章

国际货物运输保险

引例：

新加坡 A 公司与中国 C 公司订立 CIF（上海）合同，销售白糖 500 吨，由 A 公司保一切险。2000 年 7 月 21 日，货到上海港，C 公司检验出 10% 的脏包，遂申请上海海事法院扣留承运人的船舶并要求追究其签发不清洁提单的责任。当日货物被卸下，港口管理部门将货物存放在其所属的仓库中，C 公司开始委托他人办理报关和提货手续，7 月 24 日晚，港口遭遇特大海潮，共 200 吨白糖被浸泡，全部损失。C 公司向保险公司办理理赔手续时被保险公司拒绝，理由是 C 公司已将提单转让，且港口仓库就是 C 公司在目的港的最后仓库，故保险责任已终止。问：保险公司的保险责任是否在货物进入港口仓库或 C 公司委托他人提货时终止？

本章的学习要点：

- 国际贸易中货物运输受到的损失
- 货物在运输途中的风险
- 货物运输保险的种类
- 保险费的计算

第一节 海上运输货物保险风险和损失

国际货物运输保险是以对国际贸易货物运输过程中的各种货物作为保险标的的保险。国际贸易货物的运送有海运、陆运、空运以及通过邮政送递等多种途径。国际货物运输保险的种类以其保险标的的运输工具种类分为以下几类：海洋运输货物保险、陆上运输货物保险、航空运输货物保险、邮包运输保险及联合运输保险等。其中，海上运输保险起源最早、历史最久、应用最广。海上运输是最主要的国际运货方式,但是海上运输的风险也最大,事故频繁。各国保险公司并不是对所有风险都予以承保,也不是对一切损失都予以赔偿。为明确责任,各国保险公司对承保的海上风险与损失做了特定解释。

这一章我们介绍的国际货物运输保险主要是海上运输货物保险的部分。

一、海上风险

在国际海运保险业务中保险公司所承保的风险可分为海上风险与外来原因引起的特殊风险两种。

(一)海上风险(perils of the sea)

海上风险一般是指起因于航海或附随于航海所发生的风险,又称海上基本风险(basic perils of the sea),主要由自然灾害和意外事故引起。

1. 自然灾害(natural calamity)

自然灾害是指不以人类意志为转移的自然界力量所引起的灾害。如恶劣气候(heavy weather)、雷电(lightning)、海啸(tsunami)、地震或火山爆发(earthquake or volcanic eruption)等人力不可抗拒的灾害。

2. 意外事故(fortuitous accidents)

意外事故是特指船舶搁浅(grounding)、触礁(stranding)、沉没(sinking)碰撞(collision)、失踪(missing)、爆炸(explosion)、火灾(fire)或其他类似的出于偶然而非意料之中的原因所造成的事故。

(二)外来风险(extraneous risks)

外来风险又称特殊风险,是指由外来原因引起,不属于基本保险承保范围内的风险。它又可分为一般外来风险和特殊外来风险两类。

1. 一般外来风险

一般外来风险包括偷窃(theft)、漏损(leakage)、钩损(hook hole)、皮损(breakage)、玷污(contamination with other cargoes)、发热(sweat and heating)、发霉(mildew)、串味(odor)、浪冲甲板(washing over board)等。

2. 特殊外来风险

特殊外来风险包括战争(war)、罢工(strikes)、暴动(riots)等。

二、海上损失

海上损失(maritime loss)简称海损,是指被保险货物在海洋运输中由于海上风险所造成的损坏、丢失和支出的营救费用(为营救货物所支出的费用)。按惯例,凡与海运连接的陆上和内河运输中所发生的货物损坏或丢失,也属于海损范围。按货物损失的程度,海损可分为全部损失和部分损失。

（一）全部损失（total loss）

全部损失简称全损，是指被保险货物整批或不可分割的一批遭受全部或可以视为全部灭失的损失。全损又有实际全损（actual total loss）和推定全损（constructive total loss）两种。

1. 实际全损

实际全损是指保险货物完全灭失，或指货物完全变质，或货物已不可能归还保险人。构成实际全损的情况有：

（1）保险标的完全灭失（the subject-matter insured is destroy）。如船只触礁沉没，货物沉入海底，棉花遇火焚毁，盐为海水所溶解。

（2）保险标的物已丧失商业价值或失去原有用途。如面粉因海水浸入而呈糊状，饼干经海水浸泡后无法使用。

（3）保险标的物的丧失已不能挽回。如船只被海盗劫去，虽然船、货本身并未遭受损失，但已流失而无再收回的希望，应视作被保险人已失去这些资产。

（4）船舶失踪。在一段合理的时间（reasonable time）内无音信，则可被视为全部灭失。合理时间可为半年，也可更短或更长。

2. 推定全损

推定全损是指保险货物受损后，对之进行施救整理和恢复原状的费用，超过恢复后货价，或者修复费用加上续运至目的地的费用的总和估计要超过货物在目的地的完好状态的价值。具体而言，构成保险货物推定全损的情况，有以下几种：

（1）保险货物受损后，修理费用估计要超过货物修复后的价值。

（2）保险货物受损后，修理和续运到目的地的费用，将超过货物到达目的地时的价值。

（3）因承保风险致使被保险人丧失对货物的控制，而恢复这种控制看来不可能，如船舶触礁、施救困难，船长已宣布弃船，装在船上的即可视为推定全损。

推定全损并非保险货物的实际全部灭失。换言之，保险货物日后尚有失而复得的可能，或仍有部分残值。因此，被保险人要求按全部损失赔偿时，必须向保险人办理"委付"（abandonment）手续，声明将保险货物的一切权利委付转让给保险人，并要求保险人按全损予以赔偿。委付须经保险人明示或默示的承诺方为有效。

（二）部分损失（partial loss）

部分损失简称分损，是指被保险货物的损失没有达到全部损失的程度。按货物损失的性质，又可分为共同海损与单独海损，但共同海损与单独海损均属于部分损失。

1. 共同海损（general average，G.A）

在海运途中，船、货遭遇共同危险，为了解除这一共同威胁，维护船货的共同安全，或使航程得以继续完成，由船方有意识、合理地采取救难措施而造成的某些特殊牺牲或支出的特殊费用，称为共同海损。

如一艘船由大连开往纽约，途中突遇风暴袭击，船身严重倾斜，船长为避免船只倾覆沉没，命令船员将舱内装运的一部分水泥抛弃入海以保持船身平衡，终使船舶安全抵达纽约。

那么这种抛货行为就是为了避免船货全部损失而采取的措施,被抛弃的货物属于特殊牺牲,应通过共同海损理算,由有关获救受益方按照获救的价值按比例分摊,这种分摊称为共同海损分摊(general average contribution)。

共同海损的成立,主要应具备以下条件:

1)必须确实遭遇危险,即共同海损的危险必须是实际存在而不是主观臆测的,或者是不可避免发生的。

2)措施必须是为了解除共同危机人为地、有意识地采取,而且是合理的。

3)危险必须是威胁到船货的共同安全。

4)必须是属于非常情况下的损失,且费用必须是额外的和有效果的。

2. 单独海损(particular average,P.A)

单独海损是指仅涉及船舶或货物所有人单方面利益的未达全损的损失,及无共同海损性质的分损。

它与共同海损的主要区别在于:

1)单独海损是承保风险直接导致的损失,而共同海损则不是承保风险所直接导致的损失,而是为了解除船货共同危险而人为造成的损失。

2)承担损失的责任不同。单独海损的损失由损失方自行承担,而共同海损的损失则由各受益方按收益大小的比例共同分摊。

三、费用损失

海上风险还会造成费用上的损失,这种费用,保险人也予以赔偿,主要有:

1. 施救费用(sue and labor expenses)

施救费用又称损害防止费用,是指被保险货物在遭受承保范围内的灾害事故时,被保险人或其代理人(如船长)或受让人为避免和减少损失而采取各种抢救或防护措施所支出的合理费用。保险人应对这项费用支出予以赔偿。

2. 救助费用(salvage charges)

救助费用是指被保险货物遭遇承保范围内的灾害事故时,经由第三人(不包括被保险人或其代理人,受雇人)采取自动救助行动而获救,被保险人支付给救助人的报酬,保险人均需给予赔偿。

3. 单独费用(particular charges)

单独费用是指船只于海上遇到危险时,货主为保护货物的安全所支付的特别起卸费、临时仓储费或货物维护等费用。因此,单独费用也是单独海损的从属费用,如果单独海损可以索赔,单独费用也可获赔偿。

4. 额外费用(extra charges)

额外费用是指上述三种费用以外的其他费用,如公证费、查勘费,船底检验费、理算师费等为了证明损失索赔的成立而支付的费用。额外费用也是从属费用,即只有在被保险人的索赔成立,保险人才负责这些与索赔有关的额外费用。

第二节　中国海运货物保险的险别

所谓险别，是指保险人对于风险和损失承保的责任范围。它是保险人与被保险人履行权利与义务的基础，也是保险人承保的责任大小和被保险人缴付保险费多少的依据。投保人要根据被保货物的特点及航线、港口情况自行选择投保的险别。

中国人民财产保险公司（PICC）根据中国保险业务的实际需要和国际保险市场的习惯做法，自行制定了各种保险条款，总称"中国保险条款"（China Insurance Clause，CIC），其中包括《海洋运输货物保险条款》和《海洋运输货物战争险条款》以及其他专门条款。海洋运输货物保险的险别很多，但按能否单独投保，可分为基本险和附加险两大类。基本险承保海上基本风险（自然灾害和意外事故）所造成的损失，可以单独投保；附加险是不能独立投保的险别，承保的是由于外来风险造成的损失。

一、基本险

根据中国现行的《海洋货物运输保险条款》规定，基本险中包括平安险、水渍险和一切险。

（一）平安险（free from particular average，F.P.A）

平安险是中国沿袭已久的习惯叫法。英方原意是"单独海损不负责赔偿"。投保这种保险，保险人对全损和分损中的共同海损要赔偿，但对于一般单独海损所引起的损害原则上不赔偿。平安险的责任范围包括：

（1）被保险货物在运输途中由于恶劣天气、雷电、海啸、地震、洪水等自然灾害造成整批货物的实际全损或推定全损。

（2）由于运输工具遭到搁浅、触礁、沉没、互撞与流冰或其他物体相撞以及失火、爆炸等意外事故造成被保险货物的全部或部分损失。

（3）在装卸或转船过程中由于一件或数件货物落海造成的全部或部分损失。

（4）被保险人对遭受承保范围内危险的货物采取抢救、防止或减少货损措施所支付的合理费用，但以不超过该批货物的保险金额为限。

（5）运输工具遭遇自然灾害或意外事故，需要在中途的港口避难港停靠，因而引起的装卸、存仓以及运送货物所产生的特别费用。

（6）共同海损的牺牲、分摊和救助费用。

（7）运输契约中如订有"船舶互撞责任"条款，根据条款规定应由货方偿还船方的损失。

（二）水渍险（with particular average or with average，W.P.A or W.A）

水渍险的责任范围，除了平安险的各项责任外，还包括货物在运输过程中因恶劣天气、雷电、海啸、地震、洪水等自然灾害造成的部分损失。

(三)一切险(all risks, A.R)

一切险的责任范围,除包括平安险和水渍险的所有责任外,还包括货物在运输过程中因一般外来原因所造成的被保险货物的全部或部分损失。

根据《海洋运输货物保险条款》规定,上述基本险别承保责任的起讫,均采用国际保险原则惯用的仓至仓条款(warehouse to warehouse clause, W/W)规定的办法处理。仓至仓条款即保险公司所承担的保险责任,是从被保险货物运离保险单所载明的起运港(地)仓库或储存处开始,一直到货物运抵保险单所载明的目的港(地)收货人的仓库为止。但是,当货物从目的港卸离海轮时起满60天,无论被保险货物有没有进入收货人的仓库或储存处,保险责任均告终止。如在上述60天内被保险货物需转运至非保险单所载明的目的地时,则以该项货物开始运转时终止。海洋运输冷藏货物保险责任起止基本遵循仓至仓条款,但货物到达保险所载明的目的港,如在30天内卸离海港,并将货物存入岸上冷藏仓库后,保险责任继续有效,但以货物全部卸离货轮时起算满10天为限。在上述期限内货物一经移出冷藏仓库,保险责任即告终止。海运散装桐油保险责任起止也按仓至仓条款进行,但若在目的港没有及时卸载,则自海轮抵港时起算满15天,保险责任即告终止。

对上述三项基本险别,《海洋运输货物保险条款》还规定了保险公司的除外责任(exclusion),即明确规定不予承保的损失或费用,主要包括:

(1)被保险人的故意行为或过失造成的损失。

(2)属于发货人责任所引起的损失。

(3)在保险责任开始前,被保险货物已存在的品质不良或数量短差所造成的损失。

(4)被保险货物的自然损耗、本质缺陷、特征以及市场价格跌落、运输延迟所引起的损失和费用。

(5)属于海洋运输货物战争险和罢工险条款的责任范围和除外责任。

二、附加险

附加险(additional risks or extraneous risks)是对基本险的补充和扩大,它只能在已投保某一种基本险的基础上才可加保。附加险可分为一般附加险和特殊附加险两类,分别承保由于一般外来原因和特殊外来原因所造成的损失。

(一)一般附加险

一般附加险(general additional risk)包括以下几类:

(1)偷窃提货不着险(theft, pilferage and non-delivery),指保险公司对偷窃行为及货抵目的地后全部或整件未交的损失负责按保险价值赔偿。

(2)淡水雨淋险(fresh water&/or rain damage),指保险公司对货物在运输过程中由于淡水、雨水以及冰雪融化所造成的损失负责赔偿。

(3)短量险(risk of shortage),指对因外包装破裂或散装货物发生数量散失和实际数量短少负责赔偿。但是在发货时即已短少者,应属于短装,此外如挥发性油类的挥发、樟脑升华、谷类、咖啡豆等在运输途中自然干燥以至于斤两不足者,属于正常的短损,均不在本险的承保范围之内。

(4) 混杂、玷污险(risk of intermixture & contamination),指对被保险货物在运输过程中混进杂质或受到油脂类玷污所造成的损失负责赔偿。

(5) 渗混险(risk of leakage),指对流质、半流质的液体货物及一些粉状物质在运输途中因容器损坏而引起的渗漏,或用液体储存的货物因液体的渗漏而引起的货物腐败损失负责赔偿。

(6) 串味险(risk of odor),指对被保险货物在运输途中因受其他带异味货物的影响而造成串味的损失予以赔偿。如中药材、化妆品因受到一起堆储的牛皮、樟脑等异味的影响而使品质受到损失。

(7) 碰损、破碎险(risk of clash & breakage),指对因震动、碰撞、受压而造成货物碰损和破碎的损失负责赔偿。如电视机在运输途中由于受到震动、颠簸,玻璃、瓷器等由于装卸野蛮或运输工具的颠簸而造成的损坏。

(8) 受潮、受热险(risk of sweat & heating),指对货物在运输途中因受气温变化或由于船上的通风设备失灵而使货物变质的损失负责赔偿。如货物装在船舱内运输时,昼间日晒舱内温度升高,水分化为蒸气上升,夜间气温下降,蒸气凝为水滴,滴在货物上使之受损。农产品或水产品、纸张等易因这种受潮或受热受损。

(9) 钩损险(hook damage),指被保险货物在装卸过程中因为使用手钩、吊钩等工具被钩坏所造成的损失,以及对包装进行修补或调换所支付的费用负责赔偿。如粮食包装袋因吊钩钩破而造成粮食外漏,不宜用钩的货物常需加保钩损险。

(10) 包装破损险(risk of breakage of packing),指对因装运或装卸不慎,包装破裂所造成的损失,以及为续运安全需要对包装进行修补或调换所支付的费用,均负责赔偿。

(11) 锈损险(risk of rust),指对运输过程中发生的锈损负责赔偿。

上述一般附加险不能独立投保,只能在投平安险或水渍险的基础上加保,但若投保一切险,因上述险别均包括在内,故无须加保。

(二) 特殊附加险(special additional risk)

特殊附加险是指由于军事、政治、国家政策法令以及行政措施等特殊外来原因所引起的风险与损失的险别。PICC 承保的特殊附加险主要包括以下几种:

1. 战争险(war risk)

根据中国《海洋运输货物战争险条款》规定,战争险的承保责任范围包括:直接由于战争、类似战争行为和敌对行为、武装冲突或海盗行为以及由此而引起的捕获、拘留、扣留、禁制、扣押所造成的损失,或由于各种常规武器(包括水雷、鱼雷、炸弹)所致的损失以及由于上述责任范围而引起的共同海损的牺牲、分摊和救助费用,但对原子弹、氢弹等热核武器所造成的损失不负责赔偿。

战争险的保险责任起讫不采用仓至仓条款,而是以水上危险为限,即自保险单所载明的起运港装上海轮或驳船时开始,到保险单所载明的目的港卸离海轮或驳船时为止。如货物不卸离海轮或驳船,则以海轮到达目的港的当日午夜起算满 15 天保险责任自行终止;如在中途港转船,则不论货物在当地是否卸载,保险责任以海轮到达该港或卸货地点的当日午夜起算满 15 天为止,待再装上续运海轮时恢复有效。

2. 罢工险（strikes risk）

罢工险指保险公司对因罢工者，停工工人，参加工潮、暴动和民众战争的人员采取行动所造成的承保货物的直接损失。已保战争险后另加保罢工险，可不另增收保险费。

3. 舱面险（on deck risk）

对载于甲板上的货物被抛弃或被风浪冲击落水的损失负责补偿。

4. 进口关税险（import duty risk）

当货物遭受承保责任范围以内的损失，而被保险人仍须按完好货物价值纳税时，保险公司对损失部分货物的进口关税负责赔偿。

5. 交货不到险（failure to delivery risk）

对不论任何原因，已装船货物不能在预定抵达目的地的日期起6个月内交货的损失负责按全损赔偿。

6. 黄曲霉素险（aflatoxin risk）

对被保险货物因所含黄曲霉素超过进口国的限制标准而被拒绝进口、没收或强制改变用途所遭受的损失应按全损赔偿。

7. 拒收险（rejection risk）

对被保险货物在进口港被进口国政府或有关当局依照该国法令拒绝进口或没收，按货物的保险价值由保险公司赔偿。如中国出口罐头到美国，因所含大肠杆菌超标被美国海关没收，则PICC负责对此赔偿。

8. 出口货物到香港（包括九龙在内）或澳门存储火险责任扩展条款（fire risk extension clause for storage of cargo at destination Hong Kong, including Kowloon or Macao）

被保险货物到达目的地香港（包括九龙在内）或澳门卸离运输工具后，如直接存放于保险单载明的过户银行所指定的仓库，本保险对存仓保险的责任至银行收回押款解除货物的权益为止或运输责任终止时起满30天止。

由于特殊附加险的责任范围不包括在一切保险责任范围之内，因此不论已投保何种基本险，均需另行加保有关的特殊附加险别。

目前，中国海运贸易业务中，若出口采用CIF，进口采用FOB和CFR贸易术语，通常都使用上述中国人民保险集团公司的海洋运输货物保险条款，但有时在业务中也应国外客户的要求采用《伦敦保险协会货物条款》。

三、《协会货物保险条款》

《协会货物保险条款》是由伦敦保险协会于1912年制定的，它已经成为世界上影响最大、最具代表性的海运货物保险条款。据估计，目前世界上有2/3的国家在海运保险业务中直接采用了该条款。ICC经过多次修订，现行的版本是2009年1月1日修订公布的。

（一）ICC的险别

（1）ICC条款（A）（Institute Cargo Clause A，ICC（A））。责任范围最广，相当于PICC的一切险。

（2）ICC 条款（B）（Institute Cargo Clause B，ICC（B））。类似于 PICC 的水渍险。

（3）ICC 条款（C）（Institute Cargo Clause C，ICC（C））。类似于 PICC 的平安险。

（4）战争险（Institute War Clause-Cargo）。

（5）罢工险（Institute Strikes Clause-Cargo）。

（6）恶意损害险（Malicious damage risk）。承保的是被保险人以外的其他人的故意破坏行为导致的损失。ICC（A）中实际已包括这一险别，在 ICC（B）和 ICC（C）险中可加保这一险别。

上述 6 种险别，除 ICC（A）险、ICC（B）险、ICC（C）险可以单独投保以外，必要时，战争险和罢工险也可以征得保险公司的同意，作为独立险别进行投保，而恶意损害险只能在基本险的基础上加保。

（二）各险别的承保责任范围和除外责任

各险别的承保责任范围和除外责任如表 4-1 所示。

表 4-1　ICC 各险别的承保责任范围和除外责任

责任范围（Risk covered）	A	B	C
1. 火灾、爆炸	√	√	√
2. 船舶、驳船的触礁、搁浅、沉没或倾覆	√	√	√
3. 陆上运输工具的倾覆或出轨	√	√	√
4. 船舶、驳船或运输工具与除水以外的任何物体碰撞或接触	√	√	√
5. 在避难港卸货	√	√	√
6. 地震、火山爆发或闪电	√	√	×
7. 共同海损牺牲	√	√	√
8. 抛货	√	√	√
9. 浪击落海	√	√	×
10. 海水、湖水或河水进入船舶、驳船、船舱或运输工具、集装箱或储存所	√	√	×
11. 在船舶、驳船装卸整件货物时货物整件落海或掉落	√	√	√
12. 由于被保险人以外的其他人的故意违法行为所造成的损失或费用	√	×	×
13. 海盗行为	√	×	×
14. 下列"除外"责任范围以外的一切风险	√	×	×

除外责任（Exclusions）	A	B	C
1. 被保险人的故意行为所造成的损失和费用	×	×	×
2. 被保险货物的正常渗漏，重量与容量的自然损耗	×	×	×
3. 被保险货物包装或准备不足或不当所造成的损失或费用	×	×	×
4. 保险标的物的内在缺陷或特征造成的损失或费用	×	×	×
5. 直接由于延迟所造成的损失或费用	×	×	×
6. 由于船舶所有人、经理人、租船人或经营人破产或不履行债务所引起的损失和费用	×	×	×
7. 由于使用任何原子武器或核裂变等造成的损失或费用	×	×	×
8. 船舶不适航，船舶、装运工具等不适宜	×	×	×
9. 战争险	×	×	×
10. 罢工险	×	×	×

备注："√"表示此保险类别下的承保范围，"×"表示不承保范围

ICC 战争险条款（Institute War Clauses）

责任范围
1. 战争、内战、革命、叛乱或由此引起的内乱，或交战国或针对交战国任何敌对行为造成的损失或费用
2. 捕获、拘留、扣留以及这种行为的后果或这方面企图造成的损失或费用
3. 遗弃的水雷、炸弹或其他遗弃的战争武器造成的损失或费用
除外责任
与ICC（A）（B）（C）表内"除外责任"1～8项相同

ICC 罢工险条款（Institute Strikes Clauses）

责任范围
1. 罢工者、被迫停工工人或参与工潮、暴动或民变人员造成的损失或费用
2. 罢工、被迫停工、工潮、暴动或民变造成的损失或费用
3. 战争、内战、革命、叛乱、造反或由此引起的内乱或交战国或针对交战国的任何敌对行为造成的损失或费用
除外责任
与ICC（A）（B）（C）表内"除外责任"1～8项相同

第三节　我国海运保险的基本做法

在我国进出口业务中，最常使用的贸易术语是FOB、CFR和CIF，从保险的角度（即卖方是否负责投保），可分为带保险的CIF和不带保险的CFR、FOB两种情况。

一、投保义务人和保险区间

海运货物保险合同的当事人，一是被保险人（insured），二是承保人或保险人（insurer），保险人通常是保险公司，被保险人通常是国际货物的买方或卖方。

在国际货物买卖中，保险究竟应由买方还是卖方负责投保，须视买卖合同的贸易条件而定，以下将进口和出口交易分开讨论。

（一）出口

1. CIF条件下

保险由卖方购买，卖方须支付保险费并向买方提供保险单或保险说明书。卖方购买保险后，货物在装运港装到船上的风险即转移给买方。装船之后如遇到损失，则由买方根据保险单直接向保险人请求赔偿。保险区间（即保险责任起讫）是"仓到仓条款"。保险险别依买卖合同办理，如双方无约定，则据《2010通则》规定，投保平安险或ICC（C）险即可；如需加保战争险，费用由买方负担。

2.FOB、CFR 条件下

海运货物保险由买方购买,但货物在装运港装到船上之前的内陆运输保险应由卖方自己购买。尤其要注意在 CFR 条件下,卖方负责租船订舱并确定后,须迅速通知买方购买保险,如延迟通知,风险则归卖方负担。

(二)进口

1.CIF 条件下

海运货物保险由卖方购买,作为买方,如买卖合同未约定由卖方投保战争险,则应由买方自行斟酌投保。由于保险责任起讫采取"仓至仓条款",货物在目的港卸载后运至保险单所载买方仓库的陆上运输已包括在保险责任之内,所以买方无须另保卸货后的陆上运输线,但在保险单上应注明运至最后的仓库,如在内地并应列出内地地名。

2.FOB、CFR 条件下

海运货物保险由买方购买。

二、投保手续

(一)出口货物保险手续

我国出口货物如按 CIF 成交,应由出口人及时向保险公司逐笔办理投保手续。具体做法是:根据买卖合同或信用证的规定,在备妥货物和确定装船出运后,按规定格式填制投保单,具体载明被保险人名称、保险货物项目、数量、包装及标志、保险金额、运输工具的种类和名称、投保险别、投保日期、保险起讫地点、起运日期等项内容,向保险公司投保。然后由保险公司出立保险单(或其他保险凭证),该凭证是出口人向银行议付货款的必备单证之一,也是被保险人索赔和保险公司理赔的主要依据。

在保险人出立保险单后,被保险人如欲更改险别、运输工具名称、航程、保险期限的扩展和保险金额等,应向保险公司或其授权的代理人提出批改申请。保险公司或其授权的代理人如接受这项申请,应出立批单(endorsement),作为保险单的组成部分,此后保险人即按批改内容负责承保。

(二)进口货物保险手续

我国进口货物多按 CFR 或 FOB 成交,因此要由负责进口的各进口公司负责向保险公司办理保险。为了简化手续,保险公司会与进出口公司签订了预约保险合同,对不带保险条件的进口货物,由保险公司负自动承保的责任,其中海运进口货物预约保险合同规定,被保险人当知悉每批货物启运时,应以书面形式通知保险公司,告知船名、开航日期及航线、货物品名及数量、保险金额等项内容,即作为向保险公司办理了投保手续,无须填制正式投保单。如果被保险人未按预约保险合同的规定办理投保手续,则货物发生损失时,保险公司不负赔偿责任。

三、保险单证

保险单证既是保险人对被保险人的承保证明,又是保险人和被保险人之间订立契约的证明,它具体规定了保险人和被保险人之间的权利与义务。所以它既是被保险人索赔的主要依据,也是保险人理赔的主要凭证。

(一)国际保险市场上习惯使用的保险单证

1. 保险单

保险单(insurance policy)又称大保单,是保险人已接受的正式凭证,即正规的保险合同。在保险单中除载明上述投保单的各项内容之外,还列有保险公司的责任范围以及保险公司与被保险人双方各自的权利、义务等方面的详细条款。

2. 预约保险单

预约保险单(open policy)又称开口保险单,是以预约方式承保被保险人在一定时期内分批发运货物的保险单。在预约保险单中载明保险货物的范围、险别、保险费率、每批运输货物的最高保险金额以及保险费的结算办理等。凡属预约保险范围内的进出口货物,一经启运,即自动按预约保险单所列条件保险,保险人可不再签发每批货物的保险单,但被保险人有责任将该批货物的名称、数量、保险金额、运输工具的种类和名称、航程航期等及时通知保险人。中国目前在以 FOB 或 CFR 条件成交的进口货物保险业务中使用这种预约保险。

3. 保险凭证

保险凭证(insurance certificate)又称小保单,是一种简化的保险合同,除载明被保险人名称、被保险货物名称、数量、船名、航程、开航日期、险别、保险期限和金额等必要内容外,合同背面并没有列明保险人与被保险人双方权利义务的详细条款。但在使用过程中,保险凭证与保险单具有同等效力。

(二)按保险时间来划分的保险单证

按保险时间来划分可分为航程保单(voyage policy)和定期保单(time policy)。

航程保单是承保货物从某一地点运至另一地点运输途中可能发生的风险损失的保险单。国际贸易中通常使用的海上保险单即属此类。

定期保单是承保货物在某一固定时间发生的风险损失的保单。例如,保单上载明自 × 年 × 月 × 日起到 × 年 × 月 × 日止,多适用于船舶保险。

(三)按保险金额是否确定来划分的保险单证

按保险金额是否确定分为定值保险单(valued policy)和不定值保险单(unvalued policy)。

定值保险单是订明被保险货物的保险金额的保险单,日后被保险货物遇到损害,即根据这一金额赔偿。国际贸易中一般货物保险都采用定值保险单。

不定值保险单是仅订明保险金额的最高限度,而将保险金额留待日后保险事故发生时再予补充确定的保险单。

四、保险金额与保险费

保险金额（insured amount）是被保险人对被保险货物的实际投保金额，也是被保险人据以计算保险费和赔偿的最高数额，即全损赔偿的最高限度。保险费（insurance premium）则是保险人因承担保险赔偿责任而向被保险人收取的费用，通常按保险金额的一定百分比收取，这一百分比即为保险费率（premium rate）。

其计算公式为：保险费 = 保险金额 × 保险费率

（一）进口

根据预约保险合同的规定，保险公司承保的进口货物的保险金额，原则上一般按货物的 CIF 价计算。因此，在按 FOB 或 CFR 条件进口时，为计算简便，预先议定了平均运费率和平均保险费率，则其保险金额的计算公式为：

FOB 进口合同的保险金额 = FOB 价 × （1+ 平均运费率 + 平均保险费率）

CFR 进口合同的保险金额 = CFR 价 × （1+ 平均保险费率）

保险公司根据进出口公司交的海运进口装船通知书或结算凭证汇总后，按月度或季度分别向各进口公司收取保险费。

（二）出口

保险公司承保出口货物的保险金额，一般按出口成本加运费、保险费，再加成 10% 计算，即按 CIF 发票金额的 110% 计算，10% 的保险加成是作为买方的费用和预期利润的，但基于实际情况买方要求保险加成超过 10% 时，也可酌情考虑。

保险公司承保时，通常根据货物的性质收取相应的保险费。对于那些在运输途中容易丢失或损坏的货物收费就要高一些；反之，就应低一些。因此，各进出口公司应按不同货物的保险费率来核算并对外报价。

五、保险的索赔手续

当海运进出口货物遭受承保范围内的损失时，具有保险利益的人（可能是投保人、被保人、保险单的受让人）应在分清责任的基础上确定索赔对象，备好必要的索赔证据，并在索赔时效（一般为 2 年）内提出索赔。

（一）出口

由于货运保险一般为定值保险，如果货物遭受全部损失，应赔偿全部保险金额，如遭受部分损失，则应根据受损程度正确计算和合理确定赔偿金额。PICC 承保的出口货物，在到达国外目的地（港）后发现货物受损，收货人或其代理人一般都按保险单规定请指定的检验人对货物进行检验，并出具检验报告。由国外买方凭检验报告连同有关权益证明书、保险单证直接向保险公司或其代理人提出索赔。

（二）进口

保险公司承保的进口货物到国内后，如发现货损，在港口的收货人应立即通知当地的保险公司，在内地的收货单位应立即通知当地的保险公司，并会同有关部门进行检验，出具检验报告。然后收货人根据联合检验报告所提供的货物损失金额或程度，向卸货港的保险公司索赔。

保险单如表 4-2 所示。

表 4-2 保险单

中保财产保险有限公司
THE PEOPLE'S INSURANCE（PROPERTY）
COMPANY OF CHINA，LTD.

发票号码：　　　　　　　　　　　　　　　　　　　　　　　　　保险单号次
Invoice No.　　　　　　　　　　　　　　　　　　　　　　　　　Policy No.

海洋货物运输保险单
MARINE CARGO TRANSPORTION INSURANCE POLICY

被保险人：
Insured：

中保财产保险有限公司（以下简称本公司）根据被保险人的要求，及其所缴付约定的保险费，按照本保险单承担险别和背面所载条款与下列特别条款承保下列货物运输保险。特签发本保险单。

This policy of Insurance witness that the People's Insurance（Property）Company of China，Ltd.（hereinafter called "The Company"），at the request of the Insured and in consideration of the agreed premium paid by the Insured，undertakes to insure the undermentioned other special clauses attached hereon.

保险货物项目 Description of Goods	包装 Packing	单位 Unit	数量 Quantity	保险金额 Amount Insured

承保险别　　　　　　　　　　　　　　　　货物标记
Conditions　　　　　　　　　　　　　　　Marks of Goods
总保险金额：
Total Amount Insured：_____
装载运输工具
Per conveyance，S.S_____
保费　　　　　　　　　　　　　　　　　　开航日期
Premium_____　　　　　　　　　　Slg.on or abt_____
起运港　　　　　　　　　　　　　　　　　目的港
From_____　　　　　　　　　　　　To_____

所保货物，如果发生本保险单项下可能引起索赔的损失或损坏，应立即通知本公司下述代理人查勘。如有索赔，应向本公司提交保险单正本（本保险单共有____份正本）及有关文件，如一份正本已用于索赔，其余正本自动失效。

In the event of loss or damage which may result in acclaim under this Policy，immediate notice must be given to the Company's Agent as mentioned hereunder.Claims，if any，one of the Original Policy which has been issued in Original（s）together with the relevant documents shall be surrendered to the company.If one of the Original Policy has been accomplished，the others to be void.

赔款偿付地点：
Claim payable at_____
日期：
Date_____
地址：
Address：

第四节 其他运输方式的货物保险

一、陆上运输货物保险

（一）风险与损失

货物在陆上运输过程中，可能遇到各种风险和遭受各种损失。常见的风险有：雷电、洪水、地震、火山爆发、风暴等自然灾害，车辆碰损、倾覆及出轨、路基或隧道坍塌、桥梁断裂、道路损坏以及火灾和爆炸等意外事故，战争、罢工、偷窃、货物短少、雨淋、生锈、受潮、受热、发霉、串味、玷污等由于外来原因造成的风险。这些风险都对货物造成损失，为转嫁这一风险损失，保障货物遭受损失后得到经济上的补偿，就需要办理陆上运输货物保险（overland transportation cargo insurance）。

（二）险别

根据 PICC《陆上运输货物保险条款》的规定，陆上运输货物保险的基本险别有陆运险（overland transportation risks）和陆运一切险（overland transportation all risks）两种。此外，还有适用于陆运冷藏货物的专门保险——陆上运输货物险（也属基本险性质）以及作为附加险的陆上运输货物战争险。

1. 陆运险的责任范围

被保险货物在运输途中遭受风、雷电、地震、洪水等自然灾害，或由于陆上运输工具（主要是汽车、火车）遭受碰撞、倾覆或出轨。如在驳运过程中，驳运工具搁浅、触礁、沉没或由于遭受隧道坍塌、崖崩或火灾、爆炸等意外事故所造成的全部或部分损失予以赔偿。此外，还包括被保险人对遭受承保责任内危险的货物采取抢救，防止或减少货损的措施而支付的合理费用，可见其承保范围类似于海运货物保险中的水渍险。

2. 陆运一切险的责任范围

除上述陆运险的责任范围外，保险公司还对被保险货物在陆运途中由于一般外来原因造成的短少、短量、渗漏、偷窃、碰损、破碎、钩损、雨淋、生锈、受潮、受热、发霉、串味、玷污等全部或部分损失负责赔偿。可见其承保范围类似海运货物保险中的一切险。

3. 陆上运输货物保险的除外责任

（1）被保险人的故意或过失行为所造成的损失。
（2）属于发货人所负责任或被保险货物的自然损耗所引起的损失。
（3）由于战争、工人罢工或运输延迟所造成的损失。在保险责任开始前，被保险货物已存在的品质不良或因数量短差所造成的损失。
（4）被保险货物的自然损耗、本质缺陷、特征以及市场价格跌落、运输延迟所引起的损失和费用。
（5）属于陆上运输货物战争险和罢工险条款的责任范围和除外责任。

陆上运输货物保险的起讫期限也采用"仓至仓条款"，即自被保险货物运离保险单所载明的启运地发货人的仓库或储存处所开始生效,包括正常陆运和有关水上驳运,直至该项货物运交保险单所载明的目的地或储存处所时为止。但如未运抵上述仓库或储存处所,则保险责任以被保险货物到达最后卸载的车站后 60 天为限。陆上运输货物保险的索赔时效是从被保险货物在最后目的地车站全部卸载离车辆后起算,最多不超过 2 年。

在陆运货物保险中,被保险货物在投保上述基本险之一的基础上可以加保附加险。如投保陆运险则可酌情加保一般附加险和特殊附加险如陆运战争险等;如投保陆运一切险,就只能加保战争险,不用再加保一般附加险。在加保战争险之后,再加保罢工险,不另收保险费。陆运战争险的责任起讫以货物置于运输工具时为限。

二、航空运输货物保险

根据中国《航空运输货物保险条款》规定,航空运输保险的基本险别也分为航空运输险(air transportation risks)和航空运输一切险(air transportation all risks)两种。此外,还有航空运输货物战争险等附加险。

航空运输险的承保责任范围与海运货物保险中的水渍险大致相同。保险公司对被保险货物在空运途中遭受雷电、风暴、火灾、爆炸、恶劣气候或其他危难事故而被抛弃或由于飞机遭受碰撞、倾覆、坠落或失踪等自然灾害和意外事故所造成的全部或部分损失负责赔偿。航空运输一切险的承保范围除包括上述航空运输险的全部责任外,还负责赔偿被保险货物在运输中由于一般外来原因(如偷窃、短少等)所造成的全部或部分损失。航空运输险和航空运输一切险的除外责任与海运货物保险的除外责任相同。

航空运输货物保险的责任起讫也采用"仓至仓条款",即从被保险货物运离保险单所载明的起运地仓库或储存处所开始运输时生效,在正常运输过程中继续有效,直至该项货物运抵保险单所载明的目的地交到收货人仓库或储存处所或被保险人用作分配、分派或非正常运输的其他储存所为止。但如果被保险货物未到达上述仓库或储存处所,则以被保险货物在最后卸货地卸离飞机后 30 天为止。

被保险货物在投保航空运输险和航空运输一切险后,还可经协商加保航空运输货物战争险等附加险。航空运输货物战争险的保险责任是自被保险货物装上保险单所载明的启运地的飞机时开始,直到卸离保险单所在的目的地的飞机时为止。如果被保险货物不卸离飞机,则以载货飞机到达目的地的当日午夜起计算满 15 天为止。如被保险货物在中途转运,保险责任以飞机到达转运地的当日午夜起算满 15 天为止,待装上续运的飞机,保险责任再次恢复有效。

三、邮包运输保险

根据中国《邮包保险条款》规定,邮包运输保险的基本险别分为邮包险(parcel post risks)和邮包一切险(parcel post all risks)两种。此外,还有邮包战争险(parcel post war risks)等附加险。

邮包险的承保责任范围是被保险邮包在运输途中由于恶劣天气、雷电、海啸、地震、洪水等自然灾害或由于失火、爆炸等意外事故所造成的全部或部分损失。此外，还包括被保险人对遭受承保责任内危险的货物采取抢救，防止或减少货损的措施而支付的合理费用。邮包一切险的承保范围则除上述之外，还增加了由于一般外来原因所引起的全部或部分损失。

邮包运输保险的责任起讫，是自被保险邮包离开保险单所载起运地点寄件人的处所运往邮局时开始生效，至被保险邮包运达保险单所载明的目的地邮局发出通知书给收件人当日午夜起算15天为止。在此期间，邮包一经递交至收件人处所时，保险责任即告终止。

小知识 **货物保险的索赔过程**

在发生货损或货物灭失，办理保险索赔时，需要经过以下程序：首先由索赔人向保险公司提供以下单据：保险单或保险凭证正本、运输契约、发票、装箱单、向承运人等第三者责任方请求补偿的函电或其他单证、被保险人已经履行应办的追偿手续等文件、由国外保险代理人或由国外第三者公证机构出具的检验报告及海事报告。海事造成的货物损失，一般由保险公司赔付，船方不承担责任、货损货差证明、索赔清单等。被保险人在办妥有关手续，交付单据后，等待保险公司审定责任，决定是否予以赔付，如何赔付。如保险公司决定赔偿，则最后由保险公司向被保险人支付款项。

复习思考题

1. 在海运货物保险中，保险公司承保哪些风险、损失和费用？
2. 请用实例说明施救费用与救助费用的区别。
3. 何谓共同海损？它与单独海损有何区别？

案例分析

1. 某货物在运输过程中起火，大火蔓延到机舱，船长下令往舱内灌水灭火，火虽被扑灭，但由于主机受损，无法继续航行，于是，船长决定雇用拖轮将货船拖到附近港口修理。事后调查，造成的损失有：

（1）1 000箱货被火烧毁。
（2）600箱货由于灌水灭火受到损失。
（3）主机和部分甲板被烧毁。
（4）额外增加的燃油和船长、船员的工资。

试分析以上各种损失的性质，并指出至少应投保何种险别，保险公司才负责赔偿？

2. 出口工具一批至香港，货价FOB 1 000港元，运费70港元，加一成投保一切险和战争险，一切险费率为0.25%，战争险费率为0.03%。试计算投保额和保险费应是多少？

3. 我出口公司对非洲某客商发盘，供应某商品，价格条件为CIF非洲某口岸每公吨500美元，按发票金额110%投保一切险和战争险。对方要求报FOB中国口岸，经查自中国口岸至非洲某口岸的海洋运费为每公吨150美元，一切险费率为2.3%，战争险费率为5‰。问FOB价应报多少？

4. 有一批货物，投保一切险，投保金额为USD20 000，货物在运输途中受潮受热，质量遭受损失。已知该批货物在目的地完好价值为USD28 000，受损后仅值USD15 000。问保险公司应赔偿多少？

第五章

进出口商品的价格

引例：

某公司就商品 03001 对外报价：FOB 报价金额为每只 0.8 美元，报价数量为 9 120 只。已知增值税率 17%，退税率 15%，体积每箱 0.164 立方米；采购成本为每只 6 元；报检费 120 元；报关费 150 元；内陆运费 2 492.8 元；核销费 100 元；银行费用 601.92 元；公司综合业务费 3 000 元，外币汇率为 8.25 元人民币兑 1 美元。试问：在该种交易条件下这笔进出口业务的盈亏情况如何？

本章的学习要点：

- 商品价格构成和商品报价
- 价格换算
- 商品成本核算
- 佣金与折扣的计算

第一节 定价方法和成本核算

一、正确贯彻作价原则

在确定进出口商品价格时，必须遵循下列三个原则：

（一）按照国际市场价格水平作价

国际市场价格是以商品的国际价值为基础在国际市场竞争中形成的，是交易双方都能接受的价格，是我们确定进出口商品价格的客观依据。

（二）要结合国别、地区政策作价

为了使外贸配合外交政策，在参照国际市场价格水平的同时，也可适当考虑国别、地区政策。

（三）要结合购销意图

进出口商品价格在国际市场价格水平的基础上，可根据购销意图来确定，即可略高或略低于国际市场价格。

二、注意国际市场价格动态

国际市场价格因受供求关系的影响而上下波动，有时瞬息万变，因此，在确定成交价格时，必须注意市场供求关系的变化和国际市场价格涨落的趋势。

三、掌握影响价格的因素

（一）要考虑商品的质量和档次

国际市场上一般贯彻按质论价的原则，即好货好价，次货次价。

（二）要考虑商品的数量

成交量的大小影响价格，成交量大时，在价格上应给予适当优惠，或采用数量折扣的方法以鼓励购买。

（三）要考虑交货条件

在进出口贸易中，由于交易条件的不同，双方承担的责任、义务、风险和费用都有不同。

（四）要考虑运输距离

运输距离的远近，影响运费和保费的开支，从而影响商品价格。

（五）要考虑季节性需求的变化

出口商品应力争在旺季以较高的价格出口，增加收益；进口商品也应掌握适当时机进口，即在其滞销期多进口，以争取有利的价格，节约成本。

（六）要考虑支付条件和汇率变动的风险

支付条件是否有利和汇率的风险大小，对价格也会有影响。另外，确定商品价格时，尽可能采用对己方有利的货币。

此外，交货期的远近、市场销售习惯和消费者的爱好等因素，对确定价格也有不同程度的影响，我们必须通盘考虑和正确掌握。

四、作价方法

在国际贸易实践中,可根据交易的不同情况,采用下列几种作价方法:

(一)固定价格

固定价格如:US $ 10 per pound CIF New York(每磅10美元,CIF 纽约)。我国企业的进出口合同中,绝大多数商品都采用明确的具体价格,这是国际上常见的做法。按照各国法律的规定,合同价格一经确定,就必须严格执行,除非合同另有约定,或双方当事人一致同意,任何一方都不得擅自更改。

(二)非固定价格

非固定价格就是指国际贸易业务中采取"活价",它又分为具体价格待定,暂定价格,部分固定价格、部分非固定价格三类。

1. 具体价格待定

某些货物因其国际市场价格变动频繁,或由于交货期较远,买卖双方对市场趋势难以预测,但确有订约的意图,则可先约定其他交易条件,对价格暂不约定,而约定将来如何确定价格的方法。如"以×年×月×日×地的该商品的收盘价格为准""按提单日期的国际市场价格计算",或只规定作价时间,如由双方在×年×月×日协商确定价格。但这种方式的规定有很大的不稳定性,容易导致双方在未来协商时各执己见,争执不下,故一般只应用于双方有长期交往,已形成比较稳定的交易习惯的合同。

2. 暂定价格

买卖双方在洽谈某些市价变化较大的货物的远期交易时,可在合同中先订立一个暂定价格,作为开立信用证和初步付款的依据,待双方确定价格再进行最后清算,多退少补。例如,单价暂定 CIF 神户,每公吨 2 000 英镑。作价方法,以××交易所3个月期货,按装船月份日平均价加8英镑计算,买方按本合同规定的暂订价开立信用证。

3. 部分固定价格、部分非固定价格

为照顾双方的利益,解决双方在采用固定价格或非固定价格上的分歧,也可以采用部分固定价格、部分非固定价格的办法,或是分批作价的方法,交货期近的价格在订约时固定下来,其余的在交货前一定期限内作价。非固定价格是一种变通办法,在市场价格行情波动频繁、变动剧烈,或是双方未能就价格达成一致时,采用这种办法有利于早日成交。然而由于它是先订约后定价,合同的关键条款价格是在订约后由双方按一定的方式来确定的,这往往会给合同带来较大的不稳定性,使合同存在无法执行和失去法律效力的危险,因此也要谨慎考虑。

(三)价格调整条款

国际上,随着一些国家通货膨胀的加剧,有些商品合同,特别是加工周期较长的机器设备合同,普遍采用所谓"价格调整条款",要求在订约时只规定初步价格,再按原料价格和

工资的变动来计算合同的最后价格。现在这种做法的应用范围已从原来的机械设备交易扩展到一些初级产品交易，因而具有一定的普遍性。

五、定价方法

在国际货物买卖中，进出口商品价格的确定直接影响企业的经济效益和产品市场竞争力，是企业对外开展业务时必须面临的问题。企业确定进出口商品价格的方法主要有以下几种：

1. 成本加成定价方法

这是成本导向定价法中最主要的一种定价形式，为外贸企业广泛使用。采用成本加成定价法时，只需要了解有关进出口商品的成本和相对于成本的利润率（或利润），并以相应的外币表示，即能获得基本价格。

以出口商品为例，出口商品的基本成本要素包括：

（1）出口商品生产成本或采购成本。

（2）装运前融资利息成本。

（3）出口成本及费用（包括出口包装、国内运输、保险费用、码头费用、仓储费用、各种国内税、海关关税及费用、出口企业管理费用等）。

（4）装运后的融资利息成本和银行手续费用。

（5）可能的汇率变动成本。

（6）国外运费（自装运港至目的港的海上运输费用）。

（7）国外保险费（海上货物运输保险）。

（8）如果有中间商，还应包括将支付给中间商的佣金。

（9）出口商预期利润率等。

出口商在采用成本加成定价方法时，应根据买卖双方所确定的贸易术语，首先确定出口商品的总成本，在此基础上计算出口商品利润，即得到出口商品的价格。

2. 竞争对手定价法

此种定价方法以对付竞争对手为目标，在定价前，出口企业必须广泛搜集竞争对手的各种信息，并与本企业生产的同类商品加以比较，根据对比情况确定己方价格。

3. 市场定价法

此种定价方法以市场为导向，根据目标市场的特点制订己方价格。主要有推定价值定价法和区别定价法等。推定价值定价法指根据产品和市场营销因素的组合，以及消费者对产品价值的认可程度制订己方产品的价格。采用该种定价方法的关键是预测价格的准确性。区别定价法则是指按照不同的市场情况，为服务于企业战略目标而采取的定价方法，具体又可分为客户差价、式样差价、地点差价、时间差价、数量差价、产品差价等。

六、掌握主要贸易术语的价格构成

在确定商品价格时，要考虑的因素有很多，如：企业的经营意图、市场战略、交易商品的特点、市场供求规律、汇率变化趋势、交易商品的质量和档次、交易数量、包装要求、运输条件、交货方式和地点、交易双方的谈判实力等,这些因素都会对商品价格的最后确定产生一定的影响。对于进出口业务人员而言,掌握商品的价格是一项复杂而十分艰巨的工作。为了做好这项工作,外经贸业务经营人员必须熟悉交易商品主要贸易术语的价格构成、换算方法和成本核算方法;了解作价方法和国际市场商品价格变动趋势,充分考虑影响价格的各种因素,合理制订国际货物买卖合同中的价格。

(一)主要贸易术语的价格构成

1. FOB、CFR、CIF 三种贸易术语的价格构成

在我国进出口业务中,最常采用的贸易术语是 FOB、CFR 和 CIF 三种。这三种贸易术语仅适用于海上或内河运输。在价格构成中,通常包括三方面的内容:生产或采购成本、各种费用和净利润。

FOB、CFR 和 CIF 三种贸易术语的价格构成的计算公式如下:

FOB 价 = 生产/采购成本价 + 国内费用 + 净利润

CFR 价 = 生产/采购成本价 + 国内费用 + 国外运费 + 净利润,即 FOB 价 + 国外运费

CIF 价 = 生产/采购成本价 + 国内费用 + 国外运费 + 国外保险费 + 净利润,
即 FOB 价 + 国外运费 + 国外保险费

2. FCA、CPT 和 CIP 三种贸易术语的价格构成

FCA、CPT 和 CIP 三种贸易术语,是国际商会为适应国际贸易的新发展而制定的。它们的适用范围比较广,其价格构成也有三部分:生产或采购成本、各种费用和净利润。由于采用的运输方式不同,交货地点和交货方式不同,有关费用也有所不同。

FCA、CPT 和 CIP 三种贸易术语价格构成的计算公式如下:

FCA 价 = 生产/采购成本价 + 国内费用 + 净利润

CPT 价 = 生产/采购成本价 + 国内费用 + 国外运费 + 净利润,
即 FCA 价 + 国外运费

CIP 价 = 生产/采购成本价 + 国内运费 + 国外运费 + 国外保险费 + 净利润,
即 FCA 价 + 国外运费 + 国外保险费

(二)主要贸易术语的价格换算

1. FOB、CFR 和 CIF 三种价格的换算

(1)FOB 价换算为其他价

CFR 价 = FOB 价 + 国外运费

CIF 价 = (FOB 价 + 国外运费)/(1 – 投保加成 × 保险费率)

(2)CFR 价换算为其他价

FOB 价 = CFR 价 – 国外运费

CIF 价 = CFR 价/(1 – 投保加成 × 保险费率)

(3)CIF 价换算为其他价

FOB 价 = CIF 价 × (1 – 投保加成 × 保险费率) – 国外运费

CFR 价 = CIF 价 × (1 – 投保加成 × 保险费率)

2. FCA、CPT 和 CIP 三种术语的换算

（1）FCA 价换算为其他价

CPT 价 =FCA 价 + 国外运费

CIP 价 =（FCA 价 + 国外运费）/（1- 投保加成 × 保险费率）

（2）CPT 价换算为其他价

FCA 价 =CPT 价 - 国外运费

CIP 价 =CPT 价 /（1- 投保加成 × 保险费率）

（3）CIP 价换算为其他价

FCA 价 =CIP 价 ×（1- 投保加成 × 保险费率）- 国外运费

CPT 价 =CIP 价 ×（1- 投保加成 × 保险费率）

七、加强成本核算

外贸企业在制定进出口商品价格时，要注意加强成本核算，以便采取措施不断降低成本，提高经济效益，防止出现不计成本、不计盈亏和单纯追求成交量的偏向。尤其在出口方面，强调加强成本核算，掌握出口总成本、出口销售外汇净收入和人民币净收入的数据，并计算和比较各种商品出口的盈亏情况，更有现实意义。出口总成本是指出口商品的进货成本加上出口前的一切费用和税金。出口销售外汇净收入是指出口商品按 FOB 价出售所得的外汇净收入。出口销售人民币净收入是指出口商品的 FOB 价按当时的外汇牌价折成人民币的数额。根据这些数据，可以考核企业的经济效益。考核企业经济效益的指标主要有以下几项：

（一）出口商品盈亏率

出口商品盈亏率是出口商品盈亏额与出口总成本的比率。出口商品盈亏额是指出口销售人民币净收入与出口总成本的差额，其中，出口销售人民币净收入是由该出口商品的 FOB 价格按当时外汇牌价折成的人民币，出口总成本是指该商品的进货成本加上出口前的一切费用和税金。以公式表示如下：

出口商品盈亏额 = 出口销售人民币净收入 – 出口总成本

出口商品盈亏率 =（出口商品盈亏额 / 出口总成本）× 100%

例 1：某公司以每公吨 1 000 美元 CIF 价格出口商品，已知该笔业务每公吨需要支付国际运输费用 100 美元，保险费率为 0.1%，国内商品采购价格为 5 000 元人民币，其他商品管理费为 500 元，试计算该笔业务的出口盈亏率（汇率为 1∶8.25）

解：出口成本 =5 000+500=5 500（元）

出口净收入（FOB）=CIF–F–I

=CIF–F–110%CIF × I%

=1 000–100–1.1 × 1 000 × 0.001

=898.9（美元）

出口人民币净收入 =898.9 × 8.25=7 415.9（元）

出口盈亏率 =（7 415.9–5 500）/5 500=34.8%

（二）出口商品换汇成本

出口商品换汇成本是指某商品的出口总成本（人民币）与出口销售该商品的外汇净收入（美元）之比。通过计算得出该商品出口收入（美元）需要多少人民币的总成本，也就是说，多少元人民币换回美元。出口商品换汇成本如果高于银行的外汇牌价，则出口为亏损；反之，则说明出口有盈利。

其计算公式为：

出口商品换汇成本＝出口总成本（人民币）/出口销售外汇净收入（外汇）

例2：试计算例1的出口商品换汇成本。

解：出口成本＝5 500（元）

出口净收入（FOB）＝898.9（美元）

换汇成本＝5 500/898.9＝6.12（元/美元）

（三）出口创汇率

出口创汇率亦称外汇增值率，原本是用以考核进料加工的经济效益，具体做法是以成品出口所得的外汇净收入减去进口原料所支出的外汇，算出成品出口外汇增值的数额，即创汇额，再将其与原料外汇成本相比，计算出百分率。在采用国产原料的正常出口业务中，也可计算创汇率，这就要以该原料的FOB出口价格作为原料外汇成本。计算公式如下：

出口创汇率＝（成品出口外汇净收入－原料外汇成本）/原料外汇成本×100%

例3：某公司进口原材料FOB 1 000元，经过加工后出口CIF 1 700元。假设进口和出口的运费均为50元，进口和出口的保险费率均为0.1%，试求外汇增值率。

解：原料外汇成本（CIF）＝FOB+F+I

＝FOB+F+CIF×I%×1.1

＝1 000+50+1 000×0.001×1.1

＝1 051.1（元）

原料外汇净收入（FOB）＝CIF−F−I

＝CIF−F−110%CIF×I%

＝1 700−50−1.1×1 700×0.001

＝1 648.1（元）

外汇增值率＝（1 648.1−1 051.1）/1 051.1＝56.8%

第二节　计价货币的选择和报价方法

一、计价货币的选择

（1）计价货币是指合同中规定用来计算价格的货币。根据国际贸易的特点，用来计价的货币，可以是出口国家货币，也可以是进口国家货币或双方同意的第三国货币，还可以是某一种记账单位,由买卖双方协商确定。

(2) 从理论上来说,对于出口交易,采用硬币计价比较有利,而进口合同却用软币计价比较合算。但在实际业务中,以什么货币作为计价货币,还应视双方的交易习惯、经营意图以及价格而定。如果为达成交易而不得不采取对我不利的货币,则可设法用下述两种办法补救。一是根据该种货币今后可能的变动幅度,相应调整对外报价;二是在可能条件下,争取订立保值条款,以避免计价货币汇率变动的风险。

(3) 在合同规定用一种货币计价,而用另一种货币支付的情况下,而两种货币在市场上的地位不同,那么按两种货币什么时候的汇率进行结算,是关系买卖双方利害得失的一个重要问题。按国际上的一般习惯做法,如两种货币的汇率是按付款时的汇率计算,则不论计价和支付用的是什么货币,都可以按计价货币的量收回货款。对卖方来说,如果计价货币是硬币,支付货币是软币,基本上不会受损失,可起到保值的作用;如果计价货币是软币,支付货币是硬币,它所收入的硬币就会减少,对卖方不利,而对买方有利。

(4) 如果计价货币和支付货币的汇率在订约时已经固定,那么,在计价货币是硬币,支付货币是软币的条件下,卖方在结算时所收入的软币所代表的货值往往要少于按订约日的汇率应收入的软币所代表的货值,也就是说对买方有利,对卖方不利。反之,如果计价货币是软币,支付货币是硬币,则对卖方有利,对买方不利。

二、报价方法

外贸企业根据企业和市场的情况确定了相应的定价方法后,为了达成交易,还应注意报价方法的使用。

1. 顺向报价方法

顺向报价方法是一种传统的报价方法,即卖方首先报出最高价格或买方报出低价。这种报价方法,价格中的虚报成分一般较多,为买卖双方的进一步磋商留下了空间。卖方报出高价后,如果买方认为卖方价格过高时,会立即拒绝或怀疑卖方的诚意,并要求卖方降低价格。而当买方认为卖方的价格较为合理时,买方依然会坚持要求卖方继续降低价格,一旦卖方降价,买方就会产生一定的满足心理,这时只要卖方能够把握时机,往往能够促使交易成功。如果卖方所报价格水分过多,超出对方可预见的最小收益,就变成了乱开价,买卖双方的谈判也就无法继续进行。

2. 逆向报价方法

逆向报价方法是一种反传统的报价方法,具体做法是,卖方首先报出低价或买方报出高价,以达到吸引客户、诱发客户谈判兴趣的目的。然后,再从其他交易条件寻找突破口,逐步抬高或压低价格,最终在预期价位成交。运用此种报价方法,对首先报价一方风险较大。在报价一方的谈判地位较不利的情况下,在报出令对方出乎意料的价格后,虽然有可能将其他竞争对手排除,但会承担难以使价位回到预期水平的风险,对商务谈判人员要求较高,除非确有必要,在实际商务谈判中应尽量避免使用这一方法。

3. 先报价方法

先报价方法是指争取己方首先报价。这种报价方法使己方掌握主动权,为双方提供了一个价格谈判范围，如当买方先报低价时，则双方的预期成交价格在买方价位与卖方预期价格之间。相反，当卖方首先报出高价时，双方预计的成交价位则应在卖方所报价位与买方预期价格之间。

4. 尾数报价方法

尾数报价方法即利用具有某种特殊意义的尾数或人们的"心理尾数"定价，尽量避免整数报价。采用尾数报价方法一方面是针对人们对数字的心理，另一方面是出于商业谈判技巧的需要。如前所述，某种商品的价格一般是按实际成本加上利润计算的，较少出现整数，因此，当一方采用整数报价方法时，往往难以使对方信服。又比如利用一些民族或地方的风俗习惯，在报价或还价中使用当地人们特别偏好的数字，投其所好等。

第三节　佣金和折扣

在合同的价格条款中，有时会涉及佣金（commission）和折扣（discount）问题。佣金和折扣直接关系到商品价格，灵活地运用佣金和折扣，可以调动外商的积极性，增强市场竞争力，起到扩大出口的目的。

一、佣金

在国际贸易中，有些交易是通过中间代理商进行的。因中间商介绍生意或代买代卖而向其支付一定的酬金，此项酬金叫佣金。包含有佣金的价格，在业务中通常称为"含佣价"，不包含佣金的称为净价。凡在合同价格条款中，明确规定佣金的百分比，叫作明佣。不标明佣金的百分比，甚至连佣金字样也不标示出来，有关佣金的问题，由双方当事人另行约定，这种暗中约定佣金的做法叫作暗佣。佣金直接关系到商品的价格，货价中是否包括佣金和佣金比例的大小，都影响商品的价格。显然，含佣价比净价要高。正确运用佣金，有利于调动中间商的积极性和扩大交易。

（一）佣金的规定方法

（1）在商品价格中包括佣金时，通常应以文字来说明。例如"每公吨 200 美元 CIF 旧金山包括 2% 佣金"。（USD 200 PER M/T CIF San Francisco including 2% commission）

（2）也可以在贸易术语上加注佣金的缩写英文字母"C"和佣金的百分比来表示。例如："每公吨 200 美元 CIF C 2% 旧金山"（USD 200 PER M/T CIF San Francisco including 2% commission）。

（3）商品价格中所包含的佣金除用百分比表示外，也可以用绝对数来表示。例如："每公吨付佣金 25 美元"。

如中间商为了从买卖双方获取"双头佣金"或为了逃税，有时要求在合同中不规定佣金，而另按双方暗中达成的协议支付。佣金的规定应合理，其比率一般掌握在 1%～5%，不宜偏高。

（二）佣金的计算与支付方法

在国际贸易中，计算佣金的方法不一，有的按成交金额约定的百分比计算，也有的按成交商品的数量来计算，即按每一单位数量收取若干佣金计算。

在我国进出口业务中，计算方法也不一致，按成交金额和成交商品的数量计算的都有。在按成交金额计算时，有的以发票总金额作为计算佣金的基数，有的则以FOB总值为基数来计算佣金。如按CIFC成交，而以FOB值为基数计算佣金时，则应从CIF价中减去运费和保险费，求出FOB值，然后以FOB值乘以佣金率，即得出佣金额。

关于计算佣金的公式如下：

$$单位货物佣金额 = 含佣价 \times 佣金率$$
$$净价 = 含佣价 - 单位货物佣金额$$

上述公式也可写成：

$$净价 = 含佣价（1- 佣金率）$$
$$含佣价 = 净价 /（1- 佣金率）$$

例1：某公司向外以FOB100美元报价，国外商人要求改报FOB C5%，问我方应报多少，应付佣金多少？

FOB C5%=FOB/（1-C%）=100/（1-5%）=105.26美元

例2：某公司向外以FOB C3%100美元报价，国外商人要求改报FOB C5%，问我方应报多少，应付佣金多少？

FOB 净价 =FOB C3%（1-3%）
　　　　=100×（1-3%）=97美元
　　FOB C5%=FOB/（1-5%）
　　　　=97/（1-5%）
　　　　=102.1美元

佣金 =FOB C5%×5%=5.1美元（或 FOB C5%-FOB 净价 =5.1美元）

佣金的支付一般有两种做法：一种是由中间代理商直接从货价中扣除佣金；另一种是在委托人收清货款之后，再按事先约定的期限和佣金比率，另行付给中间代理商。在支付佣金时，应防止错付、漏付和重付等事故发生。

小知识

以FOB和CIF价为例，在CIF合同的情况下，一个精明的业务员应以FOB价作为计算支付对方佣金的基数。理由是根据《2000通则》的规定，CIF贸易术语项下买卖双方的货物风险划分点在装运港的船舷，因而卖方在此后的运输与保险是为了买方的利益而行事，即CIF价中的运输与保险费成本并非卖方的既得利益，是为了买方的利益而分别支付给船公司和保险公司的，所以卖方不应就运输与保险费部分抽取佣金给买方，而应从CIF价中扣除运输与保险费用后，以货物的FOB价作为计算支付对方佣金的基数。

二、折扣

（一）折扣的含义

折扣是指卖方按原价给予买方一定百分比的减让，即在价格上给予适当的优惠。国际贸易中使用的折扣，名目很多，除一般折扣外，还有为扩大销售而使用的数量折扣（quantity discount）、为实现某种特殊目的而给予的特别折扣（special discount），以及年终回扣（turnover bonus）等。折扣直接关系到商品的价格，货价中是否包括折扣和折扣率的大小都影响商品价格，折扣率越高，价格越低。

折扣一般包括两种做法：①凡在价格条款中明确规定折扣率的，叫作明扣。②不在合同中表现出来，而由双方在私下约定折扣率的不明示的折扣，则称暗扣。

正确运用折扣，有助于调动买方的积极性和扩大销路，因而在国际贸易中，它也是加强对外竞销的一种手段。

（二）折扣的规定方法

在国际贸易中，折扣通常在规定价格条款时，用文字明确表示出来。

（1）例如"CIF 伦敦每公吨 200 美元，折扣 3%"（USD 200 per M/T CIF London including 3% discount）此例也可以这样表示"CIF 伦敦每公吨 200 美元，减 3% 折扣"（USD 200 per M/T CIF London less 3% discount）。

（2）折扣也可以用绝对数来表示。例如每公吨折扣 6 美元。

在实际业务中，也可以用 CIFD 或 CIFR 来表示 CIF 价格中包含折扣。这里的 D 和 R 是 Discount 和 Rebate 的缩写。鉴于贸易术语中加注的 D 或 R 含义不清，可能引起误解，故最好不使用此缩写语。

（三）折扣的计算与支付方法

折扣通常是以成交额或发票金额为基础计算出来的。

$$单位货物折扣额 = 原价（或含折扣价）\times 折扣率$$
$$卖方实际净收入 = 原价 - 单位货物折扣额$$

折扣一般是在买方支付货款时预先扣除的。也有的折扣金额不直接从货价中扣除，而按暗中达成的协议另行支付给买方，这种做法通常在给暗扣或回扣时采用。

第四节　国际货物买卖合同中的价格条款

国际货物买卖合同中的价格条款应真实地反映买卖双方价格磋商的结果，条款内容应完整、明确、具体、准确。

一、价格条款的基本内容

进出口合同中的价格条款，一般包括商品的单价和总值两项基本内容。

1. 单价

单价通常由四部分组成，即计量单位、单位价格金额、计价货币和贸易术语。例如，每公吨 2 000 美元 CIF 洛杉矶（USD 2000 per M/T CIF Los Angeles）。

规定单价时的注意事项：

（1）计量单位：一般来讲，计量单位应与数量条款的计量单位一致。

（2）单价价格金额：应该按照双方商定一致的价格正确填写，避免写错，在实际业务中可加文字进一步确定。

（3）计价货币：不同国家（或地区）使用的货币名称相同，但币值不同，因此要注意雷同的货币符号，可用国家名确定。

（4）贸易术语：注意装卸地点重名的问题，可以加注国别或地区，以防出现错误。

2. 总值

总值（或称总价）是单价同数量的乘积，也就是一笔交易的贷款总金额。在总金额项下一般也加写贸易术语，总值除使用阿拉伯数字表示外，还应用文字表示，并防止计算、书写错误。

二、规定价格条款的注意事项

（1）合理确定商品的单价水平，防止作价偏高或偏低。

（2）根据经营意图和实际情况，在权衡利弊的基础上选用适当的贸易术语。

（3）争取选择有利的计价货币，以免遭受币值变动带来的风险；如采用不利的计价货币，应当订立保值条款。

（4）灵活运用各种不同的作价方法，以避免价格变动的风险。

（5）参照国际贸易领域的习惯做法，注意佣金和折扣的合理运用。

（6）如交货品质和数量约定有一定的机动幅度，则对机动部分的作价也应考虑进去。

（7）如包装材料和包装费另行计价，对其计价方法也应一并规定。

（8）单价中涉及的计量单位、计价货币、装卸地名，必须书写正确、清楚，以免造成不必要的损失。

复习思考题

1. 在进出口贸易中为什么要正确选择计价货币？
2. 在国际贸易中如何正确使用佣金与折扣？
3. 进出口合同中的价格条款包括哪些内容？规定此条款时应注意什么问题？

案例分析

1. 我国某出口商品报价为：USD300 Per Set CFR C3% NEWYORK。试计算CFR净价和佣金各为多少？如对方要求将佣金增加到5%，我方同意，但出口净收入不变。试问CFR C5%应如何报价？

2. 我国某外贸公司出口某商品1 000箱，该货每箱收购价人民币200元，国内费用为收购价的15%，出口后每箱可退税人民币14元，外销价每箱CFR C2%曼谷30美元，每箱货应付海运运费2.40美元，银行外汇牌价100美元=825元人民币。试计算该商品的出口换汇成本及盈亏率,并按计算公式进行验算。

3. 某外贸企业与英国商人达成一笔交易,合同规定我方出口某商品 500 公吨,每公吨 450 美元 CFR C2% 利物浦,海运运费为每公吨 29 美元,出口收汇后出口企业向该客户汇付佣金。计算:

(1) 该出口企业向中国银行购买支付佣金的美元共需多少人民币?

(2) 该出口企业的外汇净收入为多少?

(按当时外汇牌价 100 美元 =829.45 人民币)

4. 某公司收到澳大利亚某客户的来电,询购 1 000 只睡袋,请按下列条件报每只睡袋 CIF C3% 悉尼的美元价格:睡袋国内购货成本为 50 元一只,国内其他费用总计 5 000 元,该公司的预期利润为 10%,该睡袋为纸箱装,每箱 20 只,从装运港到悉尼的海运运费为 20 美元/箱,海运出口保险按 CIF 加一成投保一切险、战争险,费率 0.8%。(1 美元 =8 人民币)

5. 假设某商品的国内进价为 8 270 元,加工整理费支出为 900 元,商品流通费支出为 700 元,税金为 30 元。该商品的出口销售外汇净收入为 3 000 美元。

试计算:(1) 该商品的出口总成本;

(2) 该商品每美元换汇成本。

6. 某出口公司与西欧某中间商达成一笔交易,合同规定我方出口某商品 25 000 公斤,每公斤 15 美元,CFR C2% 汉堡。运费为每公斤 0.15 美元。出口收汇后出口公司向国外中间商汇付佣金。

计算:

(1) 该出口公司向中国银行购买支付佣金的美元共需多少人民币?

(2) 该出口公司的外汇净收入为多少美元(100$=818.39RMB)

7. 我出口公司对某客商发盘,供应某商品,价格条件为每公吨 2 000 美元 CIF 非洲某港口,按发票金额 110% 投保一切险和战争险,客商提出要求改报 CFR 非洲某港口英镑价,查自中国口岸至非洲该港口的一切险和战争险的费率共为 0.7%。问我出口公司在维持原收入不变和暂不考虑汇价趋势的情况下应报何价?(按当时中行外汇 1 英镑:2.712 7 美金)

8. 合同规定由我公司供应某商品 60 000 打,每打的 CIF 西欧某港价为 1.8 美元,自装运港至目的运费总计为 5 000 美元,投保金额为发票金额的 120%,保险险别为水渍险和战争险。查中国人民保险公司的保险费率表,该商品至该港口的水渍险费率为 0.3%,战争险费率为 0.4%,问我公司净收入多少人民币?

9. 我公司以每公吨 252 美元 CIF 中国口岸进口钢条 1 000 公吨,加工成机械螺丝 100 万罗(GROSS)出口,每罗 0.32 美元 CFR 卡拉奇,纸箱装每箱 250 罗,每箱 0.030 立方米,海运运费为每立方米 80 美元,试计算外汇增值率。

10. 我某公司向新加坡出口一批货物,出口总价格为 10 万元 CIF 新加坡,其中从大连港到新加坡海运运费为 4 000 美元,海运出口保险按 CIF 总值 110% 投保一切险,费率 1%。这批货物的出口总成本为 72 万元人民币,结汇时银行外汇买入价为 1 美元 =8.30 人民币,计算该交易的换汇成本和盈亏额?

11. 某外贸公司与日本一中间商达成一笔交易,合同规定我方通过该中间商进口某商品 20 000 公斤,每公斤 5 000 日元,CFR 中国口岸,由我公司向卖主付汇后,该中间商另给我方1%的回扣。请问：

（1）我外贸公司进口该批商品共需备付多少外汇（美元）？

（2）我外贸公司进口该批商品共需多少人民币？

（3）可收入多少回扣？

12. 我方向西欧某客商推销某商品，发盘价格为每公吨豆子1 150英镑CFR西欧某港口，对方复电要求改按FOB中国口岸定价，并给予2%佣金。查自中国口岸至西欧某港口的运费为每公吨170英镑，我方如要保持外汇收入不变，改按买方要求条件报价，应为何价？

第六章

国际货款的支付

引例：

我某外贸公司以 CIF 与外商成交出口一批货物，按发票金额 110% 投保一切险及战争险。售货合同中的支付条款只简单地填写"Payment by L/C（信用证方式支付）"，而国外来证条款中有如下文句："payment under this Credit will be made by us only after arrive of goods at Rotterdam（该证项下的款项在货到鹿特丹后由我行支付）"。受益人在审证时未发现不同之处，因此未请对方修改删除。我方在交单结汇时，银行也未提出异议。不幸的是 60% 的货物在运输途中被大火烧毁，船到目的港后开证行拒付全部货款。对此，应如何处理？为什么？

本章的学习要点：

- 货款的收付是买卖双方的基本权利和义务
- 支付工具
- 支付方式
- 汇票、本票、支票
- 托收、信用证

第一节 支付工具

在国际贸易业务中，一般不直接以现金结算货款，而是通过票据进行结算。票据是以无条件支付一定金额为目的的有价证券，是可以流通转让的债权凭证，也是目前国际上通行的结算工具和信用工具。

一、票据

票据是按照一定形式制成、写明有付出一定货币金额义务的证件，是出纳或运送货物的凭证。广义的票据泛指各种有价证券，如债券、股票、提单等。狭义的票据仅指以支付金钱为目的的有价证券，即出票人根据票据法签发的，由自己无条件支付确定金额或委托他人无条件支付确定金额给收款人或持票人的有价证券。

（一）票据的性质

1. 票据是代表一定数量货币请求权的有价证券，即货币证券

有价证券是一种代表财产所有权或债权各种票据的，以一定金额来记载的证书。有价证券可分为物权证券、货币证券、资本证券等，其中，货币证券是代表一定数量货币请求权的有价证券，可以在法定范围和条件下流通。但是，货币证券并不是货币本身，不具有由法律所规定的货币强制通用效力，它只是在法定的特殊范围和条件下才可以发挥其作用。票据正是因为属于货币证券，代表了一定数量的货币请求权，并具有流通作用，所以，它才可能发挥它的汇兑、支付、结算和信用等基本功能。所以，货币证券是票据的基本性质之一。

2. 票据是反映债权债务关系的书面凭证

票据是在市场交换和流通中发生的，反映了当事人之间的债权债务关系。具体地说，在财产（商品、货币及其他财产权利）交换中，双方当事人各自享有财产方面一定的权利和义务，即发生了债权债务关系，这就要求以书面形式确定和表现出来，以保障双方实现各自的权利和义务。票据正是在这个基础上产生的。没有真实的债权债务关系，就没有票据。所以，反映债权债务关系的书面凭证，是票据的基本性质之一。

（二）票据的主要功能

1. 支付功能

2. 汇兑功能

汇兑功能指一国货币所具有的购买外国货币的能力。

3. 信用功能

信用功能即票据当事人可以凭借自己的信誉，将未来才能获得的金钱作为现在的金钱来使用。

4. 结算功能

结算功能即债务抵消功能。

5. 融资功能

融资功能即融通资金或调度资金。票据的融资功能是通过票据的贴现、转贴现和再贴现来实现的。

（三）票据具有其独特的法律属性

（1）票据是设权证券。证券权利是因作成证券而创设的。

（2）票据是债券证券。票据权利人对票据义务人可行使付款请求权和追索权。
（3）票据是金钱证券。票据以一定的金钱为交付标的。
（4）票据是流通证券。票据通过背书或交付而转让，在市场上自由流通。
（5）票据是无因证券。票据权利的成立，不必以债权人与债务人原因关系的成立为前提。
（6）票据是文义证券。票据上所创设的权利和义务，均依票据上记载的文字内容来确定。
（7）票据是要式证券。票据必须依法定形式制作才具有法律效力。
（8）票据是占有证券。任何人欲主张票据权利，就必须实际占有票据。
（9）票据是提示证券。票据权利人请求付款或行使追索权时，必须向义务人提示票据。
（10）票据是返还证券。票据权利人在实现票据权利后，必须将票据返还给义务人。

在我国，票据即汇票、支票及本票的统称。票据一般是指商业上由出票人签发，无条件约定自己或要求他人支付一定金额，可流通转让的有价证券，持有人具有一定权利的凭证。目前在国际贸易结算中，以使用汇票为主。

二、汇票

（一）定义

汇票（bill of exchange，draft）是一个人向另一个人签发的，要求对方见票时或在一定时间内，对某人或其指定的人或持票人无条件支付一定金额的书面支付命令。

（二）基本内容

1. 出票人（drawer）

出票人即签发汇票的人。在进出口业务中通常是出口人或其指定的银行。

2. 受票人（drawee）

受票人又称付款人（payer），即汇票的付款人，在进出口业务中通常就是进口人或其指定的银行。

3. 受款人（payee）

受款人即受领汇票所规定金额的人，在进出口业务中通常是出口人或其指定的银行，即与出票人一致，但由于汇票可以自由转让，所以受款人也可能是与进出口双方毫无关系的第三者。

4. 付款金额

付款金额即汇票规定的受票人须无条件支付的金额。

5. 付款的时间与地点

6. 出票时间与地点

7. 出票人签字

8. 要写明"汇票"字样

（三）种类

1. 按出票人种类的不同，汇票可分为银行汇票（表6-1）和商业汇票

表6-1　银行汇票

BANK OF CHINA	号码 No.30007611
本汇票有效期为一年	金额_____
This draft is valid for one year—From the date of issue	AMOUNT _____
致 To：_____ 请付_____ PAY To 金额_____ THE SUM OF 请凭本汇票付款划我　　　　行账 PAY AGAINST THIS DRAFT TO THE DEBIT OF OUR ACCOUNT	
中国银行上海分行 　　　　　　　BANK OF CHINA SHANGHAI	

（1）银行汇票（bank's draft），是指出票人是银行，受票人也是银行的汇票。

（2）商业汇票（commercial draft），是指由出口商签发的，向进口商或银行收取货款或其他款项的汇票，即出票人为商号或个人，受票人可以是商号、个人，也可以是银行。

2. 按是否随附货运单据，可分为光票和跟单汇票

（1）光票（clean bill or clean draft），指不附带任何货运单据的汇票，付款人只凭汇票付款。银行汇票多是光票。

（2）跟单汇票（documentary bill or documentary draft），指附有货运单据的汇票，出票人必须提交约定的货运单据才能取得货款，受票人也必须在付清货款后才能取得货运单据，提取货物。出票人如果没有提供单据或提供的单据不符规定，则受票人可以拒绝付款；如受票人不付款或拒绝接受汇票，则得不到代表货物所有权的货运单据。这样，跟单汇票体现了货款和单据对流的原则，对买卖双方而言提供了一份安全保障，所以在国际贸易中，跟单汇票的应用要广泛得多。商业汇票也大多是跟单汇票。

3. 按付款时间的长短，可分为即期汇票和远期汇票

（1）即期汇票（sight draft），是在提示或见票时立即付款的汇票。

（2）远期汇票（time draft），是指在一定期限或特定日期付款的汇票。远期汇票的付款时间通常有以下规定方法：①见票后若干天付款（at××days after sight）。②出票后若干天付款（at××days after date）。③提单签发日后若干天付款（at××days after date of B/L）。

④固定日期付款（fixed date）。

4. 按汇票是否凭信用证签发，可分为凭信用证汇票和不凭信用证汇票

（1）凭信用证汇票（draft with L/C），即凭信用证签发的汇票。付款人通常为信用证的开证行，但有时也可能是其联号或出口商，而由其开证行承担付款责任。

（2）不凭信用证汇票（draft without L/C），即不凭信用证签发的汇票。付款人通常为进口商，这种汇票银行不接受押汇，因而出口商只能委托银行代为收款。

5. 根据承兑地与付款地是否相同，可分为直接汇票与间接汇票

（1）直接汇票（direct bill），即付款地与承兑地为同一地点的汇票。国际贸易中大部分汇票属于直接汇票。

（2）间接汇票（indirect bill），即付款地与承兑地不是同一地的汇票。此种汇票承兑时，付款人除签名并注上日期外，通常还要注明付款地（payable at ××）。

（四）汇票的使用

在国际贸易业务中，汇票的使用一般要经过出票、提示、付款等程序，如果是远期汇票，还须办理承兑手续。

1. 出票

出票（issue or draw）是指出票人在汇票人填写付款人、付款金额、日期、地点及受款人名称等内容，并签字后交给受款人的行为。在出票时，对受款人（俗称抬头人）通常有三种写法。

限制性抬头，如"仅对××公司"（pay ××Co.only）或"付××公司，不准转让"（pay ××Co. not transferable）。这种写法的汇票不能流通转让，只有指定的××公司才能收取货款。

指示或抬头，如"付××公司或其指定人"（pay ×× Co.or order 或 pay to the order of ××Co.），这种抬头的汇票可经背书进行转让。

持票人抬头，又称来人抬头，如"付给来人"（pay bearer）。这种抬头的汇票无须由持票人背书即可转让。

2. 提示

提示（presentation）是指持票人将汇票提交付款人要求承兑或付款的行为。提示又可分为两种。

付款提示。持票人向付款人提交汇票，要求付款。

承兑提示。远期汇票持票人向付款人提交汇票，付款人见票后办理承兑手续，到期时付款。远期汇票先经过承兑提示，到期付款时还要经过一次付款提示。

3. 承兑

承兑（acceptance）指付款人对远期汇票表示承诺到期付款的行为。其手续是由付款人在汇票正面写明"承兑"（accepted）字样并签字，同时注明承兑日期，然后交给持票人。

4. 付款

付款（payment）指即期汇票在持票人提示汇票时，付款人即应付款。远期汇票在经过承兑后，当到期时由付款人付款。

5. 背书

背书（endorsement）就是转让汇票权利的一种法定手续。背书即由汇票持有人在汇票背面签上自己的名字，或再加上受让人（即被背书人）的名字，然后把汇票转让给受让人的行为。经背书后汇票的收款权利便转让给受让人，受让人还可以通过背书方式再次转让，这样汇票可以通过背书不断转让。在国际金融市场上，汇票既是一种支付凭证，又是一种流通工具，可以流通转让。

按背书方式不同，背书可分为以下三种：

（1）特别背书（special endorsement），又称记名背书、正式背书或完全背书，即在背书时记载被背书人（endorsee），如"付××公司或其指定人"（pay to the order of ××Co.），然后再签上背书人姓名。经记名背书的汇票，被背书人可以再作背书继续转让。

（2）空白背书（endorsement in blank），即仅在汇票背面签上背书人自己的名字，而不记载谁是被背书人，因此又称无记名背书、略式背书。指示式抬头的汇票经空白背书后即成为来人汇票，受让人不用再背书，仅凭交付即可转让汇票权利。

（3）限制背书（restrictive endorsement），即对被背书人做出限制性规定，从而使汇票不能被继续转让的背书。如"仅付××公司"（pay to ××Co.only）。

在汇票通过背书进行转让的过程中，对于受让人来说，所有在他以前的背书人以及原出票人都是他的"前手"，而对于出让人而言，所有在他以后的受让人都是他的"后手"，前手对后手负有担保汇票必然会被承兑或付款的责任。

6. 贴现

贴现（discount）指汇票持有人向受让人（一般是银行）背书，受让人受让时扣除从转让日起到汇票付款日止的利息及一定手续费后，将余额付给持票人的行为。作为受让人的银行可以继续转让，也可要求受票人在到期日付款。一张远期汇票的持有人如想在汇票到期日付款人付款之前取得票款，可以经过背书转让汇票，即将汇票贴现。

7. 拒付

拒付（dishonor）指持票人进行付款或承兑提示时，付款人拒绝付款（dishonor by non-payment）或拒绝承兑（dishonor by non-acceptance），除了拒绝承兑和拒绝付款外，付款人避而不见、死亡或宣告破产从而使付款事实上已不可能时，也称为拒付。如果汇票遭到拒付，持票人有权向前手（出票人、背书人）进行追索（recourse），即有权请求他们偿还汇票金额及费用。但按照有些国家的法律，持票人为了行使追索权（right of recourse）需及时做出拒绝证书（protest），凭此向其前手追索。汇票的出票人或背书人为了避免被追索的责任，也可以在出票或背书时加注"不受追索"字样（without recourse），但是加注了此类字样的汇票流通性大大降低，在市场上难以贴现。

小 知 识　　　　　　　　**汇票贴现**

一、期限

最长期限6个月。适用客户是在中国境内经依法注册经营并持有有效贷款卡，能证明其票据合法取得、具有真实贸易背景，在银行开立存款账户的企业法人及其他组织。

二、申请条件

1. 按照《中华人民共和国票据法》和中国人民银行的《支付结算办法》规定签发的有效汇票，基本要素齐全。

2. 汇票的签发和取得必须遵循诚实守信的原则，并以真实合法的交易关系和债务关系为基础。

三、提交材料

（一）初次在我行申请贴现或贴现申请人基本情况发生变动的，须提交资格证明文件及有关法律文件（复印件须加盖公章，并与原件对照），包括但不限于：

1. 年审合格的营业执照（复印件）。
2. 税务登记证（复印件）。
3. 贷款卡及密码（复印件）。
4. 组织机构代码证（复印件）。
5. 经办人授权委托书（原件或加盖公章的复印件）。

（二）加盖申请人在我行预留印鉴的贴现凭证（代贴现申请书）第一联。

（三）持票人与出票人（或直接前手）之间的商品交易或劳务合同原件、贴现申请人与其直接前手之间根据税收制度有关规定开具的增值税发票或普通发票复印件。

（四）根据《中华人民共和国票据法》及有关法规签发的要素齐全、尚未到期、承兑期限不超过6个月的有效商业汇票。

四、办理流程

1. 持未到期的银行承兑汇票或商业承兑汇票到中国银行各授权分支机构，填制《银行承兑汇票贴现申请书》或《商业承兑汇票贴现申请书》，提出贴现申请。
2. 银行审查申请人资格。
3. 商业汇票票面审验、商业汇票查询查复。
4. 中国银行按照规定程序确认拟贴现汇票和贸易背景的真实性、合法性。
5. 客户与银行签订业务合同。
6. 按照实付贴现金额发放贴现贷款。

五、计算票据贴现的利息和金额

$$贴现利息 = 汇票面值 \times 实际贴现天数 \times 年贴现利率 / 360$$

$$实付贴现金额 = 汇票面额 - 贴现利息$$

按照规定，贴现利息应根据贴现金额、贴现天数（自银行向贴现单位支付贴现票款日起至汇票到期日前一天止的天数）和贴现率计算求得。

票据贴现利息的计算分两种情况：

（1）不带息票据贴现

$$贴现利息 = 票据面值 \times 贴现率 \times 贴现期$$

（2）带息票据贴现

$$贴现利息 = 票据到期值 \times 贴现率 \times 贴现天数 / 360$$

$$贴现天数 = 贴现日到票据到期日实际天数 - 1$$

贴现利息公式

$$贴现利息 = 贴现金额 \times 贴现天数 \times 日贴现率$$

$$日贴现率 = 月贴现率 \div 30$$

$$实际付款金额 = 票面金额 - 贴现利息$$

举例：汇票金额 10 000 元，到期日 2006 年 7 月 20 日，持票人于 4 月 21 日向银行申请贴现，银行年贴现利率 3.6%，则贴现利息 =10 000×3.6%×90/360=90（元），银行在贴现当日付给持票人 9 910 元，扣除的 90 元就是贴现利息。（年利率折算成日利率时一年一般按 360 天计算，故要除以 360）

三、本票

（一）定义

本票（promissory note）是一个人向另一个人签发的，保证在见票时或一定时期内，对后者或其指定人或持票人无条件支付一定金额的书面承诺。简言之，本票是出票人对受款人承诺无条件支付一定金额的票据。

（二）基本内容

（1）标明"本票"字样。
（2）无条件支付一定金额的承诺。
（3）付款时间和地点（未列明付款地点的，出票地点即为付款地点）。
（4）受款人名称及其指定人。
（5）出票日期和地点。
（6）出票人签名。

（三）种类

按出票人的不同，本票可分为商业本票和银行本票（表 6-2）。由工商企业或个人签发的称为商业本票或一般本票，由银行签发的称为银行本票。

商业本票又可按付款期限分为即期本票和远期本票。银行本票都是即期的，在国际贸易结算中使用的大都是银行本票。有的银行签发的见票即付，不记载收款人（空白抬头）或来人抬头的本票，具有相当大的流通性，与纸币相似。

表 6-2 银行本票

```
              ASIA INTERNATIONAL BANK，LTD.
                18 Queen's Road，HongKong
                    CASHIER'S ORDER
                  HongKong，Aug.8.2011
Pay to the order of Dock field & Co.
..................................................
the sum of HongKong Dollars Eighty Thousand and Eight Hundred Only
..................................................
                  For Asia International Bank，LTD.

                     HK ＄80 800.00

Manager
```

> **小知识**
>
> **本票和汇票的区别**
>
> 作为支付工具,本票与汇票都属于票据的范畴,但两者有所不同,其主要区别:
>
> 1. 本票的票面有两个当事人,即出票人和收款人;汇票则有三个当事人,即出票人、付款人和收款人。
>
> 2. 本票的出票人即付款人,即期本票无须办理承兑手续;远期汇票则要办理承兑手续。
>
> 3. 本票在任何情况下,出票人都是绝对主债务人,一旦拒付,持票人可以立即要求法院裁定,命令出票人付款;而汇票的出票人在承兑前是主债务人,在承兑后,承兑人是主债务人,出票人则处于从债务人的地位。

四、支票

(一)定义

支票(cheque or check)是以银行为付款人的即期汇票,即存款人要求银行无条件支付一定金额的书面命令。出票人在支票上签发一定的金额,要求受票的银行于见票时立即支付一定金额给特定人或其指定人或持票人。

支票的出票人必须是在付款银行设有往来存款账户的存户。出票人在签发支票时,应在付款银行存有不低于支票票面金额的存款。如存款不足,持票人在向银行提示支票要求付款时,就会被拒付,这种支票就叫作空头支票。

(二)基本内容

(1)标明"支票"字样。
(2)无条件支付一定金额的委托或命令。
(3)受款人名称或其指定人、持票人。
(4)付款银行名称。
(5)付款地点(未列明付款地点的,付款银行所在地即为付款地点)。
(6)出票日期。
(7)出票地点。
(8)出票人签名。

(三)种类

按受款人取款方式不同,可分为一般支票和画线支票。一般支票就是未画线支票,而画线支票通常在支票的左上角画上两道平行线。受款人在收到一般支票后,可以通过自己的往来银行向付款银行代为收款,存入自己的账户,也可以亲自到付款银行提取现款。如果收到的是画线支票,则只能通过往来银行代为收款入账。有的画线支票在两根平行线之间注明一家具体银行的名称,这种支票称为特别画线支票(specially crossed cheque)。持票人收到这种支票后,只能委托这家银行代为收款,然后再转到往来银行入账。

支票也可以有付款银行加"保付"(certified to pay)字样并签字,成为保付支票(certified

cheque）。支票保付与汇票承兑类似，经保付后付款银行承担起在受款人提示时必须付款的责任，因此保付支票的身价提高，流通性增强。

支票示例如表 6-3 所示：

表 6-3 支票

Cheque for £ 10 000.00 London, 30th, Nov.2010
Pay to the order of United Trading Co., the sum of TEN THOUSAND POUNDS
To: Midland Bank
　　　London

　　　　　　　　　　　　　　　　　　　　　　　　　　　　　　For ABC Corporation

　　　　　　　　　　　　　　　　　　　　　　　　　　　　　　London

　　　　　　　　　　　　　　　　　　　　　　　　　　　　　　（Signed）

　　　　　　　　　　ASIA INTERNATIONAL BANK，LTD.
　　　　　　　　　　18 Queen's Road，HongKong
　　　　　　　　　　　　CASHIER'S ORDER
　　　　　　　　　　HongKong，Aug.8.2011
Pay to the order of Dock field & Co.
……………………………………
the sum of HongKong Dollars Eighty Thousand and Eight Hundred Only
……………………………………
　　　　　　　　　For Asia International Bank，LTD

　　　　　　　　　　　　HK $ 80 800.00
Manager

小知识　　本票、汇票和支票的区别

1. 本票是自付（约定本人付款）证券；汇票是委付（委托他人付款）证券；支票是委付证券，但受托人只限于银行或其他法定金融机构。

2. 我国的票据在使用区域上有区别。本票只用于同一票据交换地区；支票可用于同城或票据交换地区；汇票在同城和异地都可以使用。

3. 付款期限不同。本票付款期为 1 个月，逾期兑付银行不予受理；我国商业汇票（分为银行承兑汇票和商业承兑汇票）必须承兑，因此承兑到期，持票人方能兑付。商业承兑汇票到期日付款人账户不足支付时，其开户银行应将商业承兑汇票退给收款人或被背书人，由其自行处理。银行承兑汇票到期日付款,但承兑到期日已过,持票人没有要求兑付的如何处理,《银行结算办法》没有规定,各商业银行都自行作了一些补充规定。如中国工商银行规定超过承兑期日1个月持票人没有要求兑付的,承兑失效。支票付款期为10天。

第二节　国际贸易结算方式(一)
——汇付和托收

汇付、托收和信用证支付方式是目前国际贸易结算中的三种基本方式,其中汇付和托收是较为简单的国际贸易结算方式。

国际贸易业务中资金由债务方转移给债权方,但结算工具的传递方向可能与资金流向相同,也可能相反,由此产生顺汇和逆汇两种结算方式。所谓顺汇(to remit)是指债务方主动把款项支付给债权方,结算工具的传递方向与资金的流动方向相同。汇付方式采用的即顺汇方式。所谓逆汇(to honor draft, to draw)是由债权人委托第三者(一般是银行)向国外债务人收取款项,其结算工具的传递方向与资金的流动方向相反。托收和信用证方式采取的即逆汇方法。

一、汇付

(一)汇付的含义

汇付(remittance)又称汇款,指付款人主动通过银行或其他途径将款项汇交收款人。在国际贸易业务中,汇付一般是由买方(进口商)按合同约定的条件和时间,将货款通过银行直接汇交给卖方(出口商),所以也称买方直接付款。

(二)汇付方式的当事人

(1)汇款人(remitter),即汇出款项的债务人,在进出口业务中通常为进口人。

(2)收款人(payee or beneficiary),即收取款项的人,进出口业务中通常为出口人。

(3)汇出行(remitting bank),即受汇款人的委托汇出款额的银行,通常为进口人所在地的银行。

(4)汇入行(paying bank),即受汇出行委托解付汇款的银行,通常为出口人所在地的银行。

汇款人在委托汇出行办理汇款时要出具汇款申请书,它是汇款人与汇出行之间的一种契约,汇出行一经接受申请就有义务按汇款人在申请书中的指示向其代理行即汇入行发出付款委托书,通过汇入行解付汇款。

汇入行与汇出行之间事先有代理合同,汇入行按代理合同和付款委托书规定承担解付汇款的义务,以便开展义务和证实付款凭证的真实性,银行之间建立代理关系时,均须约定"密押"(test key)与交换"签字样本"(authorized signature specimen)。

（三）汇付方式的种类

汇付方式可分为电汇、信汇和票汇三种。

1. 电汇

电汇（telegraphic transfer，T/T）是汇出行应汇款人的申请，拍发加押电报、电传通知收款人所在国内的汇入行解付一定款项给汇款人的一种汇款方式。其收付程序如图 6-1 所示。

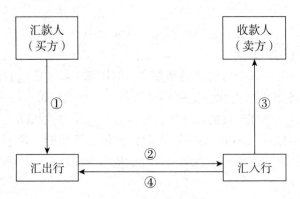

图 6-1　电汇收付程序

①汇款人将汇付申请、款项及有关费用交给汇出行；
②汇出行电汇委托通知到汇入行；
③汇入行向收款人付款；
④汇入行向汇出行发出付讫借记通知并索偿。

电汇的优点是交款迅速，因而最受收款人的欢迎，但同时由于银行不能像信汇那样享有占压顾客资金的好处，故银行收费较高。

2. 信汇

信汇（mail transfer，M/T）是汇出行应汇款人的申请，将信汇委托书（N/T advice）或支付通知书（payment order）邮寄给汇入行，授权其解付一定金额给收款人的一种汇款方式。其收付程序与电汇基本相同，区别是信汇用邮政航空方式寄发委托通知。

信汇的优点是收费比较低廉，但收款人收到货款的时间较迟。

3. 票汇

票汇（remittance by banker's demand draft or draft transfer，D/D or D/T）是以票据作为支付工具的一种汇款方式，是指汇出行应汇款人申请，代汇款人开立以其分行或代理行为解付行的银行即期汇（banker's demand draft），支付一定金额给收款人的一种汇款方式。

其收付程序如图 6-2 所示。

票汇与电汇、信汇有三点不同。一是票汇的汇入行无须通知收款人取款，而由收款人自行持票上门取款，或委托其往来银行凭票取款，而电汇、信汇的汇入行收到汇出行的汇款通知收款人取款；二是电汇信汇的收款人不能将收款权转移，所以涉及的当事人较少，而票汇中的银行即期汇票经收款人背书可以转让流通，因而可能涉及较多的当事人；三是因为汇票在交给付款银行（汇入行）之前，可能经过许多人的转让，所以票汇方式下银行占压汇款资金的平均时间较电汇、信汇长,从而为银行提供了更多利润。

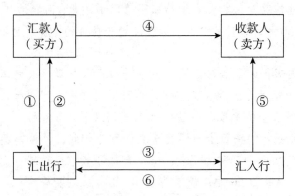

图 6-2 票汇收付程序

①汇款人交付汇付申请、款项及有关费用;
②银行开立即期汇票交给汇款人;
③寄票汇通知;
④汇款人将即期汇票邮寄给收款人;
⑤汇入行凭银行即期汇票向收款人付款;
⑥汇入行将付讫借记通知寄给汇出行,同时汇款解付完毕,汇款业务结束。

(四) 汇付方式的性质及其在国际贸易中的使用

汇付方式的使用,取决于进出口双方的一方对另一方的信任,因而属于商业信用。

在国际贸易业务中,汇付方式主要用于预付货款(payment in advance)、随订单付现 (cash with order, C.W.O)、交货后付款(cash on delivery, C.O.D)和赊销(open account trade)等业务。采用预付货款和随订单付现,对卖方而言是先收款后交货,资金不占压,对卖方最有利;而赊销则是先交货后收款,卖方不仅被占压资金,影响到资金流通,而且要承担买方不付款的风险,因而对卖方不利,对买方最有利。此外,汇付方式还用于支付定金、分期付款、小额交易的付款方式、待付款尾数以及佣金等费用的支付。

从中国的出口实践来看,在采用汇付时,较多地是采用所谓"先出后结"的方法,即先交出单据或货物,然后再由国外买方主动付款,由于这里货款的按时收回凭借的是买方的信用,因此对中国卖方风险较大。但由于这种汇付方式对买方有较大好处:有利于资金周转,节省费用,所以在对方资信可靠或与我方有较密切关系的条件下,采用此种汇付方式则是着眼于扩大出口,有利于成交。

小知识　　汇款和转账的区别

一、四大银行对于转账与汇款的定义

银行内部账户之间的资金划转为转账,其他情况下的资金划转为汇款。

1.工商银行:工商银行内部账户之间,无论是银行卡与银行卡之间,还是银行卡与存折之间都称为转账,其他情况为汇款。本地转账不收取手续费,而异地转账和汇款都按划转资金的 1% 收取手续费,最高为 50 元,最低为 1 元。

2. 建设银行：建设银行内部账户之间，无论是银行卡与银行卡之间，还是银行卡与存折之间都称为转账，其他情况为汇款。本地转账不收取手续费，而异地转账按划转资金的 0.5% 收取手续费，最高为 50 元，最低为 2 元；汇款按划转资金的 1% 收取手续费，最高为 50 元，最低为 2 元。

3. 中国银行：中国银行内部账户之间，无论是银行卡与银行卡之间，还是银行卡与存折之间都称为转账，其他情况为汇款。其中本地转账不叫转账，而叫存款，不收手续费，而异地转账和汇款都视划转资金的额度而收费，如 1 万元以下为 5.5 元。

4. 农业银行：农业银行的银行卡与银行卡之间称为转账，其他情况（包括农业银行的银行卡与农业银行的存折之间）都称为汇款。本地转账不收取手续费，而异地转账按划转资金的 0.5% 收取手续费，最高为 50 元，最低为 1 元；汇款按划转资金的 1% 收取手续费，最高为 50 元，最低为 1 元。

二、ATM 机上的资金划转为转账，在柜台上办理的资金划转为汇款

选择这种划分方式的银行有：

1. 交通银行：同城同行卡转账按划转资金的 0.5% 收取手续费，最高为 50 元，最低为 5 元，同城跨行转账和汇款按划转资金的 1% 收取手续费，最高为 50 元，最低为 1 元。

2. 光大银行：转账按划转资金的数额收取不同的手续费，如 5 000 元以下为 0.1%，最高为 5 元；汇款也是按划转资金的数额收取不同的手续费。

3. 民生银行：同城同行卡转账不收费，异地转账每笔收 5 元；汇款按划转资金的数额收取不同手续费。

三、同城之间的资金划转为转账，异地之间的资金划转为汇款

选择这种划分方式的银行有：

招商银行：同城同行内转账不收费，同城跨行转账每笔收 10 元钱；汇款分为实时到账汇款（当天到账）和普通汇款（1~2 个工作日），按实际情况不同收费不同。

四、对于转账与汇款没有明确界定

选择这种划分方式的银行有：

1. 上海浦东发展银行：浦发银行内部账户之间资金划转，无论是同城还是异地均不收费；同城跨行按划转资金的 0.2% 收取手续费，最高为 10 元，最低为 2 元；异地跨行按划转资金的 1% 收取手续费，最高为 50 元，最低为 3 元。

2. 兴业银行：本地资金划转，无论是同行还是跨行均不收费；异地资金划转按划转资金的数额收取不同手续费。

3. 华夏银行：同城同行资金划转不收费。同城异行的资金划转分为电汇（当日到账）和转账（24 小时内到账），其中，电汇按汇款金额的 1% 收费，最高 50 元，最低 1 元；转账根据划转资金的数额不同而收费不同，如 1 万元以下收费为 3 元。

而异地收费根据银行卡的种类收费不同，如紫色卡不收费；黄色卡按划转资金的 0.1% 收费，最高 10 元，最低 1 元。

4. 深圳发展银行：深圳发展银行内部账户资金划转称为通存，按划转资金的 0.5% 收费，最高 50 元，最低 5 元；跨行资金划转分为汇款（2 小时内到账）和转账（次日到账），银行按划转资金的数额不同而收费不同。

二、托收

（一）托收的含义

托收（collection）是指债权人（出口人）根据发票金额出具汇票委托银行向债务人（进口人）收取货款的一种支付方式。在国际贸易中，托收一般都是通过银行进行的，所以又称银行托收。

银行托收的基本做法是：出口人在货物装船并取得装运单据后，根据发票金额开出以进口人为付款人的汇票，连同货运单据交给出口地银行（托收行），并委托出口地银行通过它在进口地的代理行或往来行（代收行）向进口人收取货款。

（二）托收方式的当事人

（1）委托人（principal），是指委托银行办理托收业务的客户，即债权人。在进出口业务中，通常是出口人。

（2）托收银行（remitting bank），是指接受委托人的委托，办理托收业务的银行，又称寄单行，通常是债权人所在地的银行。

（3）代收银行（collecting bank），是指接受托收银行的委托向付款人收取货款的进口地银行。代收行通常是托收银行的国外分行或代理行。

（4）付款人（payer），就是债务人，也是汇票上的受票人（drawee），通常是进口人。

委托人与付款人的关系是以他们之间所定合同的债权债务关系为依据的，即买卖关系。委托人（出口人）的主要义务是按照合同规定向进口人如期交运货物并提交必要的合格单据，付款人（进口人）的主要义务则是按照合同凭单付款。

委托人与托收银行的关系是委托代理关系，两者关系的依据是托收申请书（collection application），其内容是委托的具体指示以及委托人和托收银行双方的责任范围。托收银行接受委托人的托收申请书后，双方委托与被委托的契约关系即告成立，银行则要按照委托申请书的指示内容办理托收。

托收银行与代收银行之间的关系也是委托代理关系。其依据是托收银行给代收银行签发的托收委托书（collection advice）。

除了上述托收业务的四个基本当事人以外，有时还可能出现提示银行和需要时的代理两个当事人。

提示银行（present bank），又称交单银行，是指向付款人做出提示汇票和单据的银行。提示银行既可以是代收银行委托与付款人有往来账户关系的银行，也可以由代收银行兼任提示银行。

需要时的代理（principal's representative in case of need）即需要时委托人的代表，是委托人为了防止付款人拒付而使货物在进口地无人照料，在付款地（进口地）事先指定的代理人，在发生拒付时帮忙代为料理货物存仓、转售、运回等事宜，但委托人必须在委托申请书上写明这一代理人的权限。

（三）托收的种类

根据所使用的汇票不同，托收可分为光票托收（clean collection）和跟单托收（documentary collection）两种。光票托收是指不附有货运单据的托收；所跟单托收是指附有货运单据的托收。以汇票作为收款凭证时，前者使用光票，后者使用跟单汇票。

国际贸易业务中，光票托收一般使用于小额交易货款、部分预付货款、分期付款及贸易从属费用的收取。大多数情况下，国际贸易中货款的收取采用跟单托收，而在跟单托收的情况下，根据交单条件的不同，又可分为付款交单和承兑交单两种。

1. 付款交单

付款交单（documents against payment, D/P）是指委托人（出口人）的交单以付款人（进口人）的付款为条件，即出口人在发货后取得货运单据，委托银行向进口人收款时，指示银行只有在进口人付清货款后，才能把运费单据交给进口人。按付款时间的不同，付款交单又可分为即期付款交单和远期付款交单两种。

（1）即期付款交单（document against payment at sight，D/P at sight），是指出口人发货后开具即期汇票连同货运单据通过银行向进口人提示，进口人见票后立即付款，付清货款后向银行领取货运单据。这种票款和单据两讫的手续，又称付款赎单。其收付程序如图6-3所示。

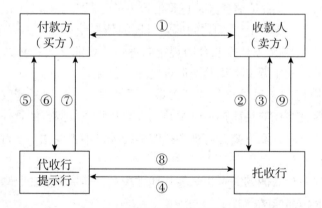

图 6-3　即期付款交单收付程序

①进出口人订立的买卖合同，并在其中规定采用即期付款交单方式结算；
②出口人发货后，填写托收申请书，开具即期汇票，连同全套货运单据送交托收银行代收货款；
③托收银行审查托收申请书和单据无误后出立回单给出口人，作为接受委托和收到汇票、单据的凭证；
④托收行填制和寄送托收委托书和汇票、货运单据给进口地代收银行，委托其代收货款；
⑤代收行收到汇票和货运单据，即向进口人做出付款提示；
⑥进口人付清货款；
⑦代收行将全套货运单据交给进口人（赎单）；
⑧代收行通知（电告或函告）托收行，款已收妥并转账；
⑨托收行将货款交给出口人。

（2）远期付款交单（documents against payment after sight，D/P after sight），是由出口人在发货后开具远期汇票，连同运货单据通过银行向进口人提示，进口人在审核无误后先在汇票上进行承兑，于汇票到期时再付款赎单。其收付程序如图 6-4 所示。

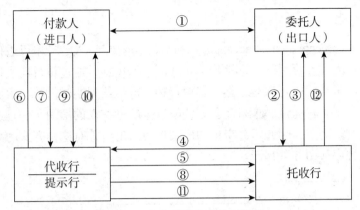

图 6-4　远期付款交单收付程序

①进出口人订立买卖合同，在其中规定采用远期付款交单方式结算；
②出口人发货后，出立托收申请书，开具远期汇票，连同货运单据送交托收行，委托其按付款交单条件代收货款；
③托收行在审查申请书和单据无误后出立回单给出口人，作为接受委托和收到汇票和单据的凭证；
④托收行将汇票连同货运单据并托收委托书，寄交进口地代收银行，即提示行；
⑤代收行寄发回单作为接受委托和收到汇票和单据的凭证；
⑥提示行向进口人做承兑提示；
⑦进口人验单无误后承兑汇票；
⑧代收行向托收行签发承兑通知书；
⑨汇票到期日代收行做付款提示，进口人付清货款；
⑩代收行将全套货运单据交进口人（赎单）；
⑪代收行通知（电告或函告）托收行，款已收妥转账；
⑫托收行将货款交给出口人。

即期或远期付款交单下进口人都必须在付清货款以后，才能取得运货单据，从而取得对货物的所有权。在远期付款交单的条件下，如果付款日期和实际到货日期基本一致，可被视为给予买方的一种资金融通，使买方不必再到货之前就提前付款而占压资金。但如果付款日期晚于到货日期，而当时的行市又对买方有利，则买方为抓紧时机出货，卖到好价钱，可以采取两种办法来提前提货：一种是在付款到期日之前提前付款赎单。在这种情况下，由于买方提前付款，常常可享受一定的现金折扣，即扣除提前付款日至原付款到期日之间的利息。另一种更为常见的做法，即代收行对于资信良好的进口人，允许其凭信托收据（trust receipt）向银行（代收行）借取货运单据，先行提货，于汇票到期日才付清货款，即所谓远期付款交单凭信托收据借单。

信托收据是进口人向银行出具的表示愿意以银行受托人（trustee）身份代银行保管货物，承认货物所有权仍属银行，银行有权随时收回货物，并承诺货物出售后所得货款应交给银行的一种书面担保文件。凭信托收据交单是银行给予其客户的一种信用便利，通过这一方法，买方可在付款之前先取得并转售货物，然后用转售所得货款付清卖方的汇票。但对于凭信托收据借单的代收行来说，就必须承担由此引起的风险，即如果到期买方不依约还清货款，代收行应对委托人（卖方）负全部责任。但如果是卖方主动授权银行凭信托收据借单给买方，那么银行则对货款不负责任,应由卖方自己承担风险。这种做法的性质和下面将要谈到的承兑交单的性质相似。

2. 承兑交单

承兑交单(documents against acceptance, D/A)是指出口人的交单以进口人在汇票上承兑为条件,即出口人在发货后开具远期汇票,连同货运单据,通过银行向进口人提示时,进口人承兑汇票后即可从代收行取得单据,提取货物,待汇票到期时付款。由于出口人在进口人在承兑后就交出了物权凭证,未来能否如约收款全靠进口人的信用,一旦进口人到期不付款,出口人便会货款两空,因此承兑交单的风险更大。出口人对这种方式的采用一般都持慎重态度。其收付程序如图6–5所示。

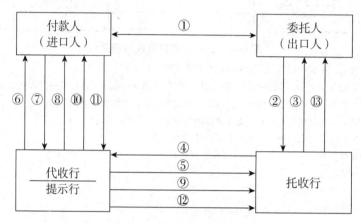

图6–5 承兑交单收付程序

①进出口人在买卖合同中规定采用承兑交单方式支付货款;
②出口人发货后,出立托收申请书,开具远期汇票,连同货运单据送交托收行,委托其按承兑交单方式代收货款;
③托收银行在审查托收申请书和单据无误后出立回单给出口人,作为接受委托和收到汇票、单据的凭证;
④托收行将汇票连同货运单据及托收委托书,寄交进口地代收银行,即提示银行;
⑤代收行寄发回单作为接受委托和收到汇票与单据的凭证;
⑥代收行(提示行)向进口人做出承兑提示;
⑦进口人验单无误后承兑汇票,代收行收回并保留汇票;
⑧代收行将全套货运单据交给进口人;
⑨代收行向托收行签发承兑通知书;
⑩汇票到期日代收行再做付款提示;
⑪进口人付清货款;
⑫代收行通知(电告或函告)托收行货款已收妥,并转入托收行账户;
⑬托收行将货款交给出口人。

> **小知识** 　　**信托收据(Trust Receipt)**
>
> 信托收据(Trust Receipt)是进口人借单时提供一种书面信用担保文件,用来表示愿意以代收行的受托人身份代为提货、报关、存仓、保险、出售并承认货物所有权仍属于银行。货物售出后所得的货款,应于汇票到期日交银行。这是代收行自己向进口人提供的信用便利,而与出口人无关。因此,如代收行借出单据后,汇票到期不能收回货款,则代收行应对

委托人负全部责任。因此采用这种做法，必要时还要进口人提供一定的担保或抵押品，代收银行才肯承做。但如果是出口人指示代收行借单，就是由出口人主动授权银行凭信托收据借给进口人，即远期付款交单凭信托收据借单（D/P. T/R）方式，也就是进口人在承兑汇票后可以凭信托收据先行借单提货。

适用范围

1. 在银行享有授信额度的客户所开出的信用证项下来单。
2. 卖方以付款交单托收方式的进口代收单据，但不适用于承兑交单进口代收单据。
3. 申办进口押汇。

业务内容

信托收据须指明客户作为银行的受托人代银行保管有关货物，同时保证：
1. 以银行名义代办货物存仓或处理。
2. 在银行要求下立即退回有关文件。
3. 以银行名义进行货物加工并在加工后重新存仓。
4. 安排出售货物，并立即或在规定期限内用销售收入归还全部银行垫款。

申请条件

1. 企业资信状况良好。
2. 单据须属于我行开出的信用证项下才可以办理信托收据。
3. 信托收据须指明客户作为银行的受托人代银行保管有关货物，同时保证：
1）以银行名义代办货物存仓或处理；
2）在银行要求下立即退回有关文件；
3）以银行名义进行货物加工并在加工后重新存仓；
4）安排出售货物，并立即或在规定期限内用销售收入归还全部银行垫款。

意义及特点

银行业对信托收据的界定也有分歧。

如《中国银行国际结算业务基本规定》中指出："信托收据实际上是客户将自己的所有权转让给银行的确认书，持有该收据既意味着银行对该货物享有所有权，银行凭信托收据将货权凭证交予进口商，并代进口商付款，进口商则作为银行的代理人保管有关单据和货物，代理银行销售货物，并将货款收回交给银行。"但是也有的银行实践表明，所谓的银行信托收据是以质押担保为基础的，银行为了保护自己的利益要求进口商签订协议，使信用证项下的单据和货物成为银行债券的质押品，然后银行通过信托收据将货物和单证交给进口商处置，这种持有和处置是以银行委托人身份进行的。

英国和香港地区的法制中的信托收据之意义可从法官 Astbury 的如下论断来透视：银行的质权在存放提货单和其他所有权文件时已经完全得到。这些信托书指示这些事情的：记录银行授予公司接受的权力，说明出质人受权代受质人变卖货物的条款。银行的质权和他作为受质人的权利根本不是根据这些文件所产生的，而是根据原来的质权所产生的（见"哈伯德"案）。银行作为受质人有权不时变卖有关的货物，让变卖专家进行，对银行来说是更方便的事，而全国各地的惯例都是这样的。他们明显有权这么做，把提货单及其他所有权文件交出让他人变卖，丝毫不影响他们的质权（见"西比银行诉波音特"案）。

由此论断可知，信托收据是出质人进口商和受质人银行以质押关系为基础建立的信托关系，它不是独立的担保合同关系，而是在信托收据签署着前已经有担保权关系的存在。它也不是以所有权的转移为基础的，即进口商没有将货物的所有权转移到银行。

信托收据具有如下特征：

第一，信托收据是一种信托合同，它所建立的法律关系是有关信托财产处分的信托法律关系。该合同的主体有：进口商或购货商，为进口或购货所提供的融资银行。合同的内容是有关信托财产管理、处分的权利与义务。该合同所建立的法律关系不是担保法律关系，尽管这种收据具有一定的担保意义，且在很大程度上是为了银行债券的安全才设立的，但它本身并不是建立了一种独立的担保关系。事实上，它是一种独立于担保之外的合同，有时是以担保物权关系的存在为前提的，它也可以与其他担保法律关系并存。例如可以在信托收据之外建立保证关系，来进一步巩固对银行债券的维护。

第二，信托收据是以委托人——银行对进口货物所拥有的合法财产权利为前提的。因为各国信托法制都要求信托关系建立，需以委托人对信托财产拥有合法权利为基础。由于进口贸易中，货物的权利凭证——提单等的所有权主题通常是买方（进口商），因此要使银行取得货物的合法权利，银行和进口商意见必须在构建信托关系之前通过协议将货物权利转移到银行身上，如通过提单的背书转让、在信托收据中声明所有权归属于银行或通过订立质押协议将货物出资给银行。具体选择有赖于各国相关法律制度的规定。如果法律对质押法律关系不允许质权人将质物交给出资人，且没有给予进出口贸易情形下特殊的例外，则银行必须以来货物所有权的转移来保证信托收据及其构件关系的合法性。如果法律对质押关系中质物的占有和处分有特别的例外规定，则可以质押关系作为信托关系的基础关系。

第三，信托收据的基本功能在于为进口商提供融资便利，并为银行债券提供一种保护机制。信托收据是基于进口商不能及时偿还其对卖方的款项，而由银行预先制服卖方的款项。银行为了保护其债券，要求限制进口商对货物处分的权利，并强调处分货物的收益应有限用语偿还银行的款项。正因为如此，银行通常还在信托收据中约定有关货物出售后，货款应付至银行指定的账户。信托关系的构件也旨在于制约进口商处分所得货款，以信托关系来区分进口货物与进口商其他财产及债券、债务。以为各国信托法都强调信托财产及其收益的相对独立性，如日本《信托法》规定："受托者不论以任何人的名义，不得将信托财产作为自有，也不得对此取得权利，但遇有迫不得已之情况，经法院批准，将信托财产作为自有财产者不在此限"。信托财产的债券与不属于信托财产的债务，不得两相抵消。"信托财产必须与自有财产及其他信托财产分别管理。但对钱款形式的信托财产，只要分清计算即可。"

第四，信托收据所构建的信托关系是一种相对独特的信托关系，它不同于普通的动产或不动产信托。

其独特性表现在如下几方面：

（1）信托关系主题与信托财产关系的特殊性。信托的主题一方——银行是临时性地针对信托财产形成合法权利，即信托财产本身并不是银行所拥有的，也不是受他人委托来管理的，银行也不旨在于控制和有效地管理财产，而是为了实现债券通过协议临时性地与财产建立一种权利关系。

（2）委托人与受托人之间关系的特殊性。在信托收据下，委托人与受托人之间不仅有信托关系，而且有债券债务关系，这种债券债务关系还是信托关系产生的基础。通常的动产或不动产信托关系都不存在这种情况。

（3）在信托收据下，受托人对信托财产享有独特的权益。如果信托收据是基于质押关系而产生的，则受托人——进口商仍然是信托财产的所有权主体，只是因为受托人自愿将该财产出质给委托人，才使得其所有权受到了限制，如果信托收据是基于临时性的所有权转移安排，这时虽不存在委托人对该财产的直接权利，但是这种安排在更多的情况下是附有条件的安排，因为银行并不旨在于对所有权的真实拥有，而是为了从该物的处分中享受利益。

（4）针对信托财产的信托权责主要表现为对财产的处分——出售，而不是经营和管理，也不是一般的占有和控制。因此，信托关系的存续也将表现为一定的短期性，即只要信托财产被出售出去，受托人将所得收益用于偿还银行的债务，信托关系也就终止了。在普通动产或不动产信托法律关系中，更多的是强调受托人对财产的管理，从而实现委托人所追求的使财产保值的理财目标。

（5）从信托财产与受托人（进口商）对货物的所有权，然后才由委托人对信托财产的权利。而通常的信托财产法律关系中，在设立信托之前，受托人对信托财产通常尚无所有权，受托人对财产的权责明显地生成于委托人对信托财产的权责之后。

（四）托收的性质及风险

同汇付一样，托收取决于贸易双方相互给予的信任，因而也属商业信用。银行办理托收业务时，只是按委托人的指示办事，并不承担付款人必须付款的义务。一旦进口人破产或丧失清偿能力，则出口人可能收不回货款。尤其是在承兑交单的条件下，出口人收款的保障就是进口人的信用，一旦进口人到期不付款，出口人便会遭到货款两空的损失。所以跟单托收对出口人是有风险的，但对进口人很有利；一是免去了申请开立信用证的手续，不必预付银行押金，减少了费用支出；二是有利于资金融通和周转（在承兑交单条件下，不付款即能先取得货物，不必占压买方的资金）。为调动进口商的购买积极性，有利于促进成交和扩大出口，许多出口商都把托收作为扩大出口市场，加强对外竞销的手段。

（五）托收的国际惯例

为明确托收业务有关各方的权利、义务与责任，减少矛盾和纠纷，以利于国际贸易的发展，国际商会与1958年草拟了《商业单据托收统一规则》，即国际商会第192号出版物，建议各银行采用。经多次修订，于1978年改名为《托收统一规则》（Uniform Rules for Collection），即国际商会第322号出版物，1995年又公布了新的修订本，即国际商会第522号出版物（简称URC522），于1996年1月1日起正式实施，内容包括7大项26条。

URC522共7部分内容：总则及定义；托收的方式及结构；提示方式；义务与责任；付款；利息、手续费及费用；其他规定。该规则的主要内容如下：

（1）委托人应受到国外法律和惯例规定的义务和责任约束，并对银行承担该项义务和责任，承担赔偿责任。

（2）银行必须核实所收到的单据表面上应与托收委托书所列一致，发现不一致应立即通知其委托人。除此之外，银行对单据没有其他义务。

（3）除非事先征得银行同意，货物不能直接发给银行或以银行为收货人。如果未经银行同意就将货物发给银行或以银行为收货人，银行无义务提取货物，货物的风险和责任仍由发货人承担。

（4）跟单托收使用远期汇票时，在托收委托书中必须指明单据是凭承兑还是凭付款交单。如无此项指明，银行按付款交单处理。

（5）当汇票遭到拒付时，代收行应及时通知托收行转告委托人，而托收行应在合理时间内做出进一步处理单据的指示。如果代收行发出拒付通知90天内未接到任何指示，可将单据退回托收行。

（6）托收委托书应明确并且完整地注明，在付款人拒付时，委托人在进口地的代理权限；没有注明的，银行将不接受该代理人的任何指示。

URC522公布实施后，已成为对托收业务具有一定影响的国际惯例，并已被各国银行采纳和使用。但应指出，只有在有关当事人事先约定的条件下，托收才受该惯例的约束。

（六）使用托收方式应注意的问题

（1）必须了解进口人的资信情况和经营作风，成交金额一般不宜超过其信用程度。

（2）必须根据商品的具体情况来考虑是否采用托收方式。一般而言托收适用于市场价格比较平稳，品质比较稳定，交易金额不大的商品。

（3）必须了解进口国的贸易管制和外汇管制情况，防止货到目的地后不准进口或收不到外汇而造成损失。对于那些进口管制和外汇管制较严的国家的出口交易，原则上不使用托收方式。

（4）了解进口国家的商业惯例，以免由于当地的习惯做法而影响收汇安全。拉美许多国家和中东许多国家规定，不论是D/P还是D/A，银行都在到货后才提示付款或承兑。

（5）托收方式下出口人应争取自办保险，即出口合同力争以CIF条件成交。这是因为托收方式对卖方而言存在买方拒付的风险，如果出口人按FOB、FCA、CFR等条件出口时，保险单掌握在买方手中，一旦货物在运输途中受损，买方又拒付货款，卖方就十分被动。相反按CIF等条件出口，万一货物遇险受损而进口人又拒付，由于卖方手中掌握着保单，就可以自行向保险公司索赔并从保险公司直接取得赔款。

但是目前有不少国家为了扶持本国保险业，规定进口货物必须在本国投保，即不能采用CIF价格。为了补救在这种情况下使用托收方式而不掌握保单可能蒙受的损失，卖方可另行投保卖方利益险（seller's contingent interest risk）。

（6）对采用托收方式结算的交易，要建立健全管理制度，定期检查，按时催收清理，发现问题后迅速采取措施，以避免或减少损失。

（7）每批托收的期限不宜太长，使用远期汇票的托收方式应根据国际上的习惯做法，规定适当利息，或适当提高出口价格以弥补因晚收汇而造成的利息损失。此外，对于D/A方式，除非确有把握，一般不予采用。

第三节　国际贸易结算方式（二）
——信用证

信用证是随着国际贸易的发展，银行参与国际结算的过程中逐步形成的。这种支付方式把应由进口商承诺的凭单付款的责任，转由银行来履行，既保证了出口商及时收到货款，又保证了进口商在付款后取得货运单据，在很大程度上解决了买卖双方互不信任的矛盾，也为进出口双方提供了资金融通的便利。所以自19世纪80年代在英国出现首例银行信用证以来，这种支付方式发展很快，在国际贸易结算中已广泛采用，如今已成为国际贸易结算使用最广泛、最重要的一种支付方式。

一、信用证的含义

信用证（letter of credit，L/C）又称银行信用证，是指由银行应进口人的请求，向出口人开立的在一定金额及一定期限内凭规定的单据承诺付款的凭证。简而言之，信用证是银行开立的有条件的承诺付款的书面文件。

在《跟单信用证统一惯例》2007年修订本第600号出版物中指出：信用证是指一项不可撤销的安排，无论其名称或描述如何，该项安排构成开证行对相符交单予以承付的确定承诺。从这个定义中明确了信用证以银行信用取代商业信用，出口商获得的不是贸易合同中进口商的付款承诺，而是信用证开证行的付款承诺。

二、信用证的当事人

（一）开证申请人（applicant）

开证申请人指向银行申请开立信用证的人，一般为进口人或实际买主，又称开证人（opener）。另外，根据国际商会新修订的《跟单信用证统一惯例》第600号出版物规定，开证行也可自己主动开立信用证，在这种情况下就没有开证申请人。

（二）开证银行（opening bank or issuing bank）

开证银行指接受开证申请人的委托开立信用证的银行，它承诺保证付款的责任，一般是进口人所在地的银行。

（三）通知银行（advising bank or notifying bank）

通行银行指接受开证行的委托，将信用证通知出口人的银行。通知银行一般是出口人所在地的银行，通常是开证银行的代理行。通知银行只鉴别信用证的表面真实性，不承担其他义务。

（四）受益人（beneficiary）

受益人指信用证上所指定的有权使用该信用证的人，即出口人或实际供货人。

（五）议付银行（negotiating bank）

议付银行又称押汇银行，指愿意买入或贴现受益人交来的跟单汇票的银行。议付银行可以是指定银行，也可以是非指定银行，由信用证条款规定。

（六）付款银行（paying bank or drawee bank）

付款银行指信用证上指定的付款银行，一般是开证行，也可以是它指定的另一家银行，又称代付银行，开证行有时委托通知银行作为代付银行。

三、信用证的主要内容

（一）对信用证本身的说明

包括信用证的号码、种类、性质、金额、开证日期、议付有效期及到期地点，以及开证行、受益人、通知行的名称、地址等。

（二）对汇票的规定

包括信用证规定受益人凭汇票收款，则应列明所应开立的汇票出票人、种类、金额及付款人等。

（三）对货物的要求

包括货物的名称、数量、品质、包装、价格等。

（四）对运输的要求

包括装船期限、装运港和目的港、运输方式、是否允许分批装运和转船等。

（五）对单据的要求

信用证要求的单据主要分为三类，是信用证最重要的内容。
（1）货物单据，以发票（invoice）为中心，包括装箱单、重量单、产地证、商检说明书等。
（2）运输单据，如提单等。
（3）保险单据，如保险单（policy）。
信用证中的单据条款一般包括对单据种类、份数的要求。信用证是一种纯粹的单据业务，受益人提交的单据必须与信用证的规定完全一致，如有不符，银行有权拒付。

（六）特殊条款

可根据每一笔具体交易需要而做出不同规定。

（七）开证行保证条款

即开证行对受益人及汇票持有人保证付款的文字，这是确定开证行付款责任的依据，也是信用证支付方式的主要特点。

四、信用证支付的一般程序

信用证支付的一般程序如图 6-6 所示。

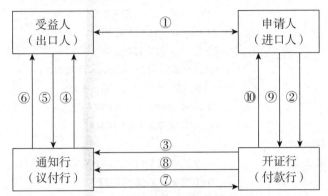

图 6-6　信用证（L/C）支付程序

①进口人（开证人）与出口人（受益人）订立买卖合同，规定以信用证方式支付货款；
②进口人向当地银行提出申请，填写开证申请书，交纳押金或提供其他担保，请开证行开证；
③开证行根据申请书内容，向出口人（受益人）开出信用证，并寄发给通知行请其通知受益人；
④通知行核对印鉴（或密押）无误后，将信用证通知受益人；
⑤出口人（受益人）审核信用证与合同相符后，按信用证规定装运货物，并备齐各项货运单据，开立汇票，在信用证有效期内送交当地银行（议付银行）请求议付；
⑥议付银行按信用证条款审核单据无误后，按照汇票金额扣除利息，把货款垫付给受益人（押汇）；
⑦议付行将汇票和单据寄给开证行或其指定的付款行索偿；
⑧开证行或其指定的付款行核对单据无误后，付款给议付行；
⑨开证行通知开证人付款赎单，开证人验单无误后付清货款；
⑩开证行把全部货运单据交给开证人。

跟单信用证示例如下表 6-4。

表 6-4　跟单信用证

MT700··················ISSUE OF A DOCUMENTARY CREDIT············
HSBC GUANGZHOU STARS INTERNATIONAL TRADING CO.，LTD 广州明星国际贸易公司 No.3xxZhongshan Road，Guangzhou 510xxx P.R.China 　　US DOLLARS SEVENTY FOURS THOUSAND FOUR HUNDRED ONLY. DEAR SIRS，IN ACCORDING WITH TERMS OF ARTICLE 7（A）OF UCP600 WE ADVISE HAVING DECEIVED THE FOLLOWING TELETRANSMSION FROM HSBC BANK PLC

续表

(SWIFT ADDRESS: MIDLGB22)

27 SEQUENCE OF TOTAL:	1/1
40A FORM OF DOCUMENTARY CREDIT:	IRREVOCABLE
20 DOCUMENTARY CREDIT NUMBER:	TR-MHLC18
31C DATE OF ISSUE:	110608
31D DATE AND PLACE OF EXPIRY:	110828 CHINA
50 APPLICANT:	FLAG TRADING CO., LTD
	3XX, BOROUGH HIGH STREET, LONDON,
	SEI IHR, UNITED KINGDOM
	TEL: +44 207 414 6236
	FAX: +44 207 414 6238
59 BENEFICIARY:	GUANGZHOU STARS INTERNA-
	TIONAL TRADING CO., LTD
	ZHONGSHAN ROAD NO.3XX,
	GUANGZHOU P.R.CHINA
32B DC AMT: USD7 440 000	
41D AVAILABLE WITH ... BY ...	ANY BANK IN CHINA BY NEGOTIATION
42C DRAFTS AT ⋯	30 DAYS AFTER SIGHT
42D DRAWEES:	ISSUING BANK
43P PARTIAL SHIPMENT:	ALLOWED
43T TRANSHIPMENT:	ALLOWED
43A LOADING/DISPATCH AT/FROM:	GUANGZHOU
44B FOR TRANSPORTATION TO ... : LONDON	
44C LATEST DATE OF SHIPMENT: 110731	

45A DESCRIPTION OF GOODS/SERVICES:
CIF LODON INCOTERMS 2010
VACUUM FLASK AS PER SC NO. SSC2011528 OF 28MAY2011
46A DOCUMENTS REQUIRED:
1. MANUALLY SIGHED COMMERCIAL INVOICE IN 5 COPIES, INDICATING F.O.B VALUE, FREIGHT CHARGES AND INSURANCE PREMIUM SEPERATELY.
2. FULL SET (INCLYDING 2 NON-NEGOTIABLE COPIES) OF CLEAN ON BOARD OCEAN BILLS OF LADING MADE OUT TO ORDER OF THE SHIPPER AND BLANK ENDORSED, MARKED "FREIGHT PREPAID" NOTIFYING APPLICANT.
3. ORIGINAL PACKING LIST IN TWO COPIES ISSUED BY THE BENEFITARY.
4. ORIGINAL GSP FORM A CERTIFICATE OF ORIGIN ON OFFICIAL FORM ISSUED BY A TRADE AUTHORITY OR GOVERMENT BODY.
5. INSURANCE POLICES OR CERTIFICATES IN DUPLICATE, ENDORSED IN BLANK FOR 110 PCT OF INVOICE VALUE COVERING INSTITUTE CARGO CLAUSES (A) AS PER I.C.C DATED 1/1/1982.
6. BENEFICIARY'S CERTIFICATE CERTIFYING THAT ONE SET OF COPIES OF SHIPPING DOCUMENTS HAS BEEN SENT TO APPLICANT WITHIN 7 DAYS AFTER SHIPMENT.
47A ADDITIONAL: DOCUMENTS ARE NOT TO BE PRESENTED PRIOR TO 15 DAYS AFTER SHIPMENT.

续表

WE UNDERTAKE TO REIMBURSE YOU IN ACCORDANCE WITH YOUR INSTRUCTIONS WHICH SHOULD INCLUDE YOUR UID NUMBER AND THE ABA CODE OF THE RECEIVING BANK ON THE MATURIY DATE, WHICH WE SHALL ADVICE. WE ARE PREPARED TO DISCOUNT ALL BILLS DRAWN UNDER THIS CREDIT AT OUR PREVAILING DISCOUNT RATE ON THE DATE OF THE ACCEPTANCE OF THE DOCUMTNTS COMPLYING WITH THE CREDIT ON THE SPECIFIC INSTRUCTIONS OF THE NEGOTIATING BANGK, WHO SHOULD STATE ON THEIR SCHEDULE THAT THEY REQUIRE US TO DO SO.

DRAFTS/DOCUMENTS MUST BE DRAWN AT TENOR STATED ABOVE.

ALL DISCOUNT CHARGES ARE FOR THE ACCOUNT OF THE BENEFICIARY.

NOT WITHSTANDING THE PROVISIONS OF UPC600, IF WE GIVE NOTICE OF REFUSAL OF DOCUMENTS PRESENTED UNDER THIS CREDIT WE SHALL HOWEVER RETAIN THE RIGHT TO ACCEPT A WAIVER OF DISCREPANCIES FROM THE APPLICANT AND, SUBJECT TO SUCH WAIVER BEING ACCEPTABLE TO US, TO RELEASE THE DOCUMENTS AGAINST THAT WAIVER WITHOUT REFRENCES TO THE PRESENTER PROVIDED THAT NO WRITTEN INSTRUCTIONS TO THE CONTRARY HAVE BEEN RECEIVED BY US FROM THE PRESENTER BEFORE THE RELEASE OF THE DOCUMENTS.

ANY SUCH RELEASE PRIOR TO THE RECEIPT OF CONTRARY INSTRUCTIONS SHALL NOT CONSTITUTE A FAILURE ON OUR PART TO HOLD DOCUMENTS AT THE PRESENTERS RISK AND DISPOSAL, AND WE SHALL HAVE NO LIABILITY TO THE PRESENTER IN RESPECT OF ANY SUCH RELEASE.

UNLESS OTHERWISE EXPRESSLY STATED, ALL DOCUMENTS MUST BE IN ENGLISH. EXCEPT SO FAR AS OTHERWISE EXPRESSLY STATED, THIS DOCUMENTARY CREDIT IS SUBJECT TO UNIFORM CUSTOMS AND PRACTICE FOR DOCUMENTARY CREDIT ICC PUBLICATION NO.600.

ANY PROCEEDS OF PRESENTATIONS UNDER THIS DC WILL BE SETTLED BY TELETRANSMISSION AND A CHARGE OF GBP40.00（OR CURRENCY EQUIVALENT）WILL BE DEDUCTED.

WHERE ORIGINAL DOCUMENTS OR SIGNATURES ARE REQUIRED FACSIMILE/PHOTOCOPIES OF DOCUMENTS OR SIGNATURES ARE NOT ACCEPTABLE.

AN ADDITIONAL CHARGE MAY BE LEVIED FOR PRESENTATIONS ON OVERDRAWN/EXPIRED CREDITS.

71B DETAILS OF CHARGES：

ALL BANKING CHARGES OUTSIDE THE OPENING BANK ARE FOR BENEFICIARY'S ACCOUNT.

48 PERIOD FOR PRESENTATIONS DOCUMENTS MUST BE PRESENTED FOR NEGOTIATION WITHIN 21 DAYS AFTER BILL OF LADING DATE, BUT WITHIN THE VALIDITY OF THIS CREDIT.

49 CONFIRMATION INSTRUCTION：WITHOUT

57D ADVISE THROUGH：BANK OF CHINA, GUANGDONG BRANCH.

NO.197 DONGFENG ROAD, GUANGZHOU CITY

72 BK TO BK INFO：DOCUMENTS TO BE DESPATCHED BY COURIER SERVICE IN ONE LOT TO HSBC BANK PLC, TRADE SERVICES, 51 DE MONTFORT STREET, LEICESTER LE1 7BB

THIS ADVICE CONSTITUTES A DOCUMENTARY CREDIT ISSUED BY THE ABOVE BANK AND SHOULD BE PRESENTED WITH THE DOCUMENTS/DRAFTS FOR NEGOTIATION/PAYMENT/ACCEPTANCE, AS APPLICABE.

小知识

开证申请事宜

佛山市南海区农村信用合作联社
NANHAI RURAL CREDIT UNION
开立跟单信用证申请书

Date 日期：____

To: NANHAI RURAL CREDIT UNION 致：佛山市南海区农村信用合作联社	Credit No. 信用证号码
Applicable Rules 适用规则	Expiry Date and Place 有效期及地点 ☐ in the country of Beneficiary ☐ at Issuing Bank's counter 在受益人所在国家　　　　　　　在开证行柜台
Applicant 申请人	
Advising Bank（if blank，at your option）通知行	Beneficiary（with full name and address） 受益人（全称和详细地址）
Partial shipments 分批装运 ☐ allowed 允许 ☐ not allowed 不允许	Transshipment 转运 ☐ allowed 允许 ☐ not allowed 不允许	Amount（in figures & words）金额（大、小写）
Pl of Tking in Chrg/of Rceipt 接管地 Port of loading/Airport of Dep 起运港 Port of Discharge/Airport of Dest 卸货港 Pl of Final Dest/of Delivery 目的地 Not later than 不得迟于	Credit available with 此证可由_____银行 By 凭 ☐ sight payment 即期付款 ☐ acceptance 承兑 　　　☐ negotiation 议付 　　　☐ _____ deferred payment 迟期付款 against the documents detailed herein 连同下列单据 ☐ and beneficiary's draft（s）at ☐ ____ day（s）sight 　　　　　　　　　　　　　　　 ☐ ____ day from/after B/L date drawn on _____ for _____ % of invoice value 受益人按发票金额_____ %，作成以_____ 为付款人， 期限为_____ 天的汇票。
Terms 价格条款 ☐ FOB　　☐ CFR　　☐ CIF ☐ FCA　　☐ CPT　　☐ CIP Or other terms 其他价格条款	

Documents required（marked with "X"）所需单据（"X"标明）
☐ Signed Commercial Invoice in _____ copies indicating L/C No. And Contract No. _____.
☐ Full set of clean on board ocean bills of lading made out to order and blank endorsed, marked "freight"
　[　] prepaid/ [　] to collect " [　] showing freight amount and notifying _____."
☐ Clean Airway bill consigned to _____ marked "freight [　] prepaid/ [　] to collect" notifying _____.
☐ Insurance policy/Certificate in duplicate for _____% of the invoice value, blank endorsed, showing claims
　payable at
Destination in the currency of the draft, covering All risks, War risk and _____.
☐ Packing list/Weight Memo in _____ copies indicating quantity, gross and net weight of each package.
☐ Certificate of Quantity/Weight in _____ copies issued by manufacturer.
☐ Certificate of Quality in _____ copies issued by [　] manufacturer/ [　] public recognized survey or/
　[　] _____.
☐ Certificate of Origin in _____ copies issued by _____.
☐ Beneficiary's certified copy of fax/telex dispatched to applicant within _____ day（s）after Shipment advising L/
　C No._____, name of vessel, date of shipment, name, quantity, weight and weight and value of goods.
☐ Other documents, if any

续表

- ☐ Description of goods
- ☐ Additional instructions: All banking charges outside the Issuing Bank including reimbursing charges are for account of beneficiary.
- ☐ Documents must be presented within _____ days after date of issuance of the transport document but within The validity of the Credit.
- ☐ Third party as shipper is not acceptable.
- ☐ Short form/Blank back B/L is not acceptable
- ☐ Both quantity and Credit amount _____ % more or less allowed.
- ☐ Other terms and conditions, if any.

佛山市南海区农村信用合作联社
NANHAI RURAL CREDIT UNION
开证申请人承诺书

致：佛山市南海区农村信用合作联社

　　我公司已依法办妥一切必要的进口手续，兹谨请贵社为我公司依照本申请书所列条款开立第____号国际货物买卖合同项下不可撤销跟单信用证，并承诺如下：

　　一、同意贵社依照国际商会第 600 号出版物《跟单信用证统一惯例》办理该信用证项下一切事宜，并同意承担由此产生的一切责任。

　　二、及时提供贵社要求我公司提供的真实、有效的文件及资料，接受贵社的审查监督。

　　三、在贵社规定期限内支付信用证项下的各项款项，包括货款及贵社和有关银行的各项手续费、杂费、利息及国外受益人拒绝承担的有关银行费用。

　　四、在贵社到单通知书中规定的期限内，书面通知贵社办理对外付款/承兑/确认迟期付款/拒付手续。否则，贵社有权自行确定对外付款/承兑/确认迟期付款/拒付，并由我公司承担全部责任。

　　五、我公司如因单证有不符之处而拟拒绝付款/承兑/确认迟期付款时，将在贵社到单通知书中规定期限内向贵社提出拒付请求，并附拒付理由书一式两份，一次列明所有不符点。对单据存在不符点，贵社有独立的终结认定权和处理权。经贵社根据国际惯例审核认为不属可据以拒付的不符点，贵社有权主动对外付款/承兑/确认迟期付款，我公司对此放弃抗辩权。

　　六、该信用证如需修改，由我公司向贵社提出书面申请，由贵社根据具体情况确定能否办理修改。我公司确认所有修改当由受益人接受时才能生效。

　　七、经贵社承兑的远期汇票或确认的迟期付款，我公司无权以任何理由要求贵社止付。

　　八、按上述承诺，贵社在对外付款时，有权主动借记我公司在贵社的账户款项。若发生任何形式的垫付，我公司将无条件承担由此而产生的债务、利息和费用等，并按贵社要求及时清偿。

　　九、在收到贵社开出信用证、修改书的副本以后，及时核对，如有不符之处，将在收到副本后的两个工作日内书面通知贵社。否则，视为正确无误。

　　十、该信用证如因邮寄、电讯传递发生遗失、延误、错漏，贵社概不负责。

　　十一、本申请书一律用英文填写。如用中文填写而引发的歧义，贵社概不负责。

　　十二、因申请书字迹不清或词意含混而引起的一切后果均由公司负责。

　　十三、如发生争议需要诉讼的，同意由贵社所在地法院管辖。

　　十四、我公司已对开证申请书及承诺书各印就条款审慎研阅，对各条款含义与贵社理解一致。

申请人（盖章）
法定代表人或授权代理人
　　年　月　日

同意受理

市联社（盖章）

负责人或授权代理人

　　年　月　日

五、信用证的特点及其在国际贸易中的作用

(一) 信用证的特点

1. 信用证是一种银行信用

在信用证支付方式下,开证行以自身信用或信誉向出口人(受益人)作出付款保证,开证行是第一付款人。因此信用证方式是把原来应由进口人履行的凭单付款责任转由银行来履行,是以银行信用代替商业信用。

2. 信用证是一种自足的文件

信用证的开立是以买卖合同为依据的,但信用证一经开出,就成为独立于买卖合同之外的另一种契约,不受买卖合同的约束。买卖合同是进出口人之间的契约,只对进出口双方有约束力,而信用证则是开证行与受益人之间的契约,开证行和其他参与银行应受信用证的约束,但与买卖合同完全无关,所以信用证是一项自足的文件,有关银行只按信用证的规定办事。

3. 信用证是一种单据的买卖

信用证是一种纯粹的单据业务,《跟单信用证统一惯例》第10条规定:"在信用证业务中,各有关方面处理的是单据,而不是与单据有关的货物、服务或其他行为。"信用证原则下实行的是凭单付款的原则,只要受益人或其指定人能提交符合信用证规定的单据,开证行就应承担付款、承兑或议付的责任,开证人就有义务接受单据并对已付款、承兑或议付的银行进行偿付。如果单据符合信用证规定,开证人付了款,但收货后发现不符合合同要求,那也只能由开证人根据买卖合同向受益人交涉。反之,即便货物符合合同规定,但单据提交的不正确或不齐全,银行和开证人也有权拒绝付款。按照《跟单信用证统一惯例》规定,银行虽有义务"合理小心地审核一切单据",但这种审核只是用以确定单据表面上是否符合信用证条款,开证银行只"根据表面上符合信用证的条款的单据付款",同样,开证人根据表面上符合信用证条款的单据承担接受单据及对已付款的银行予以偿付的义务。尽管只是要求表面上一致,但对单据的要求都是十分严格的,这就是通常所说的"严格符合的原则"(the doctrine of strict compliance)。这个原则也是信用证区别于其他国际贸易结算方式的基本特征,这一原则不仅要求单证一致,而且要求各种单据之间一致,即单单一致。

(二) 信用证在国际贸易中的作用

第一,信用证基本解决了进出口双方互不信任的矛盾,大大促进了国际贸易的发展。对出口商可以保障收到货款,对进口商可以保障收到货物。

第二,便利了进出口双方向银行融通资金,有利于资金周转,从而促进成交,扩大了贸易额。除了出口人可通过议付做出口押汇,尽快收回资金外,在远期付款的条件下,进口人也可通过和开证行出立信托收据、借单的方法做进口押汇,向银行融通资金。

第三,信用证为银行提供资金使用便利并带来一定的收入。

具体来说对于不同当事人,信用证的作用具体表现在以下几点:

1. 银行的保证作用

对进口商来说,信用证可以保证进口商在支付货款时取得代表货物的单据,并可通过信

用证条款来控制出口商的按质、按量、按时交货。对出口商来说，信用证可以保证出口商在履约交货后，按信用证条款规定向银行交单取款，即使在进口国实施外汇管制的情况下，也可保证凭单收到外汇。

2. 资金融通作用

对出口商来说，在信用证项下货物装运后即可凭信用证所需单据向出口地银行作押汇，取得货款。对进口商来说，开证时只需缴纳部分押金，单据到达后才向银行赎单付清差额。如为远期信用证，进口商还可以凭信托收据向开证行借单先行提货出售，到期向开证行付款。

（1）打包放款：是出口商收到国外开来的信用证，以"致受益人的信用证"正本和"销售合同"作为抵押品，申请此项贷款，用于该信用证项下出口商的进货、备料、生产和装运。

（2）红条款信用证：在信用证上加列红色打字的预支条款授权指定议付行预先垫付信用证金额的一部分，放款给出口商，用于备货装运，待其交单请求议付时，以议付款项偿还垫款本息，倘若出口商不能办理议付，则垫款本息应由开证行负责偿还，然后由它向申请人追索此款。

（3）出口押汇：是以出口商的汇票及/或单据作为押汇行的抵押品，由押汇行垫款，付给出口商，然后将抵押品的汇票及/单据寄至开证行向其收取货款归垫。

（4）汇票贴现：承兑信用证项下远期汇票，经指定承兑行审单相符，承兑汇票后，要求该行自己贴现提早把汇票净款付给受益人，对其融资，承兑行寄单给开证行，并通知汇票到期日，等到到期日它就获得开证行的偿付，归还垫款。

六、《跟单信用证统一惯例》

自19世纪以来，信用证在国际贸易结算中逐渐被采用，但由于对跟单信用证各方当事人的权利、责任、条款的定义和术语等在国际上缺乏统一的解释和公认的准则，各国的银行按照各国的习惯办事，因此，信用证各有关当事人之间的矛盾频繁发生。为了解决这一矛盾，国际商会于1930年拟定了一套《商业跟单信用证统一惯例》，并于1933年以第82号出版物公布，建议各国银行采用。以后于1951年、1962年、1974年、1983年多次修订，并于1983年改为《跟单信用证统一惯例》(Uniform Customs and Practice for Documentary Credits)，即国际商会第400号出版物。1994年1月1日起实施1994年修订本，即国际商会第500号出版物。2006年11月颁布2007年修订本，即国际商会第600号出版物(UCP600)，并于2007年7月1日开始实施。

《跟单信用证统一惯例》已为世界绝大多数国家或地区接受，成为一种国际惯例。按惯例规定，只有信用证上注明按该惯例办理，才能受到该惯例的规定和解释的约束。中国在对外贸易业务中如果采用信用证的支付方式，国外来证须注明：除另有规定外，本证根据国际商会《跟单信用证统一惯例》即国际商会第600号出版物。

《跟单信用证统一惯例》(ICC UCP600中英文对照版)见附录（二）

七、信用证的种类

（一）按信用证项下的汇票是否附有货运单据，可分为跟单信用证和光票信用证

1. 跟单信用证

跟单信用证（documentary credit），指凭跟单汇票或仅凭单据付款的信用证。这里所指的单据是指代表货物所有权的单据如提单，或是证明货物已经发出的单据如铁路运单、航空运单、邮包收据等。国际贸易结算中使用的信用证绝大多数是跟单信用证。

2. 光票信用证

光票信用证（clean credit），指仅凭汇票付款，而不需要随附货运单据的信用证。

有的信用证要求汇票附有非货运单据，如发票、垫款清单等，仍属光票信用证。采用信用证方式预付货款时，通常采用的是光票信用证。

（二）按是否有另一家银行保证兑付，可分为保兑信用证和不保兑信用证

1. 保兑信用证

保兑信用证（confirmed L/C），指开证行开出的信用证，由另一家银行保证兑付的信用证。对信用证加以保兑的银行叫作保兑银行（confirming bank），它通常是通知银行，也可能是出口地的其他银行或第三国银行。不可撤销的保兑信用证，也就意味着开证行和保兑行两家银行的双重付款保证，且两者都负第一性的付款责任，因而对出口人最为有利。

2. 不保兑信用证

不保兑信用证（unconfirmed L/C），指未经另一家银行保兑的信用证。当开证行资信卓著和成交金额不大时，常采用该类信用证。

（三）根据付款时间的不同，可分为即期信用证和远期信用证

1. 即期信用证

即期信用证（sight L/C）是指银行见到受益人开立的即期跟单汇票或合格的货运单据即履行付款的信用证。

2. 远期信用证

远期信用证（usance L/C）是指银行保证在受益人提交装货单据后的一定期限内付款的信用证。远期信用证可细分为以下几种：

（1）银行承兑远期信用证，是以开证行作为远期汇票付款人的信用证。即出口人在货物装船后按信用证的规定开立远期汇票，连同货运单据交给开证行或议付行承兑，后者在承兑后收下单据，交回汇票，由受益人按约定的时间持汇票向银行收取货款，受益人也可以在市场上贴现以承兑汇票并提前获取现金。

（2）延期付款信用证，是指远期付款而又不要汇票的信用证。开证行通常在信用证上规定货物装船后若干天付款，或开证行收单后若干天付款。由于延期付款信用证不要求出口商开立汇票，受益人（出口人）就不可能通过贴现汇票获得资金，而能自行垫款或向银行借款。所以在出口业务中使用这种信用证时货价应比银行承兑远期信用证高，以拉平利息率与贴现率之间的差额。

（3）假远期信用证，是一种名为远期，但对出口人而言实际上是即期收款的信用证。即规定受益人开立远期汇票，由付款行负责贴现，并规定一切贴现及有关费用都由进口人承担。根据这种规定，卖方在装船并取得货运单据后，即可凭远期汇票向付款行收回全部贷款，与即期信用证没有差别，买方则要在远期汇票到期时才付款给付款行，所以实际上等于买方套用了付款行的资金。因此这种信用证又被称为买方远期信用证。它一般应用于外汇管制较严、不允许开立即期信用证的国家或是为利用第三国资金便利的场合。

（四）按受益人对信用证的权利是否能转让，可分为可转让信用证和不可转让信用证

1. 可转让信用证

可转让信用证（transferable L/C）指受益人有权把信用证的金额全部或部分转让给一个或多个其他人使用的信用证。

根据《跟单信用证统一惯例》规定，只有开证行明确规定"可转让"（transferable）的信用证方可转让。而信用证中注明"可分割"（divisible）、"可分开"（fractional）、"可让渡"（assignable）和"可转移"（transmissible）等字样并不能使信用证转让。

可转让信用证只能转让一次，即只能由第一受益人转让给第二受益人。如果信用证不禁止分批装运，在总和不超过信用证金额的前提下，可分别按若干部分办理转让，该项转让的总和将被认为只构成信用证的一次转让。

在国际贸易实际业务中要求开立可转让信用证的第一受益人（出口人）常常是中间商，以期赚取差价利润，他往往还需要把信用证转让给实际供货人，由其办理出运手续。但信用证的转让并不等于买卖合同的转让，如果第二受益人（实际供货人）不是按期交货或提交的单据有问题，出口人作为第一受益人仍要负责买卖合同上的卖方责任。

2. 不可转让信用证

不可转让信用证（non-transferable L/C）指受益人不能将信用证的权利转让给他人的信用证。凡信用证中未证明"可转让"的，即为不可转让信用证。

（五）不可撤销信用证

不可撤销信用证（irrevocable L/C）指信用证一经开出，在有效期内，未经受益人及有关当事人的同意，开证行不得擅自修改和撤销。只要受益人提供的单据符合，开证行就必须履行付款义务。由于这种信用证对受益人提供了较为可靠的保证，因此得到了广泛使用。

按照国际商会第500号出版物的解释，可撤销或不可撤销信用证应在信用证中注明"可撤销"或"不可撤销"字样，如没有上述字样则视为不可撤销信用证。由于实践中银行极少开立可撤销信用证，所以第600号出版物删除了可撤销信用证的概念。

（六）循环信用证

循环信用证（revolving credit）是指信用证被全部或部分使用后，仍可恢复金额，再做使用的信用证。其主要特点是可多次循环使用，直至达到规定次数或规定的总金额为止。循环信用证可分为按时间循环信用证和按金额循环信用证。按时间循环的信用证是受益人在一定

时间内可多次支取信用证规定的金额。上次未用完的余额可以移至下一次一并使用的称为积累循环信用证（cumulative revolving L/C）；上次余额不能移到下次一并使用的叫作非积累循环信用证（non-cumulative revolving L/C）。按金额循环的信用证是指信用证金额议付后，仍恢复到原金额，可继续使用，直到用完规定的总金额为止。恢复到原金额的具体做法有三种：

（1）自动循环。即信用证在规定时期内被使用后，无须等待开证行通知即自动恢复至原金额。

（2）非自动循环。即每使用一次后，必须等到开证行的通知才能恢复到原金额。

（3）半自动循环。即信用证在被利用后，开证行如未在一定期限内提出不能循环使用的通知，即可自动循环至原金额。

使用循环信用证进口方可以不必多次开证，从而节省开证费用，同时简化了出口人的审证、改证等手续。因而，它通常用于分批均匀交货的长期供货合同交易。

（七）对开信用证

对开信用证（reciprocal L/C）指两张信用证的开证人申请人互以对方为受益人而开立的信用证。第一张证的受益人就是第二张证（又称回头证）的开证人，第一张证的开证人就是第二张证的受益人；第一张证的开证行和议付行就是第二张证的议付行和开证行。两张信用证的金额可以相等或大致相等，也可以有较大出入；可以分别生效，也可以同时生效。因此，对开信用证是两张相互联系、互为条件的信用证，多用于易货贸易、来料加工和补偿贸易的场合。

（八）对背信用证

对背信用证（bank to bank L/C），又称转开信用证、从属信用证（subsidiary credit，ancillary credit），指受益人要求原证的通知行或其他银行以原证为基础，另开一张内容相似的新信用证。对背信用证的开证银行只能根据不可撤销信用证来开立。

若出口人为中间商，在无法得到可转让信用证的情况下，则请求原信用证的通知行以其所得到的信用证为基础，开立以实际供货人为受益人的新信用证，即对背信用证。对背信用证的开证行对新证受益人（实际供货人）负独立付款责任，原信用证为开立对背信用证的担保品。

（九）预支信用证

预支信用证（anticipatory L/C or prepaid L/C）指开证行授权议付行（通常是通知行）向受益人预付信用证金额的全部或一部分，由开证行保证偿还并负担利息。预支信用证的受益人在交单之前即可取得部分或全部货款，这相当于议付行垫付货款。假如受益人到期未能交运货物并提交信用证规定的单据，也不用归还议付所垫款项，则议付行可向开证行追索。当部分预支时，货运单据交到后，议付行在付给受益人剩余款项时，将扣除预支货款的利息。这种信用证中预支货款的条款，过去为引人注目常用红字注明或以红墨水印刷，所以称为红条款信用证（red clause L/C），但现在的预支条款并非都以红字表示，而效力相同。目前在国际贸易中已较少使用这种信用证。

（十）备用信用证

备用信用证（stand-by L/C）又称商业票据信用证（commercial paper L/C）、担保信用证（guarantee L/C），指开证行根据开证申请人的要求，对受益人开立的承担某项义务的凭证。在此凭证中，开证银行承诺偿还开证人的借款，或开证人未履行其应履行的义务时，受益人只要凭备用信用证的规定向开证银行开具汇票，并提交开证人未履行义务的声明或证明文件，即可得到开证行的偿付。

备用信用证属于银行信用，开证行保证在开证申请人未履行其义务时，由开证行付款，即开证行处于"站在一旁"备用的地位，因而备用信用证对受益人而言是在万一开证申请人毁约时备用以取得补偿的一种方式。备用信用证最早流行于美国、日本，是在两国法律不允许银行开立保证书的情况下创造出来的，用以代替保证书，所以其用途几乎与银行保证书相同。

复习思考题

1. 什么是顺汇和逆汇？
2. 什么叫汇票？汇票的背书有哪几种形式？
3. 汇付方式可分为哪几种？请写出电汇的收付程序。
4. 比较远期付款交单（D/P after sight）与承兑交单（D/A）收付程序的异同。
5. 什么是信用证？它的特点和作用是什么？
6. 使用托收方式应注意的问题有哪些？
7. 信用证中哪一种类型是对出口方最有利的信用证？为什么？

案例分析

1. 出口方委托银行以远期付款交单方式向进口方代收货款。货到目的地后，进口方凭信托收据向代收行借取了全套货运单据先行提货销售，但因经营不善而亏损，无法向银行支付货款。至此，出口方应向何方追偿？为什么？

2. 有一张可撤销信用证，金额为10万美元，允许分批装船分批付款。受益人已装出5万美元的货物，议付行在议付了5万美元货款后的第二天，才收到开证银行撤销该信用证的电报通知。请问：开证行对已经议付的5万美元能否拒付？

3. CIF出口合同规定9月份装船，买方开来的信用证规定，装船时间不得迟于9月20日。因船源关系，卖方无法在9月20日以前装船，于是立即去电要求买方将装船时间延至10月20日，买方来电表示同意，但我方在10月15日装船完毕，持全套单据向银行办理议付时却遭银行拒付，请问这是为什么？

4. 信用证规定，装船时间不得迟于2月1日，信用证的有效期为2月15日之前，在中国议付有效。因运输问题，经买方同意，开证行通知议付行装船期修改为"不迟于2月11日"。出口方如期出运后，于2月20日备妥全套单据向银行办理议付，却遭到拒付。请分析银行拒付的原因。

5. 青岛某公司以 CIF 为条件对外出口一批货物，买方开来了保兑信用证，该信用证规定：银行收到符合要求的单据后付款 90%，余下的 10% 需等货物到达目的地后，买方通知银行方可支付。当货轮到达目的港外海时，接当地港务局通知，因目的港拥挤，货轮在该港的辅助港卸货。于是，买方以货物未在约定港口卸货为由，拒付余额货款。请问：

（1）买方拒付的理由是否合理，为什么？

（2）出口方能否要求付款行及保兑行付款？

（3）从本案中应吸取什么教训？

6. 我外贸公司（企业）从国外一新客户进口一批贵重产品，按 CFR 上海、即期 L/C 付款条件达成交易，合同规定由卖方以程租船方式将货物运交我方。我开证行凭国外议付行提供的符合 L/C 规定的单据进行偿付。但装运船一直未到上海，后经多方调查，发现承运人原来是一家子公司，而且船舶起航后不久宣告破产，程运船是一条旧船，船货均告失踪。在此情况下，我方遭受什么样的损失？是否有办法挽回损失？

7. 美国从印度购买进口商品通过一银行开立不可撤销 L/C。因为银行未看清，L/C 中 experts 写成 expert，美国进口人又以货到后有问题以次充好，拒绝付款。对此案例应怎样处理？

8. 某外贸公司接到国外开来的信用证，证内规定："数量共 6 000 箱，1 至 6 月份分六批装运，每月装运 1 000 箱。"该信用证受益人在 1 至 3 月份，每月装运 1 000 箱，银行已分批议付了货款。对于第四批货物，原定于 4 月 25 日装船运出，但由于台风，该批货物延至 5 月 1 日才装船。当该公司凭 5 月 1 日的装船提单向银行交单议付时，却遭到银行拒付。该公司曾以"不可抗力"为由，要求银行付款，也遭到银行拒付。请问，在上述情况下，开证行有无拒付的权利？受益人有无引用"不可抗力"条款的权利？为什么？

9. 某公司与往来多年的非洲客户签订销售合同一份，交货条件是 6 月至 12 月，每月等量装运 ×× 万米，凭不可撤销信用证付款。其后，客户按时开出 L/C，其总金额和总数量均与合同相等，但装运条款仅规定：最迟装运期为 12 月底，分数批付运。我公司见来证未证明"每月等量装运 ×× 万米"条款，为了早出口，早收汇，6 月底便将合同总数的一半货物一并装出。我银行凭单议付，并向我公司提出异议，并以货物涌至增加仓租、利息为由，要求赔偿损失，同时拒绝立即付清货款。请分析并提出解决该案的建议。

10. 我国某出口公司对墨西哥出口商品一批，对方来证在"转运"栏内规定"允许转运"，而在"议付单据"栏内则要求提供"转运通知"。我方业务人员从逻辑推理上认为：来证既然规定"允许转运"，我方有转运或不转运的选择权，如不转运，便无义务也无必要提供"转运通知"。因而，对"议付单据"栏内所要求提供的"转运通知"未予照办，结果遭开证行拒付，引起争议纠纷。试分析并指出应如何处理？

11. 我国某出口企业收到国外来的不可撤销信用证，由设在我国境内的某外资银行通知并加保兑。我出口企业在货物装运后，正拟将有关单据交银行议付时，忽接该外方银行通知，由于开证银行已宣布破产，该行不承担对该信用证的议付或付款责任，但可接受我出口公司委托向买方直接收取货款的业务。对此，你认为我方应如何处理？陈述理由。

12. 我国某公司向日本某商以 D/P 见票即付方式推销某商品，对方答复：如我方接受 D/P 见票 90 天付款，并通过他指定的 A 银行代收则可接受。请分析日方提出此项要求的出发点。

13. 我国某公司与某外商签订一份以信用证方式支付的 CIF 出口合同。对方来证规定：

装运期不得迟于8月5日，信用证有效期为8月31日。我公司于8月28日向议付行提交签发日期为8月5日的提单，却遭到议付行拒付。请问议付行拒付有无道理，为什么？

14. 我某公司向外国某商进口一批钢材，货物分两批装运，支付方式为不可撤销即期信用证，每批分别由中国银行开立一份信用证。第一批货物装运后，卖方在有效期内向银行对议付行作了偿付。我方在收到第一批货物后，发现货物品质不符合同，因而要求开证行对第二份信用证项下的单据拒绝付款，但遭到开证行拒绝。你认为开证行这样做是否有理？

15. 我某公司与外商按CIF条件签订一笔大宗商品出口合同，合同规定装运期为8月份，但未规定具体开证日期。外商拖延开证，我方见装运期快到，从7月底开始，连续多次电催外商开证。8月5日，收到开证的简电通告，我方因怕耽误装运期，即按简电办理装运。8月28日，外方开来信用证正本，正本上对有关单据做了与合同不符的规定。我方审证时未予注意，交银行议付时，银行也未发现，开证行即以单证不符为由，拒付货款。你认为，我方应从此事件中吸取哪些教训？

16. 我某外贸公司以CIF与外商成交出口一批货物，按发票金额110%投保一切险及战争险。售货合同中的支付条款只简单填写"Payment by L/C"（信用证方式支付）/国外来证条款中有如下文句"payment under this Credit will be made by us only after arrive of goods at Rotterdam"（该证项下的款项在货到鹿特丹后由我行支付）。受益人在审证时未发现，因此未请对方修改删除。我某外贸公司在交单结汇时，银行也未提出异议。不幸60%货物在运输途中被大火烧毁，船到目的港后开证行拒付全部货款。对此应如何处理？为什么？

17. 天津M出口公司出售一批货物给香港，价格条件为CIF香港，付款条件为D/P见票后30天付款，M出口公司同意G商指定香港汇丰银行为代收行。M出口公司在合同规定的装船期内将货物装船，取得清洁提单，随即出具汇票，连同提单和商业发票等委托中行通过香港汇丰银行向G商收取货款。五天后，所装货物安全运抵香港，因当时该商品的行市看好，G商凭信托收据向汇丰银行借取提单，提取货物并将部分货物出售。不料，因到货过于集中，货物价格即下跌，G商以缺少保险单为由，在汇票到期时拒绝付款，你认为M公司如何处理此事？并说明理由。

18. 甲公司向丁国A公司买进生产灯泡的生产线。合同规定分两次交货、分批开证，买方（甲公司）应于货到目的港后，60天内进行复验，若与合同规定不符，甲公司凭所在国的商检证书向A公司索赔。甲公司按照合同规定，申请银行开出首批货物的信用证。A公司履行装船并凭合格单据向议付行议付，开证行也在单证相符的情况下，对议付行偿付了货款。在第一批货物尚未到达目的港之前，第二批的开证日临近，甲公司又申请银行开出信用证。此刻，首批货物抵达目的港，经检验发现货物与合同规定严重不符，甲公司当即通知开证行，称"拒付第二次信用证项下的货款，并请听候指示"。然而，开行在收到议付行寄来的第二批的单据，审核无误，再次偿付。当开证行要求甲公司付款赎单时，该公司拒绝付款赎单。

试分析此案中：(1) 开证银行和甲公司的处理是否合理？为什么？

(2) 甲公司应该如何处理此事？

19. 我某出口公司与外商就某商品按CIF、即期信用证付款条件达成一项数量较大的出口合同，合同规定11月装运，但未规定具体开证日期。后因该商品时常价格趋降，外商便拖延开证。我方为防止延误装运期,从 10 月中旬起即多次电催开证,终于使我方安排装运发生困难,遂要求对方对信用证的装运期和议付有效期进行修改,分别推迟一个月。但外商拒不同意,并以我方未能按期装运为由单方面宣布解除合同,我方也就作罢。试分析我方如此处理是否适当,应从中吸取哪些教训?

20. 我某出口企业与非洲某商成交货物一批,到证按合同规定 9 月装运,但计价货币与合同规定不符,加上备货不及时,直至 11 月对方来电催装时,我方才向对方提出按合同货币改证,同时要求展延装运期。次日非商复电:"证已改妥",我方拒此将货发运,但信用证修改书始终未到,致使货运单据寄达开证行时遭到拒付。我方为及时收回货款,避免在进口地的仓储费用支出接受进口人该按 D/P、T/P 提货要求。终因进口人未能如约付款使我方遭受重大损失。试评论我方在这笔交易的处理方式。

21. 我某外贸企业与某国 A 商达成一项出口合同,付款条件为付款交单后 45 天付款。当汇票及所附单据通过托收行寄抵进口代收行后,A 商及时在汇票上履行了承兑手续。货抵目的地港时,由于用货心切,A 商出具信托收据向代收行借得单据,先行提货转售。汇票到期时,A 商因经营不善,失去偿付能力。代收行以汇票付款人拒付为由通知托收行,并建议由我外贸企业经向 A 商索取贷款。对此,你认为我外贸企业应如何处理?

第七章

国际贸易商品检验

引例：

我国某企业向某国出口一批冷冻食品，到货后买方在合同规定的索赔有效期内向我方企业提出品质索赔，索赔额达数十万元人民币。买方附来的理论依据有：①法定商品检验证书，注明该项商品有变质现象（表象呈黑色），但未注明货物的详细批号，也未注明变质货物的数量或比例。②官方化验机构根据当地某食品零售商店送验的食品而开出的变质证明书。我方未经详细研究就函复对方，既未承认也未否认食品变质问题，只是含混其词地要求对方减少索赔金额，对方不应允，双方信件往来一年没有结果。对方派代表来当面交涉，并称如得不到解决，将提交仲裁机构处理。对该索赔案我方仲裁机构应不应受理？双方各有什么漏洞？我方企业应如何本着实事求是的精神和公平合理的原则来处理此案？

本章的学习要点：

- 商品检验的意义
- 商品检验的机构
- 商品检验的条款
- 商品检验证书

第一节 商品检验概述

一、商品检验的意义

商品检验（commodity inspection），是指专门的进出口商品检验机构和其他指定机构，依照相应的法律、法规或进出口合同的规定，对卖方已交商品或拟交商品的品质、规格、数量、包装、卫生以及安全等项目所进行的检验、鉴定和管理等工作，并出具相应的检验证书的一项活动。

商品检验制度是随着国际贸易的产生和发展而逐步形成的，在国际货物买卖中具有十分重要的地位，并且各国对此都有相应的法律和法规，例如，英国《1893年货物买卖法》第34条规定："除非双方另有约定，当卖方向买方交接货物时，买方有权要求有合理的机会检验货物，以确定它们是否与合同的规定相符。"买方在未有合理机会检验货物之前，不能认为他已接受了货物。我国《中华人民共和国进出口商品检验法》（以下简称《商检法》）第5条规定："列入《商检机构实施检验的进出口商品种类表》（以下简称《种类表》）的进出口货物和其他法律、行政法规规定须经商检机构检验的进出口货物，必须经过商检机构或者国家商检部门、商检机构指定的检验部门检验。"该条款同时规定，凡是列入《种类表》的进出口货物，除非经国家商检部门审查批准免予检验的，进口货物未经检验或检验不合格，不准销售、使用；出口货物未经检验合格的，不准出口。

在国际贸易中，买卖双方分处不同的国家和地区，一般不能当面交接货物，容易在交货的质量和数量等问题上发生争议，货物又要经过长途运输，在运输过程中经常发生残损、短少甚至灭失等现象，这就需要一个公正的具有商品专业知识的第三者，对货物进行检验或鉴定，以查明货损原因，确定责任归属，以利货物的交接和交易的顺利进行。因此，货物检验是国际贸易中不可缺少的环节，检验条款是国际贸易合同中的一项重要条款。

二、商品检验的要件

2000年1月1日原国家出入检验检疫局和海关总署联合公布了《出入境检验检疫机构实施检验检疫的进出口商品目录》（以下简称《检验检疫商品目录》），习惯上也称法检商品种类表。列入目录的进出口商品必须经出入境检验检疫机构实施检验检疫，海关凭出入境检验检疫机构签发的入境货物通关单或出境货物通关单验收放行。

（一）出口商品检验的要件

中国出口商品及其运载工具，属于下列十种情况之一者必须向检验机构报检：
（1）列入《检验检疫商品目录》内的出口商品。
（2）出口食品的卫生检验。
（3）出口危险货物装容器的性能鉴定和使用鉴定。
（4）装运出口易腐烂变质食品、冷冻食品的船舱、集装箱等运载工具的适载检验。
（5）对外贸易合同（包括信用证、购买证）规定由商检机构检验出证的出口商品。
（6）出口动物产品的检疫和监督消毒。
（7）其他法律或行政法规规定须经商检机构出证的出口商品。
（8）与进口国有约定必须凭中国商检机构证书方准进口的商品。
（9）《检验检疫商品目录》内出口商品的包装容器的性能鉴定。
（10）对外贸易关系人要求对出口商品检验鉴定的其他项目。

根据《商检法》的规定，对《检验检疫商品目录》内进出口商品和其他法律、法规要求须经商检机构检验的进出口商品,由收货人、发货人申请,并经国家质量监督机构检验检疫总局审查批准,可以免于检验。申请免验的商品应具备三个条件:一是商品的生产企业已建立了完善的质量保证体系,并获得了中国出口商品质量保证体系认证,或经国家认可的外国有关组织实施考核并获得了质量保证体系的认证;二是该商品质量长期稳定,连续3年出厂合格率及商检机构检验合格率为100%;三是该商品的用户对该商品没有质量异议。

但涉及安全、卫生和特殊要求的商品不能申请免检,主要有四种情况:一是粮食食品、玩具、化妆品、电器等;二是列入进口商品安全质量许可证管理的商品;三是合同要求按商检证书所列成分和含量计价结汇的商品;四是品质易发生变化的商品或散装货物。

(二)进口商品检验的要件

中国对外贸易进口中的下列五种商品必须报请商检机构进行检验:

(1)列入《检验检疫商品目录》内的进口商品。
(2)《进口商品安全质量许可制度目录》内的商品。
(3)外贸合同规定须按商检检验证书计价结算的进口商品。
(4)其他法律、行政法规规定必须由商检机构检验的进口商品。
(5)其他需要由商检机构签发证书的进口商品。

《检验检疫商品目录》和《进口商品安全质量许可制度目录》以外的进口商品由收货单位自行检验,商检机构实行监督。进口商品的自检、共检和免检的基本原理与出口商品基本一致,但《公约》第38条规定:一是买方必须在按情况实际可行的最短时间内检验货物或由他人检验货物;二是如果合同涉及货物运输,检验可推迟到货物到达目的地后进行;三是如果货物在运输途中改运或买方须再发运货物,没有合理机会加以检验,而卖方在订立合同时已知道或理应知道这种改运或再发运的可能性,检验可推迟到货物到达新的目的地后进行。

三、商品检验的内容

商品检验的内容主要有品质检验、数量检验、包装检验、卫生检验和残损鉴定等。

(1)品质检验主要是指对货物的外观、化学成分、物理性能等进行检验。方法主要有仪器检验和感官检验两种。
(2)数量检验是指按合同规定的计量单位和计量方法对货物的数量进行检验。
(3)包装检验是指对货物的包装是否牢固和完整进行检验。看其是否适合货物的性质和特点,是否适宜货物的装卸、搬运,是否符合合同的规定等。
(4)卫生检验是指对奶制品、罐头食品、水果及蛋制品等货物是否有菌、是否含有寄生虫等进行检验。
(5)残损鉴定是指对受损货物的残余部分予以鉴定,分析导致残损的原因及损失程度,并出具相应的证明。

小 知 识

中国出入境检验检疫局是中国国内最权威、最大的检验机构。一般中国产品出口都由此处进行商品检验。其是根据客户的委托或有关法律法规的规定对进出境商品进行检验检疫、鉴定和管理的机构。在国际上，商品检验机构有官方的也有私人的，还有同业公会经营的。

商检机构接受检验的范围：

（1）属于《种类表》内的商品；

（2）对外贸易合同（包括信用证、购买证）规定由商检机构检验出证的商品；

（3）装运出口粮油食品和冷冻品等易腐易变食品的船舱和集装箱；

（4）应施检疫和卫生检验的出口动物产品、食品；

（5）中央或地方有明文规定，必须经商检机构检验出证的；

（6）对外贸易关系人提出申请，而商检机构有条件进行检验或组织有关部门检验的。

商检机构不予接受检验的范围：

（1）进口商品索赔有效期太近，无法进行检验出证或超过规定的索赔有效期或质量保证期，外贸公司无法对外索赔的；

（2）进口商品在有关规定和惯例允许的合理误差损耗等免检范围内的；

（3）缺少应有的单据、检验资料，没有检验依据的；

（4）应施商检的进口商品，未经检验已装运出口的；

（5）按分工规定，不属商检工作范围的。

四、商品检验的作用

商品检验的作用是鉴定商品的品质、数量、包装是否符合合同规定的要求，借以检查卖方是否已按合同规定履行了交货义务，并在发现卖方所交货物与合同要求不相符合时，给予买方以拒收货物或提出索赔的权利，因而商检对保护买方的利益是十分重要的。

五、商品检验的时间和地点

检验时间和地点是指在何时、何地行使对货物的检验权。确定检验的时间和地点就是确定买卖双方的哪一方行使对商品的检验权以及检验结果由哪一方出具的检验证书为准。所以，如何确定检验时间和地点直接关系到买卖双方的利益，也是交易双方商订检验条款的核心。

在国际货物买卖合同中，根据国际贸易惯例和我国的业务实践，有关商品的检验时间和地点的规定方法，主要有以下四种：

1. 在出口国检验

在出口国检验可分为工厂（产地）检验和装船前或装船时检验。

（1）工厂（产地）检验。工厂检验是指产品生产厂的检验人员或合同约定的买方检验人员在货物从工厂发运前对出口货物的质量、数量、规格及包装等进行检验。卖方承担货物离厂前的责任，而在运输途中发生的有关货物质量、数量、包装等方面的风险则由买方承担。我国进口大型成套设备和重要货物时，一般都在出口国发货前在工厂进行检验。

（2）装船前或装船时检验。装船前检验是指在装运港装船以前，由买卖双方约定的检验机构出具检验证明，并以此检验证明作为交货品质和重量的最后依据。所以该种做法又被称为"离岸品质，离岸重量"（shipping quality and shipping weight）。采用这种规定方法，卖方取得检验机构出具的各项检验证书，就意味着所交货物的品质和重量等与合同规定相符，意味着卖方履行了合同的各项义务，而买方无权对卖方所交货物提出异议，再行使对货物的复验权。可见这种方法对卖方来说是极为有利的，至于货物在运输途中所发生的货损或灭失，买方仍有权向有关责任方进行索赔。

2. 在进口国检验

在进口国检验是指在进口国目的地卸货以后所进行的质量与数量的检验，包括目的地卸货时的检验和用户所在地的检验。

（1）目的地卸货时的检验。它是指在卖方的出口货物到达目的港后卸船时，由双方约定的检验机构对货物的质量、数量等进行检验，出具检验证明，并以此检验证明作为交货品质和重量的最后依据。所以该种做法又被称为"到岸品质，到岸重量"（landed quality and landed weight），采用这种规定方法，若在目的港卸货时发现货物质量与重量与合同中的规定不符，卖方要承担责任。因此，这种方法对买方的好处大于卖方。

（2）用户所在地的检验。对于那些密封包装、精密复杂的商品，不宜使用前拆包检验，或需要安装调试后才能检验的产品，可将检验推迟至用户所在地，由双方认可的检验机构检验并出具证明。

3. 出口国初检，进口国复检

这种检验方法的具体做法是指货物在出口国时进行必要的检验，但此时检验机构出具的检验证书则不可以作为卖方交货质量与重量的最后依据，只是卖方向银行议付的一种单据。货物到达目的地后，在双方约定时间内买方有权对货物进行复检，如果在复检后发现货物的质量与重量等与合同规定不符，可根据复检结果，向卖方索赔。这种方法克服了以上两种方法的不足之处，兼顾了买卖双方的利益，比较公平合理，因而在国际贸易中经常被采用。我国对外贸易合同中的检验条款，多采用这种方法。

4. 装运港（地）检验重量，目的港（地）检验品质

这种检验方法的具体做法是指交货重量以装运港买卖双方约定的检验机构检验货物后所出具的重量检验证明为最后依据，交货品质以目的港双方约定的检验机构所出具的品质检验证明为最后依据，因此这种做法习惯上又被称为"离岸重量，到岸品质"（shipping weight and landed quality）。

六、检验机构

在国际货物买卖中，买卖双方除了自行对货物进行必要的检验外，还要委托独立于买卖双方之外的第三方对货物进行检验。这种根据客户的委托或有关法律、法规的规定对进出境商品进行检验、鉴定和管理的机构就是商品检验机构，简称检验机构或商检机构。

（一）国际上的检验机构

世界上很多国家都设有自己的商检、鉴定或公证机构，尤其是发达国家，由于商品进出口量大，对品质要求高，所设立的检验机构种类繁多。检验机构大致可以分为三种：

（1）官方检验机构，是指由国家或地方政府投资，按照国家有关法律、法令对出入境商品实施强制性检验、检疫和监督管理的机构，如美国的动植物检验署（Animal and Plant Health Inspection Service，APHIS）、食品与药品管理局（Food and Drug Administration，FDA）、日本通商省检验所、法国国家实验检验中心。

（2）半官方检验机构，是指一些有一定权威的、由国家政府授权、代表政府行使某项水平检验或某一方面检验管理工作的民间机构，如美国担保人实验室（Underwriter's Laboratory，UL）。

（3）非官方检验机构，是指由私人创办的，具有专业检验、鉴定技术能力的检验公司，如英国劳埃氏公证行（Lloyd's Surveyor）、瑞士日内瓦通用鉴定公司（Societe Generale De-Surveillance S.A，SGS）、日本的海事鉴定协会、英国的利物浦棉花协会等。

（二）我国的商品检验机构

为了适应我国对外贸易发展的需要，20世纪80年代，成立了中国进出口商品检验总公司（China Import and Export Commodity Inspection Corporation，CCIC），简称商检公司。2001年4月10日，国家质量技术监督局和国家出入境检验检疫局合并，组建成为新的国家质量监督检验检疫总局（State Administration for Entry-Exit Inspection and Quarantine of People's Republic of China，SACI），负责对进出口商品的质量技术监督和出入境检验检疫工作。

在我国，中华人民共和国国家质检总局及其设在各地的分支机构负责全国出入境商品的检验、鉴定和管理工作，其制定和公布了《种类表》，并根据实际情况进行调整。

根据《商检法》和《中华人民共和国进出口商品检验法实施条例》的规定，国家商检部门及其设立在各地的检验机构的职责有以下三种：

1. 法定检验

法定检验是指检验机构或者国家商检部门、商检机构指定的检验机构，根据国家的法律、行政法规，对规定的进出口商品和有关检验事项实施强制性的检验。它的检验范围包括：①对列入《种类表》的进出口商品的检验。②对出口食品的卫生检验。③对出口危险货物包装容器的性能鉴定和使用鉴定。④对装运出口易腐烂变质食品、冷冻品的船舱、集装箱等运载工具的适载检验。⑤对有关国际条约规定必须经商检机构检验的进出口商品的检验。⑥对其他法律、行政法规规定必须经商检机构检验的进出口商品的检验。

对于法定检验以外的进出口商品，商检机构可以抽样检验。此外，商检机构还可以对对外贸易合同约定的或进出口商品的收货人、发货人申请商检机构签发检验证书的进出口商品实施检验。

2. 鉴定业务

鉴定业务是指商检机构和国家商检部门、商检机构指定的检验机构，经国家商检部门批准的其他检验机构接受对外贸易关系人（通常是进出口商人、承运人、保险人等）及国内外有关单位的委托，办理规定范围内的进出口商品的鉴定业务。它的鉴定范围包括：①进出口商品的质量、数量、重量、包装、海损鉴定。②集装箱及集装箱货物鉴定。③进口商品的残损鉴定。④出口商品的装运技术条件鉴定。⑤货载衡量、产地证明、价值证明及其他业务。

法定检验与鉴定业务的最大区别之处在于它具有强制性，而鉴定业务则是建立在进出口商人或有关关系人的申请和委托基础之上的。

3. 监督管理

监督管理是指国家商检部门、商检机构对进出口商品的收货人、发货人及生产、经营储运单位，以及国家商检部门、商检机构指定或认可的检验机构和认可的检验人员的检验工作实施监督管理。

（三）进出口商品出入境检验检疫程序

我国进出口商品出入境检验检疫工作主要包括以下四个环节：

1. 报验（application for inspection）

报验是指进出口商人或有关关系人向商检机构申请检验。报验时需要填写报验申请书，同时提交所签订的买卖合同、信用证（L/C）、成交样品及其他必要材料。出口报验的商检，一般应在发运前7～10天；如申请单位不在商检部门所在地，应在发运前10～15天；对于鲜活类应在发运前3～7天。

2. 抽样（sampling）

抽样是指商检机构按照规定方法和一定的比例从所成交的商品中抽取具有代表性的样品以备检验。

3. 检验（inspection）

商检机构报验之后，确定检验内容，审核合同对品质、数量、包装等的规定，弄清检验依据，确定检验标准、方法，进行检验。

4. 签证（visa）

签证是指商检机构经检验合格后，签发出入境货物通关单，并出具一定的证书。所出具的证书主要是应国外要求签发的。

七、检验证书

检验证书（certificate of inspection）是指商检机构对进出口货物进行检验、鉴定后所出具的证明文件。

（一）检验证书的种类

国际贸易中的检验证书种类很多，具体需要哪几种检验证书，要看商品的特性、种类、贸易习惯及政府的有关法规而定。在国际贸易中常见的检验证书主要有以下几种：

（1）品质检验证书，是证明进出口商品品质、规格的证书。

（2）数量检验证书，是证明进出口商品数量的证书。

（3）重量检验证书，是证明进出口商品重量的证书。

（4）价值检验证书，是证明进出口商品价值的证书。

（5）产地检验证书，是证明进出口商品原生产地的证书。

（6）卫生检验证书，是证明进出口商品在出口前已经过卫生检验、可供食用的证书。

（7）兽医检验证书，是证明动物产品在出口前已经过兽医检验、符合检疫要求的证书。

（8）消毒检验证书，是证明动物产品在出口前已经过消毒处理、符合安全及卫生要求的证书。

（9）残损检验证书，是证明进出口商品残损情况，估算残损贬值程度，判定残损原因的证书。

此外，还有熏蒸检验证书、船舱检验证书、温度检验证书、植物检疫证明、积货鉴定证书等。

小 知 识

商品检验证书起着公正证明的作用，是买卖双方交接货物、结算货款和处理索赔、理赔的主要依据，也是通关纳税、结算运费的有效凭证。

（1）证书，是商品交货结汇和进口商品的有效凭证；法定商品的证书，是商品报关、输出输入的合法凭证。商检机构签发的放行单和在单上加盖的放行章有与商检证书同等的通关效力；签发的情况通知单同为商检证书性质。

（2）重量或数量证书，是商品交货结汇、签发提单和进口商品的有效凭证；商品的重量证书，也是国外征税和计算运费、装卸费用的证件。

（3）兽医证书，是证明动物产品或经过检疫合格的证件。适用于冻畜肉、冻禽、禽畜罐头、冻兔、皮张、毛类、绒类、猪鬃、肠衣等商品，是对外交货、银行结汇和进口国通关输入的重要证件。

（4）卫生证书，是证明可供人类食用的动物产品等经过卫生或检疫合格的证件。适用于肠衣、罐头、冻鱼、冻虾、蛋品等，是对外交货、银行结汇和通关验放的有效证件。

（5）消毒证书，是证明动物产品经过消毒处理，保证安全卫生的证件。适用于猪鬃、马尾、皮张、羽毛、人发等商品，是对外交货、银行结汇和国外通关验放的有效凭证。

（6）熏蒸证书，是用于证明粮谷、油籽、豆类、皮张等商品，以及装用木材与植物性填充物等，已经过熏蒸灭虫的证书。

（7）残损证书，是证明进口商品残损情况的证件。适用于进口商品发生残、短、渍、毁等情况；可作为收货人向发货人或承运人或保险人等有关责任方提出索赔的有效证件。

（8）积载鉴定证书，是证明船方和集装箱装货部门正确配载积载货物，作为证明契约义务的证件。可供货物交接或发生货损时处理争议之用。

（9）财产价值鉴定证书，可作为对外关系人和司法、验资等有关部门评估或裁判的重要依据。

（10）船舱证书，可证明承运商品的船舱清洁、密固、冷藏效能及其他技术条件是否符合保护承载商品的质量和数量完整与安全的要求。可作为承运人租船契约适载义务，对外关系方进行货物交接和处理货损事故的依据。

（11）生丝品级及公量证书，是生丝的专用证书。其作用相当于证书和重量/数量证书。

（12）产地证明书，是商品在进口国通关输入和享受减免关税优惠待遇和证明商品产地的凭证。

（13）舱口检视证书、监视装/卸载证书、舱口封识证书、油温空距证书、集装箱监装/拆证书，可作为证明承运人履行契约义务，明确责任界限，处理货损货差责任事故的证明。

（14）价值证明书，可作为进口国管理外汇和征收关税的凭证。在发票上签盖商检机构的价值证明章与价值证明书具有同等效力。

（15）货载衡量证书，是证明进口商品的重量、体积吨位的证件。可作为计算运费和制订配载计划的依据。

（16）集装箱租箱交货证书、租船交船剩水/油重量鉴定证书，可作为契约双方明确履约责任和处理费用清算的凭证。

（二）检验证书的作用

1. 货物通关的凭证

商品检验机构签发的检验证书，是对进出口商品实施法定检验，贸易商办理报关的必备证件之一，只有获得了合格的检验证书，海关才给予放行。

2. 海关计征关税的凭证

检验机构出具的数量和重量检验证书，是多数国家凭以计征从量税的有效凭证；产地和价值检验证书，则是进口国海关对不同国家进口商品实行差别待遇、减税、免税及计征关税的有效凭证；另外，进口商品的残损检验证书还可以作为进口国海关退货的依据。

3. 出口商凭以议付货款的有效证件

在国际贸易中，有的合同规定在出口商向银行议付货物时要出具货物检验证书，此时的货物检验证书就作为一种有效证件，如果出口商不能提供货物检验证书，则得不到货款。

4. 贸易双方交接货物的依据

由于国际贸易本身所具有的特点，买卖双方很难当面交接货物，所以双方经常在合同中约定货物检验机构所出具的检验证书作为双方交接货物的有效依据。

5. 计收货物运输费用的依据

检验机构所出具的重量检验证书和货载衡量证书均可作为承运人向托运人收取运输费用的有效依据。另外，这类检验证书还可以作为港口计算装卸费、仓租费的有效依据。

6. 索赔、仲裁和诉讼的凭证

在国际贸易中，当进口商发现进口货物的品质、重量、包装等条件与合同中或信用证上的不符时，可向检验机构提出申请，要求验货出证，并以此为依据向有关贸易关系人提出索赔，另外，检验证书也是仲裁和诉讼时向仲裁庭或法院举证的重要依据。

八、检验依据与检验方法

（一）检验依据

检验依据就是据以衡量进出口商品是否合格的标准。

1. 进口商品检验的依据

（1）样品成交的商品以样品为检验依据。
（2）合同或信用证规定的指标。
（3）合同规定不明确，首选生产国标准。
（4）生产国无标准，参考国际标准。
（5）若无国际标准，则按进口国标准。
（6）参照卖方提供的说明书和参考资料。

2. 出口商品检验的依据

（1）样品成交的商品以样品为检验依据。
（2）合同或信用证规定的指标。
（3）合同规定不明确，首选国际标准进行检验。
（4）若无国际标准，则按行业标准。
（5）无行业标准，参考国际上同类商品的标准或与商检机构研究确定。
（6）可以参考第三国的标准。

（二）检验方法

检验方法是指对进出口商品的质量、数量、包装等进行检验的做法。在实践中，检验方法主要有感官检验、化学检验、物理检验、微生物学检验等。为了避免争议，最好在合同中明确检验方法。

小 知 识

包装检验是根据外贸合同、标准和其他有关规定，对进出口商品的外包装和内包装以及包装标志进行检验。

包装检验首先核对外包装上的商品包装标志（标记、号码等）是否与进出口贸易合同相符。

对进口商品主要检验外包装是否完好无损，包装材料、包装方式和衬垫物等是否符合合同规定要求。对外包装破损的商品，要另外进行验残，查明货损责任方以及货损程度。对发生残损的商品要检查其是否由包装不良所引起。

对出口商品的包装检验，除包装材料和包装方法必须符合外贸合同、标准规定外，还应检验商品内外包装是否牢固、完整、干燥、清洁，是否适于长途运输和保护商品质量、数量的习惯要求。

商检机构对进出口商品的包装检验，一般抽样或在当场检验，或进行衡器计重的同时结合进行。品质检验也称质量检验。

运用各种检验手段，包括感官检验、化学检验、仪器分析、物理测试、微生物学检验等，对进出口商品的品质、规格、等级等进行检验，确定其是否符合外贸合同（包括成交样品）、标准等规定。

品质检验的范围很广，大体上包括外观质量检验与内在质量检验两个方面：外观质量检验主要指对商品的外形、结构、花样、色泽、气味、触感、疵点、表面加工质量、表面缺陷等的检验；内在质量检验一般指有效成分的种类含量、有害物质的限量、商品的化学成分、物理性能、机械性能、工艺质量、使用效果等的检验。同一种商品根据不同的外形、尺寸、大小、造型、式样、定量、密度、包装类型等有不同的规格。

卫生检验主要是对进出口食品检验其是否符合人类食用卫生条件，以保障人民健康和维护国家信誉。根据《中华人民共和国食品卫生法（试行）》规定："进口的食品、食品添加剂、食品容器、包装材料和食品用工具及设备，必须符合国家卫生标准和卫生管理办法的规定。进口上款所列产品，由国家食品卫生监督检验机构进行卫生监督检验。进口单位在申报检验时，应当提供输出国（地区）所使用的农药、添加剂、熏蒸剂等有关资料和检验报告。海关凭国家卫生监督检验机构的证书放行。"又规定："出口食品由国家进出口商品检验部门进行卫生监督、检验。海关凭国家进出口商品检验部门的证书放行。"

安全性能检验是根据国家规定和外贸合同、标准以及进口国的法令要求，对进出口商品有关安全性能方面的项目进行的检验，如易燃、易爆、易触电、易受毒害、易受伤害等，以保证生产使用和生命财产的安全。目前，除进出口船舶及主要船用设备材料和锅炉及压力容器的安全监督检验，根据国家规定分别由船舶检验机构和劳动部门的锅炉、压力容器安全监察机构负责监督检查外，其他进出口商品涉及安全性能方面的项目，由商检机构根据外贸合同规定和国内外的有关规定和要求进行检验，以维护人身安全和确保经济财产免遭侵害。

第二节　买卖合同中的检验条款

我们之所以要订立商品检验条款，最主要的目的就是验证卖方所交货物是否符合合同的规定，进一步验证卖方是否完成交货义务，一旦发现卖方所交货物与合同不符，买方可以拒收货物、拒付货款或提出索赔要求。因此，在进出口贸易中，订立好商品检验条款具有十分重要的意义。

一、商品检验条款的主要内容

在制定商品检验条款时，买卖双方应考虑进出口商品本身的特点、各国有关的法律规定及国际贸易惯例等因素。一般来说，商品检验条款的主要内容包括：①检验的时间和地点。②检验机构。③检验标准。④检验方法。⑤复验的时间、地点与机构。⑥检验的内容（品质、重量、包装等）。⑦检验证书的种类。

二、订立商品检验条款应注意的问题

进出口合同中的检验条款和其他条款一样，也具有十分重要的意义，订立商品检验条款有利于合同的顺利完成。订立商品检验条款应注意以下事项：①品质条款必须明确。②如果该合同是按品牌、产地、商标来规定品质时，卖方应提供具体指标。③凭样品成交的商品，卖方所交的商品要与样品一致。④如果合同中样品与文字并用，应强调是以样品还是文字规定的指标为标准。⑤在商检条款中明确抽样方法和检验方法。⑥对于复杂的机器设

备的进口合同,商检条款要加以特殊性规定。⑦应考虑包装问题,包装要与运输方式相协调,也不能与商检相矛盾。

总体来说,要注意以下七点:品质、品牌、样品、样品与文字说明、抽样方法、机器设备、包装。

复习思考题

1. 商品检验的内容包括哪些?
2. 进出口商品出入境检验检疫程序如何?
3. 列举检验证书的种类。
4. 检验证书的作用有哪些?
5. 订立商品检验条款应注意的问题有哪些?

案例分析

1. 有一份合同中的检验条款是这么规定的:"以装运地检验报告为准"。但货物到达目的地后,买方发现货物与合同规定不符,经当地商品检验机构出具检验证书后,买方可否向卖方索赔?为什么?请你分析原因。

2. 信用证上规定出口商须提供检验证明,但卖方在货物出口后才发现未作检验证明,买方因此拒付,此时如由出口地再出具检验证明已不可能,有什么解决办法?

3. 进口方委托银行开出的信用证上规定:卖方须提交"商品净重检验证书"。进口商在收到货物后,发现除质量不符外,卖方仅提供重量单。买方立即委托开证行向议付行提出拒付,但货款已经押出。事后,议付行向开证行催付货款,并解释卖方所附的重量单即为净重检验证书。问:(1)重量单与净重检验证书一样吗?(2)开证行能否拒付货款给议付行?

第八章

进出口货物报关

引例：

中国成套设备进出口总公司（北京）（CHINA NATIONAL COMPLETE PLANT IMPORT & EXPORT CORP.）与法国 LECLEC 公司于 2005 年 7 月 8 日在广州签订了出售户外家具（outdoor furniture）的外贸合同，货名：花园椅（Garden Chair，铸铁底座的木椅，按规定出口时需要有动植物检验检疫证明）；型号：TG0503；价格：USD58.00/PC FOB Guangzhou；数量：950 把；毛重：20KGS/PC；净重：18KGS/PC；包装：1PC/CTN；集装箱：1×20'；生产厂家：广东南海飞达家具厂；最迟装船日期：2005 年 9 月 8 日；起运港：广州港；目的港：马赛；支付方式：不可撤销信用证。

1. 根据以上资料为出口公司整理一份销售合同／成交确认书。
2. 如果中国成套设备进出口总公司委托广州穗港报关行报关，是否要办理异地报关备案手续？需要的话，应如何办理？
3. 如果订舱的装船时间是 2005 年 9 月 8 日上午 10:00，那么，报关员应最迟何时在何地报关完毕？
4. 如果报关员在 8 月 20 日以电子数据报关单向海关申报，8 月 22 日收到海关"放行交单"的通知，那么，报关员应不迟于哪一天持打印的纸质报关单，备齐哪些单证到货物所在地海关提交书面单证并办理相关海关手续？
5. 应该缴纳哪些海关规定的税费？

本章的学习要点：

- 海关的相关概念
- 报关制度
- 报关机构
- 报关流程

第一节　海关概述

一、海关的性质与任务

海关是国家进出关境的监督管理机关。海关从属于国家行政管理体制，对内对外代表国家依法独立行使行政管理权。海关履行国家行政制度的监督管理职能，是国家宏观管理的一个重要组成部分。海关实施监督管理的范围是进出关境及与之有关的活动。海关实施监督管理的对象包括所有进出关境的运输工具、货物、物品。

《海关法》以立法形式明确表述了中国海关的性质与任务。《海关法》第二条规定："中华人民共和国海关是国家进出境监督管理机关。海关依照本法和其他有关法律、行政法规，监管进出境的运输工具、货物、行李物品、邮递物品和其他物品，征收关税和其他税、费，查缉走私，并编制海关统计和办理其他海关业务。"

二、海关的权力

根据《海关法》及有关法律、行政法规的规定，海关的权力主要包括行政许可权、税费征收权、行政检查权、行政强制权、佩带和使用武器权、行政处罚权、其他行政处理权。其中，行政检查权包括检查权、查验权、查阅和复制权、查问权、查询权、稽查权。行政强制权包括扣留权、滞报、滞纳金征收权、提取货样、施加封志权、提取货物变卖、先行变卖权。

三、海关的管理体制与机构

海关作为国家的进出境监督管理机关，为了履行其进出境监督管理职能，提高管理效率，维持正常的管理秩序，必须建立完善的领导体制。《海关法》规定"国务院设立海关总署，统一管理全国海关""海关依法独立行使职权，向海关总署负责"，明确了海关总署作为国务院直属部门的地位，进一步明确海关机构的隶属关系，把海关集中统一的垂直领导体制以法律形式确定了下来。

《海关法》以法律形式明确了海关的设关原则："国家在对外开放的口岸和海关监管业务集中的地点设立海关。海关的隶属关系，不受行政区划的限制。"

海关机构的设置为海关总署、直属海关和隶属海关三级。隶属海关由直属海关领导，向直属海关负责；直属海关由海关总署领导，向海关总署负责。

第二节　报关管理制度

报关管理制度，是指海关依法对进出境运输工具负责人、进出口货物收发货人或代理人的报关资格审定、批准和报关行为进行有效管理的业务制度。为了加强对报关单位及其报关员的主体资格管理，规范报关行为，明确报关单位、报关员的法律地位和法律责任，《海关法》和相关行政法规、规章明确了一系列报关管理制度。

一、报关单位

（一）报关单位的概念

报关单位是指依法在海关注册登记的报关企业和进出口货物收发货人。

《海关法》规定对向海关办理进出口货物报关手续的进出口货物收发货人、报关企业实行注册登记管理制度。因此，依法向海关注册登记是法人、其他组织或个人成为报关单位的法定要求。只有在海关注册登记或经海关批准的单位，才能向海关办理进出口货物的报关纳税手续。

《海关法》将报关单位划分为两种类型，即进出口货物的收发货人和报关企业。

进出口货物的收发货人是指依法直接进口或者出口货物的中华人民共和国境内的法人、其他组织或者个人，是依法向国务院对外贸易主管部门或者其委托的机构办理备案登记的对外贸易经营者。

报关企业是指按照相关规定经海关准予注册登记，接受进出口货物收发货人的委托，以进出口货物收发货人的名义或者自己的名义，向海关办理代理报关业务，从事报关服务的境内企业法人。目前，我国从事报关服务的报关企业主要有两类：一类是经营国际货物运输代理、国际运输工具代理等业务，兼营进出口货物代理报关业务的国际货物运输代理公司；另一类是主营代理报关业务的报关公司或报关行。

（二）对报关单位的管理

海关对报关单位实行注册登记制度，即进出口货物收发货人、报关企业依法向海关提交规定的注册登记申请材料，经注册地海关依法对申请注册登记材料进行审核，准予办理报关业务的管理制度。

海关对已经登记注册的报关单位实行年审制度，即报关单位每年在规定的期限内，向海关递交规定的文件资料，由海关依法对其报关资格进行年度审核，以确定其是否具备继续开展报关业务条件和资格的一项海关管理制度。

二、报关员

（一）报关员的概念

报关员是依法取得报关员从业资格，并在海关注册登记、向海关办理进出口货物报关业务的人员。

我国《海关法》规定，报关员不是自由职业者，依法取得报关从业资格的人员必须受雇于一个依法向海关注册登记的进出口货物收发货人或者报关企业，并代表企业向海关办理报关业务。报关员不得同时兼任两个或两个以上报关单位的报关工作。报关员更换报关单位的,应当注销原报关员注册,重新申请报关员注册。报关员遗失报关员证的,应当及时向注册地海关书面说明情况,并在报刊声明作废,海关应当自收到情况说明和报刊声明证明之日起二十日内予以补发。

（二）对报关员的管理

2013年10月12日,海关总署发布了《海关总署关于改革报关员资格管理制度的公告》（公告〔2013〕54号）,公布了总署将改革现行报关从业人员资质资格管理制度、取消报关员资格核准审批。报关员资格核准审批取消后,海关将按照"由企及人"的管理理念,通过指导、督促报关企业加强内部管理,进而实现对报关从业人员的管理。同时,报关从业人员作为海关行政管理相对人,其报关行为仍需接受海关监督管理,海关将以报关卡（IC卡）作为识别报关从业人员身份及所属报关企业的证明,在对现行规章进行修订的基础上对报关从业人员实施记分管理;对报关从业人员的违法行为,海关可依据《海关法》《海关行政处罚实施条例》等予以处理。

第三节　对外贸易管制

一、对外贸易管制的含义

对外贸易管制是一国政府从国家宏观经济利益、国内外政策需要及为履行所缔结或加入的国际条约的义务出发,确定实行各种管制制度、设立相应管制机构和规范对外贸易活动的总称。

对外贸易管制是各国政府为了保护和促进国内生产、增加出口、限制进口而采取的鼓励或限制措施,或为政治目的对进出口采取禁止或限制的措施。对外贸易管制已成为各国不可或缺的一项重要政府职能。

二、我国货物、技术进出口许可管理制度

进出口许可管理制度是指国家根据《中华人民共和国货物进出口管理条例》《中华人民共和国技术进出口管理条例》等相关法律、行政法规,对进出口贸易所实行的一种行政管理制度。它包括对准许进出口的有关证件的审批、管理制度本身的程序,也包括以国家各类许可为条件的其他行政管理手续。货物、技术进出口许可管理制度是我国进出口许可制度的主体和核心内容。

（一）货物进出口许可管理

货物进出口许可管理制度管理的范围包括禁止进出口货物、限制进出口货物和自由进出口货物。其中,对于部分自由进出口货物,国家实行自动进出口许可管理。

1. 禁止进出口货物管理

凡已经列入由国务院对外贸易主管部门会同国务院有关部门制定、调整并公布的禁止进出口货物目录的货物，均不得进出口。国家对外贸易主管部门与进出境主管部门都有责任和义务在货物进出境整个过程中对违反禁止进出口规定的货物，依法采取有效措施。

2. 限制进出口货物管理

国家实行限制进口、出口管理的货物，必须依照国家有关规定取得国务院对外贸易主管部门或者其会同国务院有关部门的许可，方可进口、出口。

国家对限制进出口货物所采取的管理方式是配额管理与许可证管理（图 8-1）。

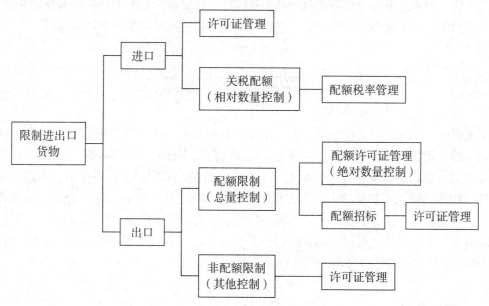

图 8-1　限制进出口货物的管理

3. 自由进出口货物管理

除国家禁止、限制进出口货物以外的进出口货物，均属于自由进出口范围。自由进出口货物不受限制。但为了满足监测进出口情况的需要，国家对部分属于自由进出口的货物实行自动进出口许可管理。

（二）技术进出口许可管理

1. 禁止进出口技术管理

根据《中华人民共和国对外贸易法》《中华人民共和国技术进出口管理条例》《中华人民共和国禁止出口限制出口技术管理办法》以及《中华人民共和国禁止进口限制进口技术管理办法》的有关规定，国务院对外贸易主管部门会同国务院有关部门制定、调整并公布禁止进口、出口的技术目录。属于禁止进口、出口的技术，不得进口、出口。

2. 限制进出口技术管理

根据《中华人民共和国技术进出口管理条例》的规定，国家对于限制进出口的技术，实行许可证管理。进出口属于限制进出口的技术，应当向国务院对外贸易主管部门提出技术进出口申请，经批准并取得技术进出口许可证，借以向海关办理进出口通关手续。

3. 自由进出口技术管理

对于自由进出口的技术，国家规定实行合同登记管理。进出口属于自由进出口的技术，应当向国务院对外贸易主管部门或者其委托的机构办理合同备案登记，取得技术进出口合同登记证，申请人借以办理外汇、银行、税务、海关等相关手续。

三、其他贸易管制制度

除货物、技术进出口许可管理制度外，我国的对外贸易管制制度还包括对外贸易经营者资格管理制度、出入境检验检疫制度、进出口收付汇管理制度和贸易救济制度等。

第四节 报关程序

报关程序是指进出口货物收发货人、运输工具负责人、物品的所有人或其代理人，按海关规定，办理货物、运输工具、物品进出境及相关海关事务的手续和步骤。

在我国，货物进出境须经过海关审单、查验、征税、放行四个作业环节。与之相适应，进出口货物收发货人或其代理人应当按程序办理相应的进出口申报、配合查验、缴纳税费、提取或装运货物等手续，货物才能进出境。但是这些程序还不能满足海关对所有进出境货物的实际监管要求。从海关对进出境货物进行监管的全过程来看，报关程序按时间先后可以分为三个阶段：前期阶段、进出境阶段、后续阶段。

一、前期阶段

前期阶段是根据海关对保税货物、特定减免税货物、暂准进出境货物、其他进出境货物的监管要求，进出口货物收发货人或其代理人在货物进出境以前，向海关办理备案手续的过程。

（1）保税货物中的保税加工货物进口前，进口货物收货人或其代理人应当办理加工贸易备案和申领加工贸易电子的或纸质的登记手册的手续。

（2）特定减免税货物在进口之前，进口货物收货人或其代理人应当办理企业的减免税申请和申领减免税证明的手续。

（3）暂准进出境货物中的展览品实际进境之前，进出境货物收发货人或其代理人应当办理展览品进境备案申请的手续。

（4）其他进出境货物中的出料加工货物实际出境之前，出境货物收发货人或其代理人应当办理出料加工的备案手续。

二、进出境阶段

进出境阶段是指根据海关对进出境货物的监管制度，进出口货物收发货人或其代理人在一般进出口货物、保税货物、特定减免税货物、暂准进出境货物、其他进出境货物进出境时，向海关办理进出口申报、配合查验、缴纳税费、提取或装运货物手续的过程。

（一）进出口申报

进出口申报是指进出口货物收发货人或其代理人在海关规定的期限内，按照海关规定的形式，向海关报告进出口货物的情况，提请海关按其申报的内容放行进出口货物的工作环节。

1. 申报方式

《海关法》规定："办理进出口货物的申报手续，应当采用纸质报关单形式和电子数据报关单的形式。"这一规定确定了电子报关的法律地位，使电子数据报关单和纸质报关单具有同等的法律效力。

进出口货物收发货人或其代理人先进行电子申报，接到海关发送的"接受申报"的报文后，凭打印的纸质报关单，并随附有关单证向海关提交。一般情况下，在采用电子和纸质报关单申报时，海关接受申报的时间以接受电子数据报关单申报的时间为准。

特殊情况下进出口货物收发货人或其代理人可以单独使用纸质报关单或单独使用电子数据报关单向海关申报。

2. 申报地点

进口货物应当由收货人或其代理人在货物的进境地海关申报；出口货物应当由发货人或其代理人在货物的出境地向海关申报。经海关同意，进口货物的收货人或其代理人可以在设有海关的货物指运地，出口货物的发货人或其代理人可以在设有海关的货物启运地申报。

3. 申报时限

进口货物的申报期限为自装载货物的运输工具申报进境之日起十四日内。申报期限的最后一天是法定节假日或休息日的，顺延至法定节假日或休息日后的第一个工作日。

进口货物的收货人未按规定期限向海关申报的，由海关按《海关法》的规定征收滞报金。进口货物自装载货物的运输工具申报进境之日起超过三个月仍未向海关申报的，货物由海关提取依法变卖处理。对属于不宜长期保存的货物，海关可以根据实际情况提前处理。

出口货物的申报时限为货物运抵海关监管区后，装货的二十四小时以前。

4. 申报单证

（1）主要单证是报关单。

（2）基本单证是指进出口货物的货运单据和商业单据，主要有商业发票、装箱单、出口装货单据、进口提货单等。

（3）特殊单证主要是指进出口许可证件、加工贸易登记手册（包括电子的和纸质的）、特定减免税证明、作为特殊货物进出境证明的原进出口货物报关单证、入境货物通关单、出境货物通关单、原产地证明等。

（4）预备单证主要是指贸易合同、进出口企业的有关证明文件等。

（二）配合查验

配合查验是指申报进出口的货物经海关决定查验时，进口货物的收货人、出口货物的发货人或者办理进出口申报具体手续的报关员应当到查验现场，配合海关查验货物，并负责按照海关的要求搬移、开拆或重封被查验货物的工作环节。

1. 查验地点

查验一般在海关监管区内进行。对进出口大宗散装、危险品、鲜活商品、落驳运输货物，经货物收发货人或其代理人申请，海关也可同意在卸货作业的现场进行查验。在特殊情况下，经货物收发货人或其代理人申请，海关可派人员到海关监管区以外的地方查验货物。

2. 查验时间

当海关决定查验时，将查验决定以书面通知的形式通知进出口货物收发货人或其代理人，约定查验时间。查验时间一般约定在海关正常工作时间内，但是在一些进出口业务繁忙的口岸，海关也可应进出口货物收发货人或其代理人请求，在海关正常工作时间以外安排查验作业。

（三）缴纳税费

缴纳税费即进出口货物收发货人或其代理人接到海关发出的税费缴纳通知书后向海关指定的银行办理税费款项的缴纳手续，由银行将税费款项缴入海关专用账户的工作环节。

（四）提取或装运货物

提取货物是指进口货物的收货人或其代理人，在办理进口申报、配合查验、缴纳税费等手续，海关决定放行后，持海关加盖"放行章"的进口提货凭证（提单、运单、提货单等）或海关通过计算机系统发送的放行通知书，到货物进境地的港区、机场、车站、邮局等地的海关监管仓库，提取进口货物的工作环节。

装运货物是指出口货物的发货人或其代理人，在办理出口申报、配合查验、缴纳税费等手续，海关决定放行后，持海关加盖"放行章"的出口装货凭证（运单、装货单、场站收据等）或海关通过计算机系统发送的放行通知书，通知港区、机场、车站及其他有关单位装运出口货物的工作环节。

进出口货物收发货人或其代理人办理完提取进口货物或装运出口货物的手续后，根据实际情况和需要，可自行打印相关单据，也可请求海关签章或签发有关货物进口、出口证明联、报关单进口付汇证明联、报关单出口收汇证明联、报关单出口退税证明联、进口货物证明书。

三、后续阶段

后续阶段是指根据海关对保税货物、特定减免税货物、暂准进出境货物、其他进出境货物的监管需要，进出口货物的收发货人或其代理人在货物进出境储存、加工、装配、使用、维修后，在规定期限内，按照规定要求，向海关办理进出口货物核销、销案、申请解除海关监管等手续的过程。

（1）对保税货物，进出口货物的收发货人或其代理人应当在规定期限内办理核销手续。

（2）对特定减免税货物，进口货物的收货人或其代理人应当在海关监管期满后或者在监管期内经海关批准出售、转让、退运、放弃并办妥有关手续后，向海关申请办理解除海关监管的手续。

（3）对暂准进出境货物，进出口货物的收发货人或其代理人应当在暂准进出境规定期限内，或者在经海关批准延长暂准进出境期限到期前，办理复运出境或复运进境或正式进出口手续，然后申请办理销案手续。

（4）对其他进出境货物中的出料加工货物、修理货物、部分租赁货物等，进出境货物收发货人或其代理人应当在规定期限内办理销案手续。

第五节 进出口税费

进出口税费是指在进出口环节中由海关依法征收的关税、增值税、消费税、滞纳金和滞报金等税费。

一、关税

关税是由海关代表国家，按国家制定的关税政策和公布实施的税法及进出口税则，对准许进出境的货物和物品征收的一种流转税。

关税是一种国家税收。关税的征税主体是国家，由海关代表国家向纳税义务人征收，其课税对象是进出境的货物和物品。关税的纳税义务人是指依法负有直接向国家缴纳关税义务的单位或个人，也称为关税纳税人或关税纳税主体。

关税是国家税收的重要组成部分，是国家保护国内经济、实施财政政策、调整产业结构、发展进出口贸易的重要手段，也是世界贸易组织允许缔约方保护其境内经济的一种手段。

（一）进口关税

目前，我国进口关税分为从价税、从量税、复合税。

1. 从价税

从价税是以进口货物的完税价格作为计税依据，以应征税额占货物完税价格的百分比为税率，完税价格和税额成正比例关系。

从价税的应征进口关税税额 = 货物的完税价格 × 从价进口关税税率

进出口货物的完税价格由海关以该货物的成交价格为基础审查确定，并应包括货物运抵中华人民共和国关境内输入地点起卸前的运费及相关费用、保险费。

在确定完税价格时应选用以下计算公式：

$$完税价格 = CIF$$
$$= （FOB 价格 + 运费）/（1-保险费率）$$

2. 从量税

从量税是以进口商品的数量、容积、重量等计量单位计征关税的方法。

从量税的应征进口关税税额 = 货物数量 × 单位税额

我国目前对原油、啤酒、胶卷和冻鸡等进口商品征收从量关税。

3. 复合税

复合税是对某种进口商品混合使用从价税和从量税计征关税。我国于 1997 年 10 月 1 日起对录像机、放像机等四类进口商品计征复合税。

$$复合税应征税额 = 货物数量 \times 单位税额 + 货物完税价格 \times 从价税税率$$

进口关税还有正税与附加税之分。正税即按税则法定进口税率征收的关税。进口附加税是由于一些特定需要对进口货物除征收关税之外另行征收的一种进口税，一般具有临时性。世界贸易组织不准其成员在一般情况下随意征收进口附加税，只有符合世界贸易组织反倾销、反补贴条例规定的反倾销税、反补贴税才可以征收。反倾销税是为抵制外国商品倾销进口，保护国内生产而征收的一种进口附加税，即在倾销商品进口时除征收进口关税外，再征收反倾销税。我国目前征收的进口附加税主要是反倾销税。

此外，为应对他国对我国出口产品实施的歧视性关税或待遇，我国还对其产品征收特别关税。特别关税是为了抵制外国对本国出口产品的歧视而对原产于该国的进口货物特别征收的一种报复性关税。

（二）出口关税

为了鼓励出口，世界各国一般不征收出口关税或仅对少数商品征收出口关税。征收出口关税的主要目的是限制、调控某些商品的过度、无序出口，特别是防止本国一些重要自然资源和原材料的无序出口。

我国目前征收的出口关税都是从价税。

$$从价税的应征出口关税税额 = 出口货物完税价格 \times 出口关税税率$$

其中，出口货物完税价格 =FOB 价 /（1+ 出口关税税率），即出口货物是以 FOB 价成交的，应以该价格扣除出口关税后作为完税价格；如果以其他价格成交的，应换算成 FOB 价后再按上述公式计算。

二、进口环节税

进口货物和物品在办理海关手续放行后，进入国内流通领域，与国内货物同等对待，所以应缴纳应征的国内税。进口货物和物品的一些国内税依法由海关在进口环节征收。目前，由海关征收的国内税主要有增值税、消费税两种。

（一）增值税

增值税是以商品的生产、流通和服务各环节所创造的新增价值为课税对象征收的一种流转税。进出口环节的增值税由海关征收，其他环节的增值税由税务机关征收。进口环节增值税的免税、减税项目由国务院规定，任何地区、部门都无权擅自决定增值税的减免。进口货物由纳税义务人（进口人或者其代理人）向报关地海关申报缴纳增值税。

纳税人进口货物，按照组成计税价格和规定税率计算应纳税额，不得抵扣任何税额。

$$组成计税价格 = 关税完税价格 + 关税税额 + 消费税税额$$
$$应纳增值税税额 = 组成计税价格 \times 增值税税率$$

（二）消费税

消费税是以消费品或消费行为的流转额作为课税对象而征收的一种流转税。进口环节消费税是由海关依法向进口应征消费税消费品的单位或个人征收的。我国消费税采用价内税的计税方法，即计税价格包括消费税税额。

进口环节的消费税由海关征收，其他环节的消费税由税务机关征收。进口环节消费税除国务院另有规定外，一律不得给予减税、免税。进口应税消费品，由纳税义务人（进口人或者其代理人）向报关地海关申报纳税。

我国的消费税实行从价定率、从量定额的方法计算应纳税额。

（1）从价征收的消费税是按组成计税价格计算的，计算公式为：

$$应纳税额 = 组成计税价格 \times 消费税税率$$

$$组成计税价格 = （关税完税价格 + 关税税额）/（1 - 消费税税率）$$

（2）从量定额征收的消费税的计算公式为：

$$应纳税额 = 应征消费税消费品数量 \times 单位税额$$

（3）实行从量、从价征收的消费税是上述两种征税方式之和。其计算公式为：

$$应纳税额 = 应征消费税消费品数量 \times 单位税额 + 组成计税价格 \times 消费税税率$$

三、滞纳金和滞报金

（一）滞纳金

滞纳金是海关税收管理中的一种行政强制措施。在海关的监督管理中，滞纳金是应纳关税的单位或个人因在规定期限内未向海关缴纳税款而依法应缴纳的款项。按照规定，关税，进口环节增值税、消费税等的纳税人或其代理人，应当自海关填发税款缴款证书之日起十五日内向指定银行缴纳税款，逾期缴纳的，海关依法在原应纳税款的基础上，按日加收滞纳税款 0.5‰ 的滞纳金。

海关对滞纳天数的计算是自滞纳税款之日的第二天起计算，至进口货物的纳税义务人缴纳税款之日止，其中的法定节假日不予扣除。缴纳期限届满日遇到星期六、星期日等休息日或者法定节假日的，应当顺延至休息日或者法定节假日之后的第一个工作日。其计算公式为：

$$关税滞纳金金额 = 滞纳关税额 \times 0.5‰ \times 滞纳天数$$

$$代征税滞纳金金额 = 滞纳代征税税额 \times 0.5‰ \times 滞纳天数$$

（二）滞报金

滞报金是海关对未在法定申报期限内向海关申报进口货物的收货人采取的依法加收的属经济制裁性的款项。征收滞报金的目的是加速口岸疏运，加强海关对进口货物的通关管理，促使进口货物收货人按规定的时限申报。

进口货物的申报期限为载运进口货物运输工具申报进境之日起十四日内。滞报金按日计征，其起征日为规定的申报时限的次日，截止日为收货人向海关申报后海关接受申报的日期。除另有规定外，起征日和截止日均计入滞报期间。滞报金的日征收金额为进口货物完税价格的 0.5‰。计算公式为：

应征进口货物滞报金金额 = 进口货物完税价格 × 0.5‰ × 滞报天数

四、计算进出口税费应注意的其他事项

（1）完税价格采用四舍五入法计算至分。关税税额及进口环节增值税、消费税、滞纳金也采用四舍五入法计算至分。关税及进口环节增值税、消费税、滞纳金一律以人民币计征，起征点均为人民币五十元，低于五十元的免予征收。

（2）进出口货物的成交价格及有关费用以外币计价的，计算税款前海关按照货物使用税率之日所使用的计征汇率折合为人民币计算完税价格。

海关每月使用的计征汇率为上一个月的第三个星期三（第三个星期三为法定节假日的，顺延采用第四个星期三）中国人民银行公布的基准汇率；以基准汇率以外的外币计价的，采用同一时间中国银行公布的现汇买入价和现汇卖出价的中间值（人民币元后采用四舍五入法保留四位小数）。

（3）对于既需要缴纳进口环节消费税又需要缴纳增值税的进口货物，一般的计算过程为：先计算进口关税税额，再计算消费税税额，最后计算增值税税额。

小知识 　　　　　报关期限　代理报关

一、报关期限

报关期限是指货物运到口岸后，法律规定收货人或其代理人向海关报关的时间限制。根据《海关法》规定，进口货物的报关期限为自运输工具申报进境之日起十四日内，由收货人或其代理人向海关报关；转关进口货物除在十四日内向进境地海关申报外，还须在载运进口货物的运输工具抵达指运地之日起十四日内向指运地海关报关；超过这个期限报关的，由海关征收滞报金。出口货物应在货物装入运输工具的二十四小时之前，向海关报关。也就是说，应先报关，后装货。须在报关二十四小时之后，才能将货物装入运输工具。进口货物规定报关期限和征收滞报金是为了运用行政手段和经济手段，促使进口货物收货人或其代理人及时报关，加速口岸疏运，使进口货物早日投入生产和使用。出口货物规定报关期限，是为了保证海关对出口货物的查验监管，保证货物及时运输出口。

二、代理报关

具有法人资格的企业，可向海关申请办理代理报关注册登记，并同时向海关提交有关文件材料：

工商行政管理部门核发的营业执照；

代理报关注册登记申请书；

资信证明文件，如有足够的流动资产或银行存款，保证进出口货物税款能够及时缴纳的证明文件，或是向金融机构投保并向海关提交金融机构出具的经济担保书，或者通过公证机关以固定资产抵押形式保证缴纳的资信证明文件。

申请经海关审核批准后，发给《报关注册登记证明书》。企业取得报关单位的资格后，即可由专职或兼职报关员办理货物进出关境的手续。报关单位的资格随同原申请成为报关单

位的企业的撤销而自动终止。如更改注册登记内容时，需重新向海关申请。

1. 代理报关单录入业务流程

代理报关单位持"报关单录入权"操作员卡的操作员进入中国电子口岸"报关单录入"界面，在备案数据下载协议的授权范围内下载本委托单位的征免税证明、加工贸易手册或加工区备案清单后，脱机录入报关单数据（数据暂存在本地数据库），录入并提交后将录入的报关单数据信息上载到数据中心。

2. 代理报关审核申报业务流程

代理报关单位持"报关单审核申报"权操作员卡的操作员进入中国电子口岸的"报关单审核申报"界面，对报关单的逻辑性、填报的规范性进行审核，确保报关单可以向海关进行申报。如发现错误，则需要将报关单下载到本地进行修改，修改后的报关单需重新上载到数据中心，并且需要重新进行审核。审核通过后进入自理报关申报确认业务流程。

3. 代理报关申报确认业务流程

代理报关单位持"报关单申报确认"权操作员卡的企业管理人员进入中国电子口岸"报关单申报确认"界面，对报关单进行确认申报操作，经"申报确认"后的报关单通过公共数据中心传至海关内部网。如果申报确认时认为报关单的填制不符合逻辑，需要将报关单数据下载到本地进行修改，修改完毕之后需要将数据重新上载到数据中心，并且重新进行审核和申报确认。

代理报关单位打印出经海关审核通过的报关单，并携带其他单证去海关办理其他通关手续。

复习思考题

1. 海关的性质与任务各是什么？
2. 海关有哪些权力？海关的行政管理体制有何特点？
3. 海关对报关单位及报关员的管理制度有哪些？
4. 简述货物与技术进出口管制的异同。
5. 简述进出口申报时应提交的单证。
6. 简述进出口货物申报的期限和申报形式。
7. 简述我国关税、增值税、消费税的纳税义务人。
8. 我国关税的纳税期限是什么？滞纳天数和滞纳金如何计算？
9. 我国进口关税和出口关税的计算公式、我国进口环节增值税和消费税的计算公式是什么？
10. 滞报天数和滞报金如何计算？

案例分析

1. 某土畜产进出口公司委托某外运公司办理一批服装的出口运输，从上海运至日本。外运公司租用某远洋运输公司的船舶承运，但以其自己的名义签发提单。货物运抵目的港后，发现部分服装已湿损。于是，收货人向保险公司索赔。保险公司依据保险合同赔偿收货人后，取得代位求偿权，进而对外运公司提起诉讼。

请问：保险公司应该对外运公司起诉吗？说明理由。

2. 山东日照万顺化工产品有限公司使用现汇与新加坡星海贸易有限公司签约进口一批××型号的聚乙烯（法定检验、自动进口许可管理）200吨用于加工成印花雨衣，每吨为CIF青岛990美元。该合同履行过程中，因境外发货有误，部分料件没有及时到货，为确保履行成品出口合同，经报主管海关同意，使用本企业其他进口非保税料件进行串换。在加工过程中，由于没有印花设备，万顺公司经报主管海关同意，将半成品交江苏南通康龙胶印有限公司印花后运回。合同执行过程中产生的边角料作内销处理。合同执行完毕，向主管海关办理了报核手续。

该企业向海关办理申报手续时应提交哪些单证？

第九章

国际贸易争议的解决

引例：

日本 A 公司出售一批电视机给我国香港 B 公司，B 公司又把这批电视机转口给泰国 C 公司。在日本货物到达香港时，B 公司已发现货物质量有问题，但 B 公司将这批货物转船直接运往泰国。泰国公司收到货物后，经检验，发现货物有严重缺陷，要求退货。于是 B 公司转向 A 公司提出索赔，但遭日方 A 公司的拒绝。日方有无权利拒绝？为什么？

本章的学习要点：

- 导致合同不能顺利履行的因素
- 进出口货物买卖中，买卖双方的权利和义务
- 索赔、仲裁及诉讼
- 不可抗力和仲裁条款

第一节 违约与索赔

在国际商品买卖过程中，任何一个中间环节出现差错，或因买卖双方中任何一方违反了合同中的有关条款，而且直接或间接给对方造成了损失，都可能引起争议，受损一方就会向违约方提出索赔要求，违约方就要承担法律责任。

进出口货物买卖中的索赔，一般有三种情况：一是买卖双方之间的贸易索赔；二是向承运人的运输索赔；三是向保险人的保险索赔。三者既有联系又有区别。

一、违约行为及其法律后果

违约,是指买卖双方中的任何一方违反合同义务的行为。买卖合同是对缔约双方具有约束力的法律性文件。一方违约,就应承担违约的法律责任,而受害方有权根据合同或有关法律规定提出损害赔偿要求,这是国际贸易中所有当事人应普遍遵循的原则。

国际货物买卖履约时间长,业务环节多,涉及面比较广,发生联系的部门也非常复杂,在商品生产、采购、运输、资金移动等环节中一旦出现差错,都会给合同的正常履行带来影响。另外,国际市场变幻莫测,时常发生对当事人履约不利的情况,致使合同不能顺利履行,甚至撕毁合同,从而导致另一方当事人蒙受损失。

但是对违约方的违约行为及其应承担的法律后果如何,则取决于有关法律对此所作的解释和所确定的法律责任。各国法律对违约行为的性质划分不是很一致:有的国家是以合同中交易条件的主次为依据进行划分的;有的国家却以违约的后果轻重为依据进行划分。

(一)《公约》的规定

《公约》把违约分为根本性违约和非根本性违约两类。

根本性违约是指:"一方当事人违反合同的结果,如使另一方当事人蒙受损失,以致实际上剥夺了他根据合同规定有权期待得到的东西,即为根本性违约。"这种根本性违反合同是由于当事人的主观行为造成的,以致给另一方当事人造成实质性的损害,如卖方完全不交付货物或买方无理拒收货物、拒付货款,那么,受损方就可以宣布合同无效或要求损害赔偿。

非根本性违约,是指如果当事人不能预知,而且处于相同情况的另外一个通情达理的人也不能预知,会发生给另一方当事人带来损失的这种结果,那么就不构成根本性违约。

《公约》规定,如果一方当事人根本违反合同,另一方当事人可以宣告合同无效,并要求损害赔偿。如果是非根本性违约,则不能解除合同,只能要求损害赔偿。由此可见,《公约》对于违约情况的划分,是从违约所造成后果的严重性来确定的。

(二)英国法律的规定

英国法律把违约分成违反要件与违反担保两种。违反要件,是指违反合同的主要条款,受损害方有权因之解除合同并要求损害赔偿。违反担保,通常是指违反合同的次要条款,受损害方有权因之要求损害赔偿,但不能解除合同。哪些条款属于要件,哪些条款属于担保,英国法律并无明确规定。不过,一般认为与商品有关的品质、数量和交货期限等条件属于要件,与商品无直接联系的为担保。

(三)美国法律的规定

根据美国法律的规定,一方当事人违约,以致另一方无法取得该交易的主要利益,则是重大违约。在此情况下,受损方有权解除合同,并要求损害赔偿。如果一方违约情况并未影响对方在该交易中取得主要利益,则为轻微违约,受损一方只能要求损害赔偿,而无权解除合同。

（四）我国法律的规定

《中华人民共和国合同法》（以下简称《合同法》）规定：当事人一方延迟履行债务或有其他违约行为致使不能实现合同目的，对方可以不经催告解除合同；当事人一方延迟履行主要债务，经催告后在合理期限内未履行的，对方可以解除合同；还规定：合同终止不影响合同中结算和清理条款的效力，也不影响当事人请求损害赔偿的权利。

小 知 识

一、违约主要特征

1. 从主体来看，违约行为人是合同关系中的当事人，即主体具有特定性。这一特点是由合同相对性理论决定的。根据合同相对性理论，只有合同当事人才有权向对方提出履行请求或承担某种义务，第三人如果实施了侵害债权的行为，虽然也发生不履行合同的后果，但第三人承担的是侵权责任而不是违约责任。

2. 从前提来看，违约行为是以有效的合同关系的存在为前提的。没有有效的合同关系，就没有合同义务，也就不存在当事人一方不履行合同义务或履行合同义务不符合约定的问题。所以，只有有效的合同关系的存在，才有违约行为的存在和可能。

3. 从性质来看，违约行为就是违反了合同义务。这些义务主要包括：当事人在合同中约定的义务；法律规定的义务；依据诚实信用原则而产生的其他义务，如注意义务、告知义务、照顾义务、忠实义务、说明义务等。

4. 从后果来看，违约行为导致了对合同债权的侵害。债权是一种相对权，它的实现有赖于债务人切实、积极地履行合同义务，而违约行为导致债权人的债权无法实现或无法完全实现。

二、违约责任与侵权责任的关系

违约责任与侵权责任是两类基本的民事责任，它们分别是合同法与侵权行为法的核心问题。由于合同法与侵权行为法是债法的组成部分，它们都受民法的基本原则和债法的一般规定的指导。虽然两者具有共同特征，但在法律上存在重大差异，当事人对两类责任的不同选择将极大地影响其权利和义务的行使。

纵观各国的立法实践，两类责任的区别主要体现在如下几点：

1. 归责原则的区别。许多国家的法律规定，违约责任适用过错推定责任原则或严格责任原则。侵权责任在各国法律中通常以过错责任为基本原则，而对某些特殊的侵权行为实行严格责任原则。根据中国侵权行为法的规定，对侵权责任采用过错责任、严格责任、公平责任原则，实际上采用了多重归责原则。在侵权之诉中，只有在受害人具有重大过失时，侵权人的赔偿责任才可以减轻。而在合同之诉中，只要受害人具有轻微过失，违约当事人的赔偿责任就可以减轻。

2. 举证责任的区别。根据大多数国家的民法规定，在合同之诉中，受害人不负举证责任，而违约方必须证明其没有过错，否则，将推定他有过错。在侵权之诉中，侵权行为人通常不负举证责任，受害人必须就其主张举证。在某些侵权行为中，也实行举证责任倒置，但这毕竟只是特殊现象。根据中国民法规定，在一般侵权责任中，受害人有义务就加害人过错问题举证,而在特殊侵权责任中,应由加害人反证证明自己没有过错。不过,在合同责任中,违约方应当证明自己没有过错,否则,应承担违约责任。

3. 时效的区别。绝大多数国家的民法典对合同之诉和侵权之诉规定了不同的时效期限。有些国家民法规定,"侵权之诉适用短期时效,合同之诉适用长期普通时效。"中国《民法通则》规定,因侵权行为所产生的损害赔偿请求权一般适用二年时效规定,但因身体受到伤害而产生的损害赔偿请求权,其诉讼时效期间为一年;因违约行为产生的损害赔偿请求权,诉讼时效一般为二年,但在出售质量不合格的商品未声明、延付或者拒付租金以及寄存财物被丢失或者损毁的情况下,则适用一年时效规定;货物买卖合同争议提起诉讼或者仲裁的期限为四年。

4. 责任构成要件和免责条件的区别。在违约责任中,行为人只要实施了违约行为,且不具有有效的抗辩事由,就应当承担违约责任。但是在侵权责任中,损害事实是侵权损害赔偿责任成立的前提条件,无损害事实,便无侵权责任的产生。在违约责任中,除了法定的免责条件以外,合同当事人还可以事先约定不承担责任的情况。在侵权责任中,免责条件或原因只能是法定的,当事人不能事先约定免责条件,也不能对不可抗力的范围事先约定。

5. 责任范围的区别。对合同的损害赔偿责任,法律常常采取"可预性"标准来限定赔偿范围。对于侵权责任来说,损害赔偿不仅包括财产损失的赔偿,而且包括人身伤害和精神损害的赔偿,其赔偿范围不仅应包括直接损失,还包括间接损失。从以上分析可见,由于侵权责任和违约责任存在重要区别,所以在责任竞合的情况下,不法行为承担何种责任,将导致不同的法律后果的产生,并严重影响对受害人利益的保护和不法行为人的制裁,所以,责任竞合问题在近百年以来一直是民法界争论的热点。

二、索赔和理赔

索赔是指遭受损害的一方在争议发生后,向违约方提出赔偿要求;理赔是指违约方对受损害方所提出的赔偿要求的受理和处理。因此,索赔和理赔是一个问题的两个方面,在受损害方是索赔,在违约方是理赔。

在进出口贸易实践中,损害赔偿是最重要的,也是最常用的违约补救措施。按照法律的一般规则,受损害的一方当事人在采取其他违约补救措施时,如要求交付替代货物、对货物不符合合同之处进行修理、降低价格、规定一段合理的额外时间让对方履行合同义务或宣告合同无效等,都不影响该方当事人向违约方提出损害赔偿的权利。

三、贸易合同中的索赔条款

在国际货物买卖合同中,索赔条款的规定方法有两种:一种是异议和索赔条款;另一种是罚金条款。在一般的商品买卖合同中,多数是只订立异议和索赔条款,只有在买卖大宗商品和机械设备的合同中,才在订立了异议和索赔条款之后,还要再订立罚金条款。

1. 异议和索赔条款

异议和索赔条款,一般是针对卖方交货品质、数量或包装不符合合同规定而订立的。其内容除规定如一方违反合同另一方有权索赔外，还包括索赔依据、索赔期限、赔付金额及索赔的处理方法等。

（1）索赔权。就是要在合同中明确规定，交易的一方如违反合同中有关条款，另一方有权提出索赔。

（2）索赔依据。主要是规定合同当事人在提出索赔时必须提供的证据和出具证据的机构。索赔依据包括法律依据和事实依据两个方面。法律依据是指当事人在提出索赔时，必须以与买卖合同有关的国家法律的规定为确定违约行为的依据；事实依据是指当事人在提出索赔时，必须提供对方违约的事实真相、充分的书面证明，以证实违约的真实性。

（3）索赔期限。这是指索赔方向违约方提出索赔要求的有效期限。按照国际惯例，受害方必须在一定时期内提出赔偿要求，逾期提出索赔，违约方有权拒绝受理。因此，关于索赔期限的规定必须慎重合理，应根据不同商品的具体情况作出不同规定。

规定索赔期限时，尚需对索赔期限的起算时间作出具体规定。通常有以下几种起算方法：①货物到达目的港后××天算起。②货物到达目的港卸离海轮后××天算起。③货物到达买方营业处所或用户所在地后××天算起。④货物经检验后××天算起。

索赔依据和索赔期限在异议和索赔条款中要明确规定，并与检验条款相结合。

例如，"买方对装运货物的任何索赔，必须于货到提单规定的目的港××天内提出，并必须提供经卖方同意的公证机构出具的检验报告。"（Any claim by the buyers regarding the goods shipped shall be filed within ... days after arrival of the goods at the port of destination specified in the relative Bill of Lading and supported by a survey report issued by a surveyor approved by the seller.）

（4）处理索赔的办法和索赔金额。因为在实际业务中，违约行为发生的原因很多，具体情况复杂，在磋商交易和订立合同时，很难预见将来在履约过程中哪些环节会发生违约，违约的程度有多大。因此，对此问题，除个别情况外，通常在买卖合同中只作一般笼统规定。如果将来发生违约行为，将根据货损、货差的实际情况来确定赔偿金额和索赔办法。

条款中买方索赔期限即检验条款中买方对货物进行复验的有效期限。由于这一条款与检验条款有密切联系，有的合同将这两种条款结合起来订立，称为"检验与索赔条款"。

关于违约赔偿金额的确定，根据《公约》的有关规定，主要有三种方法：

（1）一方当事人违约，赔偿额应与另一方因此而受到的包括利润在内的损失额相等。

（2）如宣告合同无效，在一段合理时间内，买方以合理方式购买替代货物，或者买方以合理方式把货物转卖，则所要求的赔偿金额等于合同价格和替代货物交易价格之间的差额。

（3）如宣告合同无效，货物又有时价，同时受到损失的一方没有购买或转卖，则应赔偿合同价格与宣告合同无效时的时价之间的差额；如在收到货物之后，宣告合同无效，则应适用收到货物时的价格。

必须强调：异议和索赔条款，不仅是约束卖方履行合同义务的条款，也是适用于约束买方履行合同义务的条款。在该条款中可以列明，当买方不履行合同规定时，卖方有权按照买方违约的情节，终止执行全部或部分合同，或者延期装运，或者停止交付在途货物。

2. 罚金条款

罚金条款在买卖合同中不能独自订立，它必须在订立"异议和索赔条款"之后，而且只是在大宗商品和机械设备的交易中，才需要订立罚金条款。

罚金条款主要适用于卖方延期交货、买方未按期接货或开立信用证等行为。罚金条款的主要内容是规定罚金金额与罚金的起算日期。

罚金条款的特点是预先在合同中规定罚金的数额或罚金的百分率。其主要内容为：当一方未履行合同义务时，应向对方支付一定数额的约定罚金，以补偿对方的损失。罚金的数额大小以违约时间的长短而定，并规定最高限额。例如，有的合同规定：如果卖方不能如期交货，每延误七天，买方应收取百分之零点六的罚金，不足七天按七天计算。延误十周时，买方有权撤销合同，并要求卖方支付延期交货罚金，罚金数额不得超过货物总金额的百分之五。卖方支付罚金后并不能解除继续履行合同的义务。

关于买卖合同中的罚金条款，各国在法律上有不同的解释和规定。大陆法系国家的法律承认并执行合同中的罚金条款，认为如一方不履行或不如实履行合同，另一方可以要求其支付一定金额作为处罚。而英美法系国家的法律则有不同解释。例如，英国的法律把合同中的固定赔偿金额条款按其性质分为两种：一种是"预定的损害赔偿金额"，是指买卖双方在订立合同时，就预先估计到将来可能发生违约行为，以及违约可能造成的损失程度，从而预先估定赔偿金额并在合同中订明；另一种是"罚款"，是指买卖双方为了保证合同履行，当一方违约时，向另一方收取的罚金。英美法系国家的法律，对这两种性质不同的规定，处理方法不同。如果是属于"预定的损害赔偿金额"性质，法律予以承认，不论实际损失如何，一律按合同中规定的赔偿金额判决，如数赔付；如果属于"罚款"性质，法律则不予承认，法院可以宣布合同规定的"罚金"数额无效，将根据受害方所提供的损失证明材料，依法重新确定损害赔偿金额。因为英美法系国家的法律认为，对于违约行为，只能要求赔偿损失，而不能予以惩罚。至于如何认定和区别这两种不同性质的赔偿金额条款，要由法院根据买卖双方当事人在合同中的表述而确定。

我国《合同法》规定，当事人可以约定一方违约时应当根据违约情况向对方支付一定数额的违约金，也可以约定因违约产生的损失赔偿额的计算方法。约定的违约金过分高于或低于造成的损失的，当事人可以请求仲裁机构或法院适当减少或增加。

第二节　不可抗力

在国际货物贸易中，由于发生天灾、人祸等不可抗力事件，往往使买卖双方签署的合同不能履行，若出现这种情况，按照国际贸易有关法律惯例，可以免除合同当事人的责任。为了明确责任，在国际货物买卖合同中，一般都订立有此项免责条款，即所谓不可抗力条款。

一、不可抗力的含义

不可抗力，通常是指合同签订以后，不是由于任何一方当事人的过失或疏忽，而是由于发生了当事人所不能预见，也无法事先采取预防措施的意外事故。遭受意外事故的一方由此而不能履行或不能如期履行合同的，可以免除履行合同的责任或延迟履行合同。一般而言，构成不可抗力事件应具备以下条件：①事件是在合同成立以后发生的。②不是由于任何一方当事人的故意或过失造成的。③事件的发生及造成的后果是当事人无法预见、无法控制、无法避免和不可克服的。

不可抗力是合同中的一项条款，也是一项法律原则。对此，在国际贸易中，不同的法律、法规等各有自己的规定。1980年《公约》在其"免责"一节中作出了如下规定："如果他能证明此种不履行义务，是由于某种非他所能控制的障碍，而且对于这种障碍没有理由预期他在订立合同时能考虑到或能避免或克服它或它的后果。"这就是说，如果一方当事人不能履行义务，是由于发生了他不能控制的障碍，而且这种障碍在定约时是无法预见、避免或克服的，可予免责。

在英美法系国家的条款中有"合同落空"原则的规定，其意思是说合同签订以后，不是由于当事人双方自身的过失，而是由于事后发生了双方意想不到的根本性的不同情况，致使订约目的受到挫折，据此而未履行的合同义务，当事人可以免除责任；否则，就不能构成"合同落空"。

在大陆法系国家的条款中有"契约失效"或"情势变迁"原则的规定，其意思是指不是由于当事人的原因而发生了预想不到的变化，致使合同不能再履行或对原来的法律效力需作相应的变更。不过，法院对于以此原则为理由而请求免除履约责任要求的审查是很严格的。

二、不可抗力事件的通知和证明

当不可抗力事件发生后影响合同履行时，发生事件的一方当事人应按照约定的通知期限和通知方式，将实情通知对方，对方收到通知后也应及时答复。此外，发生事件的一方当事人还应按约定办法，提供当地商会或法定公证机构出具不可抗力事件的证明文件。在我国，此项证明文件由中国国际贸易促进委员会出具。

三、不可抗力的原因和法律后果

1. 不可抗力的原因

不可抗力事故的原因比较多，通常包括两种情况：一种是"自然力量"引起的，如火灾、水灾、暴风、大雪、暴风雨、地震等；另一种是"社会力量"引起的，如战争、罢工、政府禁令等。其中，对于自然力量引起的各种灾害，国际上的解释比较一致；而对于社会力量所引起的意外事故，在解释上经常发生分歧。一方面，是由于社会现象比较复杂，解释起来有一定困难；另一方面，是由于不可抗力是一项免责条款，买卖双方都可以援引它来解除本身承担的合同义务。在援引时，往往是力图扩大不可抗力所包容的范围，以此来减少自身本应承担的合同义务。因此，在具体交易中，应该认真分析研究，区别不同情况，做出不同处理，防止盲目接受。而对于一些含义不清或不属于不可抗力范围的事件，或在解释上容易引起分歧、没有明确标准的概念，都不可以定为不可抗力事故的原因。

2. 不可抗力的法律后果

根据国际上普遍的法律原则，合同订立以后，由于不可抗力事故发生，致使遭受事故的一方不能履行合同义务，那么可以变更合同或解除合同，并且可以对另一方当事人造成的损害免负赔偿责任。因此，不可抗力事故引起的后果，主要有两种：一种是解除合同；另一种是合同依然存在，但是可以延期履行合同。有时也可以变更合同中商品的品质、规格以替代履行，或变更商品的数量以增减履行。

至于在什么情况下可以解除合同，在什么情况下不能解除合同，只能延期履行合同，则应视所发生事故的原因、性质、规模和对履行合同造成的影响程度而定。一般的解释是：如果不可抗力事故的发生影响履行合同的基础，合同根本不可能履行时，则可以解除合同；如果不可抗力事故的发生只是暂时阻碍或在一定时期内阻碍了合同的履行，则只能延期履行合同，待事故的影响消除后，即须履行合同。

四、不可抗力条款的内容

国际货物买卖合同中不可抗力条款的内容虽然不尽相同，但一般包括以下几个方面：

（1）不可抗力事故的原因。什么样的意外事故可能构成不可抗力，什么样的意外事故则不能构成，买卖双方在磋商交易时应取得一致意见。

（2）不可抗力的法律后果。

（3）发生事故后通知对方的期限和方式。不可抗力事故发生后，不能履行合同的一方当事人，必须把不可抗力事故及事故对履行合同造成的影响及时通知另一方。对方应于接到通知后及时答复，如有异议也应及时提出，为了明确责任，在合同中应订明发生事故后通知对方的期限和方式。

（4）证明文件及公证机构。因发生了不可抗力事故，导致不能履行合同规定的义务，一方当事人援引不可抗力条款要求免责时，必须向对方提交一定机构出具的证明条件，作为发生不可抗力的证据。这种证明文件，在国外一般是由当地商会或合法公证机构出具的，在我国则由中国国际贸易促进委员会或其设在各地的贸促会分会出具。

五、进出口合同中不可抗力条款的规定方法

关于不可抗力条款的规定方法大致有三种：

1. 概括式规定

即在合同中不具体订明哪些是不可抗力事故，只作概括规定。例如："如由于不可抗力的原因，致使卖方不能全部或部分装运，或延迟装运合同货物，卖方不负责任。但卖方须立即电报通知买方，并须在××天内以航空挂号信向买方提交由中国国际贸易促进委员会出具的证明此类事故的证明书。"

2. 列举式规定

即在不可抗力条款中明确规定哪些属于不可抗力事故。凡合同中没有订明的，均不能作为不可抗力事故加以援引。例如："如由于战争、地震、水灾、火灾、暴风雨、雪灾的原因，

致使卖方不能全部或部分装运,或延迟装运合同货物,卖方不负责任……"

3. 综合式规定

即采用概括和列举并用的方式。这种方法既明确具体,又有一定的灵活性,比较科学实用。例如:"如由于战争、地震、火灾、水灾、暴风雨、雪灾或其他不可抗力的原因,致使卖方不能全部或部分装运,或延迟装运合同货物,卖方不负责任……"

六、规定不可抗力条款的注意事项

1. 对于不可抗力事件性质和范围的约定办法要选择适当

对于不可抗力事件性质和范围的约定有各种不同的办法,其中概括式规定,过于笼统,含义模糊,容易引起解释上的分歧,故不宜采用。而——列举的具体规定办法,不仅条文过于烦琐,而且可能出现遗漏情况,故此法也不宜采用。比较合适的办法是取长补短,将二者结合使用。这种规定办法,既明确具体,又有一定的灵活性,故在我国进出口业务中被普遍采用。

2. 约定不可抗力条款应体现公平合理原则

不可抗力条款应对买卖双方都有约束力,任何一方当事人因发生不可抗力事件,以致不能履行合同义务,均可免除责任。但是,过去我国某外贸公司从国外订购货物时,在进口合同中仅片面约定"如卖方发生不可抗力事件可免除责任"的条款,这种显失公平的规定是极不合理的。

3. 不可抗力条款的内容应当完备

为了便于履行合同和按约定办法及时处理不可抗力事件,不可抗力条款的内容应当完备。在实际业务中,有的合同只约定了不可抗力事件的性质和范围,而对不可抗力事件的通知、出证和如何处理等事项,却缺乏明确具体的规定,这是欠妥的。

第三节 仲裁条款

在国际货物贸易中,买卖双方成交后,由于种种原因,往往出现合同一方当事人违约或彼此违约的情况,致使合同没有履行,从而导致贸易纠纷。在进出口货物买卖中发生争议,一般首先采用由双方当事人友好协商的方式解决;如协商不能解决,可通过第三者调解方式解决;如调解仍不能解决,可通过提交仲裁机构仲裁,或进行司法诉讼方式处理。仲裁是解决进出口贸易争议的一个重要方式。

一、仲裁的含义和特点

仲裁是指买卖双方在争议发生之前或发生之后,签订书面协议,自愿将有关争议提交双方所同意的仲裁机构进行裁决,而这个裁决是终局性的,对双方都有约束力,双方必须遵照执行。

在国际贸易中,双方经过交易达成协议,但是,由于出现一些非预料中的原因而经常使买卖双方发生争议,有多种解决争议的方式,既可以由双方当事人通过友好协商解决,也可以由第三方出面进行调解,还可以通过仲裁机构裁决或交司法机关审理。但是,仲裁同司法诉讼方式相比,有其自身的特点:

(1)仲裁以双方当事人自愿为原则,双方须达成仲裁协议。
(2)双方当事人均有在仲裁机构挑选仲裁员的权利。
(3)仲裁裁决是终局性的,可以在另一个国家生效或执行。
(4)仲裁程序简便,费用较低,处理迅速,有利于双方今后交易的展开。
(5)仲裁比司法诉讼在审理案件时气氛更友好,而且更有利于满足当事人对商情保密的需要。

二、仲裁协议的形式和作用

仲裁协议是买卖双方当事人自愿将争议提交仲裁机构裁决的书面表示,是申请仲裁的必备材料。仲裁协议必须建立在自愿、协商、平等互利的基础之上,不允许一方强加于另一方。发生争议的双方,任何一方申请仲裁,都必须提交双方当事人达成的仲裁协议。

1. 仲裁协议的形式

仲裁协议有两种形式:一种是双方当事人在争议发生之前订立的,表示同意把将来可能发生的争议提交仲裁解决的协议,这种协议一般都包含在合同内,作为合同的一项条款,即我们所说的仲裁条款;另一种是由双方当事人在争议发生之后订立的,表示同意把已经发生的争议交付仲裁的协议,这种协议称为提交仲裁的协议。这两种仲裁协议的形式虽然不同,但其法律作用和效力是相同的。

2. 仲裁协议的作用

(1)约束双方当事人只能以仲裁方式解决争议,不得向法院起诉。
(2)排除法院对有关案件的管辖权。如果一方违背仲裁协议,自行向法院起诉,另一方可根据仲裁协议要求法院不予受理,并将争议案件退交仲裁庭裁断。
(3)使仲裁机构取得对争议案件的管辖权。

上述三项作用的中心是第二条,即排除法院对争议案件的管辖权。因此,双方当事人不愿将争议提交法院审理时,就应在争议发生前在合同中规定仲裁条款,以免未来发生争议时由于达不成仲裁协议而不得不诉诸法庭。这反映了在买卖合同中订立仲裁条款的重要性。

小知识 **主要术语**

事实寻求法(FACT-FINDING):让中立的第三方通过评估以及发布有关事实的报告或证明文件来向有争议的双方公开施压以解决争端的过程。

终局性要约选择(FINAL OFFER SELECTION):中立方从争议双方当事人所提的多种方案中做出选择,而中立方不能提出折中的解决方案。

申诉或权利仲裁(GRIEVANCE OR RIGHTS ARBITRATION):一种争端解决程序,在这种程序中,双方都要接受中立方按照劳动协议的规定阐明争议双方的权利和义务。

申诉程序（GRIEVANCE PROCEDURE）：劳动合约中规定的一个规则程序。在该程序中，雇主和工会确定合约违约事项；仲裁是最后的选择。

利益或合约仲裁（INTEREST OR CONTRACT ARBITRATION）：解决包含集体协议相关事务或协议以外事务的一种争端解决程序。

公正理由（JUST CAUSE）：一种诉讼过程。通过该过程，个人的正当权利可通过商业判决的申诉程序而得到保护。

协商或调节（MEDIATION OR CONCILIATION）：中立方用于劝说或促使争议双方达成协议但无权作出对双方有约束力裁决的程序。

中立者（NEUTRAL）：参与到决策制定过程中的被法律定义或被争议双方共同认定为不偏不倚的人（或人群）。

服从协议（SUBMISSION AGREEMENT）：争议双方不能达成一致的事项，中立方必须对此作出决定。

强制仲裁（COMPULSORY ARBITRATION）：某一政府机构或某个特定机构依据单方面的要求，对某一争端所做的法定裁决，裁决的结果必须只能为争议双方所接受。因为它违反仲裁的自愿本质，一般认为是强制调解的误称，是伪仲裁。

三、仲裁条款的主要内容

仲裁条款的内容通常包括仲裁地点、仲裁机构、仲裁程序法的采用、仲裁裁决的效力和仲裁费用的负担等。

（一）仲裁地点

仲裁地点是交易双方磋商仲裁条款时都极为关心的一个十分重要的问题，这是因为，仲裁地点与仲裁适用的法律密切相关。鉴于仲裁地点是买卖双方共同关心的重要问题，故在仲裁条款中，必须作出明确具体的规定。在我国进出口合同中，关于仲裁地点通常有三种规定办法：一是约定在中国仲裁；二是约定在被申请人所在国仲裁；三是约定在双方同意的第三国仲裁。

（二）仲裁机构

国际贸易仲裁机构有两种形式：一种是临时性仲裁机构。这是为了解决某一特定的争议由双方当事人共同指定仲裁员，组成临时仲裁庭，案件处理完毕后，立即自动解散。因此，在采取临时仲裁庭解决争议时，双方当事人需要在仲裁条款中就双方指定仲裁员的办法、人数、组成仲裁庭的成员、是否需要首席仲裁员等问题作出明确规定。另一种是常设的仲裁机构。目前，世界上许多国家及一些国际组织都设有专门从事处理商务纠纷、进行有关仲裁的管理和组织工作的常设仲裁机构。这些机构又分为三种类型：国际性的常设机构、全国性的常设机构、附设在特定行业组织之内的专业性仲裁机构。

我国的常设仲裁机构是中国国际经济贸易仲裁委员会和海事仲裁委员会，它们是全国性的仲裁机构。

（三）仲裁程序法的采用

在买卖合同的仲裁条款中，应订明采用哪个仲裁机构的仲裁规则进行仲裁。采用我国的仲裁程序规则时，是指采用《中国国际经济贸易仲裁委员会仲裁规则》，其他国家的仲裁机构也都有自己的仲裁程序规则。应注意的是，所采用的仲裁程序规则与仲裁地点并非绝对一致，按照国际仲裁的一般做法，原则上应采用仲裁所在地的仲裁规则，但在法律上也允许根据双方当事人的约定，采用仲裁地点以外的其他国家或地区的仲裁机构的仲裁规则进行仲裁。

（四）仲裁裁决的效力

仲裁庭依法作出的裁决，通常是终局性的，对争议双方当事人均具有法律效力，任何一方都必须依照执行，并不得向法院起诉要求变更裁决。即使当事人向法院起诉，法院一般也只是审查程序，而不审查实体，即只审查仲裁裁决在法律手续上是否完备，有无违反程序上的问题，而不审查裁决本身是否正确。若法院查出仲裁程序上确有问题，可宣布仲裁裁决无效。即使如此，在签订国际货物买卖合同时，在仲裁条款中仍应规定：仲裁裁决是终局的，对双方均有约束力。

（五）仲裁费用的负担

关于仲裁费用由何方负担，通常应在仲裁条款中作出明确规定。一般规定由败诉方负担，也有的规定由仲裁庭酌情决定。

为了体现上述仲裁条款的基本内容和便于订好仲裁条款，现将中国国际经济贸易促进委员会向合同当事人推荐的示范仲裁条款格式附录如下：

1. 在中国仲裁的条款格式

"凡因本合同引起的或与本合同有关的任何争议，双方应当通过友好协商的办法解决；如果协商不能解决，均应提交中国国际经济贸易仲裁委员会，按照申请仲裁时该会现行有效的仲裁规则进行仲裁。仲裁裁决是终局的，对双方都有约束力。"

2. 在被申请人所在国仲裁的格式

"凡因本合同引起或与本合同有关的任何争议，双方应通过友好协商来解决；如果协商不能解决，应提交仲裁，仲裁在被申请人所在国进行。在中国，由中国国际经济贸易仲裁委员会根据申请仲裁时该仲裁规则进行仲裁。如在××国××仲裁机构根据该组织的仲裁程序规则进行仲裁，现行有效的仲裁裁决是终局的，对双方都有约束力。"

3. 在第三国仲裁的条款格式

"凡为本合同引起或与本合同有关的任何争议，双方应通过友好协商来解决，如果协商不能解决，应按××国××地××仲裁机构根据该仲裁机构现行有效的仲裁程序规定进行仲裁。仲裁裁决是终局的，对双方都有约束力。"

四、仲裁程序

仲裁程序是指双方当事人将所发生的争议根据仲裁协议的规定提交仲裁时应办理的各

项手续。仲裁程序的每一个环节,都受有关国家的仲裁法与仲裁规则的制约。仲裁程序的主要内容大致如下:

(一)提出仲裁申请

这是仲裁程序的首要手续。在我国,当事人一方申请仲裁时,应向中国国际经济贸易仲裁委员会提交包括下列内容的签名申请书:

(1)申诉人和被诉人的名称、地址。
(2)申诉人所依据的仲裁协议。
(3)申诉人的要求及所依据的事实和证据。

(二)组织仲裁庭

根据我国仲裁规则的规定,申诉人和被诉人各自在仲裁委员会仲裁员名单中指出一名仲裁员,并由仲裁委员会主席指定一名仲裁员为首席仲裁员,共同组成仲裁庭审理案件;双方当事人也可在仲裁名单中共同指出或委托仲裁委员会主席指定一名仲裁员为独任仲裁员,成立仲裁庭,单独审理案件。

(三)审理案件

1. 开庭审理

开庭日期由仲裁庭与仲裁委员会商定。仲裁地点在仲裁委员会所在地。仲裁庭开庭时,如一方当事人或其代理人不出席,仲裁庭可以进行缺席审理并作出缺席裁决。

2. 进行调解

仲裁委员会和仲裁庭可以对其受理的案件进行调节。经调解达成和解协议的案件,仲裁庭应当根据双方当事人和解协议的内容,作出裁决书。如果双方当事人自行达成和解,申诉人应当及时申请撤销案件。

3. 提出证据

搜集证据审理案件时,为进一步判断案情,当事人应对其申诉或答辩所依据的事实提出证据。仲裁庭认为必要时可以自行调查,收集证据,还可以向专家咨询,或指定鉴定人进行鉴定。

4. 保全措施的裁定

保全措施又称临时性保护措施。它是指在开始仲裁到作出裁决期间,对有关当事人的财产所作的一种临时性的强制措施,如出售容易腐烂货物,冻结资金,查封、扣押物品等。

(四)作出裁决

裁决作出后,审理案件的程序即告终结,因而这种裁决被称为最终裁决。仲裁裁决必须于案件审理终结之日起四十五天内以书面形式作出。仲裁裁决除由于调解达成和解而作出的裁决书外,应说明裁决所依据的理由,并写明裁决是终局的和作出裁决书的日期与地点,以及仲裁员的署名等。

（五）仲裁裁决的承认和执行

仲裁裁决的承认和执行，是指对一个国家的仲裁机构作出的裁决，即如果败诉方当事人不予承认或拒不执行，则应如何处理的问题。

根据国际仲裁的有关法律和公约的规定，仲裁裁决一经作出，即具有法律效力，有关当事人应自觉执行。如果败诉方不肯自觉执行裁决，胜诉方可以通过一定的途径和手续向仲裁机构所在地或被申请人财产所在地的法院申请强制执行。

> **小知识** **仲裁时效**
>
> 仲裁时效是指权利人向仲裁机构请求保护其权利的法定期限，即权利人在法定期限内没有行使权利，丧失提请仲裁以保护其权益的权利。
>
> 仲裁分为商事仲裁和劳动仲裁两个大类。《中华人民共和国仲裁法》第七十四条规定："法律对仲裁时效有规定的，适用该规定。法律对仲裁时效没有规定的，适用诉讼时效的规定。"纵观中国现行法律的相关规定，并未见涉及商事仲裁时效的特别规定，因此，依照《中华人民共和国仲裁法》第七十四条的规定，商事仲裁时效适用相关诉讼时效的规定。具体包括：《中华人民共和国民法通则》第一百三十五条：向人民法院请求保护民事权利的诉讼时效期间为二年，法律另有规定的除外；第一百三十六条：下列诉讼时效期间为一年：
>
> （一）身体受到伤害要求赔偿的；
> （二）出售质量不合格的商品未声明的；
> （三）延付或者拒付租金的；
> （四）寄存财物被丢失或者损毁的。
>
> 《合同法》第一百二十九条：因国际货物买卖合同和技术进出口合同争议提起诉讼或者申请仲裁的期限为四年。《中华人民共和国劳动争议调解仲裁法》第二十七条：劳动争议申请仲裁的时效期间为一年。
>
> 仲裁时效期间应从权利人知道或者应当知道权利被侵害时起计算。《中华人民共和国民法通则》有关诉讼时效中止及中断的规定也应适用于商事仲裁时效和劳动仲裁时效。在仲裁时效期间的最后六个月内，权利人因不可抗力或者其他障碍不能行使请求权的，仲裁时效中止，从中止的原因消除之日起，仲裁时效期间继续计算；权利人提出要求或者义务人同意履行的行为可构成仲裁时效中断，从中断时起，仲裁时效期间重新计算。
>
> 此外，对于劳动仲裁来说，如果劳动关系存续期间因拖欠劳动报酬发生争议的，劳动者申请仲裁不受本条第一款规定的仲裁时效期间的限制；但是，劳动关系终止的，应当自劳动关系终止之日起一年内提出。人民法院审理劳动争议案件，对下列情形，视为《中华人民共和国劳动法》第八十二条规定的"劳动争议发生之日"：
>
> （一）在劳动关系存续期间产生的支付工资争议，用人单位能够证明已经书面通知劳动者拒付工资的，书面通知送达之日为劳动争议发生之日。用人单位不能证明的，劳动者主张权利之日为劳动争议发生之日。
>
> （二）因解除或者终止劳动关系产生的争议，用人单位不能证明劳动者收到解除或者终止劳动关系书面通知时间的，劳动者主张权利之日为劳动争议发生之日。

（三）劳动关系解除或者终止后产生的支付工资、经济补偿金、福利待遇等争议，劳动者能够证明用人单位承诺支付的时间为解除或者终止劳动关系后的具体日期的，用人单位承诺支付之日为劳动争议发生之日。劳动者不能证明的，解除或终止劳动关系之日为劳动争议发生之日。

复习思考题

1. 简述索赔和理赔的含义。
2. 简述不可抗力事故的含义及包括的内容。
3. 仲裁协议有什么作用？
4. 国际贸易中的仲裁都需要哪些程序？
5. 什么是不可抗力？不可抗力的法律后果有哪几种情况？
6. 什么是国际贸易仲裁？合同中的仲裁条款包括哪些内容？
7. 简述进出口合同中不可抗力条款的规定方法。

案例分析

1. 中国从美国收购普通大豆2万公吨，交货期为8月底，拟转售阿联酋，然而，4月份美商原定的收购地点发生百年未见的洪水，收购计划落空，美商要求按不可抗力处理，免除交货责任。试问：我方应如何处理？并说明理由。

2. 广州伞厂与意大利客户签订了雨伞出口合同。买方开来的信用证规定，8月份装运交货，不料7月初，该伞厂仓库失火，成品、半成品全部烧毁，以致无法交货。请问：卖方可否援引不可抗力条款要求免交货物？

3. 国内某公司于1990年11月2日与伊朗签订了一份进口合同，交易条件为FOB。后因海湾战争爆发，我方接货货轮无法驶抵伊朗，到1991年4月海湾战争结束后，我方方能派船接货，而外商以我方未能按时派船接货为由，要求我方赔偿其仓储费。外商这一要求是否合理？

4. 国内某研究所与日本客户签订一份进口合同，欲引进一精密仪器，合同规定9月份交货。9月15日，日本政府宣布该仪器为高科技产品，禁止出口。该禁令自公布之日起15日后生效。日商来电以不可抗力为由要求解除合同。日商的要求是否合理？我方应如何妥善处理？

5. 某年我国某公司出口某种农产品1 500公吨给英国某公司，货价为348英镑每M/T CFR LONDON，总货款为522 000英镑；交货期为当年5—9月。订立合同后，我国发生自然灾害（水灾）。于是，我方以发生不可抗力为由，要求豁免合同责任，但对方回电拒绝，并称该商品市价上涨8%；由于我方未交货，使其损失15万英镑，并要求我方公司赔偿其损失，我方未同意。最后双方协商并同意仲裁解决。结果会怎样？

6. 我国某进出口公司与英国某公司以FOB价签订进口合同，装货港为伦敦。合同签订后不久，英方通知我方货已备妥，要求我方按时派船接货。然而，在我方安排的船舶前往英港途中，突然爆发中东战争，苏伊士运河被封锁，禁止一切船舶通行，我方船舶只好改变航线绕道好望角航行，增加航行近万公里，到达装运港时已过装运期。这时，国际上的汇率发生变化，合同中的计价货币英镑贬值，英方便以我方未按时派船接货为由，要求提高货物价格，并要求我方赔偿由于延期接货而产生的仓储费。对此，我方表示不能接受，双方遂发生争议。如你是我方派出的代表，将如何处理这个问题？

第十章

国际贸易合同的商定

引例：

我国某海外工程承包公司于5月3日以电传向意大利某供应商发盘求购一批钢材。我方公司在电传中声明：发盘是为了计算一项承造一大楼的工程标价和确定是否参加投票之用；我方公司必须于5月15日向招标人送交投标书，而开标日期为5月31日。意供应商于5月5日用电传就上述钢材向我方公司发盘。我方公司据以计算标价，并于5月15日向招标人递交投标书。5月20日意供应商因钢材市价上涨，发来电传通知撤销其5月5日的发盘。我方当即复电表示不同意。于是，双方为能否撤销发盘发生争执。5月31日招标人开标，我方公司中标。随即我方公司电传通知意供应商接受其5月5日的发盘，但意供应商坚持该发盘已于5月20日撤销，合同不能成立。我方则认为合同已经成立。对此，双方争执不下，便提交仲裁。如果你是仲裁员，你将如何裁决？请说明理由。

本章的学习要点：

- 国际货物买卖合同和履行要遵循相应的国际法律和国际惯例
- 国际买卖双方业务关系建立
- 签订贸易合同手续和业务环节
- 贸易合同内容

第一节 合同的磋商

一、合同磋商的方式、含义、形式和内容

（一）合同磋商的方式

商品交易磋商的方式有两种：①客户直接面谈，如在交易会上洽谈。②双方通过信件、

电报、电传、网络等工具洽谈。

（二）合同磋商的含义及形式

合同磋商又称交易磋商，是买卖双方就买卖某种货物的各项交易条件进行洽商，以最后达成协议、签订合同的过程。一旦交易双方磋商对各项交易条件达成一致意见，合同即宣告成立，对双方都具有约束力。因此，合同磋商直接关系到交易双方能否顺利履行合同，关系到双方的经济效益，是进出口业务中最重要的环节之一。

合同磋商分为三种形式：第一种是口头形式，即贸易双方面对面洽商或通过电话洽商。第二种是书面形式，即贸易双方通过来往的信函、电报、电传、传真或被称为无纸贸易的电子数据交易方式洽商。从表面来看，无纸贸易并未采用书面形式，但是，它能根据需要转换成书面形式。第三种是行为形式，即通过行为进行交易磋商，最典型的例子就是在市场上进行拍卖或者购物。

（三）合同磋商的内容

合同磋商的内容，即订立贸易合同条款的内容，又称交易条件。交易条件通常分为：个别交易条件和一般交易条件。个别交易条件是主要交易条件，其变动性大，即每一笔交易都可能发生变化，如品质、数量、包装、价格、交货的时间与地点及货款支付方式等。与之相反，一般交易条件的变动性小，较为固定，如商品检验的时间、地点与方法、索赔、仲裁和不可抗力等。在实际业务谈判中，对上述条款并非逐条进行协商，只是对主要条款磋商。因为就某些商品和某些客户来说，由于长期形成的贸易习惯，为了节约时间和费用，对一般性的交易条件没有必要一一列出。对于新客户，则应将我方印有一般交易的合同格式交给对方，如果对方接受，则此条件就可以成为今后进行交易的基础；如果对方提出异议，则可重新商订。但对于新老客户，关于成交商品的质量、数量、价格、货款支付方式和交货期都是合同磋商的主要内容。

二、合同磋商的一般程序

在国际货物买卖合同商订过程中，一般包括询盘、发盘、还盘和接受四个环节，其中发盘和接受是达成交易、合同成立不可缺少的两个基本环节和必经的法律步骤。

（一）询盘

询盘是准备购买或出售商品的人向潜在的供货人或买主探询该商品的成交条件或交易的可能性的业务行为，它不具有法律上的约束力。

询盘的内容可以涉及某种商品的品质、规格、数量、包装、价格和装运等成交条件，也可以索取样品，其中多数是询问成交价格，因此在实际业务中，也有人把询盘称作询价。如果发出询盘的一方，只是想探询价格，并希望对方开出估价单，则对方根据询价要求所开出的估价单只是参考价格，并不是正式的报价，因而也不具备发盘的条件。

在国际贸易业务中，发出询盘的目的，除了探询价格或有关交易条件外，有时还表达了与对方进行交易的愿望，希望对方接到询盘后及时作出发盘，以便考虑是否接受。这种询盘实际上属于邀请发盘。邀请发盘是当事人订立合同的准备行为，其目的在于使对方发盘，询盘本身并不构成发盘。

询盘不是每笔交易必经的程序，如交易双方彼此都了解情况，不需要向对方探询成交条件或交易的可能性，则不必使用询盘，可直接向对方作出发盘。

在询盘和处理询盘时应特别注意以下问题：

（1）询盘是没有法律约束力的，但为了建立或保持良好的商业信誉，在实际工作中应尽可能地避免只询盘不购买或不售货的情况。

（2）询盘是可以同时向几个交易对象发出的，但是在实际操作中，应避免暴露我方销售或购买的迫切愿望，以免在交易条件的具体磋商中处于不利地位。

（3）询盘的内容本来是没有约束力的，但如果双方在询盘基础上经过进一步的磋商最终达成协议，那么询盘的一部分内容很可能会成为合同的组成部分。因此，应该认真对待询盘的内容。

（二）发盘

1. 发盘的含义及性质

发盘又称发价或报价，在法律上称为要约，是指买卖双方的一方提出各项交易条件，并愿按照这些条件与对方达成交易、订立合同的一种肯定的表示。

发盘既是商业行为，又是法律行为，在合同法中称为要约。发盘后，对发盘人便产生法律上的约束力，如果对方完全同意发盘内容，并按时答复，则双方合同关系成立，交易即达成。

《公约》对发盘的含义及性质有严格规定。《公约》规定："向一个或一个以上特定的人提出订立合同的建议，如果十分确定并且表明发盘人在得到接受时承受约束的意旨，即构成发盘。一个建议如果写明货物并且明示或暗示地规定数量和价格或规定如何确定数量和价格，即为十分确定。"《公约》还规定，凡不完全符合上列规定的，不能视为发盘，而只能起到邀请对方发盘的作用。

发盘可以是出口方向进口方发出，也可以是进口方向出口方发出。在我国外贸业务中，前者称作卖方发盘，后者称作买方发盘。发盘一般采用发盘、报价、订购、递盘等术语。

2. 发盘的构成条件

（1）发盘要有特定的受盘人。受盘人可以是一个人，也可以是一个以上的人，可以是自然人，也可以是法人，但必须特定化，而不能泛指公众。因此，一方在报纸杂志上或电视广播中做商业广告，即使内容明确完整，由于没有特定的受盘人，也不能构成有效发盘，而只能视作邀请发盘。

（2）表明承诺约束的意旨。一项发盘必须明确表示或默示表明当受盘人作出接受时发盘人承受约束的意旨，即承担按发盘的条件与受盘人订立合同的意旨，当有"发盘""发实盘""实盘""递盘""递实盘""订购"或"订货"等字样时，就表示了发盘人肯定订约的意旨。但是否使用上述词句，并不是辨别对方是否具有"得到接受时承受约束的意旨"的唯一依据。有时上述意旨也可以默示地表明，那就要分析对方所作出表示的整个内容、考虑与该发盘有关的一切情况、当事人确立的习惯做法及当事人随后的行为。

（3）交易条件必须十分确定。发盘中的交易条件，特别是主要交易条件必须确定。这样在它被受盘人接受时，合同才能成立。

（4）送达受盘人。《公约》第十五条第一款规定："发盘于送达受盘人时生效。"就是说发盘虽已发出，但在到达受盘人之前并不产生对发盘人的约束力，即使受盘人已由某一途径获悉该发盘，也不算接受该发盘。"送达"对方，是指将发盘的内容通知对方或送交对方来人或其营业地或通讯地址。

发盘在未被送达受盘人之前，如果发盘人改变主意，可以撤回发盘，即使发盘是不可撤销的或者明确规定了发盘的有效期。但发盘人必须做到：撤回通知要在发盘送达受盘人之前或在送达受盘人的同时，以阻止发盘生效。

必须同时具备以上四项条件，才能构成法律上有效的发盘；否则，都不能构成有效发盘，对发盘人是没有约束力的。

3. 发盘的有效期

凡是发盘，都有有效期。发盘的有效期是指发盘供受盘人接受的期限，也是发盘人对发盘承受约束的期限。有效期有两种规定方法：

（1）在发盘中明确规定有效期。在实际业务中，常见的明确规定发盘有效期的方法主要有：第一，规定最迟接受期限。例如："发盘有效期至十日。"由于国际贸易是在不同国家的商人之间进行的，两国间往往有时差，所以发盘中应明确以何方的时间为准。在实际业务中，发盘人大都在发盘中规定以本方时间为准，也就是以发盘人所在地时间为准。第二，规定一段接受的期限。例如："发盘有效期三天……"这种方法，存在一个如何计算"一段接受期间"的起讫问题。对此《公约》作出了规定：以电报表示发盘的，从电报交到邮电局时起算。以信件表示发盘的，以信内载明的发信日期起算；如信未载明日期，则以信封上邮戳的日期起算。在所规定的一段时期内，在受盘人所在地如遇假日或非营业日，也应包括在内。但如该有效期的最后一天恰逢发盘人所在地的假日或非营业日，受盘人的接受不能送达发盘人的地址时，则此段期限顺延至下一个营业日。

（2）发盘中不明确规定有效期。例如："发盘……复""发盘……电复""发盘……速复"。在这些发盘中，没有明确有效期，此种表示方法被称为在合理时间内有效，而合理时间究竟有多长，各国法律并无明确规定，要依据发盘的方式、货物的行情等因素去掌握。因此，我们在对外发盘时，一般采用明确规定有效期的方式，不采用不明确规定有效期的方式，以避免造成麻烦或损失。

4. 发盘的撤回与撤销

撤回是指一项发盘在尚未送达受盘人之前即尚未生效之前，由发盘人将其取消。撤销则是指一项发盘在已经送达受盘人之后即已经开始生效之后，由发盘人将其取消。发盘发出后，能否撤回及撤销呢？根据《公约》第十五条第二款的规定："一项发盘，即使是不可撤销的，得予撤回，如果撤回通知于发盘送达受盘人之前或同时到达受盘人。"就是说发盘是可以撤回的，只要发盘人以更快捷的通信方式使撤回通知早于或同时于发盘到达受盘人。

至于发盘的撤销问题，各国合同法的规定有较大分歧。英美法系国家的法律认为，发盘一般在被接受前的任何时刻得予撤销。英国法律规定，只有经受盘人付出某种对价要求的发盘人在一定有效内保证不撤销的发盘属于例外。美国《统一商法典》规定：凡是由商人以书面形式作出的发盘，在规定的有效期内不得撤销，未规定有效期的发盘在合理时间内不得撤销，但无论如何不超过三个月。

但是，大陆法系国家的法律认为：发盘在有效期内不得撤销。《德国民法典》明文规定：订有具体有效期的发盘，在有效期内不得撤销；未规定具体有效期的发盘，在通常情况下在得到答复以前不得撤销。

《公约》协调和折中了各国法律的不同规定，在第十六条中规定：

（1）在未订立合同之前，发盘得予撤销，如果撤销通知于受盘人发出接受通知之前送达受盘人。

（2）但在下列情况下，发盘不得撤销：发盘写明接受发盘的期限或以其他方式表示发盘是不可撤销的；受盘人有理由信赖该项发盘是不可撤销的，而且已本着对该发盘的信赖行事。

5. 发盘的失效

发盘在被接受之前并不产生法律权利，并可在一定条件下于任何时刻被终止。发盘在下列四种情况下失效：

（1）在有效期内未被接受而过期。明确规定有效期的发盘，在有效期内如未被受盘人接受即失效；未明确规定有效期的发盘，在合理时间内未被接受也失效。

（2）受盘人表示拒绝或还盘。只要受盘人对发盘表示拒绝或还盘，虽然规定的有效期尚未满期，发盘也告失效。

（3）发盘人对发盘依法撤回或撤销。

（4）法律的实施。发盘还可因法律的实施而终止。例如，发盘由于发盘人或受盘人在发盘被接受前变成丧失行为能力人（如死亡或精神失常），或因特定标的物的毁灭而失效。如在发盘人发盘后，政府宣告发盘中的商品禁止进口或禁止出口，该发盘即因进口或出口禁令的实施而终止。

（三）还盘

还盘又称还价，是受盘人对发盘内容不完全同意而提出修改或变更的表示。还盘既是受盘人对发盘的拒绝，也是受盘人以发盘人的地位所提出的新发盘。一方的发盘经对方还盘以后即失去效力，除非得到原发盘人的同意，受盘人不得在还盘后反悔，再接受原发盘。

对原发盘的还盘再还盘，实际上是对新发盘的还盘。

一方发盘，另一方如对其内容不同意，可以还盘。同样，一方的还盘，另一方如对其内容不同意，也可以再还盘。一笔交易有时不经过还盘即可达成，有时经过还盘，甚至往返多次的还盘才能达成。还盘不仅可以对商品价格，也可以对交易的其他条件提出意见。在还盘时，对双方已经同意的条件一般无须重复列出。

还盘时，可用"还盘"术语，但一般仅将不同条件的内容通知对方，即意味着还盘。

（四）接受

1. 接受的含义

接受是指受盘人接到对方的发盘或还盘后，同意对方提出的条件，并愿意按这些条件与对方达成交易、订立合同的一种肯定表示。这在法律上称为承诺，接受如同发盘，既属于商业行为，也属于法律行为。一方的要约或反要约经另一方接受，交易即达成，合同即告订立，合同双方均应承担各自的义务。表示接受一般用"接受""同意""确认"等术语。

2. 接受的构成要件

构成一项有效的接受，必须具备以下条件：

（1）接受必须由受盘人作出。这一条件与发盘的第一个条件是对应的。发盘必须向特定的人发出，发盘的约束力是约束发盘人对特定受盘人而不是对任何其他人承担义务，即表示发盘人愿意按发盘的条件与受盘人订立合同，但并不表示他愿意按这些条件与其他任何人订立合同。因此，接受也只能由受盘人作出才具有效力，其他任何人对发盘表示同意不能导致合同成立，不构成接受。

（2）接受必须表示出来。表示接受必须以口头或书面声明向发盘人明确表示出来，另外，还可以用行为表示接受。缄默或不行动，即不作任何方式的表示，不能构成接受。

根据《公约》规定，声明可以是书面的，也可以是口头的。一般来说，发盘人如果以口头发盘，受盘人即以口头表示接受；发盘人如果以书面形式发盘，受盘人也以书面形式来表示接受。

在业务实践中，受盘还可以以其他行为表示接受。《公约》第十八条第三款对此作了说明："如果根据该项发盘或依照当事人之间确立的习惯做法或惯例，受盘人可以做出某种行为，例如用与发运货物或支付价款有关的行为来表示同意，而无须向发盘人发出通知，则该接受于该行为作出时生效，但该行为必须在上一款规定的期间内。"根据这一规定，受盘人可以用与发货或付款有关的行为表示对发盘的接受，而不向发盘人发出接受通知。用这种行为表示的接受，构成有效接受。比如，一进口商向一出口商发盘，由于发盘内容明确，所列条件又符合出口商的要求，他接到发盘后，马上就把货物装运出去。或者买方同意卖方在发盘中提出的交易条件并随即支付货款或开出信用证。这些做法就是属于用行为表示接受。

（3）接受必须在发盘规定的时效内作出。当发盘规定了接受时限时，受盘人必须在发盘规定的时限内作出接受，方为有效。如发盘没有规定传递方式，则受盘人可按发盘所采用的或采用比其更快的传递方式将接受通知送达发盘人。需强调说明的是，接受通知在规定期限内到达发盘人，对于合同的成立具有重要作用。因此，各国法律通常都对接受到达发盘人的期限作出了规定。我国《合同法》第二十三条也对此作了明确规定，即：承诺应当在要约确定的期限内到达要约人。要约没有确定承诺期限的，承诺应依照下列规定履行：①要约以对话方式作出的，应当及时作出承诺，但当事人另有约定的除外。②要约以非对话方式作出的，承诺应在合理期限内到达。

3. 逾期接受

如果接受通知超过发盘规定的有效期限，或发盘未具体规定有效期限而超过合理时间才传达到发盘人，这就成为一项逾期接受，或称迟到的接受。对于这种迟到的接受，发盘人不受其约束，不具有法律效力。但也有例外的情况，《公约》第二十一条第一款规定："逾期接受仍有接受的效力，如果发盘人毫不迟延地用口头或书面将此种意见通知受盘人。"《公约》第二十一条第二款规定："如果载有逾期接受的信件或其他书面文件表明，它是在传递正常、能及时送达发盘人的情况下寄发的，则该项逾期接受具有接受的效力，除非发盘人毫不迟延地用口头或书面通知受盘人：他认为他的发盘已经失效。"按《公约》规定，如果发盘人在收到逾期接受后，毫不迟延地通知受盘人，确认其为有效，则该逾期接受仍有接受的效力。另一种情况是，一项逾期接受，从它使用的信件或其他书面文件表明，在传递正常的情况下，本能及时送达发盘人，由于出现传递不正常的情况而延误，这种逾期接受仍被认为是有效的，除非发盘人毫不迟延地用口头或书面形式通知受盘人，表示他的发盘已经失效。

4. 接受的撤回

接受的撤回，是指在接受生效之前将接受予以撤回，以阻止其生效。《公约》规定："接受得予撤回，如果撤回通知先于接受生效之前或同时送达发盘人。"根据这一规定，受盘人发出接受之后，如想反悔，可撤回其接受，但必须采取比接受更快速的传递方式，将撤回通知赶在接受通知之前送达发盘人，或者最迟与接受同时送达发盘人，才能撤回。如果撤回通知迟于接受送达发盘人，就不能撤回了。因为接受通知一经到达发盘人，立即生效。而接受通知生效后，就不存在撤回的问题了，而属于能否撤销的问题。因为接受一经生效，合同已成立，如果要撤销接受，属于毁约行为，将按违约处理。

英美法系国家遵循投邮原则，自然没有撤回问题，因为按他们的规定，接受一发出就已生效，合同就已成立。这里应该指出的是接受抵达受盘人时已经生效，因而不存在撤销问题。

第二节　合同的订立

一、签订书面合同的意义

合同磋商的方式不一样，签订书面合同的意义也不一样，但不论采用哪种方式进行交易磋商，签订书面合同都有一定的实际意义。

1. 合同成立的依据

贸易合同表明了买卖双方之间的经济关系，也体现着双方的法律关系。当一方违约或拒不履约时，另一方依法要求违约方继续履约或赔偿损失时，必须提供双方具有法律关系的证据。如果是通过函电方式进行磋商的，合同成立的依据就是这些函电本身。但如果是口头面谈成交，倘若没有正规的书面合同，就难以提供合同成立的证据，就无法得到法律的保护。所以，一般都要"立字为据"，签订书面合同。

2. 合同生效的条件

一般情况下，合同的生效是以接受为条件的。但在有些情况下，签订书面合同却成为合同生效的条件。《中华人民共和国涉外经济合同法》规定："通过信件、电报、电传达成协议，如一方当事人要求签订确认书的，签订确认书时，方为合同成立。"这时签订确认书就成为合同生效的条件。同时该法规定："中华人民共和国法律、行政法规规定应由国家批准的，获得批准时，方为成立。"凡经政府批准的合同，也必须是具有一定格式的正式书面合同。

3. 履行合同的依据

在国际贸易中，进出口合同的履行涉及企业内外多个部门，过程也很复杂。如果是口头合同，几乎无法履行。即使是通过信件、电报达成的交易，如不将分散于多份函电中的双方协商一致的条件集中归纳到一份书面合同上来,也将难以准确地履行。所以,不论通过口头还是书面形式磋商达成的交易,必须把协商一致的交易条件综合起来,全面、清楚地列明在一份有一定格式的书面合同上,这对进一步明确双方的权利和义务,以及为合同的准确履行提供更好的依据具有重要意义。

二、书面合同的形式

国际上对货物销售合同的书面形式没有特定的格式和限制,有正式的合同、确认书,也有协议、备忘录等形式,此外,还有订单和委托订购单等。

在我国出口业务中,书面合同主要采用两种形式:一种是条款较完备、内容较全面的正式合同,如销售合同及出口合同;另一种是内容较简单的简式合同,如销售确认书。

(一)出口合同

出口合同的内容比较全面,除商品的名称、规格、包装、数量、单价、装运港和目的港、交货期、付款方式、运输方式、运输标志、商品检验等条款外,还有异议索赔、仲裁、不可抗力等条款。它的特点在于:内容比较全面,对双方的权利和义务及发生争议后如何处理,均有详细规定。签订这种形式的合同,对于明确双方的责任,避免争议的发生都是有利的。因此,对大宗商品或成交金额较大的交易,一般应采用这种合同形式。

(二)销售确认书

销售确认书属于一种简式合同,它的内容一般包括:商品名称、规格、包装、数量、单价、交货期、装运港和目的港、付款方式、运输标志、商品检验等项条款。对于异议索赔、仲裁、不可抗力等条款,一般不予列入。这种格式的合同适用于金额不大、批数较多的小土特产品和轻工产品或者已订有代理、包销等长期协议的交易。

上述两种形式的合同,虽然在格式、条款项目和内容的繁简上有所不同,但在法律上具有同等的效力,对买卖双方均有约束力。

在我国对外贸易业务中,合同或确认书通常都是一式两份,由双方合法代表分别签字后各执一份,作为合同订立的证据和履行合同的依据。

三、书面合同的内容

一般来说,正规的书面合同由约首、约文、约尾三部分组成。

(一)约首

约首是合同的开头部分,主要包括以下内容:
(1)合同名称:如销售合同、FOB合同、购货确认书等。
(2)合同编号:书面合同制作方自己的标号或交易会期间的统一编号。
(3)缔约日期:成交日期。

（4）缔约地点：一般为制作书面合同的地点。
（5）缔约双方的名称和地址：双方当事人的全称和详细通信地址。
（6）序言：如"经买卖双方同意，由买方购进、卖方出售下列货物，并按下列条款签订本合同"等类似文句。

（二）约文

约文就是合同的正文，也是合同的主体，规定了双方的权利和义务，包括合同的各项交易条款，如商品名称、品质规格、数量、包装、单价和总值、交货期限、支付条款、保险条款、检验条款、异议索赔条款、不可抗力和仲裁条款等，以及根据不同商品和不同交易情况加列的其他条款，如保值条款、溢短装条款和合同适用的法律等。

（三）约尾

约尾就是指合同的结尾部分，主要有合同文字的效力、合同份数、授权代表签字等内容。

一项贸易合同一般用两种文字来表示，合同中要明确以何种文字为依据，或明确规定两种文字具有同等效力。一般情况下，合同要有两份正本，双方各执一份，并据以执行，有时也规定副本的份数。

正规书面合同的最末端是双方法人代表签字或盖章，一般都应签署全名。

小知识　　　　合同形式的法律规定

在大陆法中，把合同形式分为要式合同（Formal Contract）和不要式合同（Informal Contract）。所谓要式合同是指依照法律规定，应按其规定形式和程序成立的合同。例如，必须由双方当事人签字，并由证人或公证机关证明的合同。不要式合同，可以用口头，或者书面，或者包括人证在内的其他证明形式，而无须采用书面形式。在英美法中，虽没有要式和不要式的划分，但也有相同概念，如在英美法的分类中，有签字蜡封的合同。该合同应属于一种按要求的形式和程序订立的合同，它与大陆法中的要式合同相似。美国的《统一商法典》规定，凡是价金超过500美元的货物买卖合同，须以书面形式作成，但仍保留了例外，如卖方已在实质上开始生产专为买方制造的，不宜于售给其他买方的商品，则该合同虽然没有采取上面的形式，但仍有约束力。《公约》对于国际货物买卖合同的形式，原则上不加以任何限制。《公约》第11条明确规定，买卖合同无须以书面订立或证明，在形式方面不受任何其他条件的限制。《公约》的这一规定既适应了西方国家的习惯做法，也是为了适应国际贸易发展的特点。因为许多国家的贸易合同是以现代通信方法订立的，不一定存在书面合同。但《公约》允许缔约国对该条的规定提出声明，予以保留。我国对此做了保留。买卖双方在以函电成交时，任何一方当事人如果要以签订书面合同作为合同成立的依据，都必须在发出要约或在承诺通知中提出这一保留条件。这时，合同的成立而不是以双方函电达成协议时成立，而应于签订书面合同时成立。如果任何一方当事人都没有提出签订书面合同作为合同成立的依据，则按合同法的一般原则，合同应于双方的函电达成协议时成立，即当载有承诺内容的信件、电报或电传生效时，合同即告成立。

第三节　电子商务

目前国际上通过电子计算机系统交换信息、磋商交易、订立合同、传递数据的行为不断增多，各口岸执法部门也都实行了电子执法系统，这对传统的商贸法律提出了诸多挑战。通过电子计算机系统交换的数据电文能否和传统的书面文件同样得到法律的承认，这是开展国际贸易"无纸操作"必须解决的问题。为此，联合国国际贸易法委员会于1991年决定进行电子商务领域的立法工作。经过大约五年的努力，在1996年6月14日联合国国际贸易法委员会第二十九届年会上通过了《电子商业示范法》。该示范法允许贸易双方通过电子手段传递信息、签订买卖合同和进行货物所有权的转让。这样，以往不具法律效力的数据电文将和书面文件一样得到法律的承认。

根据《电子商业示范法》的规定，"商业"包括一切契约性和非契约性的商业性质的关系所引起的种种事项。商业性质的关系包括但不限于下列交易：供应或交换货物或服务的任何贸易交易；分销协议；商业代表或代理；客账代理；租赁；工厂建造；咨询；工程设计；许可贸易；投资；融资；银行业务；保险；开发协议或许可；合资或其他形式的工业或商业合作；空中、海上、铁路或公路的客货运输。"数据电文"是指由电子手段、光学手段或类似手段生成、储存或传递的信息，这些手段包括但不限于电子数据交换、电子邮件、电报、电传或传真。电子数据交换（EDI）是指电子计算机之间使用某种商定标准来规定信息结构的信息电子传输。该法明确规定：采用数据电文形式的信息具有法律效力、有效性和可执行性。日本法律要求信息需采用书面形式，假若一项数据电文所含信息可以调取以备日后查用，即满足了该项要求。在任何法律诉讼中，数据电文形式的信息可被接受作为证据，即具有证据力。

上述《电子商业示范法》还对合同的订立和有效性作出如下规定：就合同的订立而言，除非当事各方另有协议，一项要约及对要约的承诺均可通过数据电文的手段表示。如使用了一项数据电文来订立合同，则不得仅仅以使用了数据电文为理由而否定该合同的有效性或可执行性。据此规定，结合以上关于数据电文符合法律上采用书面形式的要求，可以认为通过以数据电文交换而订立的合同，属于法律上所要求的书面合同的性质。

随着电子计算机通信技术在国际贸易领域中的广泛应用，联合国国际贸易法委员会也已着手对数据电文的法律有效性进行立法。因此，我们应在国际贸易实际工作中，进一步推行电子数据通信，逐步实现贸易"无纸化"操作。

复习思考题

1. 什么是国际货物买卖合同？
2. 国际货物买卖合同成立的有效条件是什么？
3. 交易磋商一般要经过哪四个环节？
4. 发盘内容包括哪几个基本要素？

5. 什么是接受？构成一项有效的接受，应该具备哪些要件？
6. 以签订 CIF 合同为例，出口合同的履行一般要经过哪些环节？
7. 以签订 FOB 合同为例，进口合同的履行一般要经过哪些环节？
8. 中国企业出口结汇主要有哪三种方式？

案例分析

1. 我国某出口公司于 5 月 10 日向外商发盘某商品每公吨 CFR Shanghai USD200，有效期复到。5 月 12 日收到该外商发来电传称"接受 CFR Shanghai USD180"，我方公司未予答复。5 月 14 日，该商品价格剧涨。外商于 5 月 15 日又向我方公司电传表示："接受你方 5 月 10 日发盘，信用证已开出。"请问此项交易是否达成？我方公司应如何处理？为什么？

2. 我国某出口公司于 3 月 1 日向外商 A 发盘某商品，限 3 月 8 日复到。由于传递过程中的延误，外商 A 表示接受的电传于 3 月 9 日上午才送到我方公司。我方公司认为答复逾期，未予理睬。这时，该商品国际市场价格已上涨，我方公司以较高价将该商品出售给另一位外商。22 日，外商 A 来电称："信用证已开出，请立即装运。"我公司复电："逾期接受，合同不成立。"而外商 A 坚持认为合同已成立。根据《公约》的解释，此合同是否成立？为什么？

3. 我国某出口企业对意大利某商发盘，限 10 日复到有效。9 日意商用电报通知我方企业接受该发盘，由于电报局传递延误，我方企业于 11 日上午才收到对方的接受通知。我方企业在收到接受通知前已获悉市场价格上涨。对此，我方企业应如何处理？

4. 我国某外贸企业向国外询购某商品，不久接到外商 3 月 20 日的发盘，有效期至 3 月 26 日。我方于 3 月 22 日电复："如能把单价降低 5 美元，可以接受。"对方没有反应。后因用货部门要货心切，又鉴于该商品行市看涨，我方随即于 3 月 25 日去电表示同意对方 3 月 20 日发盘所提的条件。此项交易是否达成？理由何在？

第十一章

出口合同履行

引例：

锦州宏大进出口公司（Jinzhou Hongda Import and Export Corporation，No.23，Section 5，Jiefang Road，Jinzhou，Liaoning，China）是经国家批准的具有进出口经营权的综合性贸易公司。锦州宏大进出口公司与日本XYZ公司（XYZ Company 77-1，Kyomachi，Chuo-ku，Kobe 651-0178 Japan）是多年的贸易伙伴，每年都向日本出口大量花生仁。2013年6月双方签订了意向书，日本XYZ公司拟从锦州宏大进出口公司进口花生仁200公吨，其他具体条款没有确定。2013年9月，锦州宏大进出口公司经过市场调查和成本核算，确定花生的出口价格，经过与日方的磋商（询盘、发盘、还盘和接受），最后确定交易条件如下：

品名：花生仁（CHINESE GROUNDNUTS KERNELS）

规格：40/50和50/60手选分级，杂质最高0.1%，水分最高8.0%，破碎最高3.0%（40/50 AND 50/60 PER OZ.HPS.ADMIXTURE：0.1% MAX，MOISTURE 8.0% MAX，BROKEN 3.0% MAX）

唛头：无

数量：40/50：100MTS；50/60：100MTS

单价：40/50：USD750/MT CIF KOBE；50/60：USD650/MT CIF KOBE

溢短装：5% 由卖方确定

装运港/目的港：从中国大连到日本神户

装运条款：2013年12月30日前，允许分批和转船

包装：新麻袋包装，每袋净重约50千克，以净计净

保险：由卖方按发票金额的110%投保一切险

付款条件：即期不可撤销信用证结算，该信用证应于2013年10月15日之前到达卖方

根据上述条件，由锦州宏大进出口公司负责制作销售合同，签字盖章后传真给日方，日方当日签字盖章后又将合同传真回来，买卖合同就此签订。

根据上述条件，请以锦州宏大进出口公司的名义制作销售合同。

本章的学习要点:

- 出口合同履行的过程
- 出口合同履行中涉及的各个当事人

第一节 签订出口合同

一、合同的格式和形式

出口合同的基本格式分为约首、约文和约尾三个组成部分。约首是合同的首部,包括合同的名称、合同号、签订日期和地点、买卖双方的名称和地址及序言等内容。合同的约文是合同的主要部分,具体规定双方的权利和义务,这些权利和义务在合同中表现为各项交易条件或条款。约尾是指合同的尾部,包括合同文字的效力、份数、附件的效力及双方的签字等。

在我国的国际贸易业务中,各外贸企业都印有固定格式的进出口合同,但随着计算机的普及,许多外贸企业一般都将合同条款和格式存到计算机中,具体合同内容根据不同商品、不同客户进行调整。这比原来的固定格式合同有许多优越性,同时适应了电子商务的需要。

目前,我国进出口贸易采用的书面合同有两种形式,即销售合同(sales contract)和销售确认书(sales confirmation),在法律上具有同等效力。

二、合同的签署

如果买卖双方当面成交,双方共同签署;通过函电往来成交的,合同由一方制作并签署后,一般将合同传真给另一方,另一方签署后退回一份,以备存查,并作为履行合同的依据。随着电子商务的发展,网络贸易越来越被人们所认同,因此可以通过网络签订合同,但就目前的国际贸易来说,完全的无纸贸易还不能实现,纸制的合同在国际贸易中还是必需的。

三、国际贸易合同的基本内容

1. 合同名称

因为合同的起草方不同,合同的名称也有可能不同。由卖方起草时一般使用"SALES CONTRACT",由买方起草时一般使用"PURCHASE CONTRACT",当然也可以简单地用"CONTRACT"表示。

2. 编号

编号是指填写具体的合同编号。一般每一个外贸公司都有自己的编制合同号码的规则,便于查找、存档。编制时最好能在合同号码中看出签订合同的另一方和签订合同的时间。这样只要看到合同号码就能知道是哪一笔业务了。

3. 签约日期

这是买卖双方最后一方签署合同的日期。一般来说,双方签署都在同一天。但如果一方制作并签署后将合同传给另一方，对方没有马上签署，而是在第二天才签署并传回合同，这样最好由最后签署一方注明签署时间。

4. 签约地点

在何处签约关系到发生争议时合同的法律适用问题，所以必须准确填写。

5. 卖方

这要填写出口公司的名称、地址、联系电话、传真及电子信箱等。一定要准确填写，因为合同是开立信用证的基础，如果出口方的名称、地址填写错误将会给信用证的执行造成困难。

6. 买方

买方的填写要求与卖方的填写要求一致。

7. 品名及规格

根据买卖双方交易磋商的结果，详细填写商品的名称及规格型号，如果有多种商品名称应分别填写。

8. 数量

一般填写计价数量。如果以重量计价，填写净重，也可同时填写毛重。如果是以品位计价的矿产品，填写矿产品的重量。

9. 单价

单价的四个组成部分：计量单位、单位价格金额、计价货币和贸易术语，缺一不可。填写时注意与第7项的商品相对应。

10. 总金额

此栏分别列出不同商品的累计金额，并将所有累计金额相加计算出总金额。此栏用阿拉伯数字显示，最后在合同中还要用英文单词显示总金额。

11. 溢短装条款

大宗散装货物一般都列明此条款。非散装货物如果双方认为有必要也可以列明此条款。

12. 包装

此栏填写包装种类、方式和材料等。如有必要可以填写包装费用的负担。如无包装填写NAKED 或 IN BULK。

13. 唛头

这要填写货物包装的唛头，如果没有唛头填写"N/M"。

14. 装运港和目的港

这要填写具体的装运港和目的港名称"FROM ... TO ... "。如果签订合同时暂时无法确定具体港口，可以填写港口所处的地理范围。如，FROM CHINESE MAIN PORT TO JAPANESE MAIN PORT。

15. 装运条款

这要填写装运期限及对分批装运和转船的要求。有些合同将第14项和第15项合并作为一项。

16. 付款条件

注明付款方式，如果是信用证方式付款，则应注明信用证种类、开证期限及有效期限等。

17. 保险

如果是以CIF成交出口，则由卖方办理保险，因此，该项应表明保险的险种、投保金额及使用的保险条款。如果以 FOB 或 CFR 成交出口,该项表明"由买方办理保险"。

18. 买卖双方签字盖章
由公司法人签字并加盖英文公章。

19. 一般条款
正规的国际贸易合同还包括索赔、不可抗力和仲裁等条款,这里不再赘述。

国际贸易合同是一个有机整体,各条款之间应该前后呼应,相互衔接,保持一致,不应出现相互矛盾的内容。比如,单价、总值中标明的货币必须相同。合同条款还要订得具体、完善,防止错列和漏列主要事项;合同的文字要简练、严谨、明确,切忌使用模棱两可的词句和文字。

销售合同如表 11-1 所示。

表 11-1　销售合同

SALES CONTRACT

ORIGINAL

NO.: JZ201311
DATE: SEP.29, 2013
SIGN AT: JINZHOU

The Seller: JINZHOU HONGDA IMPORT AND EXPORT CORPORATION
　　　　　 NO.23, SECTION 5, JIEFANG ROAD, JINZHOU, LIAONING, CHINA
　　　　　 TEL: ×××××××　　FAX: ×××××××

The Buyer: XYZ COMPANY
　　　　　 77-1, KYOMACHI, CHUO-KU, KOBE 651-0178 JAPAN

The Seller agrees to sell and the Buyer agrees to buy the undermentioned goods on the terms and conditions stated below:

Description of Commodity & Specifications	Quantity	Unit Price	Total Amount
CHINESE GROUNDNUTS KERNELS 40/50 PER OZ.HPS. 50/60 PER OZ.HPS. ADMIXTURE: 0.1% MAX MOISTURE: 8.0% MAX BROKEN: 3.0% MAX	100MTS 100MTS 200MTS	CIF KOBE USD750/MT USD650/MT	CIF KOBE USD75 000.00 USD65 000.00 USD140 000.00
	5% MORE OR LESS AT THE SELLER'S OPTION		
TOTAL AMOUNT: U.S.DOLLORS ONE HUNDRED AND FORTY THOUSAND ONLY.			

　Packing Term: IN NEW JUTE-BAGS ABOUT 50KGS NET EACH, NET FOR NET
　Shipping Marks: N/M
　Port of Loading/ Port of Destination: FROM DALIAN PORT CHINA TO KOBE PORT JAPAN
　Term of Shipment: TO BE EFFECTED BEFORE THE END OF DECEMBER, 2013, WITH PARTIAL SHIPMENTS AND TRANSSHIPMENT ALLOWED

续表

Terms of Payment: THE BUYER SHALL OPEN THROUGH A BANK ACCEPTABLE BY THE SELLER AN IRREVOCABLE SIGHT LETTER OF CREDIT TO REACH THE SELLER BEFORE OCTOBER 15, 2013 VALID FOR NEGOTIATION IN CHINA UNTIL THE 15TH DAY AFTER THE DATE OF SHIPMENT Insurance: TO BE EFFECTED BY THE SELLER FOR 110% OF INVOICE VALUE AGAINST ALL RISKS AS PER AND SUBJECT TO THE OCEAN MARINE CARGO CLAUSES OF PICC DATED 1/1/1981				
Seller: JINZHOU HONGDA IMPORT AND EXPORT CORPORATION 签字		Buyer: XYZ COMPANY 签字		

第二节 申领出口许可证件

花生出口报关不需要出口许可证件,因此锦州宏大进出口公司在履行该笔业务时不用申领出口许可证。

国家对某些商品的出口有一定的限制。这些商品出口时必须向海关提供出口许可证或其他出口证件。具体限制出口商品的品种由商务部会同海关总署制定,或由国务院相关部门制定,因为政策的不断变化,限制出口商品的品种每年也有所不同。

一、出口许可证管理及发证机关

商务部是全国出口许可证的归口管理部门。商务部会同海关总署制定、调整和发布年度《出口许可证管理货物目录》。商务部负责制定、调整和发布年度《出口许可证管理货物分级发证目录》。

商务部授权配额许可证事务局统一管理、指导全国各发证机构的出口许可证签发工作,许可证局对商务部负责。许可证局及商务部驻各地特派员办事处和各省、自治区、直辖市、计划单列市以及商务部授权的其他省会城市商务厅(局)、外经贸委(厅、局)为出口许可证发证机构,在许可证局的统一管理下,负责授权范围内的发证工作。

二、申领出口许可证应当提交的文件

(1)加盖经营者公章的《中华人民共和国出口许可证申请表》。
(2)主管机关签发的出口批准文件。
(3)出口合同正本复印件。
(4)出口商与发货人不一致的,应当提交《委托代理协议》正本复印件。
(5)年度内初次申请出口许可证的,还应提交《企业法人营业执照》复印件以及加盖对

外贸易经营者备案登记专用章的《对外贸易经营者备案登记表》或者《中华人民共和国进出口企业资格证书》；经营者为外商投资企业的，应当提交《中华人民共和国外商投资企业批准证书》。

（6）企业经营情况说明。

（7）企业领证人身份证复印件。

（8）商务部规定的其他应当提交的材料。网上申请的，领取出口许可证时提交上述材料；书面申请的，申请时提交。

三、出口许可证的申领过程

（一）申请

（1）网上申请的，首先申请办理电子钥匙。网上申领出口商品许可证的企业需向商务部EDI中心申办电子钥匙（该钥匙可用于申领出口许可证、进口许可证、自动进口许可证和纺织品临时出口许可证）。然后申请企业凭电子钥匙http://www.licence.org.cn，进入"网上企业申领"，选择"出口许可证发证系统"，在网上填写申请单并成功提交电子数据。

（2）书面申请的，持申领出口许可证有关文件直接到发证机关办理。

（二）审核

1. **网上申请的审核**

企业提交电子数据由商务厅审核。经审核符合规定的，发证机构工作人员点击通过，此时企业领证人员携带《中华人民共和国出口许可证申请表》一份（可在http://www.licence.org.cn网站"相关材料"中下载），须加盖单位公章，到商务厅领取出口商品许可证；不符合规定的，须在申请表审核意见栏一次性注明不予通过的原因，点击不予通过。经营者可在企业网上申领系统中获取未通过的原因。

2. **书面申请的审核**

经审核符合规定的，发证机构工作人员在申请表审核意见栏注明审核意见；不符合规定的，须在申请表审核意见栏注明不予通过的原因，并将申请材料退还经营者。

（三）发证

发证机构自收到符合规定的申请之日起三个工作日内发放出口许可证。

四、出口许可证管理方式

出口许可证管理实行"一证一关"制、"一批一证"制和"非一批一证"制。"一证一关"指出口许可证只能在一个海关报关；"一批一证"指出口许可证在有效期内一次报关使用。"非一批一证"适用于外商投资企业出口许可证管理的货物；补偿贸易项下出口许可证管理的货物；其他在《出口许可证管理货物目录》中规定实行"非一批一证"的出口许可证管理货物。"非一批一证"指出口许可证在有效期内可以多次报关使用，但不超过二二次，由海关在"海关验放签注栏"内逐批签注出运数。

五、出口许可证的有效期

出口许可证的有效期不得超过六个月,且有效期截止时间不得超过当年十二月三十一日。出口许可证应当在有效期内使用,逾期自行失效,海关不予放行。出口许可证申请表及出口许可证如表11-2所示。

表11-2 中华人民共和国出口许可证申请表

1.出口商: 代码:	3.出口许可证号:			
领证人姓名: 电话:				
2.发货人: 代码:	4.出口许可证有效截止日期: 年 月 日			
5.贸易方式:	8.进口国(地区):			
6.合同号:	9.付款方式:			
7.报关口岸:	10.运输方式:			
11.商品名称:	商品编码:			
12.规格、等级	13.单位	14.数量	15.单价(币别)	16.总值(币别)	17.总值折美元
18.总计					
19.备注 申请单位盖章 申领日期:	20.签证机构审批(初审): 经办人: 终审:				

填表说明: 1.本表应用正楷逐项填写清楚,不得涂改、遗漏,否则无效。
2.本表内容需打印多份许可证的,请在备注栏内注明。

中华人民共和国出口许可证
EXPORT LICENCE OF THE PEOPLE'S REPUBLIC OF CHINA

No.

1. 出口商： Exporter		3. 出口许可证号： Export licence No.		
2. 发货人： Consignor		4. 出口许可证有效截止日期： Export licence expiry date		
5. 贸易方式： Terms of trade		8. 进口国（地区）： Country /Region of purchase		
6. 合同号： Contract No.		9. 支付方式： Payment conditions		
7. 报关口岸： Place of clearance		10. 运输方式： Mode of transport		
11. 商品名称： Description of goods		商品编码： Code of goods		
12. 规格、等级 Specification	13. 单位 Unit	14. 数量 Quantity	15. 单价（　） Unit price	16. 总值（　） Amount	17. 总值折美元 Amount in USD
18. 总计 Total					
19. 备注 Supplementary details		20. 发证机关签章 Issuing authority's stamp & signature 21. 发证日期 Licence date			

中华人民共和国商务部监制（2007）

第三节　备货

　　锦州宏大进出口公司在收到日方签署并传真回来的合同之后，开始备货。
　　锦州宏大进出口公司与辽西的几家花生加工厂都建立了贸易伙伴关系，在花生国际贸易合同成立后，锦州宏大进出口公司与两家花生加工企业分别签订了100吨的花生购销合同，购销合同的内容与国际贸易合同基本相同。购销合同的交货期比国际贸易合同早，同时注明，花生的包装采用检验检疫机构定点的麻袋加工企业的产品，并经过检验检疫机构检验合格，取得检验检疫机构出具的《出口货物运输包装性能检验结果单》。

一、备货

备货工作是进出口企业（有进出口经营权）根据合同或信用证规定，向有关企业或部门采购和准备货物的过程。目前，我国有进出口经营权的企业分两种情况：一种是工贸型企业；另一种是贸易型企业（如锦州宏大进出口公司）。

从2004年以后我国的进出口企业获得进出口经营权采取登记备案制度，而且新的《中华人民共和国对外贸易法》规定，个人也可以具有进出口贸易的资格，因此我国的进出口企业、组织和个人会越来越多。

工贸型企业备货是通过企业内部的联系单来实现的，而贸易型企业备货要向国内的生产企业联系货源，订立国内采购合同。无论是哪一种企业，在备货时都应注意，货物的品质、规格、数量、包装、唛头及交货时间应符合国际贸易合同或信用证的要求。

二、出口商品的包装

列入《出入境检验检疫机构实施检验检疫的进出境商品目录》及其他法律、行政法规规定须经检验检疫机构检验检疫的出口货物的运输包装容器，必须申请检验检疫机构检验，经检验检疫机构检验合格后方准盛装出口货物。

出口商品的包装容器的生产单位必须在检验检疫机构获得质量许可证，该质量许可证有效期为三年，在有效期内检验累计批次合格率低于80%或出现因运输包装质量造成进口方索赔两次以上的，吊销质量许可证。因此，所有出口商的包装必须是在获得质量许可证的单位加工生产的，同时必须经过检验检疫机构检验合格。检验检疫机构出具的《出口货物运输包装性能检验结果单》在商品出口报检时必须提供给检验检疫机构。

第四节　催证、审证和改证

一、催证

锦州宏大进出口公司于2013年9月29日与日方签订国际贸易合同后，在半个月内，组织货源，签订国内购销合同，监督生产企业的加工生产。

双方签订的国际贸易合同要求进口方应于2013年10月15日前开出即期不可撤销信用证，但到10月12日我方还没有收到信用证，锦州宏大进出口公司业务员向日方发出催证函（通过传真或电子信箱），要求日方按第JZ200411号合同尽快开出信用证。日方在收到函电后，于当日回电，表示将于10月13日开出信用证，同时要求锦州宏大进出口公司将通知行的地址发给他们。锦州宏大进出口公司将中国银行锦州支行的有关信息发给了日方。

1. 付款

在出口合同中买卖双方如约定采用信用证的方式付款,买方则应严格按照合同的规定按时开立信用证。但国外客户在市场发生变化或资金短缺等情况下,往往拖延开证。对此我们应催促对方迅速办理开证手续。特别是大宗商品交易或按国外买方要求特制商品的交易,更应结合备货情况及时进行催证。必要时,也可请我驻外机构或有关银行协助代为催证。

如果合同中对买方开证时间未作规定,买方应在合理时间内开出。卖方可以根据货物性质、装运期限、备货难度等决定适当的催证时间。

2. 关于通知行的确认

一般来说信用证的通知行由卖方选择,因为卖方知道信用证会通过哪家银行通知,可以提前告知银行,说明自己最近要有信用证从国外开过来,这样当银行收到信用证后会及时通知卖方,以便卖方加快信用证的操作过程。通知行可以在国际贸易合同中注明,也可以通过函电说明。注意通知行的名称、地址、电话、传真、SWIFT代号等一定要详细准确。

二、审证

锦州宏大进出口公司于2013年10月15日收到中国银行锦州支行的信用证通知,并于当日从银行取回信用证正本。锦州宏大进出口公司根据JZ201311号合同对信用证进行仔细审查,找出信用证存在的问题,通知进口商修改信用证。信用证如表11-3所示。

表11-3　信用证

Msg Type: 700 (Issue of a Documentary Credit)
Destination Bank: BANK OF CHINA, JINZHU BRANCH
Sequence Total: *27　　1/1
Type of Documentary Credit: *40A　IRREVOCABLE
Letter of Credit Number: *20　CDMS2013U/12
Date of Issue: 31C　　131014
Date and Place of Expiry: *31D　　140110 IN JAPAN
Applicant Bank: 51D　　FUJI BANK, LTD., THE TOKYO
Applicant: *50　　XYZ COMPANY
77-1, KYOMACHI, CHUO-KU, KOBE 651-0178 JAPAN
Beneficiary: *59　JINZHU HONGDA IMPORT AND EXPORT CORPORATION
NO.23, SECTION 5, JIEFANG ROAD, JINZHOU, LIAONING, CHINA
Currency Code, Amount: *32B　　USD140 000.00
Available with ... by ... : *41D　BANK OF CHINA, JINZHOU BRANCH
BY NEGOTIATION
Drafts at: 42C AT 30 DAYS AFTER SIGHT
Drawee: 42D THE FUJI BANK LTD.
HEAD OFFICE TOKYO, JAPAN
Partial Shipments: 43P NOT ALLOWED
Transshipment: 43T NOT ALLOWED
Port of Loading/Airport of Departure: 44E CHINESE MAIN PORT
Port of Discharge/Airport of Destination: 44F KOBE, JAPAN

Latest Date of Shipment: 44C 131230
Description of Goods or Services: 45A
CHINESE GROUNDNUTS KERNELS CHINESE ORIGIN, CROP YEAR 200413 200MTS (40/50 100MTS, 50/60 100MTS), UNIT PRICE: USD750/MT FOR 40/50, USD650/MT FOR 50/60, CIF KOBE, 40/50/50/60 PER OZ.HPS., ADMIXTURE 0.1 PCT MAX, MOISTURE 8.0 PCT MAX, BROKEN 3.0 PCT MAX, PACKED IN NEW JUTE-BAGS ABOUT 50KGS NET EACH, NET FOR NET
Documents Required: 46A
1.SIGNED COMMERCIAL INVOICE IN 3 COPIES INDICATING CONTRACT NO.
2.2/3 OF ORIGINAL CLEAN ON BOARD OCEAN BILLS OF LADING MADE OUT TO ORDER AND BLANK ENDORSED, MARKED "FREIGHT PREPAID" NOTIFYING APPLICANT
3.PACKING LIST IN 3 COPIES
4.CERTIFICATE OF QUALITY AND WEIGHT EACH IN 3 COPIES ISSUED BY CIQ
5.BENEFICIARY'S SHIPPING ADVICE DISPATCHED TO THE ACCOUNTEE WITH IN 24 HOURS AFTER SHIPMENT ADVISING NAME OF COMMODITY, QUANTITY, AMOUNT, NAME OF VESSEL, NO.OF B/L, DATE OF B/L, PORT OF LOADING, DESTINATION PORT, NUMBER OF CONTAINERS
6.CERTIFICATE OF ORIGIN (FORM A) IN 2 COPIES
7.INSURANCE POLICY IN DUPLICATE FOR 110 PCT OF THE INVOICE VALUE SHOWING CLAIMS AGENT IN JAPAN IN CURRENCY OF THE DRAFT, BLANK ENDORSED, COVERING ALL RISKS.
Additional Instructions: 47A
1.BOTH QUANTITY AND AMOUNT 5 PERCENT MORE OR LESS ARE ALLOWED.
2.ALL DOCUMENT MUST INDICATE THIS L/C NO.
3.BENEFICIARY'S DECLARATION STATING THAT 1/3 OF CLEAN ON BOARD OCEAN BILLS OF LADING AND ONE SET OF NON-NEGOTIABLE DOCUMENTS SENT DIRECTLY TO ACCOUNTEE BY DHL WITHIN 2 DAYS AFTER SHIPMENT.
Charges: 71B
ALL BANKING CHARGES OUTSIDE THE OPENNING BANK ARE FOR BENEFICIARY'S ACCOUNT.
Period for Presentation: 48
DOCUMENTS MUST BE PRESENTED WITHIN 15 DAYS AFTER THE DATE OF ISSUANCE OF THE TRANSPORT DOCUMENTS BUT WITHIN THE VALIDITY OF THE CREDIT.
Confirmation Instructions *49 WITHOUT
Instructions to the Paying/Accepting/Negotiating Bank 78
1.ALL DOCUMENTS TO BE FORWARDED IN ONE COVER, UNLESS OTHERWISE STATED ABOVE.
2.DISCREPANT DOCUMENT FEE OF USD50.00 OR EQUAL CURRENCY WILL BE DEDUCTED FROM DRAWING IF DOCUMENTS WITH DISCREPANCIES ARE ACCEPTED.
3.UPON RECEIPT OF ALL DOCUMENTS AND DRAFT IN CONFORMITY WITH THE TERMS AND CONDITIONS OF THIS CREDIT, WE SHALL REMIT THE PROCEEDS TO THE BANK DESIGNATED BY YOU.
L/C subject to: 40E
UCP LATEST VERSION

"Advising Through" Bank 57A: BANK OF CHINA, JINZHOU BRANCH

********other wordings between banks are omitted********

经过审查发现如下问题：
（1）信用证的到期地点在日本，应改在中国到期。

（2）信用证中受益人的名称错误，应为"JINZHOU"而不是"JINZHU"。

（3）汇票的付款期限应为即期，而不是见票后 30 天。

（4）信用证规定不允许分批和转船，与合同不符。

（5）该证只要求提交 2/3 正本提单，而将另 1/3 直接寄给申请人，并出具寄单证明，对受益人来说风险很大。

（一）信用证的结算程序

使用信用证方式收付货款大致需要经过以下步骤：

1. 进出口双方签订国际贸易合同

进出口双方通常要在国际贸易合同中将信用证的种类和开证时间作以明确的规定。

2. 进口商向银行申请开立信用证

进口商按合同规定向当地银行提出申请，填写开证申请书并提供押金或担保以及其他资料，要求该银行（开证行）开出以出口商为受益人的信用证。

3. 开证银行开立信用证

开证行将信用证寄发给出口商所在地的分行或代理行（通知行）。信用证可以用信开本以航空信寄出，也可以用加注密押的电报发给出口地银行，但现在常用的是通过 SWIFT（环球同业银行金融电信协会）系统发送信用证，该系统具有传递速度快、安全性高和费用低等特点。

4. 通知行通知信用证

出口地的银行收到信用证后，根据信用证的要求，将信用证通知转递给出口商。

5. 出口商审证、发货、交单

出口人审核信用证与合同相符后，按信用证规定装运货物，并备齐各项货运单据，开具汇票，在信用证有效期内一并送交当地银行（议付行）请求议付。

6. 议付行议付、索偿

UCP600 将议付定义为：指定银行在相符交单的情况下，在其应获偿付的银行工作日当天或之前向受益人预付或者同意预付款项，从而购买汇票（其付款人为指定银行以外的其他银行）及/或单据的行为。

出口商所在地的银行（信用证指定的）收到出口商提交的单据，与信用证核对相符后，即将汇票金额在扣除议付日到估计收款日的利息和手续费后，付给出口方。出口地银行的这一审单、买单、付款的过程叫"议付"。或者指定银行同意预付货款也叫议付。

7. 开证行偿付

开证行或其指定银行收到议付行寄交的单据，与信用证条款核对无误后，即将票款偿付给议付银行。

8. 进口商付款、赎单、提货

开证行偿付后，立即通知进口商付款赎单。进口商如发现单据和信用证规定不符也可以拒绝赎单，此时开证行就要承担损失，因为它不能向议付行要求退款。

（二）信用证审核

信用证是依据买卖合同开立的，信用证内容应该与买卖合同条款保持一致。但在实践中，由于种种原因，往往会出现开立的信用证条款与合同不符，或者在信用证中加列一些出口商看似无所谓但实际是无法满足的信用证付款条件（在业务中被称为"软条款"）等。为了保证安全收汇，必须对信用证进行严格审查。

在实际业务中，银行和进出口公司应共同承担审证任务。其中银行着重审核信用证的真实性、开证行的政治背景、资信能力、付款责任和索汇路线等方面的内容，即进行"核押"。出口公司则着重审查信用证的内容。出口商审核信用证时的主要依据是我国的有关政策和规定、交易双方成交的合同或第600号出版物（UCP600）（根据信用证适用的版本），以及实际业务操作中出现的具体情况。

出口商审核信用证的基本要点如下：

1. 信用证本身的审核

（1）信用证的性质。信用证是不是不可撤销的，是不是保兑的。

UCP600规定：信用证是不可撤销的，即使未如此表明。因此如果信用证适用UCP600，则信用证一定是不可撤销的。但如果信用证适用UCP500则必须显示"IRREVOCABLE"，才是不可撤销信用证。

（2）适用惯例。信用证是否申明所适用的国际管理规则，如："THIS CREDIT IS SUBJECT TO THE UNIFORM CUSTOMS AND PRACTICE FOR DOCUMENTARY CREDITS 1993 REVISION ICC PUBLICATION NO.500"或"UCP LATEST VERSION"。

（3）信用证的有效性。审查信用证上是否存在限制生效及其他保留条款。有些信用证在证内对开证行付款责任方面加列"限制性"条款或"保留"条件的条款，如有的来证注明"领到进口许可证后通知时方能生效"，电报来证注明"另函详"等类似文句，受益人对此必须特别注意。

（4）信用证当事人。信用证中注明交易中的买卖双方的名称、地址要准确，并与合同保持一致。信用证的受益人应使用合法的公司名称。

信用证应该由在中国的通知行负责通知，信用证上要注明通知行的银行参考号。开证行的名称和银行参考号应清楚地注明在信用证上。如果开证行所在国或地区政局不稳定或者开证行本身资信较差，应要求进口商通过通知行或出口商可以接受的其他银行对信用证加具保兑。付款行的名称、地址应详细列出。

（5）信用证的到期日和到期地点。信用证的到期日应该符合买卖合同的规定，如果买卖合同没有规定，则信用证的到期日应与装运期有一定的合理间隔，一般为货物装运后10天、15天或者21天，以便在装运货物后有足够时间办理制单结汇工作。

信用证的到期地点一定要在中国境内，以便及时交单。如果信用证将到期地点规定在国外，一般不宜接受。

2. 专项审核

（1）信用证的金额、币种、贸易术语和付款期限的规定。信用证对支付货币的币种和金额应描写清楚，如用美元支付。信用证金额应与合同金额一致。如果合同中订有溢短装条款，信用证金额也应包括溢短装部分的金额。信用证金额中单价与总值要填写正确，所采用的货币应与合同规定相一致。

信用证中应注明所使用的贸易术语，并与买卖双方订立的国际贸易合同的内容一致。

信用证应明确表示付款时间，或采取受益人开立汇票方式付款，但需要注明汇票的付款时间，如汇票即期付款（at sight）。

（2）商品名称、货号、规格、数量的规定。信用证对货物的描述应当清楚，并与合同保持一致。信用证对货物的质量要求不应过分详细，以防止对交货或制单造成麻烦。

（3）信用证中的装运条款：装运期限、装运港、卸货港、分批转运的规定。信用证的装运期必须与合同规定一致，如果国外来证晚，无法按期装运，应及时电请国外买方延展装运期限，同时要延展信用证的到期日。

信用证中的装运港和卸货港应描述清楚，可以是具体港口也可以是一定的范围。

应根据运输情况酌情规定是否允许分批装运或转船。

在信用证中一般不应指明运输航线、货运代理人和运输船名，以便出口商本着节约原则自由选择。如果信用证指定船公司、船籍、船龄、船级等条款，或不准在某港口转船等，一般不应轻易接受，但若对我方无关紧要，而且可以办到，则可灵活掌握。

（4）对信用证中要求受益人提交议付单据和交单期限的规定。对于来证中要求提供的单据种类和份数及填制方法等要仔细审核，注意单据由谁出具、能否出具，信用证对单据是否有特殊要求，单据的规定是否与合同条款一致，前后是否矛盾。如果发现有不正常规定，如要求商业发票或产地证明须由国外第三者签署证明，以及提单上的目的港后面加上指定码头等字样，都应慎重对待。

也有些信用证要求的结汇单据，出口商要取得有一定的困难，甚至是不可能的，即信用证的"软条款"。例如，"买方签署的商检证书""运输行代买方收到货物的证明"等，此类条款将导致信用证的欺诈，因此要格外注意。

信用证的交单期限不能太短，一般规定装运之后的二十一天、十五天或十天。

（5）信用证费用的规定。在办理信用证业务时，银行要收取一定金额的银行费用，作为业务费用和劳动报酬。所有这些费用均由进出口双方按其贸易合同的规定承担。信用证项下的银行费用主要包括：开证费、预先通知费、通知与转送费、议付费、保兑费、承兑费、转让费、修改费、付款费、注销费、邮费、电报费和电传费等。

有关信用证项下的费用，应该在合同中加以明确。信用证项下的费用一般应由开证申请人负责，因为信用证是申请人要求开证行开出的，而开证行又委托通知行通知受益人，通知行或议付行都是受开证行的委托办理业务。

有的信用证费用，由于申请人不愿意支付，规定由受益人承担，这时受益人应要求申请人修改为申请人支付。但修改信用证需要时间而且产生费用，为了兼顾双方的利益，目前信用证关于银行费用多数是这样规定的："ALL BANKING CHARGES OUTSIDE OPENING BANK ARE FOR BENEFICIARY'S ACCOUNT"。

3. 信用证审核中可能发现的问题

（1）信用证的性质。信用证未生效或有限制生效的条款；信用证为可撤销的；信开信用证中没有保证付款的责任文句；信用证中漏列"适用国际商会 UCP 规则"条款；信用证未按合同要求加保兑；信用证密押不符。

（2）信用证有关期限。信用证中没有到期日（有效期）；到期地点在国外；信用证的到期日与装运期有矛盾；装运到期日或交单期规定与合同不符；装运期或有效期的规定与交单期矛盾；交单期过短。

（3）信用证当事人。开证申请人公司名称或地址与合同不符；开证受益人公司名称或地址与合同不符。

（4）信用证金额、货币。信用证金额不够（不符合合同规定，未达到溢短装要求）；金额大小写不一致；信用证货币币种与合同规定不符。

（5）汇票。付款期限与合同规定不符；汇票付款比例与合同规定不符。

（6）装运、分批和转运。分批、转运与合同规定不符；装运港与合同规定或成交条件不符；目的港不符合合同或成交条件；装运期限与合同规定不符。

（7）货物。货物名称、规格、数量与合同不符；商品包装、单价有误；贸易术语错误；使用术语与条款有矛盾；货物单价数量与总金额不吻合；信用证中援引的合同号码与日期错误；漏列溢短装规定。

（8）单据。发票种类不当；商业发票要求领事签证；提单收货人一栏的填制要求不当；提单抬头和背书要求有矛盾；提单运费条款规定与成交条件矛盾；正本提单全部或部分直寄客户；产地证明出具机构有误（由国外机构或无授权机构出具）；漏列必须提交的单据（如CIF成交条件下的保险单）；空运提单收货人不是开证行；费用条款规定不合理；运输工具限制过严；要求提交的检验证书种类与实际不符；要求提供客检证书；保险单种类不对；保险险别范围与合同规定不一致；保险金额与合同规定不符。

三、改证

经过仔细审查信用证发现几个问题，2013年10月16日，锦州宏大进出口公司业务员向日方发出函电，要求对方尽快对所提出的信用证存在的问题进行修改。当天日方回电同意修改信用证。2013年10月18日，中国银行锦州支行通知信用证修改通知书已到，锦州宏大进出口公司取回信用证修改通知书，经过审查没有问题，准备执行该信用证。改证函如表11-4所示，修改通知书如表11-5所示：

表11-4 改证函

JINZHOU HONGDA IMPORT AND EXPORT CORPORATION
NO.23，SECTION 5，JIEFANG ROAD，JINZHOU，LIAONING，CHINA

OCT.16，2013

TO：XYZ COMPANY
　　77-1，KYOMACHI，CHUO-KU，KOBE 651-0178 JAPAN

DEAR SIR OR MADAM,
　　　　　　RE: AMENDMENT OF L/C NO.CDMS2013U/12
THANK YOU FOR YOUR L/C NO.CDMS2013U/12 ISSUED BY FUJI BANK，LTD.，THE TOKYO, WHICH ARRIVED HERE YESTERDAY.

续表

ON GOING THROUGH THE L/C, HOWEVER, WE HAVE FOUND THE FOLLOWING DISCREPANCIES WITH THE CONTRACT NO.JZ201311:
1.THE EXPIRY PLACE SHOULD BE IN CHINA, NOT IN JAPAN.
2.THE NAME OF THE APPLICANT IS "JINZHOU", NOT "JINZHU".
3.THE DRAFT IS PAID AT SIGHT INSTEAD OF AT 30 DAYS AFTER SIGHT.
4.PARTIAL SHIPMENTS AND TRANSSHIPMENT ARE ALLOWED INSTEAD OF NOT ALLOWED.
5.AMEND THE "2/3 OF ORIGINAL CLEAN ON BOARD OCEAN BILLS OF LADING" TO "FULL SET OF ORIGINAL CLEAN ON BORAD OCEAN BILLS OF LADING".
6.DELETE THE CLAUSE "BENEFICIARY'S DECLARATION STATING THAT 1/3 ORIGINAL OF CLEAN ON BOARD OCEAN BILLS OF LADING AND ONE SET OF NON-NEGOTIABLE DOCUMENTS SENT DIRECTLY TO ACCOUNTEE BY DHL WITHIN 2 DAYS AFTER SHIPMENT" AND ADD THE WORDING "BENEFICIARY'S DECLARATION STATING THAT ONE SET OF NON-NEGOTIABLE DOCUMENTS SENT DIRECTLY TO ACCOUNTEE BY DHL WITHIN 2 DAYS AFTER SHIPMENT".

PLEASE LET US HAVE YOUR L/C AMENDMENT SOON SO THAT WE MAY EFFECT SHIPMENT ACCORDING TO THE CONTRACT NO.JZ201311.

THANK YOU FOR YOUR CORPORATION.

YOURS TRULY,

JINZHOU HONGDA IMPORT AND EXPORT CORPORATION
SUN DAQING

表 11-5　信用证修改通知书

MT707
20 SENDER'S REFERENCE
　CDMS2013U/12
21 RECEIVER'S REFERENCE
　NONREF
26E NUMBER OF AMENDMENT
　1
30 DATE OF AMENDMENT
　131017
31C DATE OF ISSUE
　131014
52A APPLICANT BANK
　FUJI BANK, LTD., THE TOKYO
59 BENEFICIARY
　JINZHOU HONGDA IMPORT AND EXPORT CORPORATION
　NO.29, SECTION 5, JIEFANG ROAD JINZHOU, LIAONING, CHINA

续表

79 NARRATIVE +THE EXPIRY PLACE IS "IN CHINA" INSTEAD OF "IN JAPAN". +THE NAME OF THE APPLICANT IS "JINZHOU" INSTEAD OF "JINZHU". +THE DRAFT IS PAID AT SIGHT INSTEAD OF AT 30 DAYS AFTER SIGHT. +PARTIAL SHIPMENTS AND TRANSSHIPMENT ARE ALLOWED INSTEAD OF NOT ALLOWED. +AMEND THE "2/3 OF ORIGINAL CLEAN ON BOARD OCEAN BILLS OF LADING" TO "FULL SET OF ORIGINAL CLEAN ON BORAD OCEAN BILLS OF LADING". +DELETE THE CLAUSE "BENEFICIARY'S DECLARATION STATING THAT 1/3 ORIGINAL OF CLEAN ON BOARD OCEAN BILLS OF LADING AND ONE SET OF NON-NEGOTIABLE DOCUMENTS SENT DIRECTLY TO ACCOUNTEE BY DHL WITHIN 2 DAYS AFTER SHIPMENT" AND ADD THE WORDING "BENEFICIARY'S DECLARATION STATING THAT ONE SET OF NON-NEGOTIABLE DOCUMENTS SENT DIRECTLY TO ACCOUNTEE BY DHL WITHIN 2 DAYS AFTER SHIPMENT". ORTHER TERMS REMAIN UNCHANGED.

（一）信用证修改的原因

信用证的修改有两个原因，一是受益人（出口商）的原因，如认为信用证条款与国际贸易合同的规定不一致，他可要求开证申请人修改，但在收到开证行的修改之前，不能装船，否则可能造成僵局。另一个原因是开证申请人的原因，因为情况的变化迫使开证申请人修改信用证的条款。

（二）出口方修改信用证的原则

对信用证进行了全面细致的审核以后，如果发现问题，应区别问题的性质，分别同银行、运输、保险、检验检疫等有关部门研究，作出恰当妥善处理。具体修改原则如下：

（1）凡是不符合我国对外贸易方针政策，影响合同执行和安全收汇的，必须要求国外客户通过开证行进行修改，并坚持在收到通过通知行转来的信用证修改后才能对外发货。

（2）在办理改证工作中，凡需要修改的各项内容，应做到一次向国外客户提出，尽量避免由于我方考虑不周而多次提出修改要求。否则，不仅会增加双方的手续和费用，而且会对外造成不良影响。

（3）如果申请人对信用证有多项修改要求，则受益人对修改内容必须全部接受或全部拒绝，部分接受修改内容当属无效。

（4）国际商会《跟单信用证统一惯例》规定：未经开证行、保兑行（若已保兑）和受益人同意，不可撤销信用证既不能修改，也不能撤销。可见，对不可撤销信用证中任何条款的修改，都必须在有关当事人全部同意后才能生效。因此，我们在收到银行信用证修改通知后，对改证内容还要认真审核，如发现修改内容未经我方同意，我们有权拒绝。UCP600规定：在受益人告知通知修改的银行其接受该修改之前，原信用证（或含有先前被接受的修改的信用证）的条款对受益人仍然有效。受益人应提供接受或拒绝修改的通知。如果受益人未能给予通知，当交单与信用证以及尚未表示接受修改的要求一致时，即视为受益人已作出接受修改的通知,并且从此时起,该信用证被修改。

(5)对来证不符合同规定的各种情况,要作出具体分析,只要来证内容不违反政策原则并能保证我方安全迅速收汇,我们也可灵活掌握。例如,合同原规定允许分批装运,而来证注明不准分运,如果货物已经备齐,一次全部装运并无困难,就不必要求对方改证;又如,信用证的最后装运期与有效期为同一天(习惯上称"双到期"),只要规定期限较长,货物能够提前装运,又不影响制单和议付时间,也可以不要求延展有效期。

(三)信用证修改的程序和内容

信用证修改应由开证申请人提出,由开证行修改,并经过开证行、保兑行(如已保兑)和受益人的同意,才能生效。具体程序和内容如下:

(1)受益人(出口方)在审查信用证后,将需要修改的内容通知开证申请人(进口方)。

(2)开证申请人填写信用证修改申请书,要求信用证的开证行修改信用证。

(3)开证行审核同意后,向信用证原通知行发出修改通知书或加押修改通知电报,修改一经发出,就不能撤销。

(4)通知行收到信用证修改通知书后,验核修改通知书的表面真实性并将其转达给受益人。

(5)受益人同意接受后,则信用证项下的修改正式生效。如果受益人拒绝修改,将修改通知书退回通知行,附表示拒绝接受修改的书面文件,则此项修改不能成立,视为无效。

(6)原证的条款(或先前接受过修改的信用证),在受益人向通知行发出他接受修改之前,仍然对受益人有效,但受益人应在信用证到期日前表示接受或拒绝的态度。

(7)保兑行可以对该修改予以确认,从而扩大它的保兑范围,保兑行对该项修改从作出同意时起即不能撤回。保兑行也可以向受益人通知该修改但不扩大保兑范围,它如果作出这种选择,必须对开证行和受益人如实禀告。

第五节 检验检疫

100吨40/50花生仁备齐后,2013年11月14日锦州宏大进出口公司向锦州出入境检验检疫局报检。锦州宏大进出口公司首先通过九城单证电子报检系统向检验检疫机构发送《出境货物报检单》等有关货物信息,待检验检疫机构返回信息表示接受报检后,锦州宏大进出口公司业务员与检验检疫部门联系,确定具体实施检验的时间。11月17日锦州宏大进出口公司报检员陪同检验检疫人员,到花生加工厂现场检验,并将报检所需单据交给检验检疫人员。检验检疫人员先查看货物包装、数量,再按规程抽取货样。经过1天实验室的检验后,11月18日检验检疫结果出来,符合合同要求。11月19日检验检疫机构根据锦州宏大进出口公司报检单上的要求,出具质量证书、重量证书、植物检疫证书以及《出境货物换证凭条》(非电子报检的出具《出境货物换证凭单》)。

与此同时锦州宏大进出口公司抓紧准备100吨50/60的花生仁货源。

一、报检单位

报检单位分为自理报检单位和代理报检单位。

（一）自理报检单位

自理报检单位的范围：①有进出口经营权的国内企业。②进口货物的收货人或其代理人。③出口货物的生产企业。④出口货物运输包装及出口危险货物运输包装生产企业。⑤中外合资、中外合作、外商独资企业。⑥国外（境外）企业、商社常驻中国代表机构。⑦进出境动植物隔离饲养和植物繁殖生产单位。⑧进出境动植物产品的生产、加工、存储、运输单位。⑨对进出境动植物、动植物产品进行药剂熏蒸和消毒服务的单位。⑩从事集装箱的储存场地和中转场（库）的清洗、卫生除害处理、报检的单位。⑪有进出境交换业务的科研单位。⑫其他报检单位。

根据国家有关法律、法规的规定，从事出入境检验检疫工作的自理报检单位在首次报检时须先办理备案登记手续，取得报检单位代码，方可办理相关检验检疫申报手续。

全国检验检疫系统对报检单位代码制定了严格的统一编码原则，共十位。前四位为报检单位所在地辖区的检验检疫机构代码，后六位为流水号。已经在报检单位工商注册所在地辖区出入境检验检疫机构办理过备案登记手续的报检单位，去往其他口岸出入境检验检疫机构报检时，无须重新备案登记，但须履行异地备案手续。

（二）代理报检单位

代理报检单位是指经国家质检总局注册登记，受出口货物生产企业委托或受进出口货物发货人、收货人的委托，或受对外贸易关系人的委托，依法代为办理出入境检验检疫申报事宜的，在工商行政管理部门注册登记的境内企业法人。

国家质检部门对代理报检单位实行注册登记制度。申请从事代理报检的企业应向所在地检验检疫机构办理报检注册登记手续，经各地直属出入境检验检疫机构初审，国家质量监督检验检疫总局审核获得许可、登记，并取得国家质检总局颁发的"代理报检单位注册登记证书"后，方可在规定的区域内从事代理报检业务。各地检验检疫机构不受理未经注册登记的代理报检单位的代理报检业务。

代理报检单位从事代理报检业务时，必须提交委托人的《报检委托书》。《报检委托书》应载明委托人的名称、地址、法定代表人的姓名（签字）、机构性质及经营范围；代理报检单位的名称、地址、联系人、联系电话、代理事项，以及双方的责任、权利和代理期限等内容，并加盖双方公章。

二、报检员

自理报检单位或代理报检单位在向出入境检验检疫机构进行备案或注册登记时指派的报检人员，须经国家质检总局统一考试合格取得《报检员资格证》，并在《报检员资格证》

有效期内（二年）向其所在地辖区的检验检疫机构注册登记，取得出入境检验检疫《报检员证》方可从事报检业务。同时，报检单位对其指派的报检员的报检行为负法律责任。

《报检员证》的有效期为二年，期满之日前一个月，报检员应当向发证检验检疫机构提出审核申请，同时提交审核申请书。检验检疫机构结合日常报检工作记录对报检员进行审核。经审核合格的，其《报检员证》有效期延长二年。经审核不合格的，报检员应当参加检验检疫机构组织的报检业务培训，经考试合格后，其《报检员证》有效期延长二年。未申请审核或者经审核不合格且未通过培训考试的，不延长其《报检员证》有效期，其《报检员证》和《报检员资格证》同时失效。

报检员调往其他企业从事报检业务的，应持调入企业的证明文件，向发证检验检疫机构办理变更手续。调往异地从事报检业务的，应向调出地检验检疫机构办理注销手续，并持检验检疫机构签发的注销证明向调入企业所在地检验检疫机构重新办理注册手续。经核准的，检验检疫机构予以换发新的《报检员证》。报检员遗失《报检员证》的，应在七日内向发证检验检疫机构递交情况说明，并登报声明作废。对在有效期内的，检验检疫机构予以补发，补发前报检员不得办理报检业务。

三、出境货物的报检范围

凡属国家法律、行政法规规定必须由出入境检验检疫机构实施检验检疫的，或对外贸易合同约定须凭检验检疫机构签发的证书进行结算的，或有关国际条约规定必须经检验检疫的商品，在货物备齐后，应向检验检疫机构申请检验。

法定检验检疫的出口货物（列入《种类表》的货物）的发货人或其代理人应当在检验检疫机构规定的地点和期限内向出入境检验检疫机构报检，未经检验合格的，不准出口。输出动植物、动植物产品和其他检疫物，经检疫合格或者除害处理合格的，准予出境；检疫不合格又无有效方法做除害处理的，不准出境。出境的人员、交通工具、运输设备以及可能传播检疫传染病的行李、货物、邮包等物品，都应当接受检疫，经检验检疫机构许可方准出境。

四、出境货物检验检疫工作程序

法定检验检疫的出境货物，在报关时必须提供出入境检验检疫机构签发的《出境货物通关单》；海关凭报关地出入境检验检疫机构出具的《出境货物通关单》验放。出境货物的检验检疫工作程序是先检验检疫，后放行通关，即法定检验检疫的出境货物的发货人或者代理人向检验检疫机构报检，检验检疫机构受理报检和计收费用后，转检验或检疫部门实施检验检疫。对产地和报关地相一致的出境货物，经检验检疫合格的，出具《出境货物通关单》；对产地和报关地不一致的出境货物，出具《出境货物换证凭单》，由报关地检验检疫机构换发《出境货物通关单》。出境货物经检验检疫不合格的出具《出境货物不合格通知单》。

五、出境货物报检的时限和地点

出境货物最迟应在出口报关或装运前七天报检,对于个别检验检疫周期较长的货物,应留有相应的检验检疫时间;需隔离检疫的出境动物在出境前六十天预报,隔离前七天报检;法定检验检疫货物,除活动物需由口岸检验检疫机构检验检疫外,原则上应坚持产地检验检疫。

六、出境货物报检时必须提供的单证

(1)出境货物报检时,应填写《出境货物报检单》,并提供外贸合同或销售确认书或订单、信用证、有关函电、生产经营部门出具的厂检结果单原件,以及检验检疫机构签发的《出境货物运输包装性能检验结果单》正本。

(2)凭样品成交的,须提供样品。

(3)经预检的货物,在向检验检疫机构办理换证放行手续时,应提供该检验检疫机构签发的《出境货物换证凭单》正本。

(4)产地与报关地不一致的出境货物,在向报关地检验检疫机构申请《出境货物通关单》时,应提交产地检验检疫机构签发的《出境货物换证凭单》正本。

(5)按照国家法律、行政法规的规定实行卫生注册和质量许可的出境货物,必须提供经检验检疫机构批准的注册编号或许可证编号。

(6)出口危险货物时,必须提供《出境货物运输包装性能检验结果单》正本和《出境危险货物运输包装使用鉴定结果单》正本。

(7)出境特殊物品的,根据法律法规的规定提供有关审批文件。

《出境货物换证凭单》如表11-6所示。

表11-6 出境货物换证凭条

报验号	210400401000903			
报检单位	锦州宏大进出口公司			
品 名	花生仁			
合同号	JZ201311		H.S. 编号	1202420000
数(重)量	100 吨	包装件数	2 000 麻袋	金额	75 000.00 美元
评定意见: 贵单位报检的该批货物,经我局检验检疫,已合格。请执此单到大窑湾局本部办理出境验证业务。本单有效期截止到 2013 年 12 月 24 日。				

锦州局本部
2013 年 11 月 19 日

七、《出境货物报检单》的填制

报检单应加盖公章,并准确填写本单位在检验检疫机构登记的代码。所列各项必须完整、准确、清晰,不得涂改。

(1) 报检单位:填写报检单位的全称。

(2) 报检单位登记号:填写报检单位在检验检疫机构备案或注册登记的号码。

(3) 联系人:报检人员姓名。

(4) 电话:报检人员的联系电话。

(5) 报检日期:检验检疫机构实际受理报检的日期,由检验检疫机构受理人员填写。

(6) 发货人:按合同、信用证中所列卖方名称填写,经营单位应填写执行合同的经营单位名称及代码。

(7) 收货人:按合同、信用证中所列买方名称填写。

(8) 货物名称:按合同、信用证上所列名称及规格填写。

(9) H.S.编码:按《协调商品名称及编码制度》中所列编码填写,以当年海关公布的商品税则编码分类为准。

(10) 产地:填写省、市、县名。

(11) 数/重量:按实际申请检验检疫数/重量填写。重量还应填写毛/净重及皮重。

(12) 货物总值:按合同或发票所列货物总值填写,需注明币种。

(13) 包装种类及数量:包装材料的种类/包件数量。

(14) 运输工具名称号码:运输工具的名称和号码。

(15) 合同号、信用证号:根据对外贸易合同填写,或填订单、形式发票的号码。

(16) 贸易方式:该批货物出口的贸易方式。

(17) 货物存放地点:注明具体地点、场库。

(18) 发货日期:填写出口装运日期,预检报检可不填。

(19) 输往国家和地区:指外贸合同中买方(进口方)所在国家和地区,或合同注明的最终输往的国家和地区。

(20) 许可证/审批号:须办理出境许可证或审批的货物应填写有关许可证号或审批号。

(21) 生产单位注册号:出入境检验检疫机构签发的卫生注册证书号或加工场库注册号码等。

(22) 启运地:货物最后离境的口岸及所在地。

(23) 到达口岸:货物的入境口岸。

(24) 集装箱规格、数量及号码:货物若以集装箱运输应填写集装箱的规格、数量及号码。

(25) 合同订立的特殊条款及其他要求:合同订立的有关检验检疫的特殊条款及其他要求应填入此栏。

(26) 标记及号码:货物的标记、号码,应与合同、发票等有关外贸单据保持一致。若没有标记及号码则填"N/M"。

(27) 用途:从以下九个选项中选择,包括种用或繁殖、食用、奶用、观赏或演艺、伴侣动物、试验、药用、饲用、其他。

（28）随附单据：报检时随附单据种类划"√"或补填。

（29）签名：由持有《报检员证》的报检人员手签。

（30）检验检疫费：由检验检疫机构计费人员核定费用后填写。

（31）领取证单：报检人在领取证单时填写领证日期及领证人的姓名。

八、检验检疫签证

（1）检验检疫证书一般由一正三副组成，其中一正二副对外签发，一份副本检验检疫机构留存备案。FORM A 产地证由一正二副组成。

（2）检验检疫证书由官方兽医、检疫医师、授权签字人签发，证书实行手签制度。

（3）证书一般只签发一份正本。报检员要求两份或两份以上正本的，经审批可以签发，但必须在证书备注栏内声明"本证书是×××号证书正本的重本"。

（4）证单签发日期。检验检疫证书应以验讫日期作为签发日期，一般要早于提单日期，但不能提前太多。

（5）证单有效期：①一般货物为六十天。②植物和植物产品为二十一天，北方冬季可适当延长至三十五天。③鲜活类货物为十四天。

货物经检验合格，必须在检验证书的有效期内出运，如果超过有效期装运出口，应重新报检，重新检验，经检验合格后才能出口。

相关检验检疫证书如表11-7、表11-8、表11-9、表11-10所示。

表11-7 中华人民共和国出入境检验检疫

报检单位（加盖公章）：

＊编号 210400401000903

报检单位登记号：2104001183　　联系人：×××　　电话：×××
报检日期：2013年11月15日

发货人	（中文）锦州宏大进出口公司				
	（外文）JINZHOU HONGDA IMPORT AND EXPORT CORPORATION				
收货人	（中文）				
	（外文）XYZ COMPANY				
货物名称（中/外文）	H.S.编码	产地	数/重量	货物总值	包装种类及数量
花生仁 CHINESE GROUND-NUTS KERNELS 40/50（100MTS）	1202420000	锦州北宁	2 000件/100吨	75 000.00美元	50千克新麻袋
运输工具名称号码	海运	贸易方式	一般贸易	货物存放地点	×××
合同号	JZ201311	信用证号	CDMS2013U/12		食用（2）

续表

发货日期	2013年11月	输往国家（地区）	日本	许可证/审批号	×××	
启运地	大连	到达口岸	神户	生产单位注册号	21040110	
集装箱规格、数量及号码		5×20集装箱				
合同订立的检验检疫条款或特殊要求		标记及号码		随附单据（画"√"或补填）		
		N/M		☑ 合同 ☑ 信用证 ☐ 发票 ☐ 换证凭单 ☐ 装箱单 ☑ 厂检单	☑ 包装性能结果单 ☐ 许可/审批文件	
需要证单名称（画"√"或补填）				*检验检疫费		
☑ 品质证书　_正_副 ☑ 重量证书　_正_副 ☐ 数量证书　_正_副 ☐ 兽医卫生证书　_正_副 ☐ 健康证书　_正_副 ☐ 卫生证书　_正_副 ☐ 动物卫生证书　_正_副		☑ 植物检疫证书　_正_副 ☐ 熏蒸/消毒证书　_正_副 ☑ 出境货物换证凭单　_正_副 ☐ 出境货物通关单　_正_副		总金额 （人民币元）		
				计费人		
				收费人		
报检人郑重声明： 1.本人被授权报检。 2.上列填写内容正确属实，货物无伪造或冒用他人的厂名、标志、认证标志，并承担货物质量责任。 签名：×××				领取证单		
				日　期		
				签　名		

注：有"*"号栏由出入境检验检疫机关填写。　　　　　◆国家出入境检验检疫局制

[1-2（2000.1.1）]

表11-8　质量检验证书

CIQ

中华人民共和国出入境检验检疫　　正　本
ENTRY-EXIT INSPECTION AND QUARANTITE ORIGINAL
OF THE PEOPLE'S REPUBLIC OF CHINA
共1页　第1页 Page 1 of 1
编号No.：210400401000903
质量检验证书
CERTIFICATE OF QUALITY

发货人	JINZHOU HONGDA IMPORT AND EXPORT CORPORATION
Consignor	NO.23, SECTION 5, JIEFANG ROAD, JINZHOU, LIAONING, CHINA
收货人	XYZ COMPANY
Consignee	77-1, KYOMACHI, CHUO-KU, KOBE 651-0178, JAPAN
品名标记及号码	
Description of Goods	CHINESE GROUNDNUTS KERNELS Mark & No.
报检数量/重量	
Quantity/Weight Declared	2 000 NEW JUTE-BAGS/100MTS N/M
包装种类及数量	
Number and Type of Packages	2 000 NEW JUTE-BAGS
运输工具	
Means of Conveyance	BY SEA

UPON THE APPLICATION OF THE CONSIGNOR, OUR INSPECTORS INSPECTED THIS LOT OF COMMODITY, THE DETAILS WERE AS FOLLOWS:
CONDITION OF GOODS: PACKED IN NEW JUTE-BAGS ABOUT 50 KG NET EACH, NET FOR NET.

SAMPLING: IN ACCORDANCE WITH THE STANDARD ZBB33006-86, 50BAGS OF REPRESENTATIVES WERE DRAWN RANDOMLY FROM THE WHOLE LOT ON NOV.16, 2004, FROM WHICH THE SAMPLE FOR INSPECTION WAS OBTAINED THROUGH MIXING & DEDUCTING.
INSPECTION: THE ABOVE MENTIONED SAMPLE WAS INSPECTED ACCORDING TO THE STANDARD ZBB33006-86 WITH THE RESULTS AS FOLLOWS:
ADMIXTURE: 0.03 PCT
MOISTURE: 6.5 PCT
BROKEN: 2.0 PCT
40/50 PER OZ. HPS, 2013 CROP JINZHOU ORIGIN
CONCLUSION: THE QUALITY OF THIS LOT OF COMMODITY MEETS THE L/C NO.: CDMS2013U/12 AND IT'S AMENDMENT.

签证地点 Place of Issue JINZHOU   签证日期 Date of Issue NOV.19, 2013

印章:
Official Stamp 授权签字人 Authorized Officer ×××   签名 Signature ×××

我们已尽最大所知和所能实施上述检验,不能因我们签发本证书而免除卖方或其他方面根据合同和法律所承担的产品质量责任和其他责任。All inspection are carried out conscientiously to the best of our knowledge and ability.This certificate does not in any respect absolve the seller and other related parties from his contractual and legal obligations especially when product quality is concerned.

A1001536

表 11-9　重量检验证书

CIQ

中华人民共和国出入境检验检疫　　正　本
ENTRY-EXIT INSPECTION AND QUARANTITE ORIGINAL
OF THE PEOPLE'S REPUBLIC OF CHINA
共 1 页　第 1 页 Page 1 of 1
编号 No.: 210400401000903
重量检验证书
CERTIFICATE OF WEIGHT

发货人　JINZHOU HONGDA IMPORT AND EXPORT CORPORATION
Consignor　NO.23, SECTION 5, JIEFANG ROAD, JINZHOU, LIAONING, CHINA
收货人　XYZ COMPANY
Consignee　77-1, KYOMACHI, CHUO-KU, KOBE 651-0178, JAPAN
品名标记及号码
Description of Goods　CHINESE GROUNDNUTS KERNELS　Mark & No.
报检数量/重量
Quantity/Weight Declared　2 000 NEW JUTE-BAGS/100MTS　N/M
包装种类及数量
Number and Type of Packages　2 000 NEW JUTE-BAGS
运输工具
Means of Conveyance　BY SEA

IN ACCORDANCE WITH THE STANDARD NO.SN/T0188-93, 50 BAGS WERE DRAWN AT RANDOM AND WEIGHED BY CALIBRATED SCALE, WITH WHICH THE WEIGHT OF THE WHOLE LOT WAS CALCULATED AS FOLLOWS:

TOTAL: 2 000 NEW JUTE-BAGS
TOTAL GROSS WEIGHT: 100.96 MTS
TOTAL NET WEIGHT: 100.00 MTS
****
CONCLUSION: THE WEIGHT OF THIS LOT OF COMMODITY MEETS THE L/C NO.: CDMS2013U/12 AND IT'S AMENDMENT.

印章：　　　　签证地点 Place of Issue　JINZHOU　　签证日期 Date of Issue NOV.19, 2013
Official Stamp　　授权签字人 Authorized Officer　×××　　签名 Signature　×××

我们已尽最大所知和所能实施上述检验，不能因我们签发本证书而免除卖方或其他方面根据合同和法律所承担的产品质量责任和其他责任。All inspection are carried out conscientiously to the best of our knowledge and ability. This certificate does not in any respect absolve the seller and other related parties from his contractual and legal obligations especially when product quality is concerned.

A1001537

表 11-10　植物检疫证书

CIQ	中华人民共和国出入境检验检疫　　正　本 ENTRY-EXIT INSPECTION AND QUARANTINE ORIGINAL OF THE PEOPLE'S REPUBLIC OF CHINA 编号 No.：210400401000903 植物检疫证书 PHYTOSANITARY CERTIFICATE

发货人名称及地址　　JINZHOU HONGDA IMPORT AND EXPORT CORPORATION
Name and Address of Consignor　NO.23，SECTION 5，JIEFANG ROAD，JINZHOU，LIAONING，CHINA
收货人名称及地址　　XYZ COMPANY
Name and Address of Cosignee　77-1，KYOMACHI，CHUO-KU，KOBE 651-0178，JAPAN
品名标记及号码
Name of Produce　CHINESE GROUNDNUTS KERNELS　　Mark & No.
报检数量/重量
Quantity Declared　2 000 NEW JUTE-BAGS/100MTS　　N/M
包装种类及数量
Number and Type of Packages　2 000 NEW JUTE-BAGS
产地
Place of Origin　DALIAN，CHINA
到达口岸
Port of Destination　KOBE，JAPAN
运输工具　　　　　　　　　　　　　　　检验日期
Means of Conveyance　HUANGHE V.240E　　Date of Inspection　NOV.16，2013

兹证明上述植物、植物产品或其他检疫物已经按照规定程序进行检查和/或检验，被认为不带有输入国或地区规定的检疫性有害生物，并且基本不带有其他的有害生物，因而符合输入国和地区现行的植物检疫要求。
This is to certify that the plants，plant products or other regulated articles described above have been inspected and /or tested according to appropriate procedures and are considered to be free from quarantine pests specified by the importing country/region，and practically free from other injurious pests；and that they are to conform with the current phytosanitary requirements of the importing country/region.

杀虫和/或灭菌处理 DISINFESTATION AND /OR DISINFECTION TREATMENT
日期　　　　　　　　　　　　　　　药剂及浓度
Date　×××　　　　　　　　　　Chemical and Concentration　×××
处理方法　持续时间及温度
Treatment　×××　　　　　　　　Duration and Temperature　×××

附加声明 ADDITIONAL DECLARATION

　　　　　　　　签证地点 Place of Issue　JINZHOU　　签证日期 Date of Issue NOV.19，2013
印章：Official Stamp　授权签字人 Authorized Officer　×××　　签名 Signature　×××

我们已尽最大所知和所能实施上述检验，不能因我们签发本证书而免除卖方或其他方面根据合同和法律所承担的产品质量责任和其他责任。All inspection are carried out conscientiously to the best of our knowledge and ability.This certificate does not in any respect absolve the seller and other related parties from his contractual and legal obligations especially when product quality is concerned.

A1001538

第六节　制作商业发票和装箱单

2013年11月19日，花生仁经过锦州出入境检验检疫局检验检疫合格后，锦州宏大进出口公司的业务员制作商业发票和装箱单。

一、商业发票的填制要求

商业发票简称发票（INVOICE），是进出口贸易的最主要单据之一，它是卖方向买方开立的，对所装运货物做全面、详细说明，并凭以向买方收取货款的价目总清单。进口商凭发票核对货物及了解货物的内在品质、规格、品种、价值等情况，它是进出口商计账与核算的依据，在没有汇票的情况下，出口商可凭发票向进口商收取货款。发票是报关、征税、核销和退税的基本依据，也是实施其他管制的基础。

有些货物在检验检疫之前就可以制作商业发票和装箱单，有些则必须在检验检疫结果出来之后才能制作，因为在发票中有时要注明实际的质量结果。

（1）出票人名称与地址。出票人填写合同中的卖方即信用证中受益人的名称与地址。

（2）发票的名称。一般在出口业务中使用的、由出口方出具的发票都是商业发票，所以并不要求一定标出"COMMERCIAL（商业）"的字样，但一定要醒目地标出"INVOICE（发票）"的字样。

（3）发票的抬头人。此栏前通常印有"TO""SOLD TO MESSRS""FOR ACCOUNT AND RISK OF MESSRS"等，填写信用证的申请人。

（4）发票号码（NO.）。本栏目由出口公司自行编制，可以使用合同号，如果一个合同项下的货物分批发运，在合同号后面加注标记，作为发票号，如合同号为CYT780，则发票号为CYT780-1、CYT780-2，依此类推。一票货物的其他单据号码如果由出口商自行编制，应尽量与发票号码保持一致，以免造成混乱。

（5）发票的地址。出票的地址应为信用证规定的受益人所在地，通常是议付所在地。

（6）发票的日期。填写制作发票的实际日期。在全套单据中，发票是签发日期最早的单据，要尤其注意不应使发票日期迟于提单的签发日期。

（7）合同号（CONTRACT NO.）。注明国际贸易合同的号码。

（8）信用证号码（L/C NO.）。填写信用证号码。

（9）起讫地点（FROM ... TO ...）。按货物实际的起讫地点填写。如果货物需要转运，转运地点也应明确表示出来。例如：货物从广州经香港转船至瑞典的哥德堡，应填写："FROM GUANZHOU TO GOTEBORG, SWEDEN VIA HONG KONG"或"FROM GUANZHOU TO GOTEBORG, SWEDEN WITH TRANSSHIPMENT HONG KONG"。

（10）唛头及编号（MARKS AND NO.）。如果信用证有关于唛头的规定，就应严格按照信用证规定的内容进行刷唛和制单。如果信用证中没有规定唛头，那么受益人制单时可以参照合同中的唛头，如果合同中也没有规定唛头，则应按照包装上实际刷的唛头填制。发票中的唛头应与提单、托运单保持严格一致，若没有唛头，此栏可打"N/M"。

如信用证规定："ABC CO./TR5423/HAMBURG/NO.1-UP"，则应在发票上打印：

ABC CO.

TR5423

HAMBURG

NO.1-UP

唛头中的"UP"通常用货物的总包装件数来代替。如货物一共有300个纸箱，则可填成"NO.1-300"。

（11）货物描述。当不使用信用证支付时，合同有关货物内容的条款应如实地反映在发票的这一栏目中。当使用信用证支付货款时，商业发票的货物描述应与信用证的货物描述（SWIFT信用证45a的内容）完全一致。银行的传统习惯认为，如果发票的描述比信用证的描述简略，为"不相符"。货物描述一般包括货物名称、品质、规格、数量、包装、价格及总金额等内容。

（12）特殊条款（SPECIAL TERMS）。在相当多的信用证中，都出现要求在发票中证明某些事项的条款，应该如实按信用证的要求注明，起到证明、声明的作用。

①要求在发票上显示出生产者的名称、地址。信用证要求"SIGNED COMMERCIAL INVOICE IN 4 COPIES STATING THE NAME AND ADDRESS OF THE MANUFACTURER/PRODUCER"，则在发票上显示"THE NAME AND ADDRESS OF MANUFACTURER：…"

②要求在发票中证明某些事项。如信用证要求"INVOICE TO CERTIFY THAT ALL OTHER DETAILS AS PER BENEFICIARY'S SALES CONFIRMATION NOTE NO.CA300"，则应在发票上显示"WE CERTIFY THAT ALL … CA300"。

③显示信用证号码。如果信用证要求"ALL DOCUMENTS TO BEAR OUR L/C NUMBER"（全套单据包括发票都要注明信用证号码），则应在发票上显示："L/C NUMBER：…"

（13）机构认证。有时信用证要求商业发票或其他单据由某些权威机构（如中国国际贸易促进委员会，CCPIT）进行认证，则受益人在制单后必须及时到有关部门进行认证。

（14）签名（SIGNATURE）。根据ISBP（国际标准银行实务）的规定：除非信用证另有规定，商业发票无须签字。如果信用证要求"SIGNED COMMERCIAL INVOICE"，则由出口公司签字盖章，注明公司名称。如果信用证中规定"MANUALLY SIGNE"，则必须手签，银行将不接受印章。另外，添加证明事项的发票也必须签字。

发票如表11-11所示。

表11-11 发票

JINZHOU HONGDA IMPORT AND EXPORT CORP, LIAONING, CHINA
NO.23, SECTION 5, JIEFANG ROAD, JINZHOU LIAONING CHINA
发　　票 INVOICE
DATE：NOV.19，2013
PLACE：JINZHOU
INVOICE NO.：JZ200411-1
L/C NO.：CDMS2013U/12
CONTRACT NO：JZ201311

续表

SHIPPING FROM　DALIAN PORT OF CHINA　TO　KOBE，JAPAN XYZ COMPANY FOR ACOUNT AND RISK OF MESSRS.：77-1，KYOMACHI，CHUO-KU，KOBE 651-078，JAPAN			
MARKS AND NO.	DESCRIPTION OF GOODS		AMOUNT
N/M	CHINESE GROUNDNUTS KERNELS CHINESE ORIGIN，CROP YEAR 2013 100MTS（40/50 100MTS） UNIT PRICE：USD750/MT FOR 40/50 CIF KOBE 40/50 PER OZ.HPS. ADMIXTURE：0.03 PCT MOISTURE：6.5 PCT BROKEN：2 PCT PACKED IN NEW JUTE-BAGS ABOUT 50KG NET EACH，NET FOR NET TOTAL：2 000 NEW JUTE-BAGS G.W.：100.96MTS N.W.：100MTS		USD75 000.00
	JINZHOU HONGDA IMPORT AND EXPORT CORPORATION		
		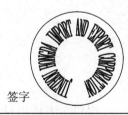	
		签字	

二、装箱单的填制要求

装箱单（PACKING LIST OR PACKING SPECIFICATION）（表 11–12）也称包装单、磅码单，是用以说明货物包装细节的清单。除散装货和裸装货外，卖方一般都向买方提供装箱单，作为发票的补充，以便在货物到达目的港后，供海关验货和收货人核对货物。装箱单主要载明货物装箱的详细情况。

装箱单的填制与发票大致相同。装箱单的出单人、出单日期及装箱单号码都与发票一致。在装箱单中应着重说明商品的包装情况。装箱单中一般不显示单价、价格术语及总金额等。装箱单不必签字，除非信用证要求签字或装箱单要求某种证明。

表 11-12 装箱单

JINZHOU HONGDA IMPORT AND EXPORT CORP，LIAONING，CHINA NO.23，SECTION 5，JIEFANG ROAD，JINZHOU，LIAONING，CHINA 装　箱　单 PACKING LIST				
		DATE：NOV.19，2013 PLACE：JINZHOU NO.：JZ201311-1 L/C NO.：CDMS2013U/12 CONTRACT NO. JZ201311			
MARKS AND NO.	DESCRIPTION AND SPECIFICATION OF GOODS	TOTAL	G.W.	N.W.
N/M	CHINESE GROUNDNUTS KERNELS PACKED IN NEW JUTE-BAGS ABOUT 50KG NET EACH，NET FOR NET	2 000 BAGS	100.96MTS	100MTS

JINZHOU HONGDA IMPORT AND EXPORT CORPORATION

签字

第七节　出口托运订舱

锦州宏大进出口公司在备货的同时，根据信用证对最迟装运期的要求与货源准备情况，开始着手订舱。首先分别向天津和大连的货运代理了解 2013 年 11 月 30 日前从天津和大连到日本神户的船期和运费。从大连港出运费用较低（每 20 英尺集装箱从大连到神户是 370 美元），又知从大连港到神户每周二、四、六都有船，即可以于 11 月 26 日（星期二）、28 日（星期四）和 30 日（星期六）出运。根据备货和检验检疫的进度情况，确定于 11 月 26 日发运。

11 月 17 日锦州宏大进出口公司业务员向大连的货运代理发出《出口货物订舱委托书》，委托其代为订舱。11 月 20 日，将与本批货物有关的各项单证邮寄给货运代理。货运代理在接受锦州宏大进出口公司的订舱委托后，缮制集装箱货物托运单，向船公司订舱配载。船公司接受订舱后，货运代理向锦州宏大进出口公司发出《配舱回单》，说明货物已经配载完毕，并通知锦州宏大进出口公司于 2013 年 11 月 25 日 16 点前将货物送到大连同盛集装箱场地。

一、出口订舱流程

在国际货物买卖中，如采用 CIF 或 CFR 价格术语成交，则由出口方办理租船、订舱手续。租船一般用于某些初级产品或有特殊要求的商品，现在越来越多的国际贸易货物采用集装箱运输方式。下面介绍集装箱运输的订舱流程（图 11-1）。

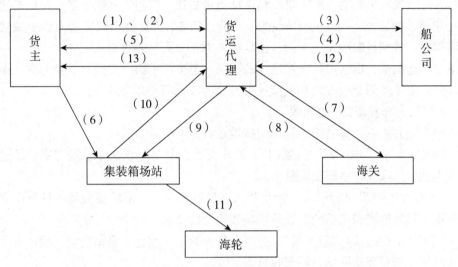

图 11-1　集装箱订舱流程图

（1）出口企业，即货主，与货运代理联系确定船期和运费。

（2）货主在货、证备齐后，填制订舱委托书，另外向货运代理邮寄有关单据（商业发票、装箱单、报检委托书、出口收汇核销单等），委托其代为订舱和报关。

（3）货运代理接受订舱委托后，缮制集装箱货物托运单（共四联），随同有关单据，向船公司订舱。

（4）船公司根据具体情况决定是否接受订舱，如果接受订舱，就在托运单上填写船名、航次和提单号，并在第二联装货单上加盖公章，退还货运代理。

（5）货运代理向货主发出配舱回单，标明送货时间和地点。

（6）货主根据配舱回单送货到集装箱场站，一般最迟应于发货前两天送到。

（7）货运代理持船公司盖章的装货单，填制出口货物报关单，随附其他出口单证向海关办理报关手续。

（8）海关根据有关规定对出口货物查验合格后，在装货单上加盖放行章，货物可以装船。

（9）货运代理持海关和船公司盖章的装货单及场站收据副本（大副本）和场站收据（D/R），要求集装箱场站安排装货。

（10）集装箱场站收到货物之后，留下装货单，签署场站收据（黄联）交给货运代理。

（11）集装箱场站持装货单要求船方装货。

（12）开船后，货运代理持黄联到船公司换取正本提单。

（13）货运代理将正本提单寄交货主，以便结汇。

二、集装箱的交接方式和交接地点

集装箱运输分为整箱货(full container load,FCL)和拼箱货(less than container load,LCL)。整箱货由货方在工厂或仓库进行装箱,有时货主(出口方)将货物直接运送到集装箱堆场后再装箱。装箱货物在集装箱堆场(container yard,CY)等待装运,货到目的港(地)后,收货人可直接从目的港(地)集装箱堆场提走货物。拼箱货是指货量不足一整箱,需由承运人在集装箱货运站(container freight station,CFS)负责将不同发货人的少量货物拼在一个集装箱内,货到目的港(地)后,由承运人拆箱分拨给各收货人。

在集装箱运输中,根据实际交接地点的不同,集装箱货物的交接有多种方式。根据贸易合同的规定,集装箱的交接方式和交接地点可分为以下四类九个地点:

1.FCL/FCL,即整箱交/整箱收

在这种交接方式下,集装箱的具体交接地点有以下四种情况:

(1)DOOR to DOOR,即"门到门",指在发货人的工厂或仓库整箱交货,承运人负责运至收货人的工厂或仓库整箱交收货人。

(2)CY to CY,即"场到场",指发货人在启运地或装货港的集装箱堆场整箱交货,承运人负责运至目的地或卸货港的集装箱堆场整箱交收货人。

(3)DOOR to CY,即"门至场",指在发货人的工厂或仓库整箱交货,承运人负责运至目的地或卸货港的集装箱堆场整箱交收货人。

(4)CY to DOOR,即"场到门",指发货人在启运地或装货港的堆场整箱交货,承运人负责运至收货人的工厂或仓库整箱交收货人。

2.LCL/LCL,即"拼箱交/拆箱收"

在这种交接方式下,集装箱的具体交接地点只有一种情况,为CFS to CFS,即"站到站",这是指发货人将货物送往启运地或装货港的集装箱货运站,货运站将货物拼装后交承运人,承运人负责运至目的地或卸货港的集装箱货运站进行拆箱,当地货运站按件拨交各个有关收货人。

3.FCL/LCL,即"整箱交/拆箱收"

在这种交接方式下,集装箱的具体交接地点有以下两种:

(1)DOOR to CFS,即"门到站",指在发货人的工厂或仓库整箱交货,承运人负责运至目的地或卸货港的货运站,货运站拆箱按件拨交各有关收货人。

(2)CY to CFS,即"场到站",指发货人在启运地或装货港的集装箱堆场整箱交货,承运人负责运至目的地或卸货港的集装箱货运站,货运站负责拆箱拨交各有关收货人。

4.LCL/FCL,即"拼箱交/整箱收"

在这种交接方式下,集装箱的具体交接地点也有以下两种情况:

(1)CFS to DOOR,即"站到门",指发货人在启运地或装箱港的集装箱货运站按件交货,货运站进行拼箱,然后由承运人负责运至目的地收货人工厂或仓库整箱交货。

(2)CFS to CY,即"站到场",指发货人在启运地或装货港的集装箱货运站,按件交货,货运站进行拼箱,然后由承运人负责运至目的地或卸货港的集装箱堆场,整箱交收货人。

三、出口集装箱运输的主要单据（托运单）

出口企业自办托运或货运代理接受出口公司的订舱委托后应缮制海运出口货物托运单。海运出口货物托运单，是出口公司向货运代理公司提供出运货物的必要资料，是货运代理公司向船公司订舱配载及船公司与出口仓库或生产厂家之间往来提货的依据，也是货物出口装运的最重要单据及日后制作提单的依据。

托运单一般一式数联，不同的口岸数量不一样。以大连口岸为例，目前集装箱货物托运单是一式四联：

第一联，白色，集装箱货物托运单（船代留底）；
第二联，白色，装货单（场站收据副本）（SHIPPING ORDER，S/O）；
第三联，粉色，场站收据副本（大副本）（COPY OF DOCK RECEIPT，FOR CHIEF OFFICER）；
第四联，黄色，场站收据（DOCK RECEIPT，D/R）；
其中最主要的是装货单（S/O）和场站收据（D/R）。

1. 装货单

装货单又称关单，俗称下货纸，是由船公司或外轮代理公司签发给托运人，凭以命令船长将承运货物装船的单据，也是海关凭以验货放行的证件。

（1）装货单是船公司确认承运货物的证明。装货单一经签发，意味着船公司接受托运货物的承运，运输合同即告成立，船货双方均受其约束。如果因船方责任货物装不上船而被退关，船方将承担由此造成的一切损失责任。

（2）装货单是船公司或其代理给船方的装货通知或指令。托运人将装货单及货物交给承运人指定的仓库或船舶，理货人员按积载计划由装卸工人分票装船后，将装船数量、装舱部位及装船日期填在装货单上，交船方留存备查。

（3）装货单是出口报关的必要单证之一，海关查验货物后，在装货单上签印海关放行章，船方凭以装船。

2. 场站收据

场站收据，俗称黄联，是集装箱场站收到货物的凭证。集装箱场站收到货物后向托运人（货主或货运代理）签署场站收据，托运人凭场站收据换取提单。

四、出口货物订舱委托书的填制

出口企业委托对外贸易运输公司或其他有权受理对外货运业务的货运代理公司向承运人或其代理出口货物运输业务时需向其提供订舱委托书，委托其代为订舱。订舱委托书是出口企业和货运代理之间委托代理关系的证明文件，内容包括信用证对提单的要求，即托运人名称、收货人名称、货物明细、起运港、目的港、信用证规定的装运期限、信用证的有效期、关于分批装运和转运的规定、对运输的要求等。此外，出口公司还必须向货运代理提供与本批货物有关的各项单证，如商业发票、装箱单、出口货物报关单、外汇核销单等，有时，还需提供出口许可证、检验检疫证书等。

（1）发货人：填写出口公司，即信用证的受益人。

（2）收货人：填写信用证规定提单收货人。

（3）通知人：填写信用证规定提单通知人。

一般在订舱委托书上会注明托运人、收货人、通知人，这三栏为提单项目的要求，以便船公司签发的提单上的相应栏目的填写参照订舱委托书的写法。因此，这三栏应该按照信用证提单条款的相应规定填写。

（4）信用证号码：填写本次业务信用证的号码。

（5）开证银行：填写本次业务信用证中的开证银行的名称。

（6）合同号码：填写本次业务的合同号码。

（7）成交金额：填写本次交易的总金额。

（8）装运口岸：填写信用证规定的启运地，如无具体规定，则填写实际装运港的名称。

（9）目的港：填写信用证规定的目的地，如无具体规定，则填写实际卸货港的名称。

（10）转船运输：根据信用证条款，如允许转运，则填"YES"，否则，填"NO"。

（11）分批装运：根据信用证条款，如允许分批，则填"YES"，否则，填"NO"。

（12）信用证有效期：填写信用证的有效期。

（13）装运期限：按信用证规定的装运期限填写。

（14）运费：根据信用证提单条款的规定填写"FREIGHT PREPAID（运费预付）"或"FREIGHT TO COLLECT（运费到付）"。

（15）成交条件：按实际成交的贸易术语填写。

（16）~（19）公司联系人、电话/传真、开户银行及银行账号：按公司实际情况填写。

（20）特别要求：如托运人对所订舱位有特殊要求的，可填写在本栏中。

（21）包装件数：填写货物外包装的数量。

（22）~（28）毛重、净重、数量、单价、总价：按货物成交的实际情况填写。

（29）~（33）总件数、总毛重、总净重、总尺码、总金额：按货物成交的实际情况填写。

（34）备注：如有其他事项可填入该栏中。

出口货物订舱委托书如表11-13所示：

表11-13　出口货物订舱委托书

公司编号：××××××　　　　　　日期：2013年11月17日

1）发货人 JINZHOU HONGDA IMPORT AND EXPORT CORPORATION NO.23，SECTION5，JIEFANG ROAD，JINZHOU，LIAONING，CHINA	4）信用证号码　CDMS2004U/12	
:::	5）开证银行　FUJI BANK，LTD.，THE TOKYO	
:::	6）合同号码　JZ200411	7）成交金额　USD75 000.00
:::	8）装运口岸 DALIAN PORT OF CHINA	9）目的港 KOBE，JAPAN

续表

2）收货人 TO ORDER	10）转船运输　NO		11）分批装运　NO	
	12）信用证有效期 2014年1月10日		13）装船期限 2013年11月25日	
	14）运费　FREIGHT PREPAID		15）成交条件　CIF	
	16）公司联系人　×××		17）电话/传真　×××	
3）通知人 XYZ COMPANY 77-1，KYOMACHI，CHUO-KU， KOBE651-0178，JAPAN	18）公司开户行　×××		19）银行账号　×××	
	20）特别要求			
21）标记唛码	22）货号规格	23）包装件数	24）毛重	25）净重	26）数量	27）单价
N/M	CHINESE GROUNDNUTS KERNELS 40/50	2 000 NEW JUTE-BAGS	100.96MTS	100MTS	100MTS	USD750/MT
28）总价 USD75 000.00	29）总件数 2 000 NEW JUTE-BAGS	30）总毛重 100.96MTS	31）总净重 100MTS	32）总尺码 115CBM	33）总金额 USD75 000.00	
备注： 在提单中注明信用证号 L/C NO.CDMS2004U/12				锦州宏大进出口公司 公章		

第八节　申请签发原产地证书

2013年11月24日，根据信用证的规定锦州宏大进出口公司普惠制原产地证手签员，向锦州出入境检验检疫局申请签发普惠制原产地证书。普惠制原产地证书手签员首先通过九城单证电子报检系统将货物有关信息及普惠制原产地证书内容，传送到锦州市出入境检验检疫局，申请办理普惠制原产地证书，待检验检疫机构确认申报后，填写普惠制原产地证申请书并加盖公章，随附商业发票和普惠制原产地证书印章，到检验检疫机构办理。11月25日检验检疫机构人员审查商业发票和计算机中的普惠制原产地证书内容，如果填写符合规范，与发票一致，检验检疫机构就打印普惠制原产地证书，由锦州宏大进出口公司普惠制原产地证手签员在证书上签字，并加盖锦州宏大进出口公司的普惠制原产地证证章，最后检验检疫机构普惠制原产地证手签员签字，并加盖检验检疫机构印章。

一、原产地证书的种类

原产地证书分为两种,一种是一般原产地证书,另一种是普惠制原产地证书。一般原产地证书的主要作用是证明货物是由中国生产的,而普惠制原产地证书是产品进入给惠国进口海关减免关税的依据。目前世界上有新西兰、加拿大、日本和欧盟成员国等国家给予我国以普惠制待遇。

普惠制原产地证有很多种类,有格式A产地证、纺织品产地证、手工制纺织品产地证等,常见的是格式A产地证(FORM A)。一套FORM A由一正两副组成,其中一份副本检验检疫局留存,其余的由检验检疫部门签章后交给出口企业。

二、普惠制原产地证的填制要求

FORM A共有12栏,另加证书编号,下面分别说明填制方法。

证书右上角的参考号(Reference No.)填写证书编号,一般与普惠制原产地证申请书的号码相同,如果是电子签单,填写经检验检疫局批准的各企业的普惠制原产地证书出单顺序号。

1. 出口商名称、地址、国家名

填写出口商的详细地址和名称(信用证中的受益人),包括街道门牌号和城市名,最后一个单词必须是国家名。

2. 给惠国最终收货人名称、地址、国家

此栏填写给惠国最终收货人名称和详细地址,一般与提单中的通知方一致。

3. 运输方式及路线(尽所知而言)

此栏一般填写从装货地至到货地或装货港至目的港以及运输方式,一般采用"FROM ... TO ... BY ..."形式,如"FROM DALIAN TO ROTTERDAM BY SEA FREIGHT"。如果是转运商品,应加转运港口,如"FROM SHENYANG VIA HONGKONG TO HAMBURG BY RAIL AND SEA"。

4. 官方使用

此栏正常情况下为空白,特殊情况下根据需要由检验检疫局填写。

5. 商品顺序号

在收货人相同、运输条件相同的情况下,如同批出口货物有不同品种或不同发票等,可按不同品种、发票号等分列各商品的顺序号"1""2""3"等。

6. 唛头及包装号码

此栏填写商品包装上的唛头,包括图案文字标记及包装号码,要求完整、规范。

7. 包装件数及种类、商品说明

此栏填写包件种类和数量。包装件数要在阿拉伯数字后面的括号内填写大写英文数字。包件、品名填写完毕,要在末行加填表示结束的符号(如 *、#、×),注意占满一行。如果国外来证要求加填合同号、信用证号,可以填在结束符号的空白处,如180(ONE HUNDRED AND EIGHTY)CARTONS OF FOOTBALL。

8. 原产地标准

此栏只用一个字母表示原产地标准。

（1）"P"：完全自产于出口国的产品，无进口成分。

（2）"W"：含有进口成分，但符合原产地标准。

经过充分制作或加工的产品，输往欧盟、挪威、瑞士和日本时，此栏填"W"，其下面标明《协调制度》（H.S.）的税目号，如：

"W"

63.02

（3）"F"：输往加拿大的产品，其所含的进口成分占产品出厂价的40%以下。

（4）输往澳大利亚、新西兰的产品，只需在第12栏作出适当的申报，此栏留空。

9. 毛重或其他数量

此栏应按商品的正常计量单位填写。

10. 发票号和发票日期

此栏应按正式的商业发票填具，不得留空。为避免对月份、日期产生误解，月份一律用英文缩写填制，如 JAN.，FEB.，MAR.，APR. 等。

11. 签证机构的证明

此栏由出口公司在横线上填写检验检疫机构签署此证书的地点、日期，地点是签证当局的地点，如 SHENYANG，DEC.20，2013。此栏日期不得早于发票日期（第10栏）和申报日期（第12栏），而且应早于货物的出运日期。最后由检验检疫机构授权签证人员签字，加盖检验检疫机构业务公章。手签人的字迹必须清楚。手签与签证章在证书上的位置不得重合。

12. 出口商申明

（1）在进口国的横线上填写给惠国。进口国一般与最终收货人或目的港的国别一致。如果给惠国难以确定，以第3栏目的港之国别为准。

（2）在此栏下方的横线上填写申报的签署地点和申报日期，如，JINZHOU，MAY 6，2013。此栏日期不得早于发票日期（第10栏）（最早是同日）。最后由申请单位的手签人员在证书上签字并加盖出口单位的业务印章。

三、一般原产地证的填制要求

一般原产地证的格式与普惠制 FORM A 的格式基本相同，填制方式也大致相同。不同之处如下：

（1）第4栏填写最终的目的国。

（2）第8栏填写商品 H.S. 税目号的前4位，在第3位和第4位中间用"."隔开，如82.12。

（3）第11栏为出口商声明。

（4）第12栏为签证机构的证明。普惠制原产地证只能由检验检疫机构（CIQ）签发，而一般原产地证可以由检验检疫机构签发也可以由中国国际贸易促进委员会（CCPIT）签发。

原产地证明书申请书如表11-14所示，原产地证如表11-15所示。

表 11-14 普惠制原产地证明书申请书

普惠制原产地证明书申请书
申请单位(盖章):
注册号:JZW005
申请人郑重声明:

证书号:NO.0013991

本人是被正式授权代表出口单位办理和签署本申请书的。

本申请书及普惠制原产地证格式 A 所列内容正确无误,如发现弄虚作假,冒充格式 A 所列货物,擅改证书,自愿接受签证机关的处罚及负法律责任。现将有关情况申报如下:

生产单位	×××		生产单位联系人电话		×××
商品名称 (中英文)	花生仁 CHINESE GROUNDNUS KERNELS		H.S. 税目号 (以六位数码计)		120242
商品(FOB)总值(以美元计)		USD75000.00		发票号	JZ201311
最终销售国	日本	证书种类划"√"		加急证书	普通证书√
货物拟出运日		2013 年 11 月 25 日			
贸易方式和企业性质(请在适用处画"√")					
正常贸易 C	来进料加工 L	补偿贸易 B	中外合资 H	中外合作 Z	外商独资 D	零售 Y	展卖 M
√							
包装数量或毛重或其他数量		2 000 件 / 毛重 100.96 公吨			
原产地标准: 本项商品系在中国生产,完全符合该给惠国给惠方案的规定,其原产地情况符合以下第(1)条: (1) P(完全国产,未使用任何进口原材料); (2) W(含进口成分或来料加工); (3) F(对加拿大出口的产品,其进口成分不超过产品出厂价值的 40%)。 本批产品系:1. 直接运输从_____中国_____到_____日本_____; 2. 转口运输从_____中转国(地区)_____到_____。					
申请人说明			领证人(签名)××× 电话:××××××× 日期:2013 年 12 月 23 日		

现提交中国出口商业发票副本一份,普惠制原产地证明书格式 A(FORM A)一正二副,以及其他附件一份,请予审核签证。

注:凡含有进口成分的商品,必须按要求提交《含进口成分受惠商品成本明细单》。

表 11-15 ORIGINAL

1. Goods consigned from (Exporter's business name, address, country) JINZHOU HONGDA IMPORT AND EXPORT CORPORATION NO.23, SECTION 5, JIEFANG ROAD JINZHOU, LIAONING, CHINA			Reference No. 0013991 GENERALIZED SYSTEM OF PREFERENCES CERTIFICATE OF ORIGIN (Combined declaration and certificate) FORM A Issued in THE PEOPLE'S REPUBLIC OF CHINA (country) See Notes overleaf	
2. Goods consigned to (Consignee's name, address, country) XYZ COMPANY 77-1, KYOMACHI, CHUO-KU, KOBE 651-0178, JAPAN				
3. Means of transport and route (as far as known) FROM DALIAN PORT OF CHINA TO KOBE, JAPAN BY SEA			4. For official use	
5. Item number 1	6. Marks and numbers of packages N/M	7. Number and kind of packages; description of goods 2 000 (TWO THOUSAND) NEW JUTE-BAGS OF CHINESE GROUNDNUTS KERNELS ****************************** L/C NO.: CDMS2013U/12	8. Origin criterion (see Notes overleaf) P	9. Gross weight or other quantity 100.96MTS	10. Number and date of invoices JZ201311-1 NOV.19, 2013
11. Certification It is hereby certified, on the basis of control carried out, that the declaration by the exporter is correct. JINZHOU NOV.24, 2013 检验机构手签员签字 Place and date, signature and stamp of certifying authority				12. Declaration by the exporter The undersigned hereby declares that the above details and statements are correct; that all the goods were produced in CHINA (country) and that they comply with the origin requirements specified for those goods in the Generalized System of Preferences for goods exported to (importing country) JAPAN JINZHOU NOV.23, 2013 出口企业手签员签字 Place and date, signature of authorized signatory

第九节　出口货物保险

根据信用证的要求及发货情况，锦州宏大进出口公司在租船订舱并接到货运代理发来的配舱回单后，向中国人民保险公司锦州分公司办理保险手续。

2013年11月21日，锦州宏大进出口公司填写"海运货物投保单"加盖公章，随附商业发票向保险公司办理保险手续。保险公司审核后确定承保，在锦州宏大进出口公司交纳保险费的当天向其签发保险单。

以CIF价格成交的出口合同，卖方需要办理海运货物保险手续。卖方须在装船前及时向保险公司办理投保手续，填制投保单。出口商品的投保，一般都是逐笔办理的，保险公司承保后，签发保险单。

一、投保单及其填制要求

1. 投保单

投保单（application for foreign transportation insurance）（表11-16）一般一式两份，一份由保险公司签署后交投保人作为接受承保的凭证，一份由保险公司留存，作为缮制、签发保险单（或保险凭证）的依据。投保单一经签发，保险契约即告成立。如果时间较紧，可由投保人以口头或电话方式向保险公司提出申请，获允诺后保险合同即生效，但仍需补填投保单。

2. 投保单填制要求

（1）被保险人。除非信用证有特别规定，在CIF交易中被保险人一般为信用证受益人，即出口公司。

（2）标记。标记即"唛头"，填写货物的装运标志。如唛头较复杂，也可以简单填写"As per Invoice No.×××"，无唛头填写"N/M"。

（3）包装及数量。填写商品外包装的数量及种类。

（4）保险货物项目。此项填写商品名称。

（5）保险货物金额。按信用证规定的金额及加成率投保。如信用证对此未作具体规定，则按CIF或CIP的110%投保。（注意保险金额的填法应该是"进位取整"）

（6）运输工具。填写运输工具的名称。如采用海运，则根据配舱回单填写相应的承运船名及航次。

（7）开航日期。按船公司配舱资料上的货物装运日期填写。

（8）提单号码。根据提单记载填写。

（9）装运港。按信用证规定的装运港口填写。

（10）目的港。按信用证规定的卸货港口填写。

（11）投保险别。填写信用证规定的投保险别，包括险种和相应的保险条款。

（12）投保人签字。本栏要加盖出口公司的公章并由具体经办人签字。

（13）投保日期。填写出口公司投保的日期。

其余各栏由保险公司填写。

二、保险单及其填制要求

（一）保险单

保险公司在审核投保单接受承保后，根据投保单的内容缮制并签署保险单。有时也可以由出口公司自己缮制保险单，再由保险公司盖章。保险单据作为议付单据之一，必须符合信用证的规定，因此，保险单不论是由保险公司填制，还是由出口公司自己缮制，最后都是由出口企业根据合同、信用证规定的内容对其进行审核。

（二）保险单各栏目填制要求

（1）保险单据的名称。保险单据是保险单还是保险凭证应符合信用证的规定。

（2）发票号（INVOICE NO.）。此栏填写此票货物的发票号码，必须填写。

（3）合同号（CONTRACT NO.）。填写此票货物的合同号，如果信用证没有要求，可以不填。

（4）信用证号（L/C NO.）。如果是信用证结算，填写此票货物的信用证号码，否则空白。

（5）保单号次（POLICY NO.）。填写保险公司编制的保险单号。

（6）被保险人（INSURED）。被保险人俗称"抬头"。一般情况下填写出口商的名称。如果是信用证结算，除非信用证另有规定，应填写受益人的名称。

（7）标记（MARKS & NOS.）。填写唛头，无唛头填"N/M"，也可填"AS PER INVOICE NO.×××"。

（8）包装及数量（QUANTITY）。有包装的注明最大外包装种类和件数，如200 CARTONS，500 BALES即可。裸装货应注明本身件数，如200 PACKAGES IN NUDE。煤炭、粮食等散装货注明净重，如350M/T IN BULK。有包装但以重量计价的，应将包装数量与计价重量都注上，如20M/T 80DRUMS。

（9）保险货物项目（DESCRIPTION OF GOODS）。本栏填写商品名称，可以用统称，该统称应与装箱单、提单、产地证等的填写一致。

（10）保险金额（AMOUNT OF INSURED）。此栏小写，即用阿拉伯数字表示保险金额。如果信用证没有规定投保金额的最低比例，则最低投保金额必须是CIF或CIP金额的110%。保险金额应为整数，投保金额无论小数点后有多少都要进一位。

（11）总保险金额（TOTAL AMOUNT OF INSURED）。此栏一定要用英文大写，计价货币也应以全称形式填入。注意货币与信用证的要求一致，金额与保险金额中的小写数额一致，开头用SAY，结尾用ONLY字样。

（12）保费（PREMIUM）。如信用证无特殊要求，此栏一般填写"AS ARRANGED"。

（13）费率（RATE）。同保费一栏。

（14）启运日期（DATE OF COMMENCEMENT）。一般填写提单签发日期，更简单的可以填写"AS PER B/L"。

（15）装载工具（PER CONVEYANCE S.S.）。①海运填写船名及航次，如"FENG

NING V.9103"。②空运填写"BY AIR",最好加航班号。③铁路运输填写"BY RAILWAY",最好加车号。

（16）起讫地点（FROM ... VIA ... TO ... ）。按信用证或合同要求填写货物的起运地和目的地（如有转运，也应注明）。

（17）承保险别（CONDITIONS）。填写信用证或合同规定的投保险别，同时注明相应的保险条款。

（18）保险单正本份数。不同保险公司的一套保险单的正本份数不一样，有些直接在保险单上印刷，有些在保险单上专设保险单正本份数一栏，这时可根据信用证的要求填写所需的正本份数。

（19）赔款偿付地点及赔款币种（CLAIM PAYABLE AT/IN）。严格按照信用证规定填制，如果信用证没有规定，则填写目的地名称，海运条件下填写目的港。一般不能把国家名称作为赔付地点，但如果信用证规定"CLAIMS ARE PAYABLE IN JAPAN IN THE CURRENCY OF THE DRAFT"，可以在此栏填写"JAPAN IN USD"。

（20）出单日期（ISSUING DATE）。保险单的出单日期非常重要，它是保险公司承担保险责任的起始日期。一般保险单的出单日期不迟于运输单据日期，但应晚于发票日期。根据UCP600的规定，保险单的日期不得晚于发运日期，除非保险单据表明保险责任不迟于发运日生效。（THE COVER IS EFFECTIVE FROM A DATE NOT LATER THAN THE DATE OF SHIPMENT.）

（21）理赔代理人的名称、地址。一般信用证中的保险条款都要求在保险单上注明在目的地的理赔代理人的名称和联系地址。

（22）签字（AUTHORIZED SIGNATURE）。保险单必须在表面上看来是由保险公司、保险人或其代理人出具并签署的。保险公司、保险人或其代理人是实际保险责任者，他们对投保的标的物负有赔偿责任和法律责任。只有这三类人签发的保险单，银行才接受。

（三）保险单的背书

海运保险单是可以背书转让的单据，背书转让前后无须通知保险公司，这是海运保险的惯例。无论信用证有无背书要求，只要受益人作为被保险人，受益人均应背书。出口方将保险单背书是为了将保险单的权利转让给进口方，以便进口方在发生由承保风险引起的损失时能取得保险公司的赔付。保险单的背书有两种：空白背书和记名背书。

（四）保险单的修改

如发现投保项目有错误或遗漏，特别是涉及保险金额的增减、保险目的地的变更、船名有误等，投保人应立即向保险公司提出批改申请，由保险公司出立"批单（endorsement）"。保险单一经批改，保险公司即按批改后的内容承担责任。申请批改必须在被保险人不知有任何损失事故发生的情况下，在货物到达目的地之前或货物发生损失以前提出。表11-16为保险单。

表 11-16 保险单

中国人民保险公司
THE PEOPLE'S INSURANCE COMPANY OF CHINA
运输险投保单
APPLICATION FOR TRANSPORTATION INSURANCE

被保险人
Insured's Name：JINZHOU HONGDA IMPORT AND EXPORT CORPORATION

兹有下列货物拟向中国人民保险公司投保：
Insurance is required on the following commodities：

标　记 Marks & Nos.	包装及数量 Quantity	保险货物项目 Description of goods	保险金额 Amount insured
N/M	2 000 NEW JUTE-BAGS N.W.：100MTS	CHINESE GROUNDNUTS KERNELS	USD82 500.00

装载运输工具
Per conveyance <u>HUANGHE V.240E</u>

开航日期
提单号码
Slg.on/abt.<u>NOV.25，2013</u>
B/L No. <u>HUHE04225</u>

自
至
From <u>DALIAN PORT OF CHINA</u>
To <u>KOBE，JAPAN</u>

请将要保的险别标明 Please indicate the Conditions &/or Special Coverage		ALL RISKS
	备注 Remarks	
投保人（签名盖章） Name/Seal of Proposer 地址 Address ＿＿＿＿＿＿	锦州宏大进出口公司公章	电话 Telephone No. ××××× 日期　2013 年 11 月 24 日 Date <u>Nov.24，2013</u>
本公司自用 FOR OFFICE USE ONLY 费率 Rate 0.3%	保费 Premium　USD247.5	经办人 By　×××

中国人民保险公司　　分公司

The People's Insurance Company of China Branch

总公司设于北京　一九四九年创立
Head Office Beijing
Established in 1949

货物运输保险单
CARGO TRANSPORTATION INSURANCE POLICY

发票号（INVOICE NO.）
JZ201311-1
保单号次
合同号（CONTRACT NO.）
JZ201311
POLICY NO.
信用证号（L/C NO.）
CDMS2013U/12
被保险人：
Insured: JINZHOU HONGDA IMPORT AND EXPORT CORPORATION

中国人民保险公司(以下简称本公司)根据被保险人的要求，由被保险人向本公司缴付约定的保险费，按照本保险单的承保险别和背面所列条款与下列条款承保下述货物运输保险，特立本保险单。
THIS POLICY OF INSURANCE WITNESSES THAT THE PEOPLE'S INSURANCE COMPANY OF CHINA(HEREINAFTER CALLED "THE COMPANY")AT THE REQUEST OF THE INSURED AND INCONSIDERATION OF THE AGREED PREMIUM PAID TO THE COMPANY BY THE INSURED, UNDERTAKES TO INSURED THE UNDERMENTIONED GOODS IN TRANSPORTATION SUBJECT TO THE CONDITIONS OF THIS POLICY AS PER THE CLAUSES PRINTED OVERLEAF AND OTHER SPECIAL CLAUSES ATTACHED HEREON.

标记 MARKS & NOS.	包装及数量 QUANTITY	保险货物项目 DESCRIPTION OF GOODS	保险金额 AMOUNT INSURED
N/M	2 000 NEW JUTE-BAGS 100MTS	CHINESE GROUNDNUTS KERNELS	USD82 500.00

总保险金额：
TOTAL AMOUNT INSURED: SAY U.S.DOLLARS EIGHTY-TWO THOUSAND FIVE HUNDRED ONLY.

保费：　　　　　　费率：　　　　　　启运日期：
PREMIUM: AS ARRANGED　　RATE: AS ARRANGED　　DATE OF COMMENCEMENT: NOV.25, 2013
装载运输工具：　　　　PER CONVEYANCE: HUANGHE V.240E
自 FROM DALIAN PORT OF CHINA　　经 VIA　　至 TO KOBE, JAPAN
承保险别：
CONDITIONS: COVERING ALL RISKS

所保货物，如发生保险单项下可能引起索赔的损失或损坏，应立即通知本公司下述代理人查勘。如有索赔，应向本公司提交保单正本(保险单共两份正本)及有关文件。如一份正本已用于索赔，其余正本自动失效。

IN THE EVENT OF LOSS OR DAMAGE WHICH MAY RESULT IN A CLAIM UNDER THIS POLICY, IMMEDIATE NOTICE MUST BE GIVEN TO THE COMPANY'S AGENT AS MENTIONED HEREUNDER. CLAIMS, IF ANY, ONE OF THE ORIGINAL POICY WHICH HAS BEEN ISSUED IN TWO ORIGINAL TOGETHER WITH THE RELEVENT DOCUMENTS SHALL BE SURRENDERED TO THE COMPANY.IF ONE OF THE ORIGINAL POLICY HAS BEEN ACCOMPLISHED, THE OTHERS TO BE VOID.

HUDIG & SON B.V.B MARCONISTRAT 16, 3029 AK KOBE P.O.BOX 438 3000 AK JAPAN

赔款偿付地点：
PAYABLE AT: KOBE, JAPAN IN USD
出单日期：
ISSUING DATE: NOV. 24, 2013
Authorized Signature

中国人民保险公司 分公司

第十节 申请《出境货物通关单》

2013年11月23日，大连货运代理在收到锦州宏大进出口公司有关货物的单据资料后，凭锦州出入境检验检疫局签发的《出境货物换证凭条》(或凭单)随附商业发票和代理报检委托书向出境口岸(大连)检验检疫机构换取《出境货物通关单》。

如果是在本地检验、本地报关，则由检验检疫机构直接出具《出境货物通关单》(两联)，正本由报检员持有，作为报关依据。如果在本地检验、异地报关，则由检验地检验检疫机构出具《出境货物换证凭条》(或凭单)，在口岸检验检疫机构换取《出境货物通关单》用以报关。《出境货物通关单》是法定检验商品出口报关的必备单据。

《出境货物通关单》的有效期因商品的不同有所区别。一般货物为六十天；植物和植物产品为二十一天，北方冬季可适当延长至三十五天；鲜活类货物一般为十四天；检验检疫机构有其他规定的，以《出境货物通关单》标明的有效期为准。若《出境货物通关单》超过有效期限，则海关不予放行。

报检委托书如表11-17所示，出境货物通关如表11-18所示。

表 11-17 报检委托书

报检委托书				
大连出入境检验检疫局： 　　本委托人郑重声明，保证遵守出入境检验检疫法律、法规的规定。如有违法行为，自愿接受检验检疫机构的处罚并负法律责任。 　　本委托人委托受托人向检验检疫机构提交《报检申请单》和各种随附单据。具体委托情况如下： 　　本单位将于 <u>2013</u> 年 <u>11</u> 月间进口/出口如下货物：				
品名	花生仁		H.S. 编码	1202420000
数（重）量	2 000 袋/100 公吨		合同号	JZ201311
信用证号	CDMS2013U/12		审批文号	
其他特殊要求					
特委托 ×××货运代理公司（单位/注册号），代表本公司办理下列出入境检验检疫事宜： ☑ 1. 办理代理报检手续； ☑ 2. 代缴检验检疫费； ☑ 3. 负责与检验检疫机构联系和验货； ☑ 4. 领取检验检疫证单； ☑ 5. 其他与报检有关的事宜。 请贵局按有关法律、法规的规定予以办理。 　　　　　　　　　　　　　　　　　　　　　　　　　　委托人（公章） 　　　　　　　　　　　　　　　　　　　　　　　　　　（锦州宏大进出口公司 签章） 　　　　　　　　　　　　　　　　　　　　　　　　　　2013 年 11 月 21 日 　　　　　　　　　　　　　　　　　　　　　　　　　　受托人（公章） 　　　　　　　　　　　　　　　　　　　　　　　　　　（货运代理 签章） 　　　　　　　　　　　　　　　　　　　　　　　　　　2013 年 11 月 23 日				
本委托有效期至 <u>2013</u> 年 <u>11</u> 月 <u>30</u> 日				

表 11-18　中华人民共和国出入境检验检疫出境货物通关

编号：210400401000903

1. 发货人 锦州宏大进出口公司			5. 标记及号码 N/M
2. 收货人 XYZ COMPANY 77-1，KYOMACHI, CHUO-KU, KOBE 651-0178, JAPAN			
3. 合同 / 信用证号 JZ201311 / CDMS2013U/12		4. 输往国家或地区 日本	
6. 运输工具名称及号码 HUANGHE V.240E		7. 发货日期 2013 年 11 月 25 日	8. 集装箱规格及数量 5×20 英尺
9. 货物名称及规格 花生仁 40/50	10.H.S. 编码 1202420000	11. 申报总值 75 000.00 美元	12. 数 / 重量、包装数量及种类 2 000 麻袋 /100 公吨
13. 证明 上述货物业经检验检疫，请海关予以放行。 本通关单有效期至 2014 年 1 月 22 日。 签字：×××　　　日期：2013 年 11 月 23 日			检验检疫机构 签章
14. 备注 A 7974110　　　　　　货物通关			

第十一节　出口货物报关

　　大连的货运代理为锦州宏大进出口公司办理订舱手续后，2013 年 11 月 23 日，货物被送入同盛集装箱场地。2013 年 11 月 25 日货运代理备齐报关单据，向大连海关办理报关手续。大连海关接受申报后，签发 S/O，货运代理持 S/O 要求集装箱场地办理装货手续。装船后集装箱场地签发场站收据（黄联）。2013 年 11 月 26 日，货运代理持"黄联"到船公司换取提单，寄交锦州宏大进出口公司。

一、《出口货物报关单》

　　进出口货物报关单（表 11-19）是指进出口货物的收发货人或其代理人，按照海关规定的格式对进出口货物的实际情况做出的书面申明,以此要求海关对其货物按适用的海关制度办理报关手续的法律文书。出口货物报关单是出口货物报关的主要单证,新版报关单根据贸易方式不同颜色也有所不同。常见的有:

(1)中华人民共和国海关出口货物报关单:蓝色底纹,黑字。
(2)中华人民共和国海关出口货物报关单进料加工专用:红色底纹,黑字。
(3)中华人民共和国海关出口货物报关单来料加工补偿贸易专用:绿色底纹,黑字。
(4)中华人民共和国海关出口货物报关单出口退税专用:黄红色底纹,黑字。
(5)中华人民共和国海关出口货物报关单收汇核销联:绿色底纹,黑字。

二、《出口货物报关单》填制说明

(1)预录入编号,指申报单位或预录入单位对该单位填制录入报关单的编号,用于该单位与海关之间引用其申报后尚未批准放行的报关单。

(2)海关编号,指海关接受申报时给予报关单的编号。海关编号由各海关在接受申报环节确定,应标志在报关单的每一联上。报关单海关编号为九位数,其中前两位为分关(办事处)编号,第三位由各关自定义,后六位为顺序编号。

(3)出口口岸,指货物实际运出我国关境口岸海关的名称。关区代码表中有相应的口岸海关名称及代码。出口转关运输货物,填写货物出境地口岸海关的名称及代码。

(4)备案号,指进出口企业在海关办理加工贸易合同备案或征、减、免审批备案等手续时,海关给予《加工贸易登记手册》《来料加工及中小型补偿贸易登记手册》《外商投资企业履行产品出口合同进口料件及加工出口成品登记手册》、电子账册及其分册、《进出口货物征免税证明》或原产地证书等其他有关备案审批文件的编号。

(5)出口日期,指运载所申报货物的运输工具办结出境手续的日期,本栏目仅供海关打印报关单出口退税等证明联用,免于填报。本栏目为八位数字,顺序为年(四位)、月(两位)、日(两位)。

(6)申报日期,指海关接受发货人或其代理人申请办理货物出口手续的日期。本栏目为八位数字,顺序为年(四位)、月(两位)、日(两位)。出口货物申报日期不能晚于出口日期。不论以电子数据报关单方式申报或以纸制报关单方式申报,申报日期都是指申报数据被海关接受的日期。

(7)申报单位,指对申报内容的真实性直接向海关负责的企业或单位。自理报关的,应填报进(出)口货物的经营单位名称及编码;属于委托代理报关的(表11-20),应填报经海关批准的报关企业名称及编码。

(8)运输方式,指载运货物出境所使用的运输方式。按海关规定的《运输方式代码表》选择相应的运输方式。

(9)运输工具名称,指载运货物出境的运输工具的名称及运输工具的编号。填写内容应与运输部门向海关申报的载货清单中的所列相应内容(舱单数据)一致。海洋运输填报格式为:"船舶名称及编号"+"/"+"航次号";空运货物填报格式为:"航班号"。

(10)提运单号,指出口货物提单或运单的编号。本栏目填报的内容应与运输部门向海关申报的载货清单所列相应内容完全一致。江海运输填报海运提运单号，航空运输填报航空分运单（House Air WayBill，HAWB）号（八位数字），无分运单的填报总运单（Master Air WayBill，MAWB）号（十一位连续数字）。

（11）生产销售单位，指出口货物在境内的生产或销售单位，包括自行出口货物的单位，以及委托有外贸进出口经营权的企业出口货物的单位。本栏目应填报生产销售单位的中文名称或其海关注册编码。

（12）监管方式，本栏目应根据实际情况，并按海关规定的《贸易方式代码表》选择填报相应的贸易方式简称或代码。

（13）征免性质，指海关对出境货物实施征、减、免税管理的性质类别。本栏目应按照海关核发的《征免税证明》中批注的征免性质填报，或根据实际情况按海关规定的《征免性质代码表》选择填报相应的征免性质简称或代码。

（14）成交方式。本栏目应根据实际成交价格条款按海关规定的《成交方式代码表》选择填报相应的成交方式的名称或代码，如 CIF、CFR、FOB、C&I、市场价和垫仓六种成交方式。

（15）许可证号。如需申领出口许可证的货物，必须填报外经贸部及其授权发证机关签发的出口货物许可证的编号，不得为空。

（16）运抵国（地区），指出口货物直接运抵的国家（地区）。对发生运输中转的货物，如中转地未发生任何商业性交易，则运抵国不变，如中转地发生商业性交易，则以中转地作为运抵国（地区）填报。本栏目应按海关规定的《国别（地区）代码表》填报相应的运抵国（地区）中文名称或代码。

（17）指运港，指出口货物运往境外的最终目的港。最终目的港不可预知的，可按尽可能预知的目的港填报。指运港的填报不受运输中转的影响。本栏目应根据海关规定的《港口航线代码表》填报相应的港口中文名称或代码。

（18）贸易国，填写出口国。

（19）批准文号。本栏目原应填报《出口收汇核销单》编号，现已取消核销单。

（20）运费。本栏目用于成交价格中含有运费的出口货物，应填报该份报关单所含全部货物的国际运输费用。如出口货物成交价格为 FOB，则本栏目不需填报。如果出口货物成交价格为 CIF 或 CFR 或运保费合并计算填报在此栏。

可按运费单价、总价或运费率三种方式之一填报，同时注明运费标记，并按海关规定的《货币代码表》选择填报相应的币种代码。"1"表示运费率；"2"表示每吨货物的运费单价；"3"表示运费总价。例如，3% 的运费率填报为 3；27 美元的运费单价填报为 502/27/2（502 为美元代码）；8 000 美元的运费总价填报为 502/8 000/3。

（21）保险费。本栏目用于成交价格中含有保险费的出口货物，应填报该份报关单所含全部货物国际运输的保险费用。出口成交方式为 CIF 的，应在此栏填报保险费。

可按保险费总价或保险费率两种方式之一填报，同时注明保险费标记，并按海关规定的《货币代码表》选择填报相应的币种代码。"1"表示保险费率；"3"表示保险费总价。例如，0.3% 的保险费率填报为 0.3；10 000 港元保险费总价填报为 110/10 000/3（110 为港元的代码）。

（22）杂费，指成交价格以外的、应计入完税价格或应从完税价格中扣除的费用，如手续费、佣金、回扣等。可按杂费总价或杂费率两种方式之一填报，同时注明杂费标记，并按海关规定的《货币代码表》选择相应的币种代码。应计入完税价格的杂费填报为正值或正率，应从完税价格中扣除的杂费填报为负值或负率。"1"表示杂费率；"3"表示杂费总价。例如，应计入完税价格的1.5%的杂费率填报为1.5；应从完税价格中扣除的1%的回扣率填报为−1；应计入完税价格的500英镑杂费总价填报为303/500/3（303为英镑代码）。

（23）合同协议号。本栏目应填写出口货物合同（协议）的全部字头和号码。

（24）件数。本栏目应填报出口货物的实际外包装的总件数。裸装与散装货物的件数填报为1。

（25）包装种类。本栏目应根据出口货物的实际外包装种类，按海关规定的《包装种类代码表》选择填报相应的包装种类代码。常见的包装种类有木箱、纸箱、桶装、散装、托盘、包、其他。

（26）毛重，指货物及包装材料的重量之和，计量单位为千克，不足1千克的填报为1。

（27）净重，指货物的毛重减去外包装材料后的重量，即商品本身的实际重量，计量单位为千克，不足1千克的填报为1。

（28）集装箱号。集装箱号是在每个集装箱箱体两侧标示的全球唯一的编号。本栏用于填报集装箱编号以及数量，集装箱数量四舍五入填报整数，非集装箱货物填报为0。在集装箱多余一个的情况下，本栏仅填报其中一个，其余箱号填报在备注栏。格式为：集装箱号+"/"+规格+"/"+自重。

（29）随附单据，指随出口货物报关单一并向海关递交的单证或文件。合同、发票、装箱单、提运单据等必备的随附单证，以及加工贸易手册、征免税证明等海关备案凭证，不在本栏填报。本栏目应按海关规定的《监管证件名称代码表》选择填报相应证件的代码（一个字母或数字）及其编号。

（30）标记唛码及备注。填写货物标记唛码中除图形以外的所有文字和数字。所申报货物涉及多个监管证件的，除第一个监管证件以外的其余监管证件和代码。格式为：监管证件的代码+"："+监管证件编号。所申报货物涉及多个集装箱的，除第一个集装箱号以外的其余集装箱号。

（31）项号。一张纸质报关单最多可打印五项商品，一项商品占据表体的一栏。每项商品的"项号"栏又可分为上下两行填报。上面一行填报报关单中的商品排列序号，序号从"01"到"05"。下面一栏主要用于加工贸易等已备案货物，填报该项货物在登记手册中的备案项号，用于核销对应项号下的料件或成品数量。

（32）商品编号，指按海关规定的商品分类编码规则确定的出口货物的编号。

（33）商品名称、规格型号。本栏目第一行填报出口货物规范的中文商品名称，第二行填报规格型号，必要时可加注原文。商品名称应与所提供的商业发票相符；商品名称应当规范；规格型号应当足够详细，以能满足海关归类、审价以及监管的要求为准，包括品名、牌名、规格、型号、成分、含量、等级等。

（34）数量及单位，指出口货物的实际数量及计量单位。本栏目分三行填报，第一行填报法定第一计量单位及数量；凡海关列明第二计量单位的，第二行填报该商品第二计量单位，无第二计量单位的，本行为空；成交计量单位与海关法定计量单位不一致时，第三行填报成交计量单位及数量，成交计量单位与海关法定计量单位一致时，本行为空。

（35）最终目的国（地区），指已知的出口货物的最终实际消费、使用或进一步加工制造的国家（地区）。对于不经过第三国（地区）转运的直接运输货物，可以运抵国（地区）作为最终目的国（地区）填报；对于经过第三国（地区）转运的出口货物，以最后到达国（地区）作为最终目的国（地区）填报。本栏目应按海关规定的《国别（地区）代码表》选择相应的国家（地区）名称或代码。

（36）单价。本栏目应填报同一项号下出口货物实际成交的商品单位价格。

（37）总价。本栏目应填报同一项号下出口货物实际成交的商品总价。

（38）币制，指出口货物实际成交价格的币种。本栏目应按海关规定的《货币代码表》选择填报相应的货币名称或代码。

（39）征免，指海关对出口货物进行征税、减税、免税或特案处理的实际操作方式。本栏目应按照海关核发的《征免税证明》或有关政策规定，对报关单所列的每项商品选择填报海关规定的《征减免税方式代码表》中相应的征减免税方式。

（40）录入员。本栏目用于预录入和EDI报关单，打印录入人员的姓名。

（41）录入单位。本栏目用于预录入和EDI报关单，打印录入单位的名称。

（42）报关人员。按实际填写。

（43）申报单位签章。按实际填写。

（44）特殊关系确认。

填报确认进出口行为中买卖双方是否存在特殊关系，有下列八种情形之一的，应当认为买卖双方存在特殊关系，填报"是"，反之则填报"否"。

1）买卖双方为同一家族成员的。

2）买卖双方互为商业上的高级职员或者董事的。

3）一方直接或者间接地受另一方控制的。

4）买卖双方都直接或者间接地受第三方控制的。

5）买卖双方共同直接或者间接地控制第三方的。

6）一方直接或者间接地拥有、控制或者持有对方百分之五以上（含百分之五）公开发行的有表决权的股票或者股份的。

7）一方是另一方的雇员、高级职员或者董事的。

8）买卖双方是同一合伙成员的。买卖双方在经营上相互有联系，一方是另一方的独家代理、独家经销或者独家受让人，如果符合前款的规定，也应当视为存在特殊关系。

（45）价格影响确认。填报确认进出口行为中买卖双方存在着特殊关系，是否影响价格，纳税义务人如不能确认，视为影响价格，填"是"，反之填"否"。

（46）支付特许权使用费说明。填报进出口行为中买方是否存在向卖方或有关方直接或间接支付特许权使用费，如存在填"是"，反之填"否"。

（47）海关批注签章。本栏目由海关作业时填写。

表 11-19 中华人民共和国海关出口货物报关单

预录入编号：　　　　　　　　海关编号：

收发货人 锦州宏大进出口公司 2107910007	出口口岸 大连大窑湾 （09/08）	出口日期		申报日期 2013-11-24
生产销售单位 锦州宏大进出口公司 2107910007	运输方式 江海	运输工具名称 HUANGHE V.240E		提运单号 HUHE04225
申报单位	监管方式 一般贸易（0110）	征免性质 一般征税（0101）	备案号	
贸易国 中国	运抵国（地区） 日本（0116）	指运港 神户（1259）		境内货源地 锦州（21079）
许可证号	成交方式 CIF	运费 502/1 850/3	保费 0.3/1	杂费
合同协议号 JZ201311	件数 2 000	包装种类 麻袋	毛重（千克） 100 960	净重（千克） 100 000
集装箱号 TGHU2135933×5（5）	随附单据 检验检疫 B：			
标记唛码及备注　　B：210400401000903 　　　TGHU2136732　　TGHU2145138 　　　TGHU3689937　　TGHU5673593				
项号	商品编号	商品名称、规格型号	数量及单位	最终目的国（地区）	单价	总价
01	1202420000	花生仁 40/50	100 000 千克	日本	0.75	75 000.00

币制	征免
USD 美元	照章

税费征收情况

特殊关系确认 否	价格影响确认 否	支付特许权使用费确认 否
录入员　　　录入单位		
报关人员　申报单位（签章） （货运代理报关专用章）	兹声明以上内容承担如实申报，依法纳税之法律责任。	海关批注及签章

表 11-20　专业（代理）报关委托书

编号：

委托单位名称：锦州宏大进出口公司			海关注册编号：2107910007			
地　　址：锦州市解放路 5 段 23 号			法定代表人：		电话：	
货　名	运输包装方式	件　数	毛　重	净　重		金　额
花生仁	集装箱 麻袋	2 000	100.96MTS	100MTS		USD75 000.00
交付 单证	1. 进/出口货物许可证、货物审批证明 2. 发票、装箱单 3. 减免税证明 4. 应备的其他进/出口证件		5. 提货单 6. 进/出口合同 7. 登记手册			
委托人 责任	提供单证合法有效，申报内容无误，如因单证无效或单货不符而引起的法律责任，由委托人承担。					
被委托单位名称：大连×××货运代理			海关注册编号：			
地　　址：			法定代表人：		电话：	
运输工具名称：HUANGHE V.240E			提/运单号 HUHE04225		贸易方式：一般贸易	
被委托 人责任	1. 对没有按委托人的委托要求办理而产生的后果负责； 2. 对给委托人出具单证资料的准确性负责； 3. 对代理报关过程中产生的一般问题被委托人会同委托人及有关方面共同处理。					

委托单位印章：

经办人：2013 年 11 月 22 日

被委托单位印章：

经办人：2013 年 11 月 24 日

第十二节　发出装船通知，邮寄非议付单据

2013 年 11 月 26 日，HUANGHE V.240E 开船后，大连的货运代理凭黄联到船公司换取正本提单。在报关之前和报关过程中，提单样本经过锦州宏大进出口公司的多次确认，最后确定完全符合信用证的要求。正本提单签署后，锦州宏大进出口公司发出装船通知，同时表明另外 100 公吨 50/60 花生仁将于 12 月 20 日之前发运。

根据信用证的规定，锦州宏大进出口公司将一套非议付单据传真给日方，然后根据信用证的要求缮制受益人证明。

一、装船通知

根据 2010 年《国际贸易术语解释通则》的规定，以 FOB、CFR 成交时，卖方有责任和义务向买方发出装船通知（表 11-21），以便买方及时办理保险和接货手续；在 FOB、CFR 条件下，装船通知一般是在装船前发出，如果信用证另有规定，按信用证办理。

根据 2010 年《国际贸易术语解释通则》的规定，以 CIF 成交时卖方在装船后须及时通知买方，以便买方办理接货手续；如果信用证另有规定，按信用证办理。

二、受益人证明

受益人证明是一种内容多样、格式简单的议付单据。受益人证明可根据信用证的具体要求确定其名称，如 BENEFICIARY'S CERTIFICATE、BENEFICIARY'S STATEMENT、BENEFICIARY'S DECLARATION。

受益人证明的出单日期应该根据信用证的要求，在出口方履行完证明的内容后缮制。受益人证明一般不分正、副本，如果信用证要求出具正本受益人证明，则可以在受益人证明中打上"ORIGINAL"。

三、提单各栏填制要求

1. 提单号（B/L NO.）

提单上必须注明承运人及其代理人编制的提单号。不同的船公司和货运代理编制的方法不同，一般按照船名、航次、订舱顺序确定。该号码与托运单上的 B/L 号码一致。

2. 托运人（SHIPPER）

托运人是填写信用证的受益人、买卖合同中的卖方。

3. 收货人（CONSIGNEE）

收货人又称抬头人，一般有三种填法：

（1）凭指示（TO ORDER）。信用证提单条款要求"FULL SET B/L MADE OUT TO ORDER"或"FULL SET B/L CONSIGNED TO ORDER"，则提单收货人一栏填"TO ORDER"。

（2）凭某人指示（TO ORDER OF ×××）。

1）如果信用证提单条款要求"FULL SET B/L MADE OUT TO ORDER OF SHIPPER"，则提单收货人一栏填"TO ORDER OF SHIPPER"。

2）如果信用证提单条款要求"FULL SET B/L MADE OUT TO SHIPPER'S ORDER"，则提单收货人一栏填"TO SHIPPER'S ORDER"。

3）如果信用证提单条款要求"FULL SET B/L ISSUED TO ORDER OF APPLICANT"，查信用证中 APPLICANT 为"BIG A CO."，则提单收货人一栏填"TO ORDER OF BIG A CO."。

（3）记名收货人。如果信用证提单条款要求"FULL SET B/L CONSIGNED TO ABC

CO.",则提单收货人一栏填"ABC CO."。

4. 被通知人（NOTIFY PARTY）

此栏按信用证要求填写。如果信用证未规定到货被通知人，则该栏目可以为空白，或者以任何方式填写。

（1）如果信用证提单条款要求"NOTIFY ABC COMPANY"，则提单被通知人一栏填"ABC COMPANY"。

（2）如果信用证提单条款要求"NOTIFY APPLICANT"，则该栏填信用证中申请人的详细名称和地址。

（3）如果信用证提单条款要求"NOTIFY APPLICANT AND US"，则该栏除填信用证中申请人的详细名称和地址外，还要加打开证行的名称。

5. 前程运输（PRE-CARRIAGE BY）

提单上印有"前期运输由"栏，此为"多式联运"方式所专用，不能作为转船提单时打明第一程海轮名称的栏目。只有做多式联运运输单据时，方在该栏内注明"铁路（rail）""卡车（truck）""空运（air）"或"江河（river）"等运输方式。

6. 收货地点（PLACE OF RECEIPT）

收货地点是指承运人从托运人处接收货物的地点。收货地点与装货港不同。

7. 船名、航次（OCEAN VESSEL，VOY NO.）

此栏填写运输货物船舶的名称及航次，与托运单上的相同。

8. 装货港（PORT OF LOADING）

信用证要求的装货港名称应在提单的装货港栏中表明。参考发票的装货港填写，注意与信用证要求及发票保持一致。

9. 卸货港（PORT OF DISCHARGE）

信用证要求的卸货港名称应在提单的卸货港栏中表明。参考发票的目的港填写，注意与信用证要求及发票保持一致。

10. 交货地点（PLACE OF DELIVERY）

船公司和承运人的交货地点，在"多式联运（multimodal transport）"或"联合运输（combined transport）"运输单据时使用。如果是港到港提单，此栏一般空白不填。

11. 最终目的地（PLACE OF FINAL DESTINATION）

有些船公司或货运代理的提单只有"PLACE OF DELIVERY"一栏，或只有此栏；而有些提单两栏全有，其实两栏没有多大区别。

12. 标记和号码（MARKS & NOS.）

此栏填写实际唛头，注意与信用证和发票保持一致。没有唛头填"N/M"。

13. 件数和包装种类（NUMBER AND KIND OF PACKAGES）

此栏填写最大外包装件数和种类，用阿拉伯数字表示。注意与实际货物及发票、产地证等的描述保持一致。

14. 货物描述（DESCRIPTION OF GOODS）

提单上的货物描述可以使用与信用证规定不矛盾的货物统称。货物统称（商品名称）要与托运单内容严格一致。严格按信用证要求的文字填写，无特殊声明应使用英文。

15. 毛重（GROSS WEIGHT）

该栏与包装单上的总毛重相同，并注意与托运单保持一致，提单中一般不显示净重。如果来证要求注明净重，那么，在这一栏中除注明毛重外，还要注明净重。

16. 尺码（MEASUREMENT）

此栏填写货物的实际体积，并注意与托运单保持一致，如 $20M^3$ 或 20CBM。一般一个 20 尺集装箱可装货 23 立方米，一个 40 尺集装箱可装货 54 立方米。

17. 运费条款（FREIGHT & CHARGES）

几乎所有提单都不注明具体运费数额，只是表明运费是否已付清，或者什么时候付；而且多数不填在"FREIGHT & CHARGES"栏内，而填在"DESCRIPTION OF GOODS"一栏的下半部分。

运费的填写与价格术语有关。如果信用证规定或发票注明货物价格条件为 CIF 或 CFR，或同一类价格条件，出口方负责支付运费，则填"FREIGHT PREPAID（运费预付）"或"FREIGHT HAS BEEN PAID（运费已付）"。如果信用证规定或发票注明货物价格条件为 FOB，或同一类价格条件，进口方负责支付运费，则填"FREIGHT COLLECT"或"FREIGHT TO COLLECT"，皆指"运费待付"。

18. 外包装件数大写（TOTAL NUMBER OF CONTAINERS OR PACKAGES（IN WORDS））

用英文单词表示集装箱数或外包装件数，注意外包装件数应与"件数与包装种类"一栏表示的数字一致。开头用"SAY"或"TOTAL"，结尾用"ONLY"字样，例如：

SAY: ONE HUNDRED AND EIGHTY BAGS ONLY.

19. 正本提单份数（NUMBER OF ORIGINAL B（S）/L）

运输单据必须注明所出具的正本份数，可以是一份，也可以一份以上，通常是三份正本。若信用证对提单正本份数有规定，则应与信用证规定一致。

20. 签单地点和日期

签单地点填写实际装运的港口或接受监管的地点。签单日期填写货物实际装运的时间或已经接受船方监管的时间。

21. 提单的签署

提单可以由承运人、承运人的具名代理人、船长、船长的具名代理人这四类人签署。

提单签署的具体要求：

（1）承运人（船公司）的名称必须出现在提单的表面，并表明承运人的身份。承运人是指任何直接或通过代理人以本人名义与托运人签订承运合同的人，他对承运合同的履行承担责任。

（2）如果提单由代理人代表承运人签署，则必须表明其代理人身份，而且必须表明所代理的承运人，除非提单其他地方已经表明了承运人。

（3）如果船长签署提单，则船长的签字必须表明"船长"身份。

（4）如果由代理人代表船长签署提单，则必须表明其代理人身份，而且必须注明被代理的船长姓名。

22. 装运日期

装运日期一般在装船批注中表示，可以打印，也可以用戳记（可调的）。如果装船批注中没有加注日期，则提单的签发日期就是装运日期。

23. 提单的背书

一般来说,只要提单收货人一栏不是记名收货人,提单都可以背书转让。

(1)背书人。当收货人一栏填"TO ORDER"时,由托运人(SHIPPER)背书;当收货人一栏填记名指示"TO×××'S ORDER"或"TO ORDER OF×××"时,由记名的一方背书。

(2)背书的种类。背书的具体做法是在提单背面的任何地方书写或盖章,背书的时间不必标注。背书一定要根据信用证或合同的要求进行,一般有两种:①空白背书(ENDORSED IN BLANK/BLANK ENDORSED)。这是常用的一种方式,在提单背面只注明背书人的名称、地址。②记名背书(ENDORSED TO×××)。在提单背面既注明背书人的名称、地址,又要注明被背书人的名称、地址。

表 11-21 装船通知

JINZHOU HONGDA IMPORT AND EXPORT CORPORATION
NO.23,SECTION 5,JIEFANG ROAD,JINZHOU,LIAONING,CHINA
SHIPPING ADVICE
DATE:NOV.26,2013
TO:XYZ COMPANY
RE:INVOICE NO.:JZ201311-1   L/C NO.:CDMS2013U/12
We hereby inform you that the goods under the above mentioned credit have been shipped.The details of the shipment are stated below.
Commodity:CHINESE GROUNDNUTS KERNELS
Contract No.:JZ201311
Quantity:2 000 NEW JUTE-BAGS
Weight:G.W.:100.96MTS N.W.:100MTS
Amount:USD75 000.00
Shipping Marks:N/M
Ocean vessel:HUANGHE V.240E
On Board Bill of Lading Date:NOV.25,2013
Bill of Lading No.:HUHE04225
Port of Loading:DALIAN PORT OF CHINA
Destination:KOBE,JAPAN
Container No.:TGHU2135933 TGHU2136733 TGHU2145138 TGHU3689933 TGHU5673593
We hereby certify that the above content is true and correct.
We will ship 100MTS OF CHINESE GROUNDNUTS KERNELS 50/60 PER OZ. before Dec.20,2013.
JINZHOU HONGDA IMPORT AND EXPORT CORPORATION
签字: 

第十三节 出口交单结汇

2013年11月28日，锦州宏大进出口公司在收到大连货运代理邮寄来的正本提单后，开始准备结汇单据，缮制汇票，于11月29日，向中国银行锦州分行交单。12月2日银行审查单据，认为完全符合信用证的要求，按汇票金额扣除邮程利息后，按当日牌价折成人民币，转到锦州宏大进出口公司账户。同时出具结汇水单（外汇收账通知）给锦州宏大进出口公司。同一天按信用证规定的方式将单据邮寄国外银行。

一、信用证项下交单议付

UCP600规定交单指向开证行或指定银行提交信用证项下单据的行为，或指按此方式提交的单据。可见交单（presentation）即指"交单的行为"，也指"提交的单据"。

信用证受益人交单期限为信用证的有效期和从装运单据上的装运日起算的交单时间。既要满足信用证规定的有效期，也要符合信用证规定的交单期。

信用证受益人向银行提交的单据必须与信用证条款、跟单信用证统一惯例的相关适用条款以及国际标准银行实务（ISBP）一致（即相符交单）。同时提交的单据内容看起来满足所要求单据的功能。

议付看第四节信用证结算程序。

二、信用证项下单据制作的基本要求

国际商会制定的《跟单信用证统一惯例》在国际贸易中的普遍应用，特别是UCP600的实行，对信用证项下单据的填制给予了更加具体的规范。信用证项下单据制作的要点有以下几个方面：

1. 单证相符

一方面"单证相符"包括单据与信用证条款相符、单据与UCP和ISBP相符。另一方面"单证相符"不仅指单据的内容，还包括提交的单据名称、份数、提交的方式以及提交的时间要与信用证及惯例的规定一致。在采用信用证交易的条件下，出口人（即信用证受益人）必须明确：第一，信用证业务中各有关当事人处理的是单据，而不是与单据有关的货物、服务或其他行为。第二，受益人提交的单据必须表面上看来构成相符交单。

单据与信用证及惯例"表面相符"是指银行在审核与信用证有关的单据时无须调查单据的真实性、完整性、单据所代表的货物，只凭单据表面上显示的内容与信用证条款及惯例一致即可付款。当然，即使受益人实际履行了有关义务，但如果在单据上没有按信用证及惯例规定制作单据，也会被银行视为单证不符而遭到拒付。

2. 单单相符

单单相符是指同一笔业务中，各种单据之间的有关内容必须一致，它是保证安全及时收汇的重要前提。单据之间的不符现象,多数发生在唛头、数量、重量、货名、船名以及发票上的毛重与提单重量不一致等。例如,某出口商在商业发票上注明该合同以"CIF"交货,但在海运提单上又注有"FREIGHT COLLECT"(运费待付),则提单与发票表面上不相符,银行将拒收这些单据。

另外各种单据之间应相互一致,不能自相矛盾,各单据出单日期的前后应合理。如保险单出单日期不能晚于装运单据日期,检验检疫证书也应比运输单据早。

3. 单货相符

信用证是买方(开证申请人)依照买卖合同向银行申请开立的,作为银行审核单据以决定是否付款的依据。因此,一般买方都会要求开证行在信用证中加列一些关于货物描述的条款,以便约束受益人单据上所列的货物与买卖双方在合同中约定的一致。但是,信用证不能代替买卖合同,特别是对于一些比较复杂的货物买卖,比如,大型的成套设备,信用证中没有也不可能详细规定货物的具体规格型号、技术指标、单价,以及包装情况。对于这些内容,受益人在制单时只能按照合同的规定缮制,但必须注意,这些内容不能与信用证的规定相抵触。

4. 单据内容满足其功能

根据 UCP600 第十四条的规定:如果信用证要求提交运输单据、保险单或者商业发票以外的单据,却未规定出单人或其数据内容,则只要提交的单据内容看似满足所要求单据的功能,银行将接受该单据。

如信用证要求装箱单,其目的是想知道货物是如何包装的,以及包装的件数、每件的重量等装箱单应具有的内容,以便货物到达后安排收货、运输、分销入库等。因此即便信用证对其内容不作规定,按照常识及单据的名称所决定的单据应具有的功能,提交的装箱单应显示如何包装。

小知识 信用证单据不符情况的几种办法

在信用证项下的制单结汇中,议付行要求单证"表面严格相符"。但是,在实际业务中,由于种种原因,单证不符的情况时常发生。如果信用证的交单期允许,应及时修改单据,使之与信用证的规定一致。如果不能及时改证,进出口企业应视具体情况选择不同的方法处理。

1. 表提

表提是指信用证的受益人在提交单据时,如存在单证不符情况,就主动向议付行以书面形式提交单证不符点的具体内容。一般情况下,议付行要求受益人出具担保书,担保如日后遭到开证行拒付,由受益人承担一切后果。表提的情况一般是单据不符点情况并不严重,或虽然是实质性不符点,但事先已经开证行(进口商)确认可以接受。

2. 电提

电提是指在单证不符的情况下,议付行先向国外开证行发送电报或电传,列明单证不符点,待开证行复电同意再将单据寄出。电提的情况一般是单证不符属于实质性问题,金额较大。用电提方式可以在较短的时间内由开证行征求开证申请人的意见。如果获同意,则可以立即寄单收汇;如果不获同意,受益人可以及时采取必要措施对运输的货物进行处理。

3. 跟单托收

如果出现单证不符,议付行不愿意通过表提或电提方式征询开证行的意见,那么信用证就会彻底失效。出口企业只能采用跟单托收方式,委托银行寄单代收货款。

无论是"表提""电提",还是"跟单托收"方式,信用证受益人都失去了开证行在信用证中所作的付款保证,从而使出口收汇从银行信用变成商业信用。

三、汇票填制的要求

在信用证中,汇票主要起付款凭证的作用。

汇票一般一式两份,第一联、第二联在法律上没有区别,其中一联生效则另一联自动作废。寄单方式应按信用证要求办理。为了防止单据可能在途中丢失造成麻烦,一般汇票分两次邮寄。汇票一般由各结汇银行自己印制,因此格式不尽相同,但内容基本一致。

(1)出票根据(DRAWN UNDER)。此栏填写信用证规定的开证行名称与地址。

(2)信用证号码(L/C NO.)。信用证号码应填写正确。

(3)日期。此栏填写信用证的开证日期,而不是汇票的出票日期。

(4)年息(PAYABLE WITH INTEREST,% PER ANNUM)。此栏由银行填写,用以清算企业与银行间的利息费用。

(5)汇票小写金额(EXCHANGE FOR)。汇票上有两处相同纹底的栏目,较短的一处填写小写金额,较长的一处填写大写金额。小写金额的填写由两部分组成:一部分填货币名称的缩写;另一部分填阿拉伯数字表示的金额,要求保留两位小数。一般情况下汇票金额应与发票金额一致。

(6)汇票大写金额(THE SUM OF …)。大写金额由小写金额翻译而成,大小写金额必须一致。要求顶格,不留任何空隙。大写金额也由两部分构成:一是货币名称,一般填写货币的全称;二是货币金额。大写金额后面一定要加"ONLY"。

(7)号码(NO.)。此栏一般填发票号码,目的是核对发票与汇票中相同和相关的内容。

(8)付款期限(AT … SIGHT)。此栏因付款期限不同,有多种表示方法。

①信用证项下的即期汇票的付款期限一栏填写较简单,只需使用"×××""——""×××"等符号打印在汇票上已印就的"AT_____SIGHT"一栏的AT和SIGHT之间的空白处,而且尽量将空白处占满,以防止他人造假。

②信用证项下的远期汇票(TIME DRAFT)的付款期限一栏有多种表示方法,但原则上严格按信用证规定的实际期限填写在汇票上已印就的"AT_____SIGHT"一栏的AT和SIGHT之间的空白处。如果表示付款期限的最后一词不是"SIGHT",应将汇票上印就的"SIGHT"一词,用"×××××"打上,表示删除。例如:

AT 45 DAYS AFTER SIGHT(见票后45天付款)

AT 45 DAYS AFTER DATE OF DRAFT(出票后45天付款)

AT 30 DAYS AFTER DATE OF B/L(提单日后30天付款)

AT 60 DAYS FROM INVOICE DATE（发票日期后 60 天付款）

（9）受款人（PAY TO THE ORDER OF...）。受款人也称"抬头人"或"抬头"，在实际业务中汇票通常作成指示性抬头，即"PAY TO THE ORDER OF ..."，一般在汇票上已经印好。信用证项下此栏填写议付行的名称，并由议付行背书。

（10）出票地点和汇票日期。出票地点一般印刷在汇票上，与汇票日期标注在一起。汇票日期是受益人将汇票交给议付行的日期。此日期应晚于提单日期，但不能超过信用证的有效期和交单期限。

（11）付款人（TO...）。信用证方式下，汇票必须以信用证规定的人作为付款人，一般是信用证开证行或其指定的付款行。若信用证未加说明，则以开证行作为付款人。SWIFT 信用证的此栏填写"42A DRAWEE"后面的银行。

（12）出票人。出票人的名称一般填写在右下角，与付款人对应。汇票必须由受益人出票，因此应由出口企业填写。除非信用证要求手签，一般都盖章（与发票、装箱单的一样），包括出口公司的全称和法人代表签字。

（13）特殊说明（SPECIAL CONDITIONS）。如果有特殊说明的应填写在汇票空白处。

汇票如表 11-22 所示。

表 11-22 汇票

凭
Drawn under：FUJI BANK LTD.，THE TOKYO
信用证号
L/C No.：CDMS2004U/12
日期   年   月   日
Date：OCT.14.2004
按 息 付 款
Payable with interest@_____% per annum
号码   汇票金额   中国 辽宁 锦州   年   月   日
No. JZ20041 1-1 Exchange for USD75 000.00 Jinzhou，Liaoning，China Nov.28，2004
见票   日后（本汇票之副本未付）付
At ×××××× sight of this **FIRST** of Exchange（Section of exchange being unpaid）
受款人
Pay to the order of BANK OF CHINA，JINZHOU BRANCH
金额
The sum of USD SEVENTY FIVE THOUSAND ONLY
此致
To：FUJI BANK LTD.，HEADOFFICE，TOKYO，JAPAN

凭
Drawn under: FUJI BANK LTD., THE TOKYO
信用证号
L/C No.: CDMS2004U/12
日期　　年　　月　　日
Date: OCT.14.2004
按息付款
Payable with interest@_____% per annum
号码　　汇票金额　　中国　　辽宁　　锦州　　年　月　日
No. JZ20041 1-1 Exchange for USD75 000.00 Jinzhou, Liaoning, China Nov.28, 2004
见票　　　　　　　　日后（本汇票之副本未付）付
At ×××××× sight of this **Second** of Exchange (Section of exchange being unpaid)
受款人
Pay to the order of BANK OF CHINA, JINZHOU BRANCH
金额
The sum of USD SEVENTY FIVE THOUSAND ONLY
此致
To: FUJI BANK LTD., HEADOFFICE, TOKYO, JAPAN

第十四节　国际收支网上申报

2013年12月12日，锦州宏大进出口公司收到货款后，登录国家外汇管理局应用服务平台进行外汇网上申报。

国家外汇管理局、海关总署、国家税务总局规定，自2012年8月1日起在全国实施货物贸易外汇管理制度改革。取消出口收汇核销单，企业不再办理出口收汇核销手续，只需进行网上申报。国家外汇管理局分支局对企业的贸易外汇管理方式由现场逐笔核销改变为非现场总量核查。外汇局通过货物贸易外汇监测系统，全面采集企业货物进出口和贸易外汇收支逐笔数据，定期比对、评估企业货物流与资金流总体匹配情况，便利合规企业贸易外汇收支；对存在异常的企业进行重点监测，必要时实施现场核查。

（1）企业登录国家外汇管理局应用服务平台（http：//asone.safesvc.gov.cn/asone/），输入机构代码、用户代码、用户密码登录平台。

（2）点击国际收支网上申报系统（企业版），打开申报信息录入列表。

（3）双击申报号码，录入付款方常驻的国别、交易编码、交易金额、交易附言等贸易信息，点击保存即申报成功。

第十五节　出口退税

　　2013年12月25日，锦州宏大进出口公司通过电子口岸出口退税子系统将有关信息报送国家税务总局。在报送成功后，锦州宏大进出口公司财务人员将需要办理退税的增值税发票整理后一并申报国税局，进行发票认证，并在退税申报软件中逐条录入进货明细及申报退税明细。录入完毕，核对无误后，打印并生成退税所需要的表格及软盘，然后持退税所需单据：报关单（黄色出口退税联）、商业发票、结汇水单或收汇通知书、增值税发票（抵扣联）、出口专用缴款书、认证结果通知书、认证清单册等，连同外贸企业出口货物退税汇总申报审批表送交外经委稽核处加盖稽核章，最后到国税局申请退税。

　　为了加强对出口退税的管理，堵塞出口退税管理中的漏洞，我国政府实行出口退税和出口收汇核销挂钩的政策。目前，出口退税必须通过电子口岸出口退税子系统来进行。国家税务总局接入电子口岸，从电子口岸执法系统中直接取得出口退税所需的电子信息，提高了工作效率和执法的准确性。其具体操作如下：

　　（1）出口货物实际离境并进行舱单核销后，申报地海关自动将结关电子信息（即报关单号信息）传送至电子口岸数据中心，供用户查询。企业可根据电子结关信息的查询结果，及时向申报地海关领取或打印《出口货物报关单》（退税专用联）。

　　（2）申报地海关在签发纸质《出口货物报关单》（退税专用联）后计算机自动将出口货物报关单电子数据传送至电子口岸数据中心。

　　（3）出口企业上网查询出口货物报关单电子底账，并与领取的纸质《出口货物报关单》（退税专用联）进行比对，比对无误后确认提交口岸数据中心，由口岸数据中心报送国家税务总局。

　　（4）国家税务总局接到口岸数据中心提供的已确认（包括已确认后经过海关修改补传的）出口货物报关单数据后，通过税务系统广域网下发给各地税务机关进出口税收管理部门使用，作为退税审核的法定依据之一。

　　（5）用户按照国家税务总局有关出口退税管理的规定，持纸质《出口货物报关单》（退税专用联）及其他要求报送的证明文件向所属进出口税收管理部门申请办理退税。

复习思考题

1. 填制一份出口合同。
2. 简述SWIFT信用证的主要条款。
3. 简述审查信用证的基本要点。
4. 简述信用证修改的程序。
5. 出入境检验检疫机构对报检单位和报检员有哪些要求？
6. 如何正确制作商业发票和装箱单？
7. 简述集装箱订舱流程。

8. 如何正确制作产地证？
9. 如何正确制作投保单和保险单？
10. 如何正确制作报关单？
11. 如何正确制作提单？
12. 如何正确制作汇票？

案例分析

1. 我国山东某出口公司按 CIF 条件与韩国某进口公司签订了一笔初级产品的交易合同。在合同规定的装运期内，卖方备妥了货物，安排好了从装运港到目的港的运输事项。在装船时，卖方考虑到从装运港到目的港距离较近，且风平浪静，不会发生什么意外，因此，没有办理海运货物保险。实际上，货物也安全及时地抵达了目的港，但卖方所提交的单据中缺少了保险单，买方因市场行情发生了对自己不利的变化，就以卖方所交的单据不全为由，要求拒收货物、拒付货款。请问，买方的要求是否合理？此案应如何处理？

2. 某出口公司与外商按 CIF Landed London 条件成交出口一批货物，合同规定，商品的数量为 500 箱，以信用证的方式付款，5 月份装运。买方按合同规定的开证时间将信用证开抵卖方。货物顺利装运完毕后，卖方在信用证规定的交单期内办好了议付手续并收回货款。不久，卖方收到买方寄来的货物在伦敦港的卸货费和进口报关费的收据，要求卖方按收据金额将款项支付给买方。问：卖方是否需要支付这笔费用，为什么？

第十二章

进口合同履行

引例：

我国某企业进口机器一台，合同规定索赔期限在货到目的地30天内。当货到目的港后，由于该企业厂房尚未建好，机器无法安装，待半年后厂房完工，机器安装好进行试车，发现机器不能很好地运转，经商检机构检验证明机器是旧货，于是向国外出口方提出索赔，但外商置之不理。请问，我方对此应吸取什么教训？

本章的学习要点：

- 签订进口合同
- 申请和开立信用证
- 办理租船订舱、保险
- 审单付款
- 进口报检、报关纳税
- 验收拨交、索赔

第一节　签订进口合同

进口合同即购货合同（purchase contract）或购货确认书（purchase confirmation），一般由我方缮制。进口合同的内容与出口合同基本相同。

在签订合同之前应落实进口货物的外汇，弄清所进口商品是否须申领进口许可证件，办理减免税等。在签订进口合同时要注意以下方面：

一、进口合同的装运条款

(一) FOB 条件下的装运条款

1. 装运日期

FOB 条件下的进口货物,由我方派船装运。在合同中应明确规定:"买方所租船只按期到达装运口岸后,如卖方不能按期备货装船,买方因而遭受的一切损失,包括空舱费、滞期费及罚款等应由卖方负担。如买方所派船只不能于船舶代理人所确定的受载期满后××天内到达装运口岸,自第××天起,以后的待装货物仓储费、保险费由买方负担。"

2. 装运口岸

FOB 条件下进口合同中的装运口岸,即为价格条件中规定的口岸。如卖方要求更改装运口岸,应事先征得我方同意;如合同规定两个以上的装运口岸,卖方应在装运月份××天前通知买方装运口岸的名称。

3. 装船通知

FOB 价格条件下的进口合同应规定:"卖方必须在合同规定交货期满××天前,将合同号、货物名称、数量、件数尺码、毛重、金额以及预计货物到达装运口岸的日期,通知买方,以便买方安排船只。买方如未接到此项通知,即作为卖方同意在合同规定期限内任何日期交货,由买方主动租船装运。"

船只到达装运口岸前××天,买方应通知卖方合同号、船名、预计装货日期、数量、船舶代理的名称和地址,以便卖方与该代理联系。

卖方装船结束前,应将具体船期及货物有关情况通知买方,以便买方接货及办理保险手续。

(二) CFR 和 CIF 价格条件下的装运条款

CFR 和 CIF 价格条件下的进口合同,是由卖方租船订舱。在装运条款中一般应注意以下两点:

(1) 卖方须在所租船只到达目的港前至少××天,直接委托外轮代理公司为船只代理人。如因未及时办妥代理手续,致使船方遭受损失,与买方无关。

(2) 货物装船后,卖方必须在××天内通知买方合同号、商品名称和数量、发票金额、船名、装货港、开船日期及目的港。在 CFR 条件下,还须规定:如卖方未能及时发出装运通知而使买方不能及时保险,由此产生的一切损失均由卖方赔偿。

二、进口合同中的检验和索赔条款

进口合同的检验条款与出口合同的检验条款所采用的方法基本相同,即规定由我国的出入境检验检疫局(CIQ)出具的证明书为索赔依据,或以我国的出入境检验检疫局出具的证明书为货物品质、数量的最后依据。

第二节　申请开立信用证

买方开立信用证是履行合同的前提条件。签订进口合同后，买方应按合同规定办理开证手续，如果合同规定在收到卖方货物备妥通知或在卖方确定装运期后开证，我们应在接到上述通知后及时开证；如果合同规定在卖方领到出口许可证或支付履约保证金后开证，我方应在收到对方已领到许可证的通知或银行通知履约保证金已收讫后开证。买方向银行办理开证手续时，必须按合同内容填写开证申请书，银行则按开证申请书的内容开立信用证。信用证的内容是以合同为依据开立的，与合同内容应当一致。因此，合同条款如品质规格、数量、价格、交货期、装运期、装运条件及装运单据等，都应在信用证中作出规定。

信用证正本由开证行通过通知行交给出口方，同时开证行将一份副本信用证交给进口方作为审核备查之用。出口方收到信用证后，提出修改请求，如要求展延装运期和信用证有效期或变更装运港等，经我方同意，即可向开证行办理改证手续。

一、开证申请书

开证申请书是进口商为通过银行向出口商开立信用证而向开证银行提交的申请文件，由进口商按照开证银行提供的标准格式来填写。开证申请书的内容是开证行对外开立信用证的依据，因此，它的内容必须与进口合同的内容严格一致，这样才能保证信用证的内容与进口合同的内容一致，保证进口业务顺利进行。

二、开证所需资料及担保

进口商向银行提出进口开证申请，同时向银行提供各种相关资料。其主要有：信用证开证申请书、进口外贸合同、委托代理协议（如需）、进口付汇备案表（如需）、进口许可证或配额（如需）、保证金进账单、保证金存款协议书、营业执照、法人代码证书、法定代表人的身份证明、贷款证卡、经财政部门或会计（审计）师事务所核准的前三个年度及上个月财务报表和审计报告。成立不足三年的企业，提交自成立以来的年度和近期报表、税务部门年检合格的税务登记证明、公司合同或章程、企业董事会（股东会）成员和主要负责人、财务负责人名单和签字样本等。开证业务由授权委托人办理的，需提供企业法定代表人授权委托书（原件）。

三、开立信用证

在办理异地开证时，进口单位应事前持备案表到付汇地外汇局办理确认手续。付汇地外汇局确认无误并加盖"进口付汇核销专用章"后，进口单位方可持经确认的备案表（表12-1）及上述单据到外汇指定银行开证。被外汇局列入"由外汇局审核真实性的进口单位名单"的进口单位，不予办理异地付汇备案。

经银行对开证申请书（表12-2、表12-3）内容的合规性与表现一致性审核无误后，对外开出信用证（信开信用证或 SWIFT 等电开信用证）。

表 12-1　进口付汇备案

备案表编号：

备案类别：	□远期付汇	□异地付汇	□真实性审查付汇		
进口单位			付汇银行		
进口合同号			进口发票号		
商品类别			进口批件号		
购汇付出币种金额：		账户现汇付出币种金额：			
结算方式：	□信用证　□托收　□货到汇款（报关单编号：　　币种金额：　　）□其他				
付汇日期	/ /	应到货日期	/ /	折美元金额	

本笔付汇已经我局审查备案，请按规定办理付汇手续。

国家外汇管理局　　　分（支）局
年　月　日

注：备案表一式四联：第一联由外汇指定银行付汇后与核销表（第三联）一并存档；第二联由进口单位与核销表（第二联）一并留存；第三联由外汇指定银行在办理付汇后与核销单（第一联）一并报送所在地的外汇局；第四联由签发地外汇局留存。

表 12-2　中国银行开证申请书（正面）

IRREVOCABLE DOCUMENTARY CREDIT APPLICATION

To: BANK OF CHINA　　　　　　　　　　　　　　　Date：

Beneficiary（full name and address）	L/C NO. Ex-card No. Contract No.
	Date and place of expiry of the credit
Partial shipments □ allowed □ not allowed	Transshipment □ allowed □ not allowed	□ Issue by airmail □ With brief advice by teletransmission □ Issue by express delivery
Loading on board / dispatch / taking in charge at / from Not later than for transportation to	□ Issue by teletransmission（which shall be the operative instrument）
	Amount（both in figures and words）
Description of goods	Credit available with □ by sight payment　　□ by acceptance □ by negotiation □ by deferred payment at against the documents detailed herein □ and beneficiary's　draft for　　% of the invoice value at on
Packing	□ FOB　　□ CFR　　□ CIF □ or other terms

续表

Documents required: (marked with ×)
1. ( ) Signed Commercial Invoice in copies indicating L/C No.and Contract No.
2. ( ) Full set of clean on board ocean Bills of Lading made out to order and blank endorsed, marked "freight [ ] to collect / [ ] prepaid [ ] showing freight amount" notifying
3. ( ) Air Waybills showing "freight [ ] to collect / [ ] prepaid [ ] indicating freight amount" and consigned to
4. ( ) Memorandum issued by consigned to
5. ( ) Insurance Policy / Certificate in copies for   % of the invoice value showing claims payable in China in currency of the draft, blank endorsed, covering ([ ] Ocean Marine Transportation / [ ] Air Transportation / [ ] Over Land Transportation) All Risks, War Risks.
6. ( ) Packing List / Weight Memo in copies indicating quantity / gross and net weights of each package and packing conditions as called for by the L/C.
7. ( ) Certificate of Quantity / Weight in copies issued by an independent surveyor at the loading port, indicating the actual surveyed quantity / weight of shipped goods as well as the packing condition.
8. ( ) Certificate of Quality in copies issued by [ ] manufacturer / [ ] public recognized surveyor / [ ].
9. ( ) Beneficiary's certified copy of far dispatched to the applicant with in days after shipment advising [ ] name of vessel / [ ] flight NO./ [ ] wagon No., date, quantity, weight and value of shipment.
10. ( ) Beneficiary's Certificate certifying that extra copies of the documents have been dispatched according to the contract terms.
11. ( ) Shipping Company's Certificate attesting that the carrying vessel is chartered or booked by applicant or their shipping agents.
12. ( ) Other documents, if any:
a) Certificate of Origin in copies issued by authorized institution.
b) Certificate of Health in copies issued by authorized institution.

Additional instructions:
1. ( ) All banking charges outside the opening bank are for beneficiary's account.
2. ( ) Documents must be presented with in days after the date of issuance of the transport documents but within the validity of this credit.
3. ( ) Third party as shipper is not acceptable. Short Form / Blank Back B/L is not acceptable.
4. ( ) Both quantity and amount   % more or less are allowed.
5. ( ) Prepaid freight drawn in excess of L/C amount is acceptable against presentation of original charges voucher issued by shipping Co. / Air line / or it's agent.
6. ( ) All documents to be forwarded in one cover, unless otherwise stated above.
7. ( ) Other terms, if any:

    Account No.:   with (name of bank)
    Transacted by: (Applicant: name, signature of authorized person)
    Telephone No.:   (with seal)

表 12-3　中国银行开证申请书（背面）

开证申请人声明

中国银行：

　　我公司已办妥一切进口手续，现请贵行按我公司申请书内容开出不可撤销跟单信用证。我公司声明如下：

　　一、我公司同意贵行依照国际商会第 500 号出版物《跟单信用证统一惯例》办理该信用证项下一切事宜，并同意承担由此产生的一切责任。

　　二、我公司保证按时向贵行支付该证项下的货款、手续、利息及一切费用等所需的外汇和人民币资金。

　　三、我公司保证在贵行到单通知书中规定期限内通知贵行办理对外付款／承兑，否则贵行可以认为我公司已接受单据，同意付款／承兑。

　　四、我公司保证在单证表面相符的条件下办理有关付款／承兑手续。如因单证有不符之处而拒绝付款／承兑，我公司保证在贵行到单通知书中规定的日期之前将全套单据如数退还贵行并附书面拒绝理由，由贵行按国际惯例确定能否对外拒付。如贵行确定我公司所提拒付理由不成立，或虽然拒付理由成立，但我公司未能退回全套单据，贵行有权主动办理对外付款／承兑，并从我公司账户中扣款。

　　五、该信用证及其项下业务往来中如因邮电传递发生遗失、延误、错漏，贵行当不负责。

　　六、该信用证如需修改，由我公司向贵行提出书面申请，由贵行根据具体情况确定能否办理修改。我公司确认所有修改当由信用证受益人接受时才能生效。

　　七、我公司在收到贵行开出的信用证、修改副本后，保证及时与原申请书核对，如有不符之处，保证在接到副本之日起，两个工作日内通知贵行。如未通知，当视为正确无误。

　　八、如因申请书字迹不清或词意含混而引起的一切后果由我公司负责。

（签字盖章）

第三节　租船订舱

　　按 FOB 条件签订进口合同时，应由买方安排船舶。如果买方自己没有船舶，则应负责租船订舱或委托船代或货代办理租船订舱手续。在办妥租船订舱手续后，应及时将船名及船期通知卖方，以便卖方备货装船，避免出现船等货的情况。

　　买方备妥船只后，应做好催装工作，随时掌握卖方备货情况和船舶动态，催促卖方做好装船准备工作。对于数量大或重要的进口货物，必要时，可请我驻外机构就地协助了解和督促对方履约，或派员前往出口地点检验监督，以利接运工作的顺利进行。

　　进口公司也可以通过国内代理向国外代理办理货物进口订舱手续。其具体操作流程如下：

　　（1）填写货物进口订舱委托单（与出口订舱委托书类似），发送给国内的代理，内容包括：运价、起运地、装货港、卸货港、目的地、中英文品名、箱型、箱量、货物重量、体积、装船期、合同号、国外发货人名称、电话、传真、联系人等。

　　（2）国内代理根据委托单提供的资料，联系国外代理办理货物进口订舱手续及询价。

(3)收到订舱资料及运价确认后,国内代理将有关船名、航次、装船期、船舶抵港时间等信息书面通知进口公司。

(4)装船以后,国内代理在接到国外代理的提单副本后,将提单副本发送给进口公司,以便进口公司接货。

第四节 办理进口货运保险及付款赎单

一、办理进口货运保险

按 FOB、CFR、FCA 和 CPT 等条件成交的进口货物,由我进口企业自行办理保险。为简化投保手续和避免漏保,一般采用预约保险的做法,即被保险人(投保人)和保险人就保险标的物的范围、险别、责任、费率以及赔款处理等条款签订长期性的保险合同。投保人在获悉每批货物起运时,填写预约保险起运通知书(有时也可以卖方发来的装船通知作为保险起运通知书),注明船名、开船日期及航线、货物品名及数量、保险金额等内容,送交保险公司。保险公司对属于预约保险合同范围内的商品,一经起运,即自动承担保险责任。

未与保险公司签订预约保险合同的进口企业,则采用逐笔投保的方式,在接到国外出口方的装船通知或发货通知后,应立即填写装货通知或投保单,注明有关保险标的物的内容、装运情况、保险金额和险别等交保险公司,保险公司接受投保后签发保险单。

相关单据如表 12-4、表 12-5、表 12-6 所示:

表 12-4 国际运输预约保险启运通知书

被保险人: 编号:

唛头	包装及数量	保险货物项目	价格条件	货价(原币)

合同号:		发票号:		提单号:	
运输方式:		运输工具名称:		运费:	
开航日期: 年 月 日		运输路线:自 至			
投保险别		费率	保险金额	保险费	
中国人民保险公司 年 月 日		被保险人签章 年 月 日		备注	

本通知书填写一式五份送保险公司。保险公司签章后退回被保险人一份。

表 12-5 进口货物运输预约保险合同

进口货物运输预约保险合同

合同号　　　　　　年/号

甲方：

乙方：　　　　　　保险公司

双方就进口货物的运输预约保险，议定下列各条以资共同遵守：

一、保险范围

甲方从国外进口的全部货物，不论运输方式，凡贸易条件规定由买方办理保险的，都属于合同范围。甲方应根据本合同规定，向乙方办理投保手续并支付保险费。

乙方对上述保险范围内的货物，负有自动承保的责任，当发生本合同规定范围内的损失时均按本合同的规定负责赔偿。

二、保险金额

保险金额以进口货物的 CIF 价为准。如果交易不是以 CIF 价成交，则折算成 CIF 价，计算时，运费可用实际运费，也可由双方协定一个平均运费率计算。

三、保险险别和费率

各种货物需要投保的险别由甲方选定并在投保单中填明。乙方根据不同险别，规定不同的费率。现暂定如下：

货物种类	运输方式	保险险别	保险费率

四、保险责任

各种险别的责任范围，以所属乙方制定的"海洋货物运输保险条款""海洋货物运输战争险条款""航空运输综合险条款"和其他有关条款的规定为准。

五、投保手续

甲方一经掌握货物发运情况，即应向乙方发出起运通知书，办理投保。通知书一式五份，由保险公司签订、确认后，退回一份。如果不办理投保，货物发生损失，乙方不予理赔。

六、保险费

乙方据甲方寄送的起运通知书按照前列相应的费率逐笔计收保险费，甲方应及时付费。

七、索赔手续和期限

本合同所保货物发生保险范围以内的损失时，乙方应按制定的"关于海运进口保险货物残损检验和赔款给付办法"迅速处理。甲方应尽力采取防止货物扩大受损的措施，对已遭受损失的货物必须积极抢救，尽量减少货物的损失。向乙方办理索赔的有效期限，以保险货物卸离海轮之日起满一年终止。如有特殊需要可向乙方提出延长索赔期。

八、合同期限

本合同自　　年　　月　　日开始生效。

甲方：　　　　　　　　　　　　　　　　　　乙方：

表 12-6 中国人民保险公司货物运输保险投保单

PICC 中国人民保险公司　分公司
The People's Insurance Company of China Branch

货物运输保险投保单
APPLICATION FORM FOR CARGO TRANSPORTATION INSURANCE

被保险人：
Insured：_____

发票号（INVOICE NO.）：

合同号（CONTRACT NO.）：

信用证号（L/C NO.）：

发票金额（INVOICE AMOUNT）：_____　投保加成（PLUS）：_____%

兹有下列物品向中国人民保险公司_____分公司投保。
INSURANCE IS REQUIRED THE FOLLOWING COMMODITIES：

标　记 MARKS & NOS.	包装及数量 QUANTITY	保险货物项目 DESCRIPTION OF GOODS	保险金额 AMOUNT INSURED

总保险金额：
TOTAL AMOUNT INSURED：_____

启运日期：　　　　　　　　　　　　装载运输工具：
DATE OF COMMENCEMENT：_____　PER CONVEYANCE：_____

自　　　　　　　　经　　　　　　　　至
FROM　　　　　　　VIA　　　　　　　TO

提单号：　　　　　　　　　赔款偿付地点：
B/L NO.：　　　　　　　　CLAIM PAYABLE AT：

投保险别：
PLEASE INDICATE THE CONDITIONS AND/OR SPECIAL COVERAGES：

_____

费率：　　　　　　　　　　保费：
RATE：　　　　　　　　　　PREMIUM：

请如实告知下列情况：（如"是"在（　）中打"×"）(IF ANY, PLEASE MARK "×"：)

1. 货物种类　　袋装（　）　散装（　）　冷藏（　）　液体（　）　活动物（　）
　　GOODS　　BAG/JUMBO　BULK　　　REEFER　　LIQUID　　LIVE ANIMAL
　　机器/汽车（　）　　危险品（　）
　　MACHINE/AUTO　　DANGEROUS CLASS

2. 集装箱种类　普通（　）　开顶（　）　框架（　）　平板（　）　冷藏（　）
　　CONTAINER　ORDINARY　OPEN　　　FRAME　　FLAT　　　REFRIGERATOR

3. 转运工具　　海轮（　）　飞机（　）　驳船（　）　火车（　）　汽车（　）
　　BY TRANSIT　SHIP　　　PLANE　　　BARGE　　TRAIN　　TRUCK

4. 船舶资料　　　　船籍　　　　　　　　　　　　船龄
　　PARTICULAR OF SHIP REGISTRY_____AGE_____

备注：被保险人确认本保险合同条款和内容已经完全了解。　　投保人（签名盖章）
THE ASSURED CONFIRMS HEREWITH THE TERMS AND　　APPLICANT'S SIGNATURE
CONDITIONS THESE INSURANCE CONTRACT FULLY UNDERSTOOD.

投保日期（DATE）：_____　地址（ADD）：_____　电话（TEL）：_____

本公司自用（FOR OFFICE USE ONLY）

经办人：　　　　　　　　核保人：　　　　　　　　负责人：
BY_____　_____　_____

二、付款赎单

货物装船后，卖方即凭提单等有关单据向当地银行议付货款。当议付行寄来单据后，经开证银行审核无误即由开证行对国外付款，同时通知买方付款赎单。如经开证行审单发现单证不符或单单不符，应视情况进行处理。处理办法很多，例如，拒付货款；相符部分付款，不符部分拒付；货到检验合格后再付款；凭卖方或议付行出具担保付款；要求国外改正单据；在付款的同时提出保留索赔权等。

第五节　进口报检

根据《中华人民共和国进出口商品检验法》及其实施条例、《中华人民共和国进出境动植物检疫法》及其实施条例、《中华人民共和国国境卫生检疫法》及其实施细则、《中华人民共和国食品卫生法》等有关法律、行政法规的规定，法定检验检疫的进口货物的货主或其代理人应当在检验检疫机构规定的时间和地点向报关地出入境检验检疫机构报检，未经检验检疫的不准销售、使用。来自疫区或者有可能传播传染病的货物，未经检疫不得入境。对输入的动植物、动植物产品及其他检疫物，未经检验检疫机构检疫同意，不得卸离运输工具。

一、入境货物的报检范围

（1）国家法律、行政法规规定必须由出入境检验检疫机构实施检验检疫。
（2）对外贸易合同约定须凭检验检疫机构签发的证书进行结算。
（3）有关国际条约规定必须经检验检疫。
（4）国际贸易关系人申请的其他检验检疫、鉴定工作。

二、入境货物的报检工作程序

法定检验检疫的入境货物，在报关时必须提供报关地出入境检验检疫机构签发的《入境货物通关单》，海关凭《入境货物通关单》验放货物。入境货物的检验检疫工作程序是先进行检验检疫，即法定检验检疫入境货物的货主或其代理人首先向卸货口岸或到达站的出入境检验检疫机构报检。检验检疫机构受理报检，转施检部门签署意见，计收费，对来自疫区的，可能传播检疫传染病、动植物疫情及可能夹带有害物质的入境货物的交通工具或运输包装实施必要的检疫、消毒、卫生除害处理后，签发《入境货物通关单》（入境废物、活动物等除外）供报关人员办理海关的通关手续。

三、入境货物检验检疫的报检方式

1. 进境口岸检验检疫报检

进境一般报检是指法定检验检疫入境货物的货主或其代理人，持有关单证向卸货口岸检验检疫机构申请取得《入境货物通关单》，并对货物进行检验检疫的报检。对进境一般报检业务而言，签发《入境货物通关单》和对货物的检验检疫都由口岸检验检疫机构完成，货主或其代理人在办理通关手续后，应主动与检验检疫机构联系、落实工作。

2. 境内目的地检验检疫报检

这是指口岸清关转境内目的地进行检验检疫的报检。法定入境检验检疫货物的收货人或其代理人持有关单证在卸货口岸向口岸检验检疫机构报检，获取《入境货物通关单》。在通关后由进境口岸检验检疫机构进行必要的检疫处理。货物到达目的地后，该批进境货物的货主或其代理人在规定时间内，向目的地检验检疫机构申请进行检验检疫的报检。因为在口岸只对装运货物的运输工具和外包装进行了必要的检疫处理，并未对整批货物进行检验检疫，所以只有在目的地由检验检疫机构对货物实施了具体的检验检疫，确认其符合有关检验检疫要求及合同、信用证的规定，货主才能获得相应的准许进口货物销售使用的合法凭证。这种方式报检货物的通关地与目的地属于不同辖区。

四、入境货物报检的地点和时限

（一）入境货物报检的地点

（1）进口许可证等有关政府批文中规定检验检疫地点的，在规定地点报检。

（2）大宗散装商品、易腐烂变质商品、废旧物品，以及在卸货时发现包装破损、重（数）量短缺的商品，必须在卸货口岸检验检疫机构报检。

（3）需结合安装、调试进行检验的成套设备、机电仪产品，以及在口岸开箱后难以恢复包装的商品应在收货人所在地检验检疫机构报检并检验。

（4）其他入境货物应在入境前或入境时向报关地检验检疫机构办理报检手续。

（5）入境的运输工具及人员应在入境前或入境时向入境口岸检验检疫机构申报。

（二）入境货物报检的时限

（1）入境货物需对外索赔出证的，应在索赔有效期前不少于二十天内，向进境货物口岸或货物目的地的检验检疫机构报检。

（2）输入微生物、人体组织、生物制品、血液及其制品，以及种畜、禽及其精液、胚胎、受精卵的，应当在入境前三十天报检。

（3）输入其他动物的，应在入境前十五天报检。

（4）输入植物、种子、种苗及其他繁殖材料的，应在入境前七天报检。

五、入境货物报检应提供的单据

（1）入境货物报检时，应提供《入境货物报检单》（表12-7），同时随附外贸合同、发票、提（运）单、装箱单等有关单证。

（2）凡实施安全质量许可、卫生注册、强制性产品认证、民用商品验证或其他需经审批、审核的货物，应提供有关审批文件。

（3）报检品质检验的还应提供国外品质证书或质量保证书、产品说明书及有关标准和技术资料；凭样成交的，须加附成交样品；以品级或公量计价结算的，应同时申请重量鉴定。

（4）报检入境废物时，还应提供国家环保部门签发的《进口废物批准证书》、废物利用风险报告和经认可的检验机构签发的装运前检验合格证书等。

（5）报检入境旧机电产品的还应提供与进口旧机电产品相符的进口许可证明。

（6）申请残损鉴定的还应提供理货残损单、铁路商务记录、空运事故记录或海事报告等证明货损情况的有关证单。

（7）申请重（数）量鉴定的还应提供重量明细单、理货清单等。

（8）货物经收、用货部门验收或其他单位检测的，也应随附验收报告或检测结果，以及重量明细单等。

（9）入境的动植物及其产品，在提供贸易合同、发票、产地证书的同时，还应提供输出国家或地区官方的检疫证书；需办理入境审批手续的，还应提供入境动植物检疫许可证。

（10）过境动植物及其产品报检时，应持分配单和输出国家或地区官方出具的检疫证书；运输动物过境时，还应提交国家质检总局签发的动植物过境许可证。

（11）入境旅客、交通员工携带伴侣动物的，应提供进境动物检疫审批单及预防接种证明。

（12）入境食品报检时，应按规定提供《进出口食品标签审核证书》或《标签审核受理证明》。

（13）入境化妆品报检时，应按规定提供《进出口化妆品标签审核证书》或《标签审核受理证明》。

（14）来自美国、日本、欧盟和韩国的入境货物报检时，应按规定提供有关包装情况的证书和声明。

（15）因科研等特殊需要，输入禁止入境物的，必须提供国家质检总局签发的特许审批证明。

（16）入境特殊物品的，应提供有关批件或规定的文件。

六、入境货物报检单填制要求

（1）编号：共十五位，由检验检疫机构报检受理人员填写。前六位为检验检疫局机关代码，第七位为报检类代码，第八、九位为年代码，第十至十五位为流水号。

（2）报检单位登记号：报检单位在检验检疫机构登记的号码，共十位。

（3）联系人及电话：报检人员姓名及联系电话。

（4）报检日期：检验检疫机构实际受理报检的日期。

（5）收货人：外贸合同中的收货人，应中英文对照填写。

（6）发货人：外贸合同中的发货人。

（7）货物名称（中／外文）：进口货物的品名应与进口合同、发票名称一致，如为废旧货物应注明。

（8）H.S. 编码：进口货物的商品编码，以当年海关公布的商品税则编码分类为准。

（9）原产国（地区）：该进口货物的原产国家或地区。

（10）数（重）量：填写本批货物的数（重）量，应与发票、合同或报关单上所列的货物数（重）量一致，同时要注明数（重）量单位。

（11）货物总值：入境货物的总值及币种，应与合同、发票或报关单上所列的货物总值一致。

（12）包装种类及数量：货物实际运输包装的种类及数量，如是木质包装还应注明材质及尺寸。

（13）运输工具名称、号码：运输工具的名称和号码。

（14）合同号：对外贸易合同、订单或形式发票的号码。

（15）贸易方式：该批货物进口的贸易方式。

（16）贸易国别（地区）：进口货物的贸易国别。

（17）提单／运单号：货物海运提单号或空运单号，有二程提单的应同时填写。

（18）到货日期：进口货物到达进境口岸的日期。

（19）启运国家（地区）：货物的启运国家或地区。

（20）许可证／审批号：需办理进境许可证或审批的货物应填写有关许可证号或审批号。

（21）卸毕日期：货物在口岸的卸货完毕日期。

（22）启运口岸：货物的启运口岸。

（23）入境口岸：货物的入境口岸。

（24）索赔有效期至：对外贸易合同中约定的索赔期限。

（25）经停口岸：货物在运输中曾经停靠的外国口岸。

（26）目的地：货物的境内目的地。

（27）集装箱规格、数量及号码：货物若以集装箱运输应填写集装箱的规格、数量及号码。

（28）合同订立的特殊条款以及其他要求：在合同中订立的有关检验检疫的特殊条款及其他要求应填入此栏。

（29）货物存放地点：货物存放的地点。

（30）用途：本批货物的用途，自以下九个选项中选择：种用或繁殖、食用、奶用、观赏或演艺、伴侣动物、试验、药用、饲用、其他。

（31）随附单据：在随附单据的种类前画"√"或补填。

（32）标记及号码：货物的标记及号码，应与合同、发票等有关外贸单据保持一致。若没有标记及号码则填"N/M"。

（33）外商投资财产：由检验检疫机构报检受理人员填写。

（34）签名：由持有报检员证的报检人员手签。

（35）检验检疫费：由检验检疫机构计费人员核定费用后填写。

（36）领取证单：报检人在领取检验检疫机构出具的有关检验检疫证单时填写领证日期及领证人姓名。

报检人要认真填写《入境货物报检单》，应按合同、国外发票、提单、运单上的内容填写，报检单位应填写完整、无漏项，字迹清楚，不得涂改，且中英文内容一致，并加盖申请单位公章。

表 12-7　中华人民共和国出入境检验检疫入境货物报检单

报检单位（加盖公章）：　　　　　　　　　　　　　　　　　　　　　　　编号：_____

报检单位登记号：　　　　联系人：　　　电话：　　　报检日期：　　年　　月　　日

发货人	（中文）	企业性质（画"√"）	☐ 合资 ☐ 合作 ☐ 外资
	（外文）		

收货人	（中文）
	（外文）

货物名称（中/外文）	H.S. 编码	原产国（地区）	数/重量	货物总值	包装种类及数量

运输工具名称、号码		合同号	
贸易方式	贸易国别（地区）	提单/运单号	
到货日期	启运国家（地区）	许可证/审批号	
卸货日期	启运口岸	入境口岸	
索赔有效期至	经停口岸	目的地	
集装箱规格、数量及号码			
合同订立的特殊条款以及其他要求		货物存放地点	
		用　途	

随附单据（画"√"或补填）		标记及号码	*外商投资财产（画"√"）	☐是☐否
☐合同	☐到货通知		*检验检疫费	
☐发票	☐装箱单		总金额（人民币元）	
☐提/运单	☐质保书			
☐兽医卫生证书	☐理货清单		计费人	
☐植物检疫证书	☐磅码单		收费人	
☐动物检疫证书	☐验收报告		报检人	
☐卫生证书	☐			
☐原产地证	☐			
☐许可/审批文件	☐			

郑重声明： 1. 本人被授权报检。 2. 上列填写内容正确属实。　　　　　　签名：	领取证单
	日　期
	签　名

注：有"*"号栏由出入境检验检疫机关填写。　　　　　　　　　　◆国家出入境检验检疫局制

第六节 进口报关

进口货物运到后,由进出口公司或委托货运代理公司或报关行根据进口单据填写"进口货物报关单"(表12-8),并随附必要单证及时向海关办理申报手续。经海关查验有关单据、证件和货物,做放行处理。进口货物收货人或其代理人签收、海关加盖"海关放行章"戳记的进口提货凭证,根据运输工具的不同,其名称也不一样,一般有提单、运单、提货单等,凭此到货物进境地的港区、机场、车站、邮局等地的海关监管仓库提取货物。

进口货物报关单填制说明:一张纸制进口货物报关单上共设四十七栏,除"税费征收情况"及"海关审单、批注及放行日期签字"等栏目外,其余均应由收货人或其代理人填写。

(1)预录入编号,是指申报单位或预录入单位对该单位填制录入的报关单的编号。

(2)海关编号,是指海关接受申报时给予报关单的编号。海关编号由各海关在接受申报环节时确定,应标注在报关单的每一联上。报关单海关编号为九位数,其中前两位为分关(办事处)编号,第三位由各关自定义,后六位为顺序编号。

(3)收发货人,指对外签订并执行进出口贸易合同的中国境内企业或单位。本栏目应填报生产销售单位的中文名称或其海关注册编码。

(4)进口口岸,是指货物实际进入我国关境口岸海关的名称。关区代码表中有相应的口岸海关名称及代码。进口转关运输货物需在指运地海关办理手续的,进口口岸仍应填写进境口岸海关的名称及代码。

(5)备案号,是指进出口企业在海关办理加工贸易合同备案或征、减、免审批备案等手续时,海关给予《加工贸易登记手册》《来料加工及中小型补偿贸易登记手册》《外商投资企业履行产品出口合同进口料件及加工出口成品登记手册》、电子账册及其分册、《进出口货物征免税证明》或原产地证书等其他有关备案审批文件的编号。

(6)进口日期,是指运载进口货物的运输工具申报进境的日期。进口申报时无法确知相应的运输工具的实际进境日期时,本栏目免予填报。本栏目为八位数字,顺序为年(四位)、月(二位)、日(二位)。

(7)申报日期,是指海关接受收货人或其代理人申请办理货物进口手续的日期。本栏目为八位数字,顺序为年(四位)、月(二位)、日(二位)。进口货物申报日期不能早于进口日期。

(8)消费使用单位,本栏目应填报已知的最终消费使用经营单位的名称和编码。包括自行从境外进口货物的单位,以及委托有外贸进出口经营权的企业进口货物的企业。

注意:①合同的签订和执行者非同一企业的,按执行合同的企业(即与外方进行货款结算者填报)。②无进出口经营权的企业委托有进出口经营权的企业代理进口的,按代理方即按有经营权的企业填报。③外商投资企业委托外贸企业进口投资设备、物品的,按该外商投资企业填报,并在备注栏注明"委托××公司进口"。

(9)运输方式,是指载运货物出境所使用的运输方式,按海关规定的《运输方式代码表》选择相应的运输方式。

(10)运输工具名称,是指载运货物进境的运输工具的名称及运输工具的编号。填写内容应与运输部门向海关申报的载货清单所列相应内容（舱单数据）一致。海洋运输填报格式为"船舶名称及编号"+"/"+"航次号"；空运货物填报格式为"航班号"。

（11）提运单号，是指进口货物提单或运单的编号。此栏填报的内容应与运输部门向海关申报的载货清单所列相应内容完全一致。江海运输填报进口提运单号；航空运输填报航空分运单（HOUSE AIR WAYBILL，HAWB）号（八位数字），无分运单的填报总运单（MASTER AIR WAYBILL，MAWB）号（十一位连续数字）。

（12）申报单位，自理报关的填进出口企业的名称及编码，代理报关的填报关企业的名称及编码。

（13）监管方式。此栏应根据实际情况，并按海关规定的《贸易方式代码表》选择相应的贸易方式简称或代码。

（14）征免性质，是指海关对出境货物实施征、减、免税管理的性质类别。此栏应按照海关核发的《征免税证明》中批注的征免性质填报，或根据实际情况按海关规定的《征免性质代码表》选择填报相应的征免性质简称或代码。

（15）备案号。

（16）贸易国。填写进口国。

（17）许可证号。需申领进口许可证的货物，必须填报商务部及其授权发证机关签发的进口货物许可证的编号，不得为空。

（18）起运国（地区），指进口货物起始发出的国家（地区）。对发生运输中转的货物，如中转地未发生任何商业性交易，则起运国不变，如中转地发生商业性交易，则以中转地作为起运国（地区）填报。本栏目应按海关规定的《国别（地区）代码表》填报相应的运抵国（地区）的中文名称或代码。

（19）装货港，是指进口货物在运抵我国关境前的最后一个境外装运港。对于发生运输中转情况的，中转（港）地即为装货港，与是否发生商业性交易无关。本栏目应按海关规定的《港口航线代码表》填报相应的港口中文名称或代码。

（20）境内目的地，是指进口货物在我国关境内的消费、使用地或最终运抵地，即进口货物的最终使用单位所在地区。如果进口货物的最终使用单位难以确定，按货物进口时预知的最终收货单位所在地填报。本栏目应根据进口货物的收货单位所属国内地区，并按海关规定的《国内地区代码表》填报相应的国内地区名称或代码。

（21）许可证号。此栏免于填报。

（22）成交方式。此栏应根据实际成交价格条款，按海关规定的《成交方式代码表》选择填报相应的成交方式的名称或代码。

（23）运费。此栏用于成交价格中不包含运费的进口货物，应填报该份报关单所含全部货物的国际运输费用。如进口货物成交价格为CIF或CFR，则此栏不需填报。运保费合并计算的，填报在此栏。可按运费单价、总价和运费率三种方式之一填报，同时注明运费标记，并按海关规定的《货币代码表》选择填报相应的币种代码。"1"表示运费率；"2"表示每吨货物的运费单价；"3"表示运费总价。例如，5%的运费率填报为5；29美元的运费单价填报为502/29/2（注：502为美元代码）；6 000美元的运费总价填报为502/6 000/3。

（24）保险费。此栏用于成交价格中不包含保险费的进口货物，应填报该份报关单所含有的全部货物国际运输的保险费用。如果进口货物成交价格为CIF，则此栏不需填报。

可按保险费总价或保险费率两种方式之一填报，同时注明保险费标记，并按海关规定的《货币代码表》选择填报相应的币种代码。"1"表示保险费率；"3"表示保险费总价。例如，0.3%的保险费率填报为0.3；10 000港元保险费总价填报为110/10 000/3（110为港元的代码）。

（25）杂费，是指成交价格以外的、应计入完税价格或应从完税价格中扣除的费用，如手续费、佣金、回扣等，可按杂费总价或杂费率两种方式之一填报，同时注明杂费标记，并按海关规定的《货币代码表》选择相应的币种代码。应计入完税价格的杂费填报为正值或正率，应从完税价格中扣除的杂费填报为负值或负率。"1"表示杂费率；"3"表示杂费总价。例如，应计入完税价格的1.5%的杂费率填报为1.5；应从完税价格中扣除的1%的回扣率填报为−1；应计入完税价格的500英镑杂费总价填报为303/500/3（303为英镑代码）。

（26）合同协议号。此栏应填写进口货物合同（协议）的全部字头和号码。

（27）件数。此栏应填报进口货物的实际外包装的总件数。裸装与散装货物的件数填报为1。

（28）包装种类。此栏应根据出口货物的实际外包装种类，按海关规定的《包装种类代码表》选择填报相应的包装种类代码。常见的包装种类有木箱、纸箱、桶装、散装、托盘、包和其他。

（29）毛重，是指货物及包装材料的重量之和。计量单位为千克，不足1千克的填报为1。

（30）净重，是指货物的毛重减去外包装材料后的重量，即商品本身的实际重量。计量单位为千克，不足1千克的填报为1。

（31）集装箱号，是在每个集装箱箱体两侧标示的全球唯一的编号。本栏用于填报集装箱编号以及数量，集装箱数量四舍五入填报整数。非集装箱货物填报为0。在集装箱超过一个的情况下，本栏仅填报其中一个，其余箱号填报在备注栏。

（32）随附单据，是指随进口货物报关单向海关递交的单证或文件。合同、发票、装箱单、提运单据等必备的随附单证，以及《加工贸易登记手册》《征免税证明》等海关备案凭证，不在此栏填报。此栏应按海关规定的《监管证件名称代码表》选择填报相应证件的代码（1个字母或数字）和编号。

（33）用途，是指进口货物的实际用途。此栏应按海关规定的《用途代码表》选择填报相应的用途代码。

（34）标记唛码及备注。填写货物标记唛码中除图形以外的所有文字和数字。所申报货物涉及多个监管证件的，除第一个监管证件以外的其余监管证件和代码。格式为：监管证件的代码+":"+监管证件编号。所申报货物涉及多个集装箱的，除第一个集装箱号以外的其余的集装箱号。受外商投资企业委托代理其进口投资设备、物品的外贸企业名称。

（35）项号。一张纸制报关单最多可打印五项商品，一项商品占据表体的一栏。每项商品的"项号"栏又可分为上下两行填报。上面一行填报报关单中的商品排列序号，序号从"01"到"05"。下面一行主要用于加工贸易等已备案货物，填报该项货物在登记手册中的备案项号，用于核销对应项号下的料件或成品数量。

（36）商品编号，是指按海关规定的商品分类编码规则确定的进口货物的商品编号。

（37）商品名称、规格型号。此栏第一行填报进口货物规范的中文商品名称，第二行填报规格型号，必要时可加注原文。商品名称应与所提供的商业发票相符；商品名称应当规范，规格型号应当足够详细，以能满足海关归类、审价以及监管的要求为准，包括品名、牌名、规格、型号、成分、含量、等级等。

（38）数量及单位，是指进口货物的实际数量及计量单位。本栏目分三行填报，第一行填报法定第一计量单位及数量；第二行凡海关列明第二计量单位的，填报该商品第二计量单位，无第二计量单位的本栏目为空；第三行成交计量单位与海关法定计量单位不一致时，填报成交计量单位及数量，成交计量单位与海关法定计量单位一致时，本栏目为空。

（39）原产国（地区），是指进口货物的生产、开采或加工制造的国家（地区）。对经过几个国家加工制造的进口货物，以最后一个对货物进行经济上可以视为实质性加工的国家作为该货物的原产国。此栏应按海关规定的《国别（地区）代码表》选择相应的国家（地区）名称或代码。

（40）单价。此栏应填报同一项号下，进口货物实际成交的商品单位价格。

（41）总价。此栏应填报同一项号下，进口货物实际成交的商品总价。

（42）币制。它是指进口货物实际成交价格的币种。此栏应按海关规定的《货币代码表》选择填报相应的货币名称或代码。

（43）征免，是指海关对进口货物进行征税、减税、免税或特案处理的实际操作方式。此栏应按照海关核发的《征免税证明》或有关政策规定，对报关单所列每项商品选择填报海关规定的《征减免税方式代码表》中相应的征减免税方式。

（44）录入员。此栏用于预录入和EDI报关单，打印录入人员的姓名。

（45）录入单位。此栏用于预录入和EDI报关单，打印录入单位的名称。

（46）特殊关系确认。填报确认进出口行为中买卖双方是否存在特殊关系，有下列八种情形之一的，应当认为买卖双方存在特殊关系，填报"是"，反之则填报"否"。

1）买卖双方为同一家族成员的。

2）买卖双方互为商业上的高级职员或者董事的。

3）一方直接或者间接地受另一方控制的。

4）买卖双方都直接或者间接地受第三方控制的。

5）买卖双方共同直接或者间接地控制第三方的。

6）一方直接或者间接地拥有、控制或者持有对方百分之五以上（含百分之五）公开发行的有表决权的股票或者股份的。

7）一方是另一方的雇员、高级职员或者董事的。

8）买卖双方是同一合伙的成员。买卖双方在经营上相互联系，一方是另一方的独家代理、独家经销或者独家受让人，如果符合前款规定，也应当视为存在特殊关系。

（47）价格影响确认。填报确认进出口行为中买卖双方存在特殊关系，是否影响价格，纳税义务人如不能确认，视为影响价格，填"是"，反之填"否"。

（48）支付特许权使用费说明。填报进出口行为中买方是否存在向卖方或有关方直接或间接支付特许使用费，如需要填"是"，反之填"否"。

（49）海关批注及签章。本栏目由海关作业时填写。

表 12-8　中华人民共和国海关进口货物报关单

预录入编号：　　　　　　　　海关编号：

收发货人	进口口岸		进口日期	申报日期
消费使用单位	运输方式		运输工具名称	提运单号
申报单位	监管方式	征免性质		备案号
贸易国	启运国（地区）		装货港	境内目的地
许可证号	成交方式	运费	保险费	杂费
合同协议号	件数	包装种类	毛重（千克）	净重（千克）
集装箱号	随附单据			用途
标记唛码及备注				
项号　商品编号　商品名称　规格　型号　数量及单位　原产 国（地区）　单价　总价　币制　征免				
特殊关系确认：价格影响确认，支付特许权使用费				
录入员　录入单位 报关员 申报单位（签章）	兹声明以上内容承担如实申报，依法纳税之法律责任。		海关批注及签章	

第七节　验收和拨交货物

一、验收货物

凡属进口的货物，都应认真验收，如发现品质、数量、包装有问题应及时取得有效的检验证明，以便向有关责任方提出索赔或采取其他补救措施。

对于法定检验的进口货物，必须向卸货地或到达地的检验检疫机构报验。未经检验的货物，不准销售和使用。货物通关后，入境货物的货主或其代理人需在检验检疫机构规定的时间和地点到指定的检验检疫机构联系对货物实施检验检疫。经检验检疫合格的入境货物签发《入境货物检验检疫证明》放行；经检验检疫不合格的货物签发检验检疫处理通知书，需要索赔的签发检验检疫证书。

为了在规定时效内对外提出索赔，凡属下列情况的货物，均应在卸货港口就地报验：①合同订明须在卸货港检验的货物。②货到检验合格后付款的。③合同规定的索赔期限很短的货物。④卸货时已发现残损、短少或有异状的货物。如无上述情况，而用货单位不在港口的，可将货物转运至用货单位所在地，由其自选验收。验收中如果发现问题，应及时请当地检验检疫机构出具检验证明（表12-9），以便在索赔有效期内对外提出索赔。

二、办理拨交手续

货物进口后，应及时向用货单位办理拨交手续。如果用货单位在卸货港所在地，则就近拨交货物；如果用货单位不在卸货地区，则委托货运代理将货物转运内地，并拨交给用货单位。关于进口税费和运往内地的费用，由货运代理向进出口公司结算后，进出口公司再与用货单位进行结算。

表 12-9　中华人民共和国出入境检验检疫入境货物检验检疫证明

编号：_____

收货人			
发货人			
品　名		报检数/重量	
包装种类及数量		输出国家或地区	
合同号		标记及唛头：	
提/运单号			
入境口岸			
入境日期			
说明： 上述货物业经检验检疫，准予销售/使用。			
签字： 　　　　日期：			
备注：			

第八节　国际收支网上申报

国家外汇管理局、海关总署、国家税务总局规定，自2012年8月1日起在全国实施货物贸易外汇管理制度改革。国家外汇管理局分支局对企业的贸易外汇管理方式由现场逐笔核销变为非现场总量核查。外汇局通过货物贸易外汇监测系统，全面采集企业货物进出口和贸易外汇收支逐笔数据，定期比对、评估企业货物流与资金流总体匹配情况，便利合规企业贸易外汇收支；对存在异常的企业进行重点监测，必要时实施现场核查。

（1）企业登录国家外汇管理局应用服务平台（http://asone.safesvc.gov.cn/asone/），输入机构代码、用户代码、用户密码登录平台。

（2）点击货物贸易外汇检测系统（企业版），打开预付货款报告新增列表。

（3）选中待申报的业务条目后，再点击右下方的"新增"按钮。

（4）在预付货款报告新增页面，录入企业代码、企业名称、收汇人信息、付汇性质、结算方式、交易编码、相应金额、付汇币种和付汇金额等贸易信息，点击提交即申报成功。

小知识 中国外汇管理局关于印发《通过金融机构进行国际收支统计申报业务操作规程》的通知汇发〔2010〕22号

国家外汇管理局各省、自治区、直辖市分局、外汇管理部，深圳、大连、青岛、厦门、宁波市分局；全国性外汇指定银行：

为适应涉外收付款业务的发展变化，完善申报主体通过境内金融机构进行国际收支统计申报业务，国家外汇管理局修订了《通过金融机构进行国际收支统计申报业务操作规程》（见附件），现印发给你们。国家外汇管理局各分局、外汇管理部应在收到本通知后，及时转发辖内支局和银行，并遵照执行。

第九节　对外索赔

在履行进口合同过程中，往往因卖方未按期交货或货到后发现品质、数量和包装等方面有问题，致使买方遭受损失，而需向有关方面提出索赔。进口索赔事件虽不是每笔交易一定发生，但为了维护我方的利益，我们对此项工作应当常备不懈，一旦卖方违约或发生货运事故，切实做好进口索赔工作。

1. 在查明原因、分清责任的基础上确定索赔对象

根据事故性质和致损原因的不同，向责任方提出索赔。例如，凡属原装短少、品质、规格与合同不符，应向卖方提出索赔；货物数量少于提单所载数量，或在签发清洁提单情况下货物出现残损、短缺，则应向承运人索赔；由于自然灾害、意外事故而使货物遭受承保险别范围内的损失，则应向保险公司索赔。

2. 提供索赔证据

为了保证索赔工作的顺利进行，必须提供切实有效的证据，如事故记录、短卸或残损证明和联检报告等，必要时，还可提供物证或实物照片等。

3. 掌握索赔期限

向责任方提出索赔，应在规定期限内提出，过期提出索赔无效。在合同内一般都规定了索赔期限，向卖方索赔，应在约定期限内提出。如合同未规定索赔期限，按《公约》规定，

买方向卖方声称货物不符合合同的时限,是买方实际收到货物之日起两年。按《海牙规则》规定,向船公司索赔的时限,是货物到达目的港交货后一年。按中国人民保险公司制定的《海洋运输货物保险条款》的规定,向保险公司索赔的时限,为货物在卸货港全部卸离海轮后两年。

4. 索赔金额

索赔金额应适当确定,除包括受损商品价值外,还应加上有关费用(如检验费等)。索赔金额多少,其中包括哪些费用,应视具体情况而定。

复习思考题

1. 如何开立信用证?
2. 如何正确填制开证申请书?
3. 入境检验检疫工作的程序是什么?
4. 如何正确填制进口货物报关单?
5. 怎样进行进口付汇核销?
6. 签订进口合同时应注意哪些问题?
7. 简述《贸易进口付汇核销单(代申报单)》及其申领过程。
8. 简述入境货物报检的地点、时限和范围。

案例分析

1. 中国南方某公司与丹麦 AS 公司在 2004 年 9 月按 CIF 条件签订了一份出口圣诞灯具的商品合同,支付方式为不可撤销即期信用证。AS 公司于 7 月通过丹麦日德兰银行开来信用证,经审核与合同相符,其中保险金额为发票金额的 110%。就在我方备货期间,丹麦商人通过通知行传递给我方一份信用证修改书,内容为将保险金额改为发票金额的 120%。我方没有理睬,仍按原证规定投保、发货,并于货物装运后在信用证交单期和有效期内,向议付行议付货款。议付行审单无误,于是放款给受益人,后将全套单据寄丹麦开证行。开证行审单后,以保险单与信用证修改书不符为由拒付。试问:开证行拒付是否有道理?为什么?

2. 我国华东某公司以 CIF 术语于 2002 年 5 月从澳大利亚进口巧克力食品 2 000 箱,以即期不可撤销信用证为支付方式,目的港为上海。货物从澳大利亚某港口装运后,出口商凭已装船清洁提单和投保一切险及战争险的保险单,向银行议付货款。货到达上海港后,经我方公司复验后发现下列情况:(1)该批货物共有 8 个批号,抽查 16 箱,发现其中 2 个批号涉及 300 箱内含沙门氏细菌超过进口国的标准;(2)收货人实收 1 992 箱,短少 8 箱。(3)有 21 箱货物外表情况良好,但箱内货物共短少 85 公斤。试分析,进口商就以上损失情况应分别向谁索赔?并说明理由。

3. 我国北方某化工进出口公司和美国尼克公司以 CFR 青岛条件订立了进口化肥 5 000 吨的合同,依合同规定我方公司开出以美国尼克公司为受益人的不可撤销跟单信用证,总金额为 280 万美元。双方约定如发生争议则提交中国国际经济贸易仲裁委员会上海分会仲裁。2002 年 5 月货物装船后,美国尼克公司持包括提单在内的全套单据在银行议付了货款。

货到青岛后,我方公司发现化肥有严重质量问题,立即请当地商检机构进行了检验,证实该批化肥是没有太大实用价值的饲料。于是,我方公司持商检证明要求银行追回已付款项,否则将拒绝向银行支付货款。根据上述情况,试问:(1)银行是否应追回已付货款,为什么?(2)我方公司是否有权拒绝向银行付款?为什么?(3)中国国际经济贸易仲裁委员会是否有权受理此案?依据是什么?(4)我方公司应采取什么救济措施?

附录（一）

进出口单据

一、汇票

BILL OF EXCHANGE

No. _____   Date_____,_____
Exchange for _____
            At _____ days after sight of this **FIRST** of Exchange（Second of exchange being unpaid）
Pay to the Order of _____
The sum of _____
Drawn under L/C No. _____   Dated _____
Issued by _____
To _____

_____

_____
AUTHORIZED SIGNATURE

BILL OF EXCHANGE

No. _____   Date_____,_____
Exchange for _____
At _____ days after sight of this **SECOND** of Exchange（First of exchange being unpaid）
Pay to the Order of _____
The sum of _____
Drawn under L/C No. _____   Dated _____
Issued by _____

To _____

_____

AUTHORIZED SIGNATURE

二、FORM A

ORIGINAL

1. Goods consigned from(Exporter's business name, address, Country)	Reference No. <center>GENERALIZED SYSTEM OF PREFERENCES CERTIFICATE OF ORIGIN (Combined declaration and certificate) FORM A THE PEOPLE'S REPUBLIC OF CHINA</center> Issued in _____ <center>(country) See Notes overleaf</center>
2. Goods consigned to(Consignee's name, address, country)	
3. Means of transport and route(as far as known)	4. For official use

5. Item number	6. Marks and numbers of packages	7. Number and kind of packages; description of goods	8. Origin criterion (see Notes overleaf)	9. Gross weight or other quantity	10. Number and date of invoices

11. Certification It is hereby certified, on the basis of control carried out, that the declaration by the exporter is correct. Place and date, signature and stamp of certifying authority	12. Declaration by the exporter The undersigned hereby declares that the above details and statements are correct; that all the goods were Produced in _____CHINA_____ (country) and that they comply with the origin requirements specified for those goods in the Generalized System of Preferences for goods exported to _____ (import country) Place and date, signature of authorized signatory

三、报检委托书

<table>
<tr><td colspan="4" align="center">报检委托书</td></tr>
<tr><td colspan="4">_____出入境检验检疫局：
　　本委托人郑重声明，保证遵守出入境检验检疫法律、法规的规定。如有违法行为，自愿接受检验检疫机构的处罚并负法律责任。
　　本委托人委托受托人向检验检疫机构提交"报检申请单"和各种随附单据。具体委托情况如下：
　　本单位将于____年____月间进口/出口如下货物：</td></tr>
<tr><td>品名</td><td></td><td>HS 编码</td><td></td></tr>
<tr><td>数（重）量</td><td></td><td>合同号</td><td></td></tr>
<tr><td>信用证号</td><td></td><td>审批文号</td><td></td></tr>
<tr><td>其他特殊要求</td><td colspan="3"></td></tr>
<tr><td colspan="4">　　特委托_____（单位/注册号），代表本公司办理下列出入境检验检疫事宜：
　　□1.办理代理报检手续；√
　　□2.代缴检验检疫费；√
　　□3.负责与检验检疫机构联系和验货；√
　　□4.领取检验检疫证单；√
　　□5.其他与报检有关的事宜。

　　请贵局按有关法律法规规定予以办理。

　　　　委托人（公章）　　　　　　　　　　　　　受托人（公章）

　　　　　年　　月　　日　　　　　　　　　　　　　年　　月　　日</td></tr>
</table>

四、出口货物检验证书申请单

<table>
<tr><td colspan="4" align="center">出口货物检验证书申请单</td></tr>
<tr><td>报验单位</td><td colspan="3"></td></tr>
<tr><td>发 货 人</td><td colspan="3"></td></tr>
<tr><td>收 货 人</td><td colspan="3"></td></tr>
<tr><td>商品名称</td><td colspan="3"></td></tr>
<tr><td>件　　数</td><td></td><td>出证日期</td><td></td></tr>
<tr><td>毛　　重</td><td></td><td>集装箱号</td><td></td></tr>
<tr><td>净　　重</td><td></td><td>合 同 号</td><td></td></tr>
<tr><td>目 的 港</td><td></td><td>船　　名</td><td></td></tr>
<tr><td>包　　装</td><td colspan="3"></td></tr>
<tr><td>商品规格</td><td></td><td>标记及号码</td><td></td></tr>
<tr><td colspan="4"></td></tr>
</table>

续表

证书总类		
备 注		
制 单 人：		取 证 人：
电　　话：		取证日期：

五、出口信用证交单委托书

中国银行 BANK OF CHINA

出口信用证交单委托书

致：中国银行上海市分行_____

　　兹随附下列银行正本信用证及所属出口单据，请贵行根据国际商会跟单信用证统一惯例予以审核并办理寄单索汇：

开证行：	信用证号：
	通知编号：
发票号码：	发票金额：

单据名称	汇票	发票	提单	空运单	保险单	装箱单	重量单	产地证	FORM A	检验证	受益人证明	船证明	装船通知		
份数															

付款指示：　　　　核销单编号：_____
请将收汇款以原币（　）/人民币（　）划入我公司下列账户：
开户行：_____　账号：_____
特别指示：
1. 邮寄方式：□ 快邮　□ 普邮　□ 指定快邮_____
2. 本次提交的正本信用证含_____份正本修改书。
3. 单据中有下列不符点：
　a._____　b._____　c._____
　□ 请向开证行寄单，我公司承担一切责任，不符点请以（　）表提（　）内确方式处理
　□ 请电询开证行同意后寄单
4. 本次提交单据申请需做：□ 即期押汇　□ 远期押汇　□ 福费廷　□ _____
5. 其他：_____

公司联系人姓名：_____　　　　　　　公司签章

电话：	传真：	年　月　日
银行签收人：		签收时间：
改单/退单记录：		

注：本委托书一式3份，一份于交单时银行签收后退回公司，一份于结汇时作回单退回公司，一份交由银行留底。

六、出口许可证申请表

中华人民共和国出口许可证申请表

1. 出口商：　　　　代码：	3. 出口许可证号：		
领证人姓名：　　　电话：			
2. 发货人：　　　　代码：	4. 出口许可证有效截止日期： 　　　　　　　　　　年　月　日		
5. 贸易方式：	8. 进口国（地区）：		
6. 合同号：	9. 付款方式：		
7. 报关口岸：	10. 运输方式：		
11. 商品名称：	商品编码：		
12. 规格、等级	13. 单位	14. 数量	15. 单价（币别）	16. 总值（币别）	17. 总值折美元
18. 总计					
19. 备注 　　　申请单位盖章	20. 签证机构审批（初审）： 　　　　　　　经办人：				
申领日期：	终审：				

填表说明：1. 本表应用正楷逐项填写清楚，不得涂改、遗漏，否则无效。
　　　　　2. 本表内容需打印多份许可证的，请在备注栏内注明。
　　　　　3. 本表填写一式二份。

七、出口装运清单

出口装运清单
EXPORT MANIFEST

1. 运输工具编号 CARRIER'S CALL SIGN	2. 运输工具名称 CARRIER'S NAME	3. 运输工具国籍 CARRIER'S NATIONALITY	4. 提单申报日期（报关单申报日期） DECLARATION DATE

续表

5. 航次 VOYAGE NO.	6. 卸货港 PORT OF DISCHARGE	7. 代申报单位 EXPORT DECLARATION	8. 合同号 CONTRACT NO.

提单号 B/L NO.	商品名称 DESCRIPTION OF GOODS	发货人名称和地址 NAME AND ADD. OF SHIPPER
件数及包装 PIECES & PACKAGE	净/毛重量（公斤） NET/GROSS WEIGHT（KG）	收货人名称和地址 NAME AND ADD. OF CONSIGNEE

锦州海关：
TO CUSTOMS JINZHOU　　　　　　　　　　　DATE & SIGNATURE BY MASTER OR AGENT

八、出入境检验检疫报检委托书

出入境检验检疫报检委托书

本单位与受托人＿＿＿＿＿＿＿＿＿＿＿＿协商后达成本委托书，将本单位进口/出口货物的出入境检验检疫报检工作全权委托受托人办理，并保证向受托人提供的用于办理报检手续的所有单证均真实无误：

委托日期：　　　　　　　　　　　年　　月　　日
本委托书有效期：　　　　年　　月　　日至　　　年　　月　　日

委托人（印章）：＿＿＿＿＿＿＿＿＿＿＿＿＿

单位地址：＿＿＿＿＿＿＿＿＿＿＿＿＿
机构性质：＿＿＿＿＿＿＿＿＿　　经营范围：＿＿＿＿＿＿＿＿＿＿
法人代表（印章）：＿＿＿＿＿＿　　联系电话：＿＿＿＿＿＿＿＿＿＿

受托人确认声明
本单位完全接受本委托书，将根据出入境检验检疫的有关法律法规规定，办理委托人所委托的上述货物的出入境检验检疫报检并配合检验检疫工作，如在所委托事项中发生违规或违法行为，自愿接受检验检疫机构的处理、处罚并负法律责任。

受托人（印章）：＿＿＿＿＿＿＿＿＿＿＿＿＿

单位地址：＿＿＿＿＿＿＿＿＿＿＿＿＿
确认日期：＿＿＿＿＿＿年＿＿月＿＿日

九、代理报关委托书

代理报关委托书

编号：☐☐☐☐☐☐☐☐☐☐☐

我单位现　（A.逐票、B.长期）委托贵公司代理　　等通关事宜。（A.报关查验；B.垫缴税款；C.办理海关证明联；D.审批手册；E.核销手册；F.申办减免税手续；G.其他）详见《委托报关协议》。

我单位保证遵守《海关法》和国家有关法规，保证所提供的情况真实、完整、单货相符。否则，愿承担相关法律责任。

本委托书有效期自签字之日起至　　年　月　日。

委托方（盖章）：

法定代表人或其授权签署《代理报关委托书》的人（签字）

年　月　日

委托报关协议

为明确委托报关具体事项和各自责任，双方经平等协商签订协议如下：

委托方		被委托方		
主要货物名称		*报关单编码	No.	
HS 编码	☐☐☐☐☐☐☐☐	收到单证日期	年　月　日	
进出口日期	年　月　日	收到单证情况	合同☐	发票☐
提单号			装箱清单☐	提（运）单☐
贸易方式			加工贸易手册☐	许可证件☐
原产地/货源地			其他	
传真电话		报关收费	人民币：	元
其他要求：		承诺说明：		
背面所列通用条款是本协议不可分割的一部分，对本协议的签署构成了对背面通用条款的同意。		背面所列通用条款是本协议不可分割的一部分，对本协议的签署构成了对背面通用条款的同意。		
委托方业务签章：		被委托方业务签章：		
经办人签章： 联系电话： 　　　　　年　月　日		经办报关员签章： 联系电话： 　　　　　年　月　日		

（白联：海关留存；黄联：被委托方留存；红联：委托方留存）

中国报关协会监制

委托报关协议通用条款

委托方责任 委托方应及时提供报关报检所需的全部单证,并对单证的真实性、准确性和完整性负责。

委托方负责在报关企业办结海关手续后,及时履约,支付代理报关费用,支付垫支费用,以及因委托方责任产生的滞报金、滞纳金和海关等执法单位依法处以的各种罚款。

负责按照海关要求将货物运抵指定场所。

负责与被委托方报关员一同协助海关进行查验,回答海关的询问,配合相关调查,并承担相关费用。

在被委托方无法做到报关前提取货样的情况下,承担单货相符的责任。

被委托方责任

负责解答委托方有关向海关申报的疑问。

负责对委托方提供的货物情况和单证的真实性、完整性进行"合理审查",审查内容包括:(1)证明进出口货物实际情况的资料,包括进出口货物的品名、规格、用途、产地、贸易方式等;(2)有关进出口货物的合同、发票、运输单据、装箱单等商业单据;(3)进出口所需的许可证件及随附单证;(4)海关要求的加工贸易(纸质或电子数据的)及其他进出口单证。

因确定货物的品名、归类等原因,经海关批准,可以看货或提取货样。

在接到委托方交付齐备的随附单证后,负责依据委托方提供的单证,按照《中华人民共和国海关进出口报关单填制规范》认真填制报关单,承担"单单相符"的责任,在海关规定和本委托报关协议中约定的时间内报关,办理海关手续。

负责及时通知委托方共同协助海关进行查验,并配合海关开展相关调查。

负责支付因报关企业的责任给委托方造成的直接经济损失,所产生的滞报金、滞纳金和海关等执法单位依法处以的各种罚款。

负责在本委托书约定的时间内将办结海关手续的有关委托内容的单证、文件交还委托方或其指定人员(详见《委托报关协议》"其他要求"栏)。

赔偿原则 被委托方不承担因不可抗力给委托方造成损失的责任。因其他过失造成的损失,由双方自行约定或按国家有关法律法规的规定办理。由此造成的风险,委托方可以投保方式自行规避。

不承担的责任 签约双方各自不承担因另外一方原因造成的直接经济损失,以及滞报金、滞纳金和相关罚款。

收费原则 一般货物报关收费原则上按当地《报关行业收费指导价格》规定执行。特殊商品可由双方另行商定。

法律强制 本《委托报关协议》的任一条款与《海关法》及有关法律、法规不一致时,应以法律、法规为准。但不影响《委托报关协议》其他条款的有效性。

协商解决事项 变更、中止本协议或双方发生争议时,按照《中华人民共和国合同法》有关规定及程序处理。因签约双方以外的原因产生的问题或报关业务需要修改协议条款,应协商订立补充协议。

十、订舱委托书

出口货物订舱委托书					
公司编号				日期	
1）发货人		4）信用证号码				
^		5）开证银行				
^		6）合同号码		7）成交金额	
^		8）装运口岸		9）目的港	
2）收货人		10）转船运输		11）分批装运	
^		12）信用证有效期		13）装船期限	
^		14）运费		15）成交条件	
^		16）公司联系人		17）电话/传真	
3）通知人		18）公司开户行		19）银行账号	
^		20）特别要求				
^						
^						
21）标记唛码	22）货号规格	23）包装件数	24）毛重	25）净重	26）数量	27）单价	28）总价
	29）总件数	30）总毛重	31）总净重	32）总尺码			33）总金额
34）备注								

十一、发票

DATE: _____

发票
INVOICE

NO.: _____

SHIPPING FROM _____ TO _____

MARKS AND NOS.	DESCRIPTION OF GOODS	AMOUNT

FOR ACOUNT AND RISK OF MESSRS. _____

十二、结汇收账通知

结汇收账通知

收汇单位:		收汇单位账号:	
结汇外币金额:	当日外汇牌价:		人民币总金额:
国外扣费:			
经手人:	复核:		年 月 日

十三、客户交单委托书

客户交单委托书

致:

本公司向贵行递交下列出口单据,请贵行按相关指示办理:

发票号: _____ 金额: _____

发票	海关发票	保险单	运输单据	副本运输单据	装箱/重量单	检验证	产地证	GSP FORM A	船证明	装运通知	邮据	传真报告	受益人证明

1. 信用证项下交单：
（L/C No.）信用证号码_____（Issuing Bank）开证行_____
按现行跟单信用证统一惯例办理，请打"√"选择：
☐ 按信用证条款审核单据后寄单索汇
其他指示：单据中有下列符点，请向开证行寄单，我司承担一切风险和责任。
☐ 迟交单　　　☐ 溢装或短装　　　☐ 未提交全套提单
☐ 逾装期　　　☐ 逾效期　　　　　☐ 其他
_____
不符点：☐ 表提　　☐ 内保

2. 跟单托收项下交单：
按现行跟单托收统一惯例办理，请打"√"选择：
☐ 付款交单（D/P）
☐ 承兑交单（D/A）期限_____

代收行名称、详细地址、SWIFT 号码（英文）	付款人（Drawee）全称

3. 其他：
公司签章

联系人：_____　交单日期：_____　电话：_____

十四、包装结果单

中华人民共和国出入境检验检疫出境货物运输包装性能检验结果单

编号_____

申请人				
包装容器名称及规格		包装容器标记及批号		
包装容器数量		生产日期		
拟装货物名称		状态	固态	比重
检验依据		拟装货物类别	危险货物 一般货物	
		联合国编号		
		运输方式		
检验结果	依据出口商品运输包装 SN/T0264-93 检验规程进行抽样。经外观检验、性能检验各项指标达到检验规程的要求，适合出口商品运输包装。			
	签字：_____　　　日期：____年__月__日			

续表

包装使用人					
本单有效期	截止于				
分批使用核销栏	日期	使用数量	结余数量	核销人	

说明：1. 当合同或信用证要求包装检验证书时，可凭本结果单向出境所在地检验检疫机关申请检验证书。
　　　2. 当包装容器使用人向检验检疫机关申请包装使用鉴定时，须将本结果单交检验检疫机关核实。

十五、散装货托运单一式三份

中国外轮代理公司
CHINA OCEAN SHIPPING AGENCY

留底
CONTER FOIL　　　　　　　　　　S/O NO._____

船名
S/S _____　　目的港
　　　　　　　　　　　　　　　　For _____

托运人
Shipper _____

受货人
Consignee _____

通知
Notify _____

标记及号码 Marks & Nos.	件数 Quantity	货名 Description of Goods	毛重量（公斤） Gross Weight in Kilos	尺码 Measurement 立方公尺 CBM
共计件数（大写） Total Number of Packages in Words				

日　期　　　　　　　　　　　　　　　时　间
Date _____　　　Time _____

装入何舱
Stowed _____

实　收
Received _____

理货员签名　　　　　　　　　　　　经办员
Tallied By _____　Approved By _____

中国外轮代理公司
CHINA OCEAN SHIPPING AGENCY
装货单
SHIPPING ORDER   S/O NO._____

船名
S/S _____   目的港
                                       For _____

托运人
Shipper _____

收货人
Consignee _____

通知
Notify _____

兹将下列完好状况之货物装船并签署收货单据。
Received on board the under mentioned goods apparent in good order and condition and sign the accompanying receipt for the same.

标记及号码 Marks & Nos.	件数 Quantity	货名 Description of Goods	毛/净重量（公斤）Weight in Kilos		尺码 Measurement 立方公尺 CBM
			Net	Gross	
共计件数（大写） Total Number of Packages in Writing					

日　　期
Date _____   时　　间
                                         Time _____

装入何舱
Stowed _____

实　　收
Received _____

理货员签名
Tallied By _____   经办员
                                                 Approved By _____

中国外轮代理公司
CHINA OCEAN SHIPPING AGENCY
收货单
MATES RECEIPT   S/O NO._____

船名
S/S _____   目的港
                                       For _____

托运人
Shipper _____

收货人
Consignee _____

通知
Notify _____

兹将下列完好状况之货物装船并签署收货单据。
Received on board the under mentioned goods apparent in good order and condition and sign the accompanying receipt for the same.

标记及号码 Marks & Nos.	件数 Quantity	货名 Description of Goods	毛/净重量（公斤） Weight in Kilos		尺码 Measurement 立方公尺 CBM
			Net	Gross	
共计件数（大写） Total Number of Packages in Writing					

日　　期
Date _____ 时　间
Time _____

装入何舱
Stowed _____

实　　收
Received _____

理货员签名
Tallied By _____ 大　副
Chief Officer _____

十六、箱单格式

DETAILED PACKING LIST

INVOICE NO. _____

　　　　　　　　　　　　　　　　　　　　　　　　　　　　　　　DATE: _____

S/C NO.: _____

L/C NO.: _____

C/NS.	NOS&KINGS OF PKGS	QUANTITY	G.W.（KGS）	N.W.（KGS）	MEAS.（M^3）

十七、一般原产地证明书申请书

中华人民共和国出口货物

原产地证明书 / 加工装配证明书申请书

企业名称： 证书号：No.

注册号：

申请人郑重声明：

  本人被正式授权代表本企业办理和签署本申请书。本申请书及《中华人民共和国出口货物原产地证明书 / 加工装配证明书》所列内容正确无误，如发现弄虚作假，冒充证书所列货物，擅改证书，本人愿按《中华人民共和国出口货物原产地规则》有关规定接受处罚并承担法律责任。现将有关情况申报如下：

商品名称（中英文）				HS 编码	
商品 FOB 总值（以美元计）			最终目的国 / 地区		
拟出运日期		发票号		转口贸易 / 地区	
贸易方式和企业性质（请在使用处画"√"）					
一般贸易		灵活贸易		其他贸易	
中资企业	外资企业	中资企业	外资企业	中资企业	外资企业
数量或重量：		是否含有进口成分：是（ ） 否（ ）			
证书种类（画"√"）			一般原产地		加工装配证
该批货物实际生产企业					
现提交中国出口货物商业发票副本一份，《中华人民共和国出口货物原产地证明书 / 加工装配证明书》一正三副及其他附件 份，请予审核签证。					
申请单位盖章：			申请人（签名）： 电话： 日期： 年 月 日		

注：1. 灵活贸易包括：来料加工、补偿贸易、进料加工贸易；

  2. 外资企业指所有含有外资的企业；

  3. 其他贸易指一般贸易和灵活贸易以外的贸易，如展卖、易货、租赁等贸易方式。

十八、中华人民共和国出口许可证

中华人民共和国出口许可证

EXPORT LICENCE OF THE PEOPLE'S REPUBLIC OF CHINA   NO.

1. 出口商： Exporter	3. 出口许可证号： Export licence No.
2. 发货人： Consignor	4. 出口许可证有效截止日期： Export licence expiry date

续表

5. 贸易方式： Terms of trade				8. 进口国（地区）： Country /Region of purchase		
6. 合同号： Contract No.				9. 支付方式： Payment conditions		
7. 报关口岸： Place of clearance				10. 运输方式： Mode of transport		
11. 商品名称： Description of goods				商品编码： Code of goods		
12. 规格、等级 Specification	13. 单位 Unit	14. 数量 Quantity	15. 单价（ ） Unit price		16. 总值（ ） Amount	17. 总值折美元 Amount in USD
18. 总计 Total						
19. 备注 Supplementary details				20. 发证机关签章 Issuing authority's stamp & signature		
				21. 发证日期 Licence date		

商务部监制（05）   TZ QL No.241-118

十九、专业（代理）报关委托书

专业（代理）报关委托书

编号：

委托单位名称：		海关注册编号：			
地址：	法定代表人：		电话：		
货　　名	运输包装方式	件　数	毛　重	净　重	金　额

续表

交付单证	1. 进/出口货物许可证、货物审批证明 2. 发票、箱单 3. 减免税证明 4. 应备的其他进/出口证件	5. 提货单 6. 进/出口合同 7. 登记手册 8.
委托人责任	提供单证合法有效,申报内容无误,如因单证无效或单货不符而引起的法律责任,由委托人承担。	

被委托单位名称:		海关注册编号:	
地址:	法定代表人:		电话:
运输工具名称:	提/运单号:		贸易方式:

被委托人责任	1. 对没有按委托人的委托要求办理而产生的后果负责; 2. 对给委托人出具单证资料的准确性负责; 3. 对代理报关过程中产生的一般问题被委托人会同委托人及有关方面共同处理。

委托单位印章: 被委托单位印章:

经办人: 年 月 日 经办人: 年 月 日

二十、商业发票通用

COMMERCIAL INVOICE

TO: INVOICE NO.:_____
　　　　　　　　　　　　　　　　　　　　　INVOICE DATE:_____
　　　　　　　　　　　　　　　　　　　　　S/C NO.:_____
　　　　　　　　　　　　　　　　　　　　　S/C DATE:_____
FROM:_____　　　　　　　　　TO:_____
Letter of Credit No.:_____　　　Issued By:_____

Marks and Numbers	Number and kind of Package Description of goods	Quantity	Unit Price	Amount
			Total:	

SAY TOTAL:

二十一、形式发票

ISSUER		形式发票 PROFORMA INVOICE	
TO		NO.	DATE
TRANSPORT DETAILS		S/C NO.	L/C NO.
		TERMS OF PAYMENT	
Marks and Numbers	Number and Kind of Package Description of Goods	Quantity	Unit Price	Amount
SAY TOTAL:		Total:		
PORT TO LOADING: PORT OF DESTINATION: TIME OF DELIVERY: INSURANCE: VALIDITY: BENEFICIARY ADVISING BANK: NEGOTIATING BANK:				

二十二、外销合同通用

销售确认书

SALES CONTRACT

卖方 SELLER：　　　　　　　　　　　　　　　编号 NO.：

日期 DATE：　　　　　　　　　　　　　　　　地点 SIGNED IN：

买方 BUYER：

买卖双方同意以下条款达成交易：

This contract is made by and agreed between the BUYER and SELLER, in accordance with the terms and conditions stipulated below.

1. 商品号 Art No.	2. 品名及规格 Commodity & Specification	3. 数量 Quantity	4. 单价及价格条款 Unit Price & Trade Terms	5. 金额 Amount

允许 　　　　　　　溢短装，由卖方决定
With 　　　　　　　More or less of shipment allowed at the sellers' option

6. 总值
   Total Value
7. 包装
   Packing
8. 唛头
   Shipping Marks
9. 装运期及运输方式
   Time of Shipment & Means of Transportation
10. 装运港及目的地
    Port of Loading & Destination
11. 保险
    Insurance
12. 付款方式
    Terms of Payment
13. 备注
    Remarks

The Buyer　　　　　　　　　　　　　　　　　　　　The Seller

二十三、汇款申请书

日期（Date）：

汇款申请书　　　　　□电汇（Telegraphic Transfer）

APPLICATION FOR OUTWARD REMITTANCE　　□信汇（Mail Transfer）

（请用正楷填写及在合适方格内用"×"记号标明）　□票汇，付款地点

（PLEASE FILL IN BLOCK LETTERS AND TICK APPROPRIATE BOXES）

敬启者

Dear Sirs

　　本人（等）已详阅、了解和同意列于此页背面的各条款，兹委托贵行根据该等条款代办下列汇款。

　　I/We hereby request you to effect the following remittance subject to the conditions overleaf, to which I/we have read, understood and agreed.

收款人 Beneficiary	
收款人账号 A/C No.of Beneficiary	
收款行名称及地址 Name & Address of Beneficiary's Bank	
收款行之代理行 Correspondent of Beneficiary's Bank	
汇款人 Remitter	

续表

汇款货币及金额 Currency & Amount		国外银行费用由"×"支付,如未注明,则由收款人负担 (All foreign bank's charges for "×" account, if not specified, all charges are to be borne by beneficiary)
密押 Test key		
附言 Message		☐ 收款人(Beneficiary) ☐ 汇款人(Remitter)

* 汇往境外汇款,请以英文填写汇款申请书。

* 开立汇票,请注明取票人姓名及有效证件号:

有关上述汇款的总额,兹
In payment of the above remittance and charges

请付本人(等)账户号
Please debit my/our account NO.   with you.
申请人签署 Applicant's Signature   银行专用(For Bank Use Only)
姓名 Name
身份证明文件号码 Identity Document NO.
地址 Address
电话 Tel.No

附录（二）

跟单信用证统一惯例
（ICC UCP600 中英文对照版）

跟单信用证统一惯例
（ICC UCP600 中英文对照版）

Article 1 Application of UCP

第一条　统一惯例的适用范围

The Uniform Customs and Practice for Documentary Credits, 2007 Revision, ICC Publication no. 600（"UCP"）are rules that apply to any documentary credit（"credit"）（including, to the extent to which they may be applicable, any standby letter of credit）when the text of the credit expressly indicates that it is subject to these rules. They are binding on all parties thereto unless expressly modified or excluded by the credit.

跟单信用证统一惯例，2007年修订本，国际商会第600号出版物，适用于所有在正文中标明按本惯例办理的跟单信用证（包括本惯例适用范围内的备用信用证）。除非信用证中另有规定，本惯例对一切有关当事人均具有约束力。

Article 2 Definitions

第二条　定义

For the purpose of these rules:

就本惯例而言：

Advising bank means the bank that advises the credit at the request of the issuing bank.

通知行意指应开证行要求通知信用证的银行。

Applicant means the party on whose request the credit is issued.

申请人意指发出开立信用证申请的一方。

Banking day means a day on which a bank is regularly open at the place at which an act subject to these rules is to be performed.

银行日意指银行在其营业地正常营业，按照本惯例行事的行为得以在银行履行的日子。

Beneficiary means the party in whose favour a credit is issued.

受益人意指信用证中受益的一方。

Complying presentation means a presentation that is in accordance with the terms and conditions of the credit, the applicable provisions of these rules and international standard banking practice.

相符提示意指与信用证中的条款及条件、本惯例中所适用的规定及国际标准银行实务相一致的提示。

Confirmation means a definite undertaking of the confirming bank, in addition to that of the issuing bank, to honour or negotiate a complying presentation.

保兑意指保兑行在开证行之外对于相符提示做出兑付或议付的确定承诺。

Confirming bank means the bank that adds its confirmation to a credit upon the issuing bank's authorization or request.

保兑行意指应开证行的授权或请求对信用证加具保兑的银行。

Credit means any arrangement, however named or described, that is irrevocable and thereby constitutes a definite undertaking of the issuing bank to honour a complying presentation.

信用证意指一项约定，无论其如何命名或描述，该约定不可撤销并因此构成开证行对于相符提示予以兑付的确定承诺。

Honour means：

a. to pay at sight if the credit is available by sight payment.

b. to incur a deferred payment undertaking and pay at maturity if the credit is available by deferred payment.

c. to accept a bill of exchange（"draft"）drawn by the beneficiary and pay at maturity if the credit is available by acceptance.

兑付意指：

a. 对于即期付款信用证即期付款。

b. 对于延期付款信用证发出延期付款承诺并到期付款。

c. 对于承兑信用证承兑由受益人出具的汇票并到期付款。

Issuing bank means the bank that issues a credit at the request of an applicant or on its own behalf.

开证行意指应申请人要求或代表其自身开立信用证的银行。

Negotiation means the purchase by the nominated bank of drafts (drawn on a bank other than the nominated bank) and/or documents under a complying presentation, by advancing or agreeing to advance funds to the beneficiary on or before the banking day on which reimbursement is due to (to be paid the nominated bank).

议付意指被指定银行在其应获得偿付的银行日或在此之前，通过以向受益人预付或者同意向受益人预付款项的方式购买相符提示项下的汇票（汇票付款人为被指定银行以外的银行）及/或单据。

Nominated bank means the bank with which the credit is available or any bank in the case of a credit available with any bank.

被指定银行意指有权使用信用证的银行，对于可供任何银行使用的信用证而言，任何银行均为被指定银行。

Presentation means either the delivery of documents under a credit to the issuing bank or nominated bank or the documents so delivered.

提示意指信用证项下单据被提交至开证行或被指定银行，抑或按此方式提交的单据。

Presenter means a beneficiary, bank or other party that makes a presentation.

提示人意指做出提示的受益人、银行或其他一方。

Article 3 Interpretations

第三条 释义

For the purpose of these rules:

就本惯例而言：

Where applicable, words in the singular include the plural and in the plural include the singular.

在适用的条款中，词汇的单复数同义。

A credit is irrevocable even if there is no indication to that effect.

信用证是不可撤销的，即使信用证中对此未作指示也是如此。

A document may be signed by handwriting, facsimile signature, perforated signature, stamp, symbol or any other mechanical or electronic method of authentication.

单据可以通过手签、签样印制、穿孔签字、盖章、符号表示的方式签署，也可以通过其他任何机械或电子证实的方法签署。

A requirement for a document to be legalized, visaed, certified or similar will be satisfied by any signature, mark, stamp or label on the document which appears to satisfy that requirement.

当信用证含有要求使单据合法、签证、证实或对单据有类似要求的条件时，这些条件可由在单据上签字、标注、盖章或标签来满足，只要单据表面已满足上述条件即可。

Branches of a bank in different countries are considered to be separate banks.

一家银行在不同国家设立的分支机构均视为另一家银行。

Terms such as "first class," "well known," "qualified," "independent," "official," "competent" or "local" used to describe the issuer of a document allow any issuer except the beneficiary to issue that document.

诸如"第一流""著名""合格""独立""正式""有资格""当地"等用语用于描述单据出单人的身份时,单据的出单人可以是除受益人以外的任何人。

Unless required to be used in a document, words such as "prompt", "immediately" or "as soon as possible" will be disregarded.

除非确需在单据中使用,银行对诸如"迅速""立即""尽快"之类词语将不予置理。

The expression "on or about" or similar will be interpreted as a stipulation that an event is to occur during a period of five calendar days before until five calendar days after the specified date, both start and end dates included.

"于或约于"或类似措辞将被理解为一项约定,按此约定,某项事件将在所述日期前后各五天内发生,起讫日均包括在内。

The words "to", "until", "till", "from" and "between" when used to determine a period of shipment include the date or dates mentioned, and the words "before" and "after" exclude the date mentioned.

词语"×月×日止"(to)、"至×月×日"(until)、"直至×月×日"(till)、"从×月×日"(from)及"在×月×日至×月×日之间"(between)用于确定装运期限时,包括所述日期。词语"×月×日之前"(before)及"×月×日之后"(after)不包括所述日期。

The words "from" and "after" when used to determine a maturity date exclude the date mentioned.

词语"从×月×日"(from)以及"×月×日之后"(after)用于确定到期日时不包括所述日期。

The terms "first half" and "second half" of a month shall be construed respectively as the 1st to the 15th and the 16th to the last day of the month, all dates inclusive.

术语"上半月"和"下半月"应分别理解为自每月"1日至15日"和"16日至月末最后一天",包括起讫日期。

The terms "beginning", "middle" and "end" of a month shall be construed respectively as the 1st to the 10th, the 11th to the 20th and the 21st to the last day of the month, all dates inclusive.

术语"月初""月中"和"月末"应分别理解为每月1日至10日、11日至20日和21日至月末最后一天,包括起讫日期。

Article 4 Credits v. Contracts

第四条 信用证与合同

a. A credit by its nature is a separate transaction from the sale or other contract on which it may be based. Banks are in no way concerned with or bound by such contract, even if any reference whatsoever to it is included in the credit. Consequently, the undertaking of a bank to honour, to negotiate or to fulfil any other obligation under the credit is not subject to claims or defences by the applicant resulting from its relationships with the issuing bank or the beneficiary.

A beneficiary can in no case avail itself of the contractual relationships existing between banks or between the applicant and the issuing bank.

a. 就性质而言，信用证与可能作为其依据的销售合同或其他合同，是相互独立的交易。即使信用证中提及该合同，银行也与该合同完全无关，且不受其约束。因此，一家银行作出兑付、议付或履行信用证项下其他义务的承诺，并不受申请人与开证行之间或与受益人之间在已有关系下产生的索偿或抗辩的制约。

受益人在任何情况下，不得利用银行之间或申请人与开证行之间的契约关系。

b. An issuing bank should discourage any attempt by the applicant to include, as an integral part of the credit, copies of the underlying contract, proforma invoice and the like.

b. 开证行应劝阻申请人将基础合同、形式发票或其他类似文件的副本作为信用证整体组成部分的做法。

Article 5 Documents v. Goods, Services or Performance

第五条 单据与货物/服务/行为

Banks deal with documents and not with goods, services or performance to which the documents may relate.

银行处理的是单据，而不是单据所涉及的货物、服务或其他行为。

Article 6 Availability, Expiry Date and Place for Presentation

第六条 有效性、有效期限及提示地点

a. A credit must state the bank with which it is available or whether it is available with any bank. A credit available with a nominated bank is also available with the issuing bank.

a. 信用证必须规定可以有效使用信用证的银行，或者信用证是否对任何银行均为有效。对于被指定银行有效的信用证也对开证行有效。

b. A credit must state whether it is available by sight payment, deferred payment, acceptance or negotiation.

b. 信用证必须规定它是否适用于即期付款、延期付款、承兑抑或议付。

c. A credit must not be issued available by a draft drawn on the applicant.

c. 不得开立包含以申请人为汇票付款人条款的信用证。

d. i. A credit must state an expiry date for presentation. An expiry date stated for honour or negotiation will be deemed to be an expiry date for presentation.

d. i 信用证必须规定提示单据的有效期限。规定的用于兑付或者议付的有效期限将被认为是提示单据的有效期限。

ii. The place of the bank with which the credit is available is the place for presentation.

The place for presentation under a credit available with any bank is that of any bank. A place for presentation other than that of the issuing bank is in addition to the place of the issuing bank.

ii. 可以有效使用信用证的银行所在的地点是提示单据的地点。对任何银行均为有效的信用证项下单据提示的地点是任何银行所在的地点。不同于开证行地点的提示单据的地点是开证行地点之外提交单据的地点。

e. Except as provided in sub-article 29 (a), a presentation by or on behalf of the beneficiary must be made on or before the expiry date.

e. 除非如 29（a）中规定，由受益人或代表受益人提示的单据必须在到期日当日或在此之前提交。

Article 7 Issuing Bank Undertaking

第七条　开证行的承诺

a. Provided that the stipulated documents are presented to the nominated bank or to the issuing bank and that they constitute a complying presentation, the issuing bank must honour if the credit is available by:

倘若规定的单据被提交至被指定银行或开证行并构成相符提示，开证行必须按下述信用证所适用的情形予以兑付：

i. sight payment, deferred payment or acceptance with the issuing bank;

i. 由开证行即期付款、延期付款或者承兑；

ii. sight payment with a nominated bank and that nominated bank does not pay;

ii. 由被指定银行即期付款而该被指定银行未予付款；

iii. deferred payment with a nominated bank and that nominated bank does not incur its deferred payment undertaking or, having incurred its deferred payment undertaking, does not pay at maturity;

iii. 由被指定银行延期付款而该被指定银行未承担其延期付款的承诺，或者虽已承担延期付款承诺但到期未予付款；

iv. acceptance with a nominated bank and that nominated bank does not accept a draft drawn on it or, having accepted a draft drawn on it, does not pay at maturity;

iv. 由被指定银行承兑而该被指定银行未予承兑以其为付款人的汇票，或者虽已承兑以其为付款人的汇票但到期未予付款；

v. negotiation with a nominated bank and that nominated bank does not negotiate.

v. 由被指定银行议付而该被指定银行未予议付。

b. An issuing bank is irrevocably bound to honour as of the time it issues the credit.

b. 自信用证开立之时起，开证行即不可撤销地受到兑付责任的约束。

c. An issuing bank undertakes to reimburse a nominated bank that has honoured or negotiated a complying presentation and forwarded the documents to the issuing bank. Reimbursement for the amount of a complying presentation under a credit available by acceptance or deferred payment is due at maturity, whether or not the nominated bank prepaid or purchased before maturity. An issuing bank's undertaking to reimburse a nominated bank is independent of the issuing bank's undertaking to the beneficiary.

c. 开证行保证向对于相符提示已经予以兑付或者议付并将单据寄往开证行的被指定银行进行偿付。无论被指定银行是否于到期日前已经对相符提示予以预付或者购买，对于承兑或延期付款信用证项下相符提示的金额的偿付于到期日进行。开证行偿付被指定银行的承诺独立于开证行对于受益人的承诺。

Article 8 Confirming Bank Undertaking

第八条　保兑行的承诺

a. Provided that the stipulated documents are presented to the confirming bank or to any other nominated bank and that they constitute a complying presentation, the confirming bank must:

a. 倘若规定的单据被提交至保兑行或者任何其他被指定银行并构成相符提示，保兑行必须：

i. honour, if the credit is available by:

i. 兑付，如果信用证适用于以下各项：

a. sight payment, deferred payment or acceptance with the confirming bank；

a. 由保兑行即期付款、延期付款或者承兑；

b. sight payment with another nominated bank and that nominated bank does not pay；

b. 由另一家被指定银行即期付款而该被指定银行未予付款；

c. deferred payment with another nominated bank and that nominated bank does not incur its deferred payment undertaking or, having incurred its deferred payment undertaking, does not pay at maturity；

c. 由另一家被指定银行延期付款而该被指定银行未承担其延期付款承诺，或者虽已承担延期付款承诺但到期未予付款；

d. acceptance with another nominated bank and that nominated bank does not accept a draft drawn on it or, having accepted a draft drawn on it, does not pay at maturity；

d. 由另一家被指定银行承兑而该被指定银行未予承兑以其为付款人的汇票，或者虽已承兑以其为付款人的汇票但到期未予付款；

e. negotiation with another nominated bank and that nominated bank does not negotiate.

e. 由另一家被指定银行议付而该被指定银行未予议付。

ii. negotiate, without recourse 无追索权, if the credit is available by negotiation with the confirming bank.

ii. 若信用证由保兑行议付，无追索权地议付。

b. A confirming bank is irrevocably bound to honour or negotiate as of the time it adds its confirmation to the credit.

b. 自信用证加具保兑之时起，保兑行即不可撤销地受到兑付或者议付责任的约束。

c. A confirming bank undertakes to reimburse another nominated bank that has honoured or negotiated a complying presentation and forwarded the documents to the confirming bank. Reimbursement for the amount of a complying presentation under a credit available by acceptance or deferred payment is due at maturity, whether or not another nominated bank prepaid or purchased before maturity. A confirming bank's undertaking to reimburse another nominated bank is independent of the confirming bank's undertaking to the beneficiary.

c. 保兑行保证向对于相符提示已经予以兑付或者议付并将单据寄往开证行的另一家被指定银行进行偿付。无论另一家被指定银行是否于到期日前已经对相符提示予以预付或者购买，对于承兑或延期付款信用证项下相符提示的金额的偿付于到期日进行。保兑行偿付另一家被指定银行的承诺独立于保兑行对于受益人的承诺。

d. If a bank is authorized or requested by the issuing bank to confirm a credit but is not prepared to do so, it must inform the issuing bank without delay and may advise the credit without confirmation.

d. 如开证行授权或要求另一家银行对信用证加具保兑，而该银行不准备照办时，它必须不延误地告知开证行并仍可通知此份未经加具保兑的信用证。

Article 9 Advising of Credits and Amendments

第九条　信用证及修改的通知

a. A credit and any amendment may be advised to a beneficiary through an advising bank. An advising bank that is not a confirming bank advises the credit and any amendment without any undertaking to honour or negotiate.

a. 信用证及其修改可以通过通知行通知受益人。除非已对信用证加具保兑，通知行通知信用证不构成兑付或议付的承诺。

b. By advising the credit or amendment, the advising bank signifies that it has satisfied itself as to the apparent authenticity of the credit or amendment and that the advice accurately reflects the terms and conditions of the credit or amendment received.

b. 通过通知信用证或修改，通知行即表明其认为信用证或修改的表面真实性得到满足，且通知准确地反映了所收到的信用证或修改的条款及条件。

c. An advising bank may utilize the services of another bank ("second advising bank") to advise the credit and any amendment to the beneficiary. By advising the credit or amendment, the second advising bank signifies that it has satisfied itself as to the apparent authenticity of the advice it has received and that the advice accurately reflects the terms and conditions of the credit or amendment received.

c. 通知行可以利用另一家银行的服务（"第二通知行"）向受益人通知信用证及其修改。通过通知信用证或修改，第二通知行即表明其认为所收到的通知的表面真实性得到满足，且通知准确地反映了所收到的信用证或修改的条款及条件。

d. A bank utilizing the services of an advising bank or second advising bank to advise a credit must use the same bank to advise any amendment thereto.

d. 如一家银行利用另一家通知行或第二通知行的服务将信用证通知给受益人，它也必须利用同一家银行的服务通知修改书。

e. If a bank is requested to advise a credit or amendment but elects not to do so, it must so inform, without delay, the bank from which the credit, amendment or advice has been received.

e. 如果一家银行被要求通知信用证或修改但决定不予通知，它必须不延误通知向其发送信用证、修改或通知的银行。

f. If a bank is requested to advise a credit or amendment but cannot satisfy itself as to the apparent authenticity of the credit, the amendment or the advice, it must so inform, without delay, the bank from which the instructions appear to have been received. If the advising bank or second advising bank elects nonetheless to advise the credit or amendment, it must inform the beneficiary or second advising bank that it has not been able to satisfy itself as to the apparent authenticity of the credit, the amendment or the advice.

f. 如果一家被要求通知信用证或修改，但不能确定信用证、修改或通知的表面真实性，就必须不延误地告知向其发出该指示的银行。如果通知行或第二通知行仍决定通知信用证或修改，则必须告知受益人或第二通知行其未能核实信用证、修改或通知的表面真实性。

Article 10 Amendments

第十条　修改

a. Except as otherwise provided by article 38, a credit can neither be amended nor cancelled without the agreement of the issuing bank, the confirming bank, if any, and the beneficiary.

a. 除本惯例第38条另有规定外，凡未经开证行、保兑行（如有）以及受益人同意，信用证既不能修改也不能撤销。

b. An issuing bank is irrevocably bound by an amendment as of the time it issues the amendment. A confirming bank may extend its confirmation to an amendment and will be irrevocably bound as of the time it advises the amendment. A confirming bank may, however, choose to advise an amendment without extending its confirmation and, if so, it must inform the issuing bank without delay and inform the beneficiary in its advice.

b. 自发出信用证修改书之时起，开证行就不可撤销地受其发出修改的约束。保兑行可将其保兑承诺扩展至修改内容，且自其通知该修改之时起，即不可撤销地受到该修改的约束。然而，保兑行可选择仅将修改通知受益人而不对其加具保兑，但必须不延误地将此情况通知开证行和受益人。

c. The terms and conditions of the original credit (or a credit incorporating previously accepted amendments) will remain in force for the beneficiary until the beneficiary communicates its acceptance of the amendment to the bank that advised such amendment. The beneficiary should give notification of acceptance or rejection of an amendment. If the beneficiary fails to give such notification, a presentation that complies with the credit and to any not yet accepted amendment will be deemed to be notification of acceptance by the beneficiary of such amendment. As of that moment the credit will be amended.

c. 在受益人向通知修改的银行表示接受该修改内容之前，原信用证（或包含先前已被接受修改的信用证）的条款和条件对受益人仍然有效。受益人应发出接受或拒绝接受修改的通知。如受益人未提供上述通知，当其提交至被指定银行或开证行的单据与信用证以及尚未表示接受修改的要求一致时，则该事实即视为受益人已作出接受修改的通知，并从此时起，该信用证已被修改。

d. A bank that advises an amendment should inform the bank from which it received the amendment of any notification of acceptance or rejection.

d. 通知修改的银行应当通知向其发出修改书的银行任何有关接受或拒绝接受修改的通知。

e. Partial acceptance of an amendment is not allowed and will be deemed to be notification of rejection of the amendment.

e. 不允许部分接受修改，部分接受修改将被视为拒绝接受修改的通知。

f. A provision in an amendment to the effect that the amendment shall enter into force unless rejected by the beneficiary within a certain time shall be disregarded.

f. 修改书中作出的除非受益人在某一时间内拒绝接受修改，否则修改将开始生效的条款将被不予置理。

Article 11 Teletransmitted and Pre-Advised Credits and Amendments

第十一条　电讯传递与预先通知的信用证和修改

a. An authenticated teletransmission of a credit or amendment will be deemed to be the operative credit or amendment, and any subsequent mail confirmation shall be disregarded.

If a teletransmission states "full details to follow" (or words of similar effect), or states that the mail confirmation is to be the operative credit or amendment, then the teletransmission will not be deemed to be the operative credit or amendment. The issuing bank must then issue the operative credit or amendment without delay in terms not inconsistent with the teletransmission.

a. 经证实的信用证或修改的电讯文件将被视为有效的信用证或修改，任何随后的邮寄证实书将被不予置理。

若该电讯文件声明"详情后告"（或类似词语）或声明随后寄出的邮寄证实书将是有效的信用证或修改，则该电讯文件将被视为无效的信用证或修改。开证行必须随即不延误地开出有效的信用证或修改，且条款不能与电讯文件相矛盾。

b. A preliminary advice of the issuance of a credit or amendment ("pre-advice") shall only be sent if the issuing bank is prepared to issue the operative credit or amendment. An issuing bank that sends a pre-advice is irrevocably committed to issue the operative credit or amendment, without delay, in terms not inconsistent with the pre-advice.

b. 只有准备开立有效信用证或修改的开证行，才可以发出开立信用证或修改预先通知书。发出预先通知的开证行应不可撤销地承诺将不延误地开出有效的信用证或修改，且条款不能与预先通知书相矛盾。

Article 12 Nomination

第十二条 指定

a. Unless a nominated bank is the confirming bank, an authorization to honour or negotiate does not impose any obligation on that nominated bank to honour or negotiate, except when expressly agreed to by that nominated bank and so communicated to the beneficiary.

a. 除非一家被指定银行是保兑行,对被指定银行进行兑付或议付的授权并不构成其必须兑付或议付的义务,被指定银行明确同意并照此通知受益人的情形除外。

b. By nominating a bank to accept a draft or incur a deferred payment undertaking, an issuing bank authorizes that nominated bank to prepay or purchase a draft accepted or a deferred payment undertaking incurred by that nominated bank.

b. 通过指定一家银行承兑汇票或承担延期付款承诺,开证行即授权该被指定银行预付或购买经其承兑的汇票或由其承担延期付款的承诺。

c. Receipt or examination and forwarding of documents by a nominated bank that is not a confirming bank does not make that nominated bank liable to honour or negotiate, nor does it constitute honour or negotiation.

c. 非保兑行身份的被指定银行接受、审核并寄送单据的行为既不使得该被指定银行具有兑付或议付的义务,也不构成兑付或议付。

Article 13 Bank-to-Bank Reimbursement Arrangements

第十三条 银行间偿付约定

a. If a credit states that reimbursement is to be obtained by a nominated bank ("claiming bank") claiming on another party ("reimbursing bank"), the credit must state if the reimbursement is subject to the ICC rules for bank-to-bank reimbursements in effect on the date of issuance of the credit.

a. 如果信用证规定被指定银行("索偿行")须通过向另一方银行("偿付行")索偿获得偿付,则信用证中必须声明是否按照信用证开立日正在生效的国际商会《银行间偿付规则》办理。

b. If a credit does not state that reimbursement is subject to the ICC rules for bank-to-bank reimbursements, the following apply:

b. 如果信用证中未声明是否按照国际商会《银行间偿付规则》办理,则适用于下列条款:

i. An issuing bank must provide a reimbursing bank with a reimbursement authorization that conforms with the availability stated in the credit. The reimbursement authorization should not be subject to an expiry date.

i. 开证行必须向偿付行提供偿付授权书,该授权书须与信用证中声明的有效性一致。偿付授权书不应规定有效日期。

ii. A claiming bank shall not be required to supply a reimbursing bank with a certificate of compliance with the terms and conditions of the credit.

ii. 不应要求索偿行向偿付行提供证实单据与信用证条款及条件相符的证明。

iii. An issuing bank will be responsible for any loss of interest, together with any expenses incurred, if reimbursement is not provided on first demand by a reimbursing bank in accordance with the terms and conditions of the credit.

iii. 如果偿付行未能按照信用证的条款及条件在首次索偿时即行偿付,则开证行应对索偿行的利息损失以及产生的费用负责。

iv. A reimbursing bank's charges are for the account of the issuing bank. However, if the charges are for the account of the beneficiary, it is the responsibility of an issuing bank to so indicate in the credit and in the reimbursement authorization. If a reimbursing bank's charges are for the account of the beneficiary, they shall be deducted from the amount due to a claiming bank when reimbursement is made. If no reimbursement is made, the reimbursing bank's charges remain the obligation of the issuing bank.

iv. 偿付行的费用应由开证行承担。然而,如果费用由受益人承担,则开证行有责任在信用证和偿付授权书中予以注明。如偿付行的费用由受益人承担,则该费用应在偿付时从支付索偿行的金额中扣除。如果未发生偿付,开证行仍有义务承担偿付行的费用。

c. An issuing bank is not relieved of any of its obligations to provide reimbursement if reimbursement is not made by a reimbursing bank on first demand.

c. 如果偿付行未能于首次索偿时即行偿付,则开证行不能解除其自身的偿付责任。

Article 14 Standard for Examination of Documents

第十四条 审核单据的标准

a. A nominated bank acting on its nomination, a confirming bank, if any, and the issuing bank must examine a presentation to determine, on the basis of the documents alone, whether or not the documents appear on their face to constitute a complying presentation.

a. 按照指定行事的被指定银行、保兑行(如有)以及开证行必须对提示的单据进行审核,并仅以单据为基础,以决定单据在表面上看来是否构成相符提示。

b. A nominated bank acting on its nomination, a confirming bank, if any, and the issuing bank shall each have a maximum of five banking days following the day of presentation to determine if a presentation is complying. This period is not curtailed or otherwise affected by the occurrence on or after the date of presentation of any expiry date or last day for presentation.

b. 按照指定行事的被指定银行、保兑行(如有)以及开证行,自其收到提示单据的翌日起算,应各自拥有最多不超过五个银行工作日的时间以决定提示是否相符。该期限不因单据提示日适逢信用证有效期或最迟提示期或在其之后而被缩减或受到其他影响。

c. A presentation including one or more original transport documents subject to articles 19, 20, 21, 22, 23, 24 or 25 must be made by or on behalf of the beneficiary not later than 21 calendar days after the date of shipment as described in these rules, but in any event not later than the expiry date of the credit.

c. 提示若包含一份或多份按照本惯例第 19 条、20 条、21 条、22 条、23 条、24 条或 25 条出具的正本运输单据，则必须由受益人或其代表按照相关条款在不迟于装运日后的二十一个公历日内提交，但无论如何不得迟于信用证的到期日。

d. Data in a document, when read in context with the credit, the document itself and international standard banking practice, need not be identical to, but must not conflict with, data in that document, any other stipulated document or the credit.

d. 单据中内容的描述不必与信用证、信用证对该项单据的描述以及国际标准银行实务完全一致，但不得与该项单据中的内容、其他规定的单据或信用证相冲突。

e. In documents other than the commercial invoice, the description of the goods, services or performance, if stated, may be in general terms not conflicting with their description in the credit.

e. 除商业发票外，其他单据中的货物、服务或行为描述若须规定，可使用统称，但不得与信用证规定的描述相矛盾。

f. If a credit requires presentation of a document other than a transport document, insurance document or commercial invoice, without stipulating by whom the document is to be issued or its data content, banks will accept the document as presented if its content appears to fulfil the function of the required document and otherwise complies with sub-article 14（d）.

f. 如果信用证要求提示运输单据、保险单据和商业发票以外的单据，但未规定该单据由何人出具或单据的内容。如信用证对此未做规定，只要所提交单据的内容看来满足其功能需要且其他方面与十四条（d）款相符，银行将对提示的单据予以接受。

g. A document presented but not required by the credit will be disregarded and may be returned to the presenter.

g. 提示信用证中未要求提交的单据，银行将不予置理。如果收到此类单据，可以退还提示人。

h. If a credit contains a condition without stipulating the document to indicate compliance with the condition, banks will deem such condition as not stated and will disregard it.

h. 如果信用证中包含某项条件而未规定需提交与之相符的单据，银行将认为未列明此条件，并对此不予置理。

i. A document may be dated prior to the issuance date of the credit, but must not be dated later than its date of presentation.

i. 单据的出单日期可以早于信用证开立日期，但不得迟于信用证规定的提示日期。

j. When the addresses of the beneficiary and the applicant appear in any stipulated document, they need not be the same as those stated in the credit or in any other stipulated document, but must be within the same country as the respective addresses mentioned in the credit. Contact details （telefax, telephone, email and the like） stated as part of the beneficiary's and the applicant's address will be disregarded. However, when the address and contact details of the applicant appear as part of the consignee or notify party details on a transport document subject to articles 19, 20, 21, 22, 23, 24 or 25, they must be as stated in the credit.

j. 当受益人和申请人的地址显示在任何规定的单据上时，不必与信用证或其他规定单据中显示的地址相同，但必须与信用证中述及的各自地址处于同一国家内。用于联系的资料（电传、电话、电子邮箱及类似方式）如作为受益人和申请人地址的组成部分将被不予理置。然而，当申请人的地址及联系信息作为按照 19 条、20 条、21 条、22 条、23 条、24 条或 25 条出具的运输单据中收货人或通知方详址的组成部分时，则必须按照信用证的规定予以显示。

k. The shipper or consignor of the goods indicated on any document need not be the beneficiary of the credit.

k. 显示在任何单据中的货物的托运人或发货人不必是信用证的受益人。

l. A transport document may be issued by any party other than a carrier, owner, master or charterer provided that the transport document meets the requirements of articles 19, 20, 21, 22, 23 or 24 of these rules.

l. 假如运输单据能够满足本惯例第 19 条、20 条、21 条、22 条、23 条或 24 条的要求，则运输单据可以由承运人、船东、船长或租船人以外的任何一方出具。

Article 15 Complying Presentation

第十五条　相符提示

a. When an issuing bank determines that a presentation is complying, it must honour.

a. 当开证行确定提示相符时，就必须予以兑付。

b. When a confirming bank determines that a presentation is complying, it must honour or negotiate and forward the documents to the issuing bank.

b. 当保兑行确定提示相符时，就必须予以兑付或议付并将单据寄往开证行。

c. When a nominated bank determines that a presentation is complying and honours or negotiates, it must forward the documents to the confirming bank or issuing bank.

c. 当被指定银行确定提示相符并予以兑付或议付时，必须将单据寄往保兑行或开证行。

Article 16 Discrepant Documents, Waiver and Notice

第十六条　不符单据及不符点的放弃与通知

a. When a nominated bank acting on its nomination, a confirming bank, if any, or the issuing bank determines that a presentation does not comply, it may refuse to honour or negotiate.

a. 当按照指定行事的被指定银行、保兑行（如有）或开证行确定提示不符时，可以拒绝兑付或议付。

b. When an issuing bank determines that a presentation does not comply, it may in its sole judgement approach the applicant for a waiver of the discrepancies. This does not, however, extend the period mentioned in sub-article 14（b）.

b. 当开证行确定提示不符时，可以依据其独立的判断联系申请人放弃有关不符点。然而，这并不延长 14 条（b）款中述及的期限。

c. When a nominated bank acting on its nomination, a confirming bank, if any, or the issuing bank decides to refuse to honour or negotiate, it must give a single notice to that effect to the presenter.

c. 当按照指定行事的被指定银行、保兑行（如有）或开证行决定拒绝兑付或议付时，必须一次性通知提示人。

The notice must state：

通知必须声明：

i. that the bank is refusing to honour or negotiate；and

i. 银行拒绝兑付或议付；及

ii. each discrepancy in respect of which the bank refuses to honour or negotiate；and

ii. 银行凭以拒绝兑付或议付的各个不符点；及

iii. a) that the bank is holding the documents pending further instructions from the presenter；or

iii. a) 银行持有单据等候提示人进一步指示；或

b) that the issuing bank is holding the documents until it receives a waiver from the applicant and agrees to accept it, or receives further instructions from the presenter prior to agreeing to accept a waiver；or

b) 开证行持有单据直至收到申请人通知弃权并同意接受该弃权，或在同意接受弃权前从提示人处收到进一步指示；或

c) that the bank is returning the documents；or

c) 银行退回单据；或

d) that the bank is acting in accordance with instructions previously received from the presenter.

d) 银行按照先前从提示人处收到的指示行事。

d. The notice required in sub-article 16（c）must be given by telecommunication or, if that is not possible, by other expeditious means no later than the close of the fifth banking day following the day of presentation.

d. 第十六条（c）款中要求的通知必须以电讯方式发出，如果不可能以电讯方式通知时，则以其他快捷方式通知，但不得迟于提示单据日期翌日起第五个银行工作日终了。

e. A nominated bank acting on its nomination, a confirming bank, if any, or the issuing bank may, after providing notice required by sub-article 16（c）（iii）（a）or（b），return the documents to the presenter at any time.

e. 按照指定行事的被指定银行、保兑行（如有）或开证行可以在提供第十六条（c）款（iii）、（a）款或（b）款要求提供的通知后，于任何时间将单据退还提示人。

f. If an issuing bank or a confirming bank fails to act in accordance with the provisions of this article, it shall be precluded from claiming that the documents do not constitute a complying presentation.

f. 如果开证行或保兑行未能按照本条款的规定行事，将无权宣称单据未能构成相符提示。

g. When an issuing bank refuses to honour or a confirming bank refuses to honour or negotiate and has given notice to that effect in accordance with this article, it shall then be entitled to claim a refund, with interest, of any reimbursement made.

g. 当开证行拒绝兑付或保兑行拒绝兑付或议付，并已经按照本条款发出通知时，该银行将有权就已经履行的偿付索取退款及其利息。

Article 17 Original Documents and Copies

第十七条　正本单据和副本单据

a. At least one original of each document stipulated in the credit must be presented.

a. 信用证中规定的各种单据必须至少提供一份正本。

b. A bank shall treat as an original any document bearing an apparently original signature, mark, stamp, or label of the issuer of the document, unless the document itself indicates that it is not an original.

b. 除非单据本身表明其不是正本，银行将视任何单据表面上具有单据出具人正本签字、标志、图章或标签的单据为正本单据。

c. Unless a document indicates otherwise, a bank will also accept a document as original if it:

c. 除非单据另有显示，银行将接受单据作为正本单据如果该单据：

i. appears to be written, typed, perforated or stamped by the document issuer's hand; or

i. 表面看来由单据出具人手工书写、打字、穿孔签字或盖章；或

ii. appears to be on the document issuer's original stationery; or

ii. 表面看来使用单据出具人的正本信笺；或

iii. states that it is original, unless the statement appears not to apply to the document presented.

iii. 声明单据为正本，除非该项声明表面看来与所提示的单据不符。

d. If a credit requires presentation of copies of documents, presentation of either originals or copies is permitted.

d. 如果信用证要求提交副本单据，则提交正本单据或副本单据均可。

e. If a credit requires presentation of multiple documents by using terms such as "in duplicate", "in two fold" or "in two copies", this will be satisfied by the presentation of at least one original and the remaining number in copies, except when the document itself indicates otherwise.

e. 如果信用证使用诸如"一式两份""两张""两份"等术语要求提交多份单据，则可以提交至少一份正本，其余份数以副本来满足。但单据本身另有相反指示者除外。

Article 18 Commercial Invoice

第十八条　商业发票

a. A commercial invoice:

a. 商业发票:

i. must appear to have been issued by the beneficiary (except as provided in article 38);

i. 必须在表面上看来由受益人出具(第三十八条另有规定者除外);

ii. must be made out in the name of the applicant (except as provided in sub-article 38 (g));

ii. 必须做成以申请人的名称为抬头(第三十八条(g)款另有规定者除外)

iii. must be made out in the same currency as the credit; and

iii. 必须将发票币别作成与信用证相同币种。

iv. need not be signed.

iv. 无须签字。

b. A nominated bank acting on its nomination, a confirming bank, if any, or the issuing bank may accept a commercial invoice issued for an amount in excess of the amount permitted by the credit, and its decision will be binding upon all parties, provided the bank in question has not honoured or negotiated for an amount in excess of that permitted by the credit.

b. 按照指定行事的被指定银行、保兑行(如有)或开证行可以接受金额超过信用证所允许金额的商业发票,倘若有关银行已兑付或已议付的金额没有超过信用证所允许的金额,则该银行的决定对各有关方均具有约束力。

c. The description of the goods, services or performance in a commercial invoice must correspond with that appearing in the credit.

c. 商业发票中货物、服务或行为的描述必须与信用证中显示的内容相符。

Article 19 Transport Document Covering at Least Two Different Modes of Transport

第十九条 至少包括两种不同运输方式的运输单据

a. A transport document covering at least two different modes of transport (multimodal or combined transport document), however named, must appear to:

a. 至少包括两种不同运输方式的运输单据(即多式运输单据或联合运输单据),不论其称谓如何,必须在表明上看来:

i. indicate the name of the carrier and be signed by:

i. 显示承运人名称并由下列人员签署:

● the carrier or a named agent for or on behalf of the carrier, or

承运人或承运人的具名代理或代表,或

● the master or a named agent for or on behalf of the master.

船长或船长的具名代理或代表。

Any signature by the carrier, master or agent must be identified as that of the carrier, master or agent.

承运人、船长或代理的任何签字必须分别表明承运人、船长或代理的身份。

Any signature by an agent must indicate whether the agent has signed for or on behalf of the carrier or for or on behalf of the master.

代理的签字必须显示其是否作为承运人或船长的代理或代表签署提单。

ii. indicate that the goods have been dispatched, taken in charge or shipped on board at the place stated in the credit, by:

ii. 通过下述方式表明货物已在信用证规定的地点发运、接受监管或装载

• pre-printed wording, or

预先印就的措词,或

• a stamp or notation indicating the date on which the goods have been dispatched, taken in charge or shipped on board.

注明货物已发运、接受监管或装载日期的图章或批注。

The date of issuance of the transport document will be deemed to be the date of dispatch, taking in charge or shipped on board, and the date of shipment. However, if the transport document indicates, by stamp or notation, a date of dispatch, taking in charge or shipped on board, this date will be deemed to be the date of shipment.

运输单据的出具日期将被视为发运、接受监管或装载以及装运日期。然而,如果运输单据以盖章或批注方式标明发运、接受监管或装载日期,则此日期将被视为装运日期。

iii. indicate the place of dispatch, taking in charge or shipment and the place of final destination stated in the credit, even if:

iii. 显示信用证中规定的发运、接受监管或装载地点以及最终目的地的地点,即使:

• the transport document states, in addition, a different place of dispatch, taking in charge or shipment or place of final destination, or

• 运输单据另外显示了不同的发运、接受监管或装载地点或最终目的地的地点,或

• the transport document contains the indication "intended" or similar qualification in relation to the vessel, port of loading or port of discharge.

• 运输单据包含"预期"或类似限定有关船只、装货港或卸货港的指示。

iv. be the sole original transport document or, if issued in more than one original, be the full set as indicated on the transport document.

iv. 是仅有的一份正本运输单据,或者,如果出具了多份正本运输单据,应是运输单据中显示的全套正本份数。

v. contain terms and conditions of carriage or make reference to another source containing the terms and conditions of carriage (short form or blank back transport document). Contents of terms and conditions of carriage will not be examined.

v. 包含承运条件须参阅包含承运条件条款及条件的某一出处(简式或背面空白的运输单据)者,银行对此类承运条件的条款及条件内容不予审核。

vi. contain no indication that it is subject to a charter party.

vi. 未注明运输单据受租船合约约束。

b. For the purpose of this article, transhipment means unloading from one means of conveyance and reloading to another means of conveyance (whether or not in different modes of transport) during the carriage from the place of dispatch, taking in charge or shipment to the place of final destination stated in the credit.

b. 就本条款而言，转运意指货物在信用证中规定的发运、接受监管或装载地点到最终目的地的运输过程中，从一个运输工具卸下并重新装载到另一个运输工具上（无论是否为不同运输方式）的运输。

c. i. A transport document may indicate that the goods will or may be transhipped provided that the entire carriage is covered by one and the same transport document.

c. i. 只要同一运输单据包括运输全程，则运输单据可以注明货物将被转运或可被转运。.

ii. A transport document indicating that transhipment will or may take place is acceptable, even if the credit prohibits transhipment.

ii. 即使信用证禁止转运，银行也将接受注明转运将发生或可能发生的运输单据。

Article 20 Bill of Lading

第二十条 提单

a. A bill of lading, however named, must appear to:
a. 无论其称谓如何，提单必须表面上看来：

i. indicate the name of the carrier and be signed by:
i. 显示承运人名称并由下列人员签署：

- the carrier or a named agent for or on behalf of the carrier, or

承运人或承运人的具名代理或代表，或

- the master or a named agent for or on behalf of the master.

船长或船长的具名代理或代表。

Any signature by the carrier, master or agent must be identified as that of the carrier, master or agent.

承运人、船长或代理的任何签字必须分别表明其承运人、船长或代理的身份。

Any signature by an agent must indicate whether the agent has signed for or on behalf of the carrier or for or on behalf of the master.

代理的签字必须显示其是否作为承运人或船长的代理或代表签署提单。

ii. indicate that the goods have been shipped on board a named vessel at the port of loading stated in the credit by:

ii. 通过下述方式表明货物已在信用证规定的装运港装载上具名船只：

- pre-printed wording, or

预先印就的措词，或

- an on board notation indicating the date on which the goods have been shipped on board.

注明货物已装船日期的装船批注。

The date of issuance of the bill of lading will be deemed to be the date of shipment unless the bill of lading contains an on board notation indicating the date of shipment, in which case the date stated in the on board notation will be deemed to be the date of shipment.

提单的出具日期将被视为装运日期，除非提单包含注明装运日期的装船批注，在此情况下，装船批注中显示的日期将被视为装运日期。

If the bill of lading contains the indication "intended vessel" or similar qualification in relation to the name of the vessel, an on board notation indicating the date of shipment and the name of the actual vessel is required.

如果提单包含"预期船"字样或类似有关限定船只的词语时，装上具名船只必须由注明装运日期以及实际装运船只名称的装船批注来证实。

iii. indicate shipment from the port of loading to the port of discharge stated in the credit.

iii. 注明装运从信用证中规定的装货港至卸货港。

If the bill of lading does not indicate the port of loading stated in the credit as the port of loading, or if it contains the indication "intended" or similar qualification in relation to the port of loading, an on board notation indicating the port of loading as stated in the credit, the date of shipment and the name of the vessel is required. This provision applies even when loading on board or shipment on a named vessel is indicated by pre-printed wording on the bill of lading.

如果提单未注明以信用证中规定的装货港作为装货港，或包含"预期"或类似有关限定装货港的标注者，则需要提供注明信用证中规定的装货港、装运日期以及船名的装船批注。即使提单上已注明印就的"已装船"或"已装具名船只"措词，本规定也适用。

iv. be the sole original bill of lading or, if issued in more than one original, be the full set as indicated on the bill of lading.

iv. 是仅有的一份正本提单，或者，如果出具了多份正本，应是提单中显示的全套正本份数。

iv. contain terms and conditions of carriage or make reference to another source containing the terms and conditions of carriage (short form or blank back bill of lading). Contents of terms and conditions of carriage will not be examined.

lv. 包含承运条件须参阅包含承运条件条款及条件的某一出处（简式或背面空白的提单）者，银行对此类承运条件的条款及条件内容不予审核。

vi. contain no indication that it is subject to a charter party.

vi. 未注明运输单据受租船合约约束。

b. For the purpose of this article, transshipment means unloading from one vessel and reloading to another vessel during the carriage from the port of loading to the port of discharge stated in the credit.

b. 就本条款而言，转运意指在信用证规定的装货港到卸货港之间的海运过程中，将货物由一艘船卸下再装上另一艘船的运输。

c. i. A bill of lading may indicate that the goods will or may be transshipped provided that the entire carriage is covered by one and the same bill of lading.

c. i. 只要同一提单包括运输全程，则提单可以注明货物将被转运或可被转运。

ii. A bill of lading indicating that transshipment will or may take place is acceptable, even if the credit prohibits transshipment, if the goods have been shipped in a container, trailer or LASH barge as evidenced by the bill of lading.

ii. 银行可以接受注明将要发生或可能发生转运的提单。即使信用证禁止转运，只要提单上证实有关货物已由集装箱、拖车或子母船运输，银行仍可接受注明将要发生或可能发生转运的提单。

d. Clauses in a bill of lading stating that the carrier reserves the right to transship will be disregarded.

d. 对于提单中包含的声明承运人保留转运权利的条款，银行将不予置理。

Article 21 Non-negotiable Sea Waybill

第二十一条　非转让海运单

a. A non-negotiable sea waybill, however named, must appear to：

a. 无论其称谓如何，非转让海运单必须表面上看来：

i. indicate the name of the carrier and be signed by：

i. 显示承运人名称并由下列人员签署：

● the carrier or a named agent for or on behalf of the carrier, or

承运人或承运人的具名代理或代表，或

● the master or a named agent for or on behalf of the master.

船长或船长的具名代理或代表。

Any signature by the carrier, master or agent must be identified as that of the carrier, master or agent.

承运人、船长或代理的任何签字必须分别表明其承运人、船长或代理的身份。

Any signature by an agent must indicate whether the agent has signed for or on behalf of the carrier or for or on behalf of the master.

代理的签字必须显示其是否作为承运人或船长的代理或代表签署提单。

ii. indicate that the goods have been shipped on board a named vessel at the port of loading stated in the credit by：

ii. 通过下述方式表明货物已在信用证规定的装运港装载上具名船只：

● pre-printed wording, or

预先印就的措词，或

● an on board notation indicating the date on which the goods have been shipped on board.

注明货物已装船日期的装船批注。

The date of issuance of the non-negotiable sea waybill will be deemed to be the date of shipment unless the non-negotiable sea waybill contains an on board notation indicating the date of shipment, in which case the date stated in the on board notation will be deemed to be the date of shipment.

非转让海运单的出具日期将被视为装运日期，除非非转让海运单包含注明装运日期的装船批注，在此情况下，装船批注中显示的日期将被视为装运日期。

If the non-negotiable sea waybill contains the indication "intended vessel" or similar qualification in relation to the name of the vessel, an on board notation indicating the date of shipment and the name of the actual vessel is required.

如果非转让海运单包含"预期船"字样或类似有关限定船只的词语时，装上具名船只必须由注明装运日期以及实际装运船只名称的装船批注来证实。

iii. indicate shipment from the port of loading to the port of discharge stated in the credit.

iii. 注明装运从信用证中规定的装货港至卸货港。

If the non-negotiable sea waybill does not indicate the port of loading stated in the credit as the port of loading, or if it contains the indication "intended" or similar qualification in relation to the port of loading, an on board notation indicating the port of loading as stated in the credit, the date of shipment and the name of the vessel is required. This provision applies even when loading on board or shipment on a named vessel is indicated by pre-printed wording on the non-negotiable sea waybill.

如果非转让海运单未注明以信用证中规定的装货港作为装货港，或包含"预期"或类似有关限定装货港的标注者，则需要提供注明信用证中规定的装货港、装运日期以及船名的装船批注。即使非转让海运单上已注明印就的"已装船"或"已装具名船只"措词，本规定仍然适用。

iv. be the sole original non-negotiable sea waybill or, if issued in more than one original, be the full set as indicated on the non-negotiable sea waybill.

iv. 是仅有的一份正本非转让海运单，或者，如果出具了多份正本，应是非转让海运单中显示的全套正本份数。

v. contain terms and conditions of carriage or make reference to another source containing the terms and conditions of carriage (short form or blank back non-negotiable sea waybill). Contents of terms and conditions of carriage will not be examined.

v. 包含承运条件须参阅包含承运条件条款及条件的某一出处（简式或背面空白的提单）者，银行对此类承运条件的条款及条件内容不予审核。

vi. contain no indication that it is subject to a charter party.

vi. 未注明运输单据受租船合约约束。

b. For the purpose of this article, transshipment means unloading from one vessel and reloading to another vessel during the carriage from the port of loading to the port of discharge stated in the credit.

b. 就本条款而言，转运意指在信用证规定的装货港到卸货港之间的海运过程中，将货物由一艘船卸下再装上另一艘船的运输。

c. i. A non-negotiable sea waybill may indicate that the goods will or may be transshipped provided that the entire carriage is covered by one and the same non-negotiable sea waybill.

c. i. 只要同一非转让海运单包括运输全程，则非转让海运单可以注明货物将被转运或可被转运。

ii. A non-negotiable sea waybill indicating that transshipment will or may take place is acceptable, even if the credit prohibits transshipment, if the goods have been shipped in a container, trailer or LASH barge as evidenced by the non-negotiable sea waybill.

ii. 银行可以接受注明将要发生或可能发生转运的非转让海运单。即使信用证禁止转运，只要非转让海运单上证实有关货物已由集装箱、拖车或子母船运输，银行仍可接受注明将要发生或可能发生转运的非转让海运单。

d. Clauses in a non-negotiable sea waybill stating that the carrier reserves the right to transship will be disregarded.

d. 对于非转让海运单中包含的声明承运人保留转运权利的条款，银行将不予置理。

Article 22 Charter Party Bill of Lading

第二十二条 租船合约提单

a. A bill of lading, however named, containing an indication that it is subject to a charter party (charter party bill of lading), must appear to:

a. 无论其称谓如何，倘若提单包含有提单受租船合约约束的指示（即租船合约提单），则必须在表面上看来：

i. be signed by:

i. 由下列当事方签署：

- the master or a named agent for or on behalf of the master, or
  船长或船长的具名代理或代表，或
- the owner or a named agent for or on behalf of the owner, or
  船东或船东的具名代理或代表，或
- the charterer or a named agent for or on behalf of the charterer.
  租船主或租船主的具名代理或代表。

Any signature by the master, owner, charterer or agent must be identified as that of the master, owner, charterer or agent.

船长、船东、租船主或代理的任何签字必须分别表明其船长、船东、租船主或代理的身份。

Any signature by an agent must indicate whether the agent has signed for or on behalf of the master, owner or charterer.

代理的签字必须显示其是否作为船长、船东或租船主的代理或代表签署提单。

An agent signing for or on behalf of the owner or charterer must indicate the name of the owner or charterer.

代理人代理或代表船东或租船主签署提单时必须注明船东或租船主的名称。

ii. indicate that the goods have been shipped on board a named vessel at the port of loading stated in the credit by:

ii. 通过下述方式表明货物已在信用证规定的装运港装载上具名船只：

- pre-printed wording, or
  预先印就的措词，或

- an on board notation indicating the date on which the goods have been shipped on board.

注明货物已装船日期的装船批注。

The date of issuance of the charter party bill of lading will be deemed to be the date of shipment unless the charter party bill of lading contains an on board notation indicating the date of shipment, in which case the date stated in the on board notation will be deemed to be the date of shipment.

租船合约提单的出具日期将被视为装运日期，除非租船合约提单包含注明装运日期的装船批注，在此情况下，装船批注中显示的日期将被视为装运日期。

iii. indicate shipment from the port of loading to the port of discharge stated in the credit. The port of discharge may also be shown as a range of ports or a geographical area, as stated in the credit.

iii. 注明货物由信用证中规定的装货港运输至卸货港。卸货港可以按信用证中的规定显示为一组港口或某个地理区域。

iv. be the sole original charter party bill of lading or, if issued in more than one original, be the full set as indicated on the charter party bill of lading.

iv. 系仅有的一份正本租船合约提单，或者，如果出具了多份正本，应是租船合约提单中显示的全套正本份数。

b. A bank will not examine charter party contracts, even if they are required to be presented by the terms of the credit.

b. 即使信用证中的条款要求提交租船合约，银行也将对该租船合约不予审核。

Article 23 Air Transport Document

第二十三条　空运单据

a. An air transport document, however named, must appear to:

a. 无论其称谓如何，空运单据必须在表面上看来：

i. indicate the name of the carrier and be signed by:

i. 注明承运人名称并由下列当事方签署：

- the carrier, or

承运人，或

- a named agent for or on behalf of the carrier.

承运人的具名代理或代表。

Any signature by the carrier or agent must be identified as that of the carrier or agent.

承运人或代理的任何签字必须分别表明其承运人或代理的身份。

Any signature by an agent must indicate that the agent has signed for or on behalf of the carrier.

代理的签字必须显示其是否作为承运人的代理或代表签署空运单据。

ii. indicate that the goods have been accepted for carriage.

ii. 注明货物已收妥待运。

iii. indicate the date of issuance. This date will be deemed to be the date of shipment unless the air transport document contains a specific notation of the actual date of shipment, in which case the date stated in the notation will be deemed to be the date of shipment.

ⅲ. 注明出具日期。这一日期将被视为装运日期，除非空运单据包含注有实际装运日期的专项批注，在此种情况下，批注中显示的日期将被视为装运日期。

Any other information appearing on the air transport document relative to the flight number and date will not be considered in determining the date of shipment.

空运单据显示的其他任何与航班号和起飞日期有关的信息不能被视为装运日期。

ⅳ. indicate the airport of departure and the airport of destination stated in the credit.

ⅳ. 表明信用证规定的起飞机场和目的地机场。

ⅴ. be the original for consignor or shipper, even if the credit stipulates a full set of originals.

ⅴ. 为开给发货人或拖运人的正本，即使信用证规定提交全套正本。

ⅵ. contain terms and conditions of carriage or make reference to another source containing the terms and conditions of carriage. Contents of terms and conditions of carriage will not be examined.

ⅵ. 载有承运条款和条件，或提示条款和条件参见别处。银行将不审核承运条款和条件的内容。

b. For the purpose of this article, transshipment means unloading from one aircraft and reloading to another aircraft during the carriage from the airport of departure to the airport of destination stated in the credit.

b. 就本条而言，转运是指在信用证规定的起飞机场到目的地机场的运输过程中，将货物从一飞机卸下再装上另一飞机的行为。

c. i. An air transport document may indicate that the goods will or may be transshipped, provided that the entire carriage is covered by one and the same air transport document.

c.i. 空运单据可以注明货物将要或可能转运，只要全程运输由同一空运单据涵盖。

ⅱ. An air transport document indicating that transshipment will or may take place is acceptable, even if the credit prohibits transshipment.

ⅱ. 即使信用证禁止转运，注明将要或可能发生转运的空运单据仍可接受。

Article 24 Road, Rail or Inland Waterway Transport Documents

第二十四条 公路、铁路或内陆水运单据

a. A road, rail or inland waterway transport document, however named, must appear to:

a. 公路、铁路或内陆水运单据，无论名称如何，必须看似：

i. indicate the name of the carrier and:

ⅰ. 表明承运人名称，并且

- be signed by the carrier or a named agent for or on behalf of the carrier, or

由承运人或其具名代理人签署，或者

- indicate receipt of the goods by signature, stamp or notation by the carrier or a named agent for or on behalf of the carrier.

由承运人或其具名代理人以签字、印戳或批注表明货物收讫。

Any signature, stamp or notation of receipt of the goods by the carrier or agent must be identified as that of the carrier or agent.
承运人或其具名代理人的收货签字、印戳或批注必须标明其承运人或代理人的身份。

Any signature, stamp or notation of receipt of the goods by the agent must indicate that the agent has signed or acted for or on behalf of the carrier.
代理人的收货签字、印戳或批注必须标明代理人是代表承运人签字或行事。

If a rail transport document does not identify the carrier, any signature or stamp of the railway company will be accepted as evidence of the document being signed by the carrier.
如果铁路运输单据没有指明承运人，可以接受铁路运输公司的任何签字或印戳作为承运人签署单据的证据。

ii. indicate the date of shipment or the date the goods have been received for shipment, dispatch or carriage at the place stated in the credit. Unless the transport document contains a dated reception, stamp, an indication of the date of receipt or a date of shipment, the date of issuance of the transport document will be deemed to be the date of shipment.
ii. 表明货物在信用证规定地点的发运日期，或者收讫代运或代发送的日期。运输单据的出具日期将被视为发运日期，除非运输单据上盖有带日期的收货印戳，或注明了收货日期或发运日期。

iii. indicate the place of shipment and the place of destination stated in the credit.
iii. 表明信用证规定的发运地及目的地。

b. i. A road transport document must appear to be the original for consignor or shipper or bear no marking indicating for whom the document has been prepared.
b.i. 公路运输单据必须看似为开给发货人或托运人的正本，或没有认可标记表明单据开给何人。

ii. A rail transport document marked "duplicate" will be accepted as an original.
ii. 注明"第二联"的铁路运输单据将被作为正本接受。

iii. A rail or inland waterway transport document will be accepted as an original whether marked as an original or not.
iii. 无论是否注明正本字样，铁路或内陆水运单据都被作为正本接受。

c. In the absence of an indication on the transport document as to the number of originals issued, the number presented will be deemed to constitute a full set.
c. 如运输单据上未注明出具的正本数量，提交的份数即视为全套正本。

d. For the purpose of this article, transshipment means unloading from one means of conveyance and reloading to another means of conveyance, within the same mode of transport, during the carriage from the place of shipment, dispatch or carriage to the place of destination stated in the credit.
d. 就本条而言，转运是指在信用证规定的发运、发送或运送的地点到目的地之间的运输过程中，在同一运输方式中从一运输工具卸下再装上另一运输工具的行为。

e. i. A road, rail or inland waterway transport document may indicate that the goods will or may be transshipped provided that the entire carriage is covered by one and the same transport document.

e.i. 只要全程运输由同一运输单据涵盖，公路、铁路或内陆水运单据可以注明货物将要或可能被转运。

ii. A road, rail or inland waterway transport document indicating that transshipment will or may take place is acceptable, even if the credit prohibits transshipment.

ii. 即使信用证禁止转运，注明将要或可能发生转运的公路、铁路或内陆水运单据仍可接受。

Article 25 Courier Receipt, Post Receipt or Certificate of Posting

第二十五条 快递收据、邮政收据或投邮证明

a. A courier receipt, however named, evidencing receipt of goods for transport, must appear to:

a. 证明货物收讫待运的快递收据，无论名称如何，必须看似：

i. indicate the name of the courier service and be stamped or signed by the named courier service at the place from which the credit states the goods are to be shipped; and

i. 表明快递机构的名称，并在信用证规定的货物发运地点由该具名快递机构盖章或签字；并且

ii. indicate a date of pick-up or of receipt or wording to this effect. This date will be deemed to be the date of shipment.

ii. 表明取件或收件的日期或类似词语。该日期将被视为发运日期。

b. A requirement that courier charges are to be paid or prepaid may be satisfied by a transport document issued by a courier service evidencing that courier charges are for the account of a party other than the consignee.

b. 如果要求显示快递费用付讫或预付，快递机构出具的表明快递费由收货人以外的一方支付的运输单据可以满足该项要求。

c. A post receipt or certificate of posting, however named, evidencing receipt of goods for transport, must appear to be stamped or signed and dated at the place from which the credit states the goods are to be shipped. This date will be deemed to be the date of shipment.

c. 证明货物收讫待运的邮政收据或投邮证明，无论名称如何，必须看似在信用证规定的货物发运地点盖章或签署并注明日期。该日期将被视为发运日期。

Article 26 "On Deck", "Shipper's Load and Count", "Said by Shipper to Contain" and Charges Additional to Freight

第二十六条 "货装舱面""托运人装载和计数""内容据托运人报称"及运费之外的费用

a. A transport document must not indicate that the goods are or will be loaded on deck. A clause on a transport document stating that the goods may be loaded on deck is acceptable.

a. 运输单据不得表明货物装于或者将装于舱面。声明货物可能被装于舱面的运输单据条款可以接受。

b. A transport document bearing a clause such as "shipper's load and count" and "said by shipper to contain" is acceptable.

b. 载有诸如"托运人装载和计数"或"内容据托运人报称"条款的运输单据可以接受。

c. A transport document may bear a reference, by stamp or otherwise, to charges additional to the freight.

c. 运输单据上可以以印戳或其他方式提及运费之外的费用。

Article 27 Clean Transport Document

第二十七条 清洁运输单据

A bank will only accept a clean transport document. A clean transport document is one bearing no clause or notation expressly declaring a defective condition of the goods or their packaging. The word "clean" need not appear on a transport document, even if a credit has a requirement for that transport document to be "clean on board."

银行只接受清洁运输单据。清洁运输单据指未载有明确宣称货物或包装有缺陷的条款或批注的运输单据。"清洁"一词并不需要在运输单据上出现,即使信用证要求运输单据为"清洁已装船"的。

Article 28 Insurance Document and Coverage

第二十八条 保险单据及保险范围

a. An insurance document, such as an insurance policy, an insurance certificate or a declaration under an open cover, must appear to be issued and signed by an insurance company, an underwriter or their agents or their proxies.

a. 保险单据,例如保险单或预约保险项下的保险证明书或者声明书,必须看似由保险公司或承保人或其代理人或代表出具并签署。

Any signature by an agent or proxy must indicate whether the agent or proxy has signed for or on behalf of the insurance company or underwriter.

代理人或代表的签字必须标明其是代表保险公司或承保人签字。

b. When the insurance document indicates that it has been issued in more than one original, all originals must be presented.

b. 如果保险单据表明其以多份正本出具,所有正本均须提交。

c. Cover notes will not be accepted.

c. 暂保单将不被接受。

d. An insurance policy is acceptable in lieu of an insurance certificate or a declaration under an open cover.

d. 可以接受保险单代替预约保险项下的保险证明书或声明书。

e. The date of the insurance document must be no later than the date of shipment, unless it appears from the insurance document that the cover is effective from a date not later than the date of shipment.

e. 保险单据日期不得晚于发运日期，除非保险单据表明保险责任不迟于发运日生效。

f. i. The insurance document must indicate the amount of insurance coverage and be in the same currency as the credit.

f.i. 保险单据必须表明投保金额并以与信用证相同的货币表示。

ii. A requirement in the credit for insurance coverage to be for a percentage of the value of the goods, of the invoice value or similar is deemed to be the minimum amount of coverage required.

ii. 信用证对于投保金额为货物价值、发票金额或类似金额的某一比例的要求，将被视为对最低保额的要求。

If there is no indication in the credit of the insurance coverage required, the amount of insurance coverage must be at least 110% of the CIF or CIP value of the goods.

如果信用证对投保金额未作规定，投保金额须至少为货物的 CIF 或 CIP 价格的 110%。

When the CIF or CIP value cannot be determined from the documents, the amount of insurance coverage must be calculated on the basis of the amount for which honour or negotiation is requested or the gross value of the goods as shown on the invoice, whichever is greater.

如果从单据中不能确定 CIF 或者 CIP 价格，投保金额必须基于要求承付或议付的金额，或者基于发票上显示的货物总值来计算，两者之中取金额较高者。

iii. The insurance document must indicate that risks are covered at least between the place of taking in charge or shipment and the place of discharge or final destination as stated in the credit.

iii. 保险单据须标明承保的风险区间至少涵盖从信用证规定的货物监管地或发运地开始到卸货地或最终目的地为止。

g. A credit should state the type of insurance required and, if any, the additional risks to be covered. An insurance document will be accepted without regard to any risks that are not covered if the credit uses imprecise terms such as "usual risks" or "customary risks."

g. 信用证应规定所需投保的险别及附加险（如有的话）。如果信用证使用诸如"通常风险"或"惯常风险"等含义不确切的用语，则无论是否有漏保的风险，保险单据都被接受。

h. When a credit requires insurance against "all risks" and an insurance document is presented containing any "all risks" notation or clause, whether or not bearing the heading "all risks", the insurance document will be accepted without regard to any risks stated to be excluded.

h. 当信用证规定投保"一切险"时，如保险单据载有任何"一切险"批注或条款，无论是否有"一切险"标题，均将被接受，即其声明任何风险除外。

i. An insurance document may contain reference to any exclusion clause.

i. 保险单据可以援引任何除外责任条款。

j. An insurance document may indicate that the cover is subject to a franchise or excess (deductible).

j. 保险单据可以注明受免赔率或免赔额（减除额）约束。

Article 29 Extension of Expiry Date or Last Day for Presentation

第二十九条　截止日或最迟交单日的顺延

a. If the expiry date of a credit or the last day for presentation falls on a day when the bank to which presentation is to be made is closed for reasons other than those referred to in article 36, the expiry date or the last day for presentation, as the case may be, will be extended to the first following banking day.

a. 如果信用证的截至日或最迟交单日适逢接受交单的银行非因第三十六条所述原因而歇业，则截止日或最迟交单日，视何者适用，将顺延至其重新开业的第一个银行工作日。

b. If presentation is made on the first following banking day, a nominated bank must provide the issuing bank or confirming bank with a statement on its covering schedule that the presentation was made within the time limits extended in accordance with sub-article 29（a）.

b. 如果在顺延后的第一个银行工作日交单，指定银行必须在其致开证行或保兑行的面函中声明交单是在根据第二十九条 a 款顺延的期限内提交的。

c. The latest date for shipment will not be extended as a result of sub-article 29（a）.

c. 最迟发运日不因第二十九条 a 款规定的原因而顺延。

Article 30 Tolerance in Credit Amount, Quantity and Unit Prices

第三十条　信用证金额、数量与单价的增减幅度

a. The words "about" or "approximately" used in connection with the amount of the credit or the quantity or the unit price stated in the credit are to be construed as allowing a tolerance not to exceed 10% more or 10% less than the amount, the quantity or the unit price to which they refer.

a. "约"或"大约"用于信用证金额或信用证规定的数量或单价时，应解释为允许有关金额或数量或单价有不超过 10% 的增减幅度。

b. A tolerance not to exceed 5% more or 5% less than the quantity of the goods is allowed, provided the credit does not state the quantity in terms of a stipulated number of packing units or individual items and the total amount of the drawings does not exceed the amount of the credit.

b. 在信用证未以包装单位件数或货物自身件数的方式规定货物数量时，货物数量允许有 5% 的增减幅度，只要总支取金额不超过信用证金额。

c. Even when partial shipments are not allowed, a tolerance not to exceed 5% less than the amount of the credit is allowed, provided that the quantity of the goods, if stated in the credit, is shipped in full and a unit price, if stated in the credit, is not reduced or that sub-article 30（b）is not applicable. This tolerance does not apply when the credit stipulates a specific tolerance or uses the expressions referred to in sub-article 30（a）.

c. 如果信用证规定了货物数量，而该数量已全部发运，及如果信用证规定了单价，而该

单价又未降低，或当第三十条 b 款不适用时，则即使不允许部分装运，也允许支取的金额有 5% 的减幅。若信用证规定有特定的增减幅度或使用第三十条 a 款提到的用语限定数量，则该减幅不适用。

Article 31 Partial Drawings or Shipments

第三十一条　分批支款或分批装运

a. Partial drawings or shipments are allowed.

a. 允许分批支款或分批装运

b. A presentation consisting of more than one set of transport documents evidencing shipment commencing on the same means of conveyance and for the same journey, provided they indicate the same destination, will not be regarded as covering a partial shipment, even if they indicate different dates of shipment or different ports of loading, places of taking in charge or dispatch. If the presentation consists of more than one set of transport documents, the latest date of shipment as evidenced on any of the sets of transport documents will be regarded as the date of shipment.

b. 表明使用同一运输工具并经由同次航程运输的数套运输单据在同一次提交时，只要显示相同目的地，将不视为部分发运，即使运输单据上标明的发运日期不同或装卸港、接管地或发送地点不同。如果交单由数套运输单据构成，将以其中最晚的一个发运日为准。

A presentation consisting of one or more sets of transport documents evidencing shipment on more than one means of conveyance within the same mode of transport will be regarded as covering a partial shipment, even if the means of conveyance leave on the same day for the same destination.

含有一套或数套运输单据的交单，如果表明在同一种运输方式下经由数件运输工具运输，即使运输工具在同一天出发运往同一目的地，仍将被视为部分发运。

c. A presentation consisting of more than one courier receipt, post receipt or certificate of posting will not be regarded as a partial shipment if the courier receipts, post receipts or certificates of posting appear to have been stamped or signed by the same courier or postal service at the same place and date and for the same destination.

c. 含有一份以上快递收据、邮政收据或投邮证明的交单，如果单据看似由同一块地或邮政机构在同一地点和日期加盖印戳或签字并且表明同一目的地，将不视为部分发运。

Article 32 Instalment Drawings or Shipments

第三十二条　分期支款或分期装运

If a drawing or shipment by instalments within given periods is stipulated in the credit and any instalment is not drawn or shipped within the period allowed for that instalment, the credit ceases to be available for that and any subsequent instalment.

如信用证规定在指定的时间段内分期支款或分期发运，任何一期未按信用证规定期限支取或发运时,信用证对该期及以后各期均告失效。

Article 33 Hours of Presentation

第三十三条　交单时间

A bank has no obligation to accept a presentation outside of its banking hours.
银行在其营业时间外无接受交单的义务。

Article 34 Disclaimer on Effectiveness of Documents

第三十四条　关于单据有效性的免责

A bank assumes no liability or responsibility for the form, sufficiency, accuracy, genuineness, falsification or legal effect of any document, or for the general or particular conditions stipulated in a document or superimposed thereon; nor does it assume any liability or responsibility for the description, quantity, weight, quality, condition, packing, delivery, value or existence of the goods, services or other performance represented by any document, or for the good faith or acts or omissions, solvency, performance or standing of the consignor, the carrier, the forwarder, the consignee or the insurer of the goods or any other person.

银行对任何单据的形式、充分性、准确性、内容真实性、虚假性或法律效力,或对单据中规定或添加的一般或特殊条件,概不负责;银行对任何单据所代表的货物、服务或其他履约行为的描述、数量、重量、品质、状况、包装、交付、价值或其存在与否,或对发货人、承运人、货运代理人、收货人、货物的保险人或其他任何人的诚信与否,作为或不作为、清偿能力、履约或资信状况,也概不负责。

Article 35 Disclaimer on Transmission and Translation

第三十五条　关于信息传递和翻译的免责

A bank assumes no liability or responsibility for the consequences arising out of delay, loss in transit, mutilation or other errors arising in the transmission of any messages or delivery of letters or documents, when such messages, letters or documents are transmitted or sent according to the requirements stated in the credit, or when the bank may have taken the initiative in the choice of the delivery service in the absence of such instructions in the credit.

当报文、信件或单据按照信用证的要求传输或发送时,或当信用证未作指示,银行自行选择传送服务时,银行对报文传输或信件或单据的递送过程中发生的延误、中途遗失、残缺或其他错误产生的后果,概不负责。

If a nominated bank determines that a presentation is complying and forwards the documents to the issuing bank or confirming bank, whether or not the nominated bank has honoured or negotiated, an issuing bank or confirming bank must honour or negotiate, or reimburse that nominated bank, even when the documents have been lost in transit between the nominated bank and the issuing bank or confirming bank, or between the confirming bank and the issuing bank.

如果指定银行确定交单相符并将单据发往开证行或保兑行，无论指定的银行是否已经承付或议付，开证行或保兑行必须承付或议付，或偿付指定银行，即使单据在指定银行送往开证行或保兑行的途中，或保兑行送往开证行的途中丢失。

A bank assumes no liability or responsibility for errors in translation or interpretation of technical terms and may transmit credit terms without translating them.

银行对技术术语的翻译或解释上的错误，不负责任，并可不加翻译地传送信用证条款。

Article 36 Force Majeure

第三十六条　不可抗力

A bank assumes no liability or responsibility for the consequences arising out of the interruption of its business by Acts of God, riots, civil commotions, insurrections, wars, acts of terrorism, or by any strikes or lockouts or any other causes beyond its control.

银行对由于天灾、暴动、骚乱、叛乱、战争、恐怖主义行为或任何罢工、停工或其无法控制的任何其他原因导致的营业中断的后果，概不负责。

A bank will not, upon resumption of its business, honour or negotiate under a credit that expired during such interruption of its business.

银行恢复营业时，对于在营业中断期间已逾期的信用证，不再进行承付或议付。

Article 37 Disclaimer for Acts of an Instructed Party

第三十七条　关于被指示方行为的免责

a. A bank utilizing the services of another bank for the purpose of giving effect to the instructions of the applicant does so for the account and at the risk of the applicant.

a. 为了执行申请人的指示，银行利用其他银行的服务，其费用和风险由申请人承担。

b. An issuing bank or advising bank assumes no liability or responsibility should the instructions it transmits to another bank not be carried out, even if it has taken the initiative in the choice of that other bank.

b. 即使银行自行选择了其他银行，如果发出指示未被执行，开证行或通知行对此也不负责。

c. A bank instructing another bank to perform services is liable for any commissions, fees, costs or expenses ("charges") incurred by that bank in connection with its instructions.

c. 指示另一银行提供服务的银行有责任负担因执行指示而发生的任何佣金、手续费、成本或开支（"费用"）。

If a credit states that charges are for the account of the beneficiary and charges cannot be collected or deducted from proceeds, the issuing bank remains liable for payment of charges.

如果信用证规定费用由受益人负担，而该费用未能收取或从信用证款项中扣除，开证行依然承担支付此费用的责任。

A credit or amendment should not stipulate that the advising to a beneficiary is conditional upon the receipt by the advising bank or second advising bank of its charges.

信用证或其修改不应规定向受益人的通知以通知行或第二通知行收到其费用为条件。

d. The applicant shall be bound by and liable to indemnify a bank against all obligations and responsibilities imposed by foreign laws and usages.

d. 外国法律和惯例加诸银行的一切义务和责任，申请人应受其约束，并就此对银行负补偿之责。

Article 38 Transferable Credits

第三十八条　可转让信用证

a. A bank is under no obligation to transfer a credit except to the extent and in the manner expressly consented to by that bank.

a. 银行无办理转让信用证的义务，除非该银行明确同意其转让范围和转让方式。

b. For the purpose of this article：

b. 就本条款而言：

Transferable credit means a credit that specifically states it is "transferable". A transferable credit may be made available in whole or in part to another beneficiary （"second beneficiary"） at the request of the beneficiary （"first beneficiary"）.

转让信用证意指明确表明其"可以转让"的信用证。根据受益人（"第一受益人"）的请求，转让信用证可以被全部或部分转让给其他受益人（"第二受益人"）。

Transferring bank means a nominated bank that transfers the credit or, in a credit available with any bank, a bank that is specifically authorized by the issuing bank to transfer and that transfers the credit. An issuing bank may be a transferring bank.

转让银行意指办理信用证转让的被指定银行，或者，在适用于任何银行的信用证中，转让银行是由开证行特别授权并办理转让信用证的银行。开证行也可担任转让银行。

Transferred credit means a credit that has been made available by the transferring bank to a second beneficiary.

转让信用证意指经转让银行办理转让后可供第二受益人使用的信用证。

c. Unless otherwise agreed at the time of transfer, all charges （such as commissions, fees, costs or expenses） incurred in respect of a transfer must be paid by the first beneficiary.

c. 除非转让时另有约定，所有因办理转让而产生的费用（诸如佣金、手续费、成本或开支）必须由第一受益人支付。

d. A credit may be transferred in part to more than one second beneficiary provided partial drawings or shipments are allowed.

d. 倘若信用证允许分批支款或分批装运，信用证可以被部分地转让给一个以上的第二受益人。

A transferred credit cannot be transferred at the request of a second beneficiary to any subsequent beneficiary. The first beneficiary is not considered to be a subsequent beneficiary.

第二受益人不得要求将信用证转让给任何次序位居其后的其他受益人。第一受益人不在此类其他受益人之列。

e. Any request for transfer must indicate if and under what conditions amendments may be advised to the second beneficiary. The transferred credit must clearly indicate those conditions.

e. 任何有关转让的申请必须指明是否以及在何种条件下可以将修改通知第二受益人。转让信用证必须明确指明这些条件。

f. If a credit is transferred to more than one second beneficiary, rejection of an amendment by one or more second beneficiary does not invalidate the acceptance by any other second beneficiary, with respect to which the transferred credit will be amended accordingly. For any second beneficiary that rejected the amendment, the transferred credit will remain unamended.

f. 如果信用证被转让给一个以上的第二受益人，其中一个或多个第二受益人拒绝接受某个信用证修改并不影响其他第二受益人接受修改。对于接受修改的第二受益人而言，信用证已做相应的修改；对于拒绝接受修改的第二受益人而言，该转让信用证仍未被修改。

g. The transferred credit must accurately reflect the terms and conditions of the credit, including confirmation, if any, with the exception of：

g. 转让信用证必须准确转载原证的条款及条件，包括保兑（如有），但下列项目除外：

- the amount of the credit,

- 信用证金额，

- any unit price stated therein,

- 信用证规定的任何单价，

- the expiry date,

- 到期日，

- the period for presentation, or

- 单据提示期限

- the latest shipment date or given period for shipment,

- 最迟装运日期或规定的装运期间。

any or all of which may be reduced or curtailed.

以上任何一项或全部均可减少或缩短。

The percentage for which insurance cover must be effected may be increased to provide the amount of cover stipulated in the credit or these articles.

必须投保的保险金额的投保比例可以增加，以满足原信用证或本惯例规定的投保金额。

The name of the first beneficiary may be substituted for that of the applicant in the credit.

可以用第一受益人的名称替换原信用证中申请人的名称。

If the name of the applicant is specifically required by the credit to appear in any document other than the invoice, such requirement must be reflected in the transferred credit.

如果原信用证特别要求开证申请人名称应在除发票以外的任何单据中出现时，则转让信用证必须反映出该项要求。

h. The first beneficiary has the right to substitute its own invoice and draft, if any, for those of a second beneficiary for an amount not in excess of that stipulated in the credit, and upon such substitution the first beneficiary can draw under the credit for the difference, if any, between its invoice and the invoice of a second beneficiary.

h. 第一受益人有权以自己的发票和汇票（如有），替换第二受益人的发票和汇票（如有），其金额不得超过原信用证的金额。在如此办理单据替换时，第一受益人可在原信用证项下支取自己发票与第二受益人发票之间产生的差额（如有）。

i. If the first beneficiary is to present its own invoice and draft, if any, but fails to do so on first demand, or if the invoices presented by the first beneficiary create discrepancies that did not exist in the presentation made by the second beneficiary and the first beneficiary fails to correct them on first demand, the transferring bank has the right to present the documents as received from the second beneficiary to the issuing bank, without further responsibility to the first beneficiary.

i. 如果第一受益人应当提交其自己的发票和汇票（如有），却未能在收到第一次要求时照办；或第一受益人提交的发票导致了第二受益人提示的单据中本不存在的不符点，而其未能在收到第一次要求时予以修正，则转让银行有权将其从第二受益人处收到的单据向开证行提示，并不再对第一受益人负责。

j. The first beneficiary may, in its request for transfer, indicate that honour or negotiation is to be effected to a second beneficiary at the place to which the credit has been transferred, up to and including the expiry date of the credit. This is without prejudice to the right of the first beneficiary in accordance with sub-article 38（h）.

j. 第一受益人可以在其提出转让申请时，表明可在信用证被转让的地点，在原信用证到期日之前（包括到期日）向第二受益人予以兑付或议付。本条款并不损害第一受益人在第三十八条（h）款下的权利。

k. Presentation of documents by or on behalf of a second beneficiary must be made to the transferring bank.

k. 由第二受益人或代表第二受益人提交的单据必须向转让银行提示。

Article 39 Assignment of Proceeds

第三十九条　款项让渡

The fact that a credit is not stated to be transferable shall not affect the right of the beneficiary to assign any proceeds to which it may be or may become entitled under the credit, in accordance with the provisions of applicable law. This article relates only to the assignment of proceeds and not to the assignment of the right to perform under the credit.

信用证未表明可转让，并不影响受益人根据所适用的法律规定，将其在该信用证项下有权获得的款项让渡于他人的权利。本条款所涉及的仅是款项的让渡，而不是信用证项下执行权力的让渡。

参 考 文 献

[1] 国际商会（ICC）.国际贸易术语解释通知2010 [M].北京：中国民主法治出版社，2010.

[2] 帅建林.国际贸易实务 [M].北京：对外经济贸易大学出版社，2008.

[3] 侯文学.国际贸易实务 [M].北京：清华大学出版社，2009.

[4] 陈宪，韦金鸾，应诚敏.国际贸易理论与实务 [M].北京：高等教育出版社，2009.

[5] 吴国新.国际贸易理论·政策·实务 [M].上海：上海交通大学出版社，2009.

[6] 李左东.国际贸易理论、政策与实务 [M].北京：高等教育出版社，2012.

[7] 尚玉芳.新编国际贸易实务 [M].大连：东北财经大学出版社，2010.

[8] 冷柏军.国际贸易实务 [M].北京：高等教育出版社，2010.

[9] 张梅.国际贸易理论与实务 [M].北京：中国铁道出版社，2010.

[10] 董瑾.国际贸易理论与实务 [M].北京：北京理工大学出版社，2014.

[11] 胡丹婷.国际贸易实务 [M].北京：机械工业出版社，2011.

[12] 黎孝先.国际贸易实务 [M].北京：对外经济贸易大学出版社，2011.

[13] 汪涛等.EDI：国际贸易新手段 [M].北京：中国经济出版社，1997.

[14] 王万义.进出口贸易实务 [M].北京：对外经济贸易大学出版社，2007.

[15] 刘德标.全国经贸知识培训与大奖赛试题答案汇编 [M].北京：对外贸易教育出版社，1996.

[16] http：//www.icc-china.org.

[17] http：//www/chinaintertrade.com/term.

[18] http：//www/ccoic/cn.